無錫文庫

第二輯

無錫市政籌備實録（三）
無錫概覽

鳳凰出版傳媒集團
鳳凰出版社

目録

無錫市政籌備實録（三）

無錫市政籌備處　編輯

無錫市政

第六號

民國十九年三月出版

報告

法規

會議記錄

處務會議

拓寬道路設計委員會

調查統計

公布欄

補遺

本處築路工程之一瞥（一）

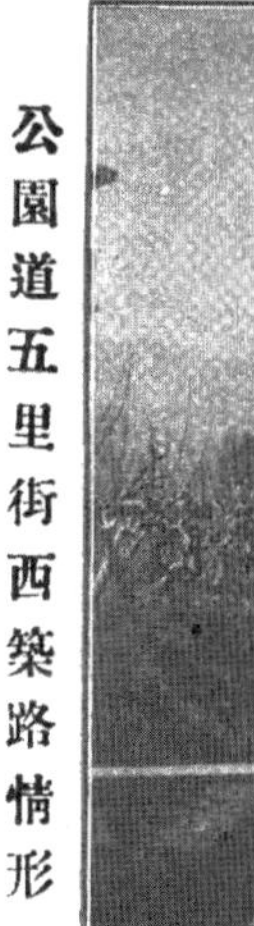
公園道五里街西築路情形

公園道寶善橋北段築路情形

公園道寶善橋南築路情形

本處築路工程之一瞥（二）

錫山路余公橋南段築路情形

錫山五里街東築路情形

錫山路錫山下段築路情形

無錫市政籌備處社會科附設產婆訓練班第一屆畢業典禮攝影

全體教職員暨第一屆畢業學員攝影

總理逝世五週紀念日無錫各機關團體在惠山公園道植樹攝影

改建前之惠山寶善橋

改建中之寶善橋（濶四十尺）

改建後之寶善橋遠景（左邊即惠山公園）

無錫之名勝古蹟

惠山東大池

惠山點易臺

太湖·萬頃堂

惠山二泉亭

惠山春申澗

雪浪山狀元橋

言論

無錫發起八縣市地方物產展覽會的意義

王伯秋

無錫近來連合蘇州市，吳縣，武進，常熟，宜興，溧陽，江陰等八縣市，共同發起一個地方物產展覽會。曾於二月四日在無錫市政籌備處開過一次聯席會議，各縣縣長及商會會長，蘇市府代表等，均不避風雨，先後趕到，討論通過一切章程，并決定第一次先在無錫舉行，會塲即在惠山脚下，就原有各公私祠宇，陳設布置，現正積極籌備，大約下月即可開幕。明年第二次，擬定在蘇州，以後即依次輪流推定，遍於其他六縣。這件事在國內雖不是空前的創舉，但自去年工商部國貨展覽會和浙江省西湖博覽會以後，總算是在江蘇建設時期中很可值得注意的一件關於民生問題的重要事業了。

中國現在受着帝國主義者的經濟侵略，天天高唱着提倡國貨和抵制外貨，但是商戰好比兵戰一樣，兵戰的主要武器是槍砲，必定要槍砲銳利而後可以求勝利，商戰的主要武器是貨物，也必定要貨物精良，而後可以操勝算。像中國現在實業這樣的幼稚，要想同慣抱經濟侵略主義的國家去競爭，當然是會要着着失敗的。所以我們要認清提倡國貨和抵制外貨是一件事，不是兩件事。要達到抵制外貨的目的，就非提倡國貨不可，所謂提倡，完全是實事求是的工夫，決不是僅僅貼標語，喊口號而能奏效的，他的方法固然不是一種，像舉行地方物產展覽會，就是其中最重要，最有效的一個方法。

凡是一種事業，沒有觀摩仿傚，就往往因陋就簡，不容易去改良，沒有比較競爭，就往往苟安目前，不肯去求進步，這是很普通的現象。假如一旦把許多物品陳列在一起，優劣分明，知己知彼，在好勝的人，對於他自己的出品，一定是精益求精，希望立於常勝的地位，就是向來抱着消極態度的人，到了此時，眼看着他人的出品勝過自己，相形見絀，劣敗難逃，也不由得要振起精神，來力圖改良。幷且因爲同時陳列着許多相類的物品，正可供給他觀摩倣傚的機會，使他的改良格外容易。這實在是促進產業發達很大的原動力，物產展覽會即具有這種完全的功用。

現在八縣市所發起的地方物產展覽會，他的規模範圍，比較工商部的國貨展覽會和西湖博覽會容有不同的地方，但他自有他的特別意義，足以使他在江蘇的民生運動史上，放一異彩，正不必因範圍的大小而有所軒輊。我們知道無錫蘇州等八縣市，是比較文化很發達，物產很豐富，人口很稠密的地方。而且在地理上和習慣上，聯合在一起，更有互相親愛，互相扶持的渾合性。不但是江蘇一省的精華所萃，也可說是全中國的精華所萃。因爲全中國更沒有一塊地方壤地相接像這樣平均發展的八個縣市，聯合成一片的。於今把他們各地出產的物品，羅列在一起，開一個展覽會，在觀感上格外的親切有味，在事實上亦當然格外可以得着模仿比較的利益。再有平時彼此的物產，或還有不大清楚的地方，也可借此機會作一個廣告式的宣傳，教別處的人們都有一個深切精確的認識，這於推廣銷路上，和調劑需求上，均有莫大的帮助。

更就八縣市中的無錫來說。近年工商發達，一日千里，國人早已給他一個小上海的徽號，未來的命運，正是方興未艾。最近中央衛生部派人枉顧，擬將無錫劃爲模範衛生區，工商部又派人枉顧，擬將無錫劃爲模範工業區，這樣一來，眞是一顧傾人城，再顧傾人國，把向來藏在梁溪浣紗的一位絕世佳人，至此要與天下人以共見了。我們試一觀察無錫著名的是什麼實業？最重要的是絲業和麵粉業。除了無錫，其餘七縣市也都是著名產絲的地方，同時幷出產多量的麥類，可以供麵粉的製造。其次就是棉紗業，關於這種原料的棉花，雖非八縣市的大宗出產，然而鑒於需要之殷與供給之乏，正可使生產者得有選擇的途徑。無錫一縣工業的發達，已是影響其他各縣市的產業。將來工業愈發達，則其影響的程度也愈大。同樣各縣市的產業，均有他的特殊情形，就他各個的特殊之點，也都足以影響其餘各縣市的產業狀況。這種錯綜複雜的關係，能夠把他顯然的比較，反映起來，那末對於各縣市的生產上，一定要起一個重大的變化，不但在技術上和品質上得到種種的進步，幷且可以引導他們的資本勢力均投之於最切實而且最有利的方向。照現在各縣市的情形，不單是無錫已經形成一個工商業的區域，即其近鄰的蘇州市和武進縣，因爲同在一條京滬路線上的原故，也有逐漸成爲商業化的趨勢。將來近因無錫發達的關係，遠受京滬繁盛的影響，或再進而成爲工商業的區域，也未可知。總之，這八個縣市因爲他們人民的優美，地理的便利，和人情風俗的融洽，隨着時代潮流的變化，日趨繁榮進步，這是無庸疑義的。因爲他們的繁榮進步，而他們相互間的經濟關係，也愈趨愈複雜，愈變愈密切。假使我們能夠放開眼光，統觀全局，應用近代科學方法，把他們當作一個整然的區域，適當的規劃起來，好像對於一個大都市的計畫一樣，彼此分工合作，聯合成一個大生產的地帶，那麽他們的前途，必定更有驚人的發展。這不但是江蘇一省的利益，而且也是全中國經濟的轉機。此話在今日好似一種夢囈，然在將來或許也有實現的可能罷！現在所發起的八縣市地方物產展覽會，除掉普通的觀摩比較作用以外，就可說是這種生產關係大聯合的嚆矢。

暮春三月，江南草長，雜花生樹，羣鶯亂飛這就是展覽會在無錫的惠山脚可開幕的時候了。四方士女，聞風而來，車水馬龍，肩摩踵接，屆時必定有一番盛况。無錫人半年來籌備發展的新都市，已經粗具規模，趁此機會，介紹給大家看看，不但使來賓可以觀光無錫，無錫人也可以請教來賓，此會眞可說是賓主盡東南之美了！

吾人欲由地方自治，以圖文明進步，實業發達，非大修道路不爲功。凡道路所經之地，則人口爲之繁盛，地價爲之增加，產業爲之振興，社會爲之活動，道路者，實地方之文野貧富所由關也。

——建國方略——

無錫縣立圖書館之藏書統計

無錫縣立圖書館現藏中文新籍五千六百九十五種，約一萬七千九百十七冊，東西文書籍一千一百二十八種，約二千六百四十九冊，舊籍一萬八千四百九十五種，約三萬二千七百十二冊，以上總計二萬五千四百十八種，五萬三千二百七十八冊。各類藏書除大部分舊籍外，以文學史地籍最多，應用科學籍最少

該館另設藏報室，將日報按日裝訂成冊，歷年保存，已有一千二百三十九冊。此現在藏書之大概也

江蘇八縣市地方物產展覽會籌備之經過

沈維棟

一、本會之動機

物產展覽會爲近代文明國家勸業之利器，遠姑勿論，近如巴拿馬博覽會，轟動全球，噲炙人口，足以代表二十世紀全人類之文明。其在我國，則前如南洋勸業會，近如上海中華國貨展覽會與西湖博覽會，其影響所及，亦復震驚國人耳目，使我產業幼穉之國家，微萌一線之生機。無錫居水陸衝要地位，其新興工業，爲內地各縣之冠。惟在過去三十年中，實業界自興自殖，政府未嘗與以獎勵，以故精益求精，蒸蒸日上者固屬多數，而故步自封，不求改良者，亦復不尠。良以缺乏宣傳及觀摩之效益，足爲發展生產前途之障礙。孫縣長有鑑於斯，曾於去歲發表十八年度施政大綱時，揭櫫舉辦太湖博覽會之議，以爲邑人士倡。未幾，邑中黨政工商各界僉以提倡國貨，爲日前挽救經濟侵略之唯一方策，錫邑事事得風氣之先，對此尤不可不竭全力以赴。爰由縣黨部委員姚鴻治等發起，舉辦無錫國貨展覽會，經二月之籌備，乃於國慶日開幕。徵羅雖不甚廣，而應徵之件，亦達四百餘種，二千餘件。前後開會凡三十五日，遠近觀者以萬計，爲錫邑希有之盛會。錫地工商物產，每有賽會，常爭先應徵，惟在本邑展覽，則以此屆國貨展覽會爲嚆矢，此過去之大概情形也。

本年二月間，孫縣長以錫邑既爲新興之工商業都市，回溯十年前，城市居民，不過十萬，今已增一倍。十年前工廠烟突，不過十餘處，今則據調查所得，全邑以機器製造之工場工廠，已達四百十有七家。依此發展之形勢，則未來之無錫，宜當何如。最近本邑既有建市之準備，而國民政府工商部暨衛生部復有指定無錫，設置模範工商區及衛生區之偉大計劃，則爲民衆領導之地方政府及工商團體，自宜乘此機會，對於本邑之生產事業，一加檢閱，積極策進，以符提倡實業之意，而無負於模範之名。孫縣長又以本人服務桑梓，忽近一載，過去期間，類多爲剷除訓政障礙之消極工作，而於發展民生方面，尚少供獻，爰商之邑中實業界，擬舉辦一地方物產展覽會，俾擴大國貨覽展展覽之意義，而一新邑人士之耳目，衆意僉以爲然，事遂決定。此本屆展覽會發起之緣因也。

錫邑惠山，爲江南名勝之區，其影像深印於國人腦海。暮春三月，草長鶯飛，正遠近游屐，絡繹於九峯二泉也。又惠山每屆廢曆三月十四二十八等日，向有盛大賽會，邑志載『三月望前後，鄉人各執香，沿途禮拜，上三茅峯，曰拜香會。二十八日，齋瓣香走東嶽廟者，數縣畢至。村姬市媪，扶携而行，遂止宿廟中，名曰宿夜。數日間寺塘涇爲之壅塞』可想見其盛況。流風餘俗，至今勿衰。現在革命政治之下，迷信風俗，固應打破，賽神佛會，例干禁止。惟民衆娛樂，不可無替代之物，倘藉此時機，舉行一盛大之展覽會，集各地方之物產而陳列之，並附以各種遊藝，可謂於提倡國貨之中，寓有民衆娛樂之意，一舉數得，莫善於此。且惠山向多公私祠宇，建築精備，園林幽勝，借爲會所，無須另行興築，殊稱便捷。此又展覽會地點所以擇定在惠山，而會期又定於國曆四月中之緣因也。

物以觀摩而愈善，事以比較而生競。無錫鄰邑，如吳縣，蘇州市暨武進，江陰，常熟，宜興，溧陽各縣，俱爲財賦之區，民物殷阜，國人所羨。且各縣壤地鄰接，朝發夕至，民情互似，物產俱豐。展覽會之用意，既在觀摩生競，自以薈萃以上各縣市之物產於一處，使其蔚爲大觀，近之促八縣市實業之進步，遠之開全國之風氣，爭國際之地位。且展覽會每年開會一次，爲永久之組織，輪流在各縣市舉行，可以互覘進退，尤覺法良意美，此又聯合八縣市共同舉行地方物產展覽會之緣因也。

二、籌備之初期

本會發起之動機，既如上述。孫縣長以事關八縣市之共同舉動，當於二月下旬分別徵求各縣市同意，並函請各縣市長官暨工商業領袖來錫開會，協議進行，同時省府主席暨各廳長對於此舉，亦深加贊許。無錫方面，則由縣政府，市政籌備處縣商會三機關共同發起，籌備一切。茲將籌備情形，紀述如下．

（甲）八縣市方面

（一）會議情形　八縣市地方物產展覽會籌備會議於三月四日在錫舉行。是日天雨，各縣市代表均冒雨蒞止。下午二時，在市政籌備處開會，出席者爲宜興縣縣長劉平江，宜興縣商會會長宋靖海，常熟縣商會主席委員徐樹義，蘇州市政府代表張景明，溧陽縣商會常務委員史駿聲，江陰縣縣長申炳炎，江陰縣商會常務委員季和華，江陰縣商會常務委員主席尹仲仁，蘇州總商會主席委員程兆棟，吳縣縣政府第二科科長張澤菡，吳江縣長黃雲僧，蘇州市政府代表黃克家，蘇州總商會常務委員施魁和，無錫縣政府代表孫祖基，華少純，無錫市政籌備處代表王伯秋，江導山，李公威，沈星若，武進縣縣長朱葆儒，武進縣商會常務委員主席郭鈞輔，林　俊，常熟縣縣長龐樹森，無錫縣商會代表陳品三，程敬堂，陳湛如。

公推無錫縣縣長孫祖基主席，孫縣長報告開會宗旨，略謂，『今日舉行八縣市聯席會議，承八縣市長官及商業團體領袖蒞臨參加，不勝榮幸。現在已至實施訓政時期，以前因地方不靖，各縣地方長官，大半從事於剷除實施訓政之障碍，僅能盡力於消極工作，對於增進人民幸福之實際工作，尚無暇多做。查舉行地方物產展覽會，實為目下促進人民生產事業之唯一良法，希望今日到會各長官各領袖，對此共同努力，一致進行。本會第一次展覽會，擬在敝邑舉行，所有本會章則，雖由敝處擬就草案四種，惟掛一漏萬，在所難免，希望各位詳加討論，俾臻完善云云。』報告畢，即開始討論。茲將議決案錄下：

（一）討論江蘇八縣地方物品展覽會暫行章程草案，議決修正通過。

（二）討論展覽會辦事處組織簡則草案，議決修正通過。

（三）討論展覽會徵集陳列品規程草案，議決修正通過。

（四）討論展覽會臨時商場租賃規則草案，議決修正通過。

（五）本會一切陳列品輸運時，應請求主管官廳准予免稅案，議決由無錫縣政府會同縣商會負責辦理。

（六）本會第一次開會日期案，議決定四月二十日開幕。

（七）組織展覽會辦事處案，議決由各縣市於本月十日以前，負責推定代表一人或二人，開列姓名，送交無錫市政籌備處，并定於本月二十日為辦事處成立日期。

（八）展覽會第二次舉行地點案，議決第二次開會在蘇州舉行。

（二）通過章則　聯席會議通過之章則四種，茲照錄如下：

江蘇八縣市地方物產展覽會暫行章程

第一條　本會由無錫吳縣武進常熟宜興溧陽江陰暨蘇州市等八縣市聯合舉行，簡稱為江蘇八縣市地方物產展覽會，以展覽地方物產，獎進農工商業為宗旨。

第二條　本會每年舉行一次，互相觀摩，用以覘各縣市農工商業之進退，第一次展覽在無錫惠山鎮舉行，以後輪流在各縣市舉行，但兩縣或縣市得聯合舉行。

第三條　本會請　江蘇省政府主席，民政廳廳長，財政廳廳長，建設廳廳長，農礦廳廳長，教育廳廳長為名譽會長，以各縣市縣長市長為會長，各縣市商會主席委員為副會長。

第四條　本會分設若干館，每一縣或一市別為一館，陳列各縣市之物產，即以縣市之名名館。

第五條　徵集物產，由各縣市政府及商會負責辦理，展覽會所在地之政府及商會，並負設計及布置會場之責。

第六條　本會陳列物品，以各縣市地方物產為限，不得以外貨羼入充數。

第七條　在本會開幕前一月，與會之各縣市，應推派代表一人或二人赴開會地點，組織聯合辦事處，共同討論應行籌備之各項事宜。

第八條　會場布置費用，由所在地之縣市負担，至徵集運送物產，及各館布置管理用費，由各縣市自任之。

第九條　每次展覽會期間，定為二星期至一個月，在開會期間，各縣市應各派定專員，負責照料其館內之物品。

第十條　各館內部布置，及外部須特殊裝置者，聽由各縣市自行設計佈置。

第十一條　本會得設臨時商場，其規則另訂之。

第十二條　每次展覽會結束，經審查後，擇其優良之產品，分別給以獎狀獎章，並呈請　江蘇省政府褒獎之。

審査會規則，及審查規則另訂之。

第十三條　他縣或他省所出物產，及國外優良物品，足資參考者，得另設參考館陳列之。

第十四條　本章程俟八縣市聯席會議通過施行，並呈請　江蘇省政府，暨各主管廳備案。

江蘇省八縣市地方物產展覽會辦事處組織簡則

第一條　本處根據江蘇八縣市地方物產展覽會暫行章程第七條組織之。

第二條　本處於每屆開會前一個月，由與會之八縣市各派代表一人或二人，赴開會地點組織成立。

第三條　本處各代表，得舉行八縣市代表聯席會議，其表決法以一縣或一市為一權。

第四條　本處之職權如左：

一、討論展覽會應行籌備之各種事宜

二、登記各縣市應徵之物產

三、聘請出品審查委員

四、預備展覽會獎品

五、決定開會閉會日期

六、決定下屆開會地點

七、其他關於展覽會全部之事項。

第五條　本處設主任一人，由各代表互推之。

第六條　本處得分股辦事，並得酌設雇員。

第七條　本會經費，以展覽會收入撥充之。

第八條　本會於展覽會結束後解散。

第九條　本簡則經八縣市代表聯席會議通過施行。

江蘇八縣市地方物產展覽會徵集物產陳列品規程

第一條　本會徵集物產陳列品暫以與會之無錫吳縣武進常熟江陰宜興溧陽蘇州市八縣市爲範圍。

第二條　凡屬以上各縣市之物產，均得應徵送會陳列。

第三條　征集物品由各縣市政府，及商會負責辦理。

第四條　各縣市徵集之物品，須於距離開會十日以前，由各縣市政府或商會派員運送至展覽會地點，分別負責保管陳列。

第五條　各縣市徵集之物品，須造列清册，送至展覽會辦事處，以便註册登記。

第六條　各縣市徵集物品時，應令應徵人或工廠商號塡具出品願書及說明書彙送展覽會辦事處，以便審查。

第七條　應徵之物品，分列如左。

一、天產品　鑛產　竹材　木材　藥材等

二、農產品　五穀　棉麻　蠶桑　茶葉　園藝　畜牧等

三、工業品　染織工業　化學工業　飲食工業　機械工業　電氣工業　手工業　工業原料等

四、美術品　雕刻　模型　書畫　金石　古玩等

第八條　應徵之物品於陳列時，每種須附以卡片，註明物品之種類用途出產地銷售地價值及應徵人之姓名或工廠商號之名稱等，如欲附加詳細說明者聽之。

第九條　應徵之物品，每種數量，不宜過多，以能代表該物品之全部爲度。

第十條　應徵之物品，如須特別裝置者，應令出品人至覽展地點自行裝設。

第十一條　凡非八縣市之出產品，欲附帶陳列者，須先向展覽會辦事處聲明或送至參考館陳列。

第十二條　應徵物品，有犯下列各欵之一者，不得陳列，或應預籌妥善方法，始得陳列

一、有礙風化者

二、有礙秩序者

三、有礙衛生者

四、有危險及爆烈性者

第十三條　應徵物品有願出售者，應於展覽期滿後，始得由買主取去，其租賃商場營業者，不在此限。

第十四條　展覽期滿後，所有陳列物品，由各縣市自行運回發還應徵人，如有遺失或損壞等情，由各縣市保管人員負責。

第十五條　本規程經八縣市代表聯席會議通過後施行。

江蘇八縣市地方物產展覽會臨時商場租賃規則

第一條　凡在本會場區域內，開設各項商店及飲食舖者，得租賃本會場內指定地點之房屋，聽其自行佈置，開張營業，惟須於展覽會開幕兩星期前，向本會辦事處訂定租賃契約。

第二條　租賃人於訂約之前，應先由當地縣市政府或商會備具介紹書，證明所售之貨品確爲國貨，並註明貨品種類廠號名稱及租賃人之職業住址等，以憑考查，惟開設茶館或飲食舖者不在此限。

第三條　凡臨時商店以銷售國貨爲限。如有混售洋貨經本會查獲者，除將該貨沒收外，并勒令停業，其租金概不發還。

第四條　租賃契約格式如下

立契約人　　省　　縣市人向在　　地方開設
號廠　今承
江蘇八縣市地方物產展覽會辦事處允租
房屋　　間爲經營　　之用議定自開會日起
至閉幕日止租金洋　　元　　角並情願遵守
貴會一切規約並隨時願承指導除立契之日應行照章預繳租
金全數外立此租賃契約存照
江蘇八縣市地方物產展覽會照存
中華民國　　年　　月　　日立租賃契約人　　押
保證人姓名
住址

第五條　凡屋內佈置，限於開幕期前一日一律竣工，違者將原契約作廢，並沒收所繳租金三分之一。閉幕後五日內須一律撤除，如過期不撤，由本會代爲拆卸之。

第五條　凡租賃人經本會指定場所後，非經本會辦事處許可，不得任意遷移。

第六條　凡租賃人租定場內房屋後，如遇發生意外事故，須由租賃人負責。

第七條　租賃人或代理人或雇用之工役均須開明姓名年歲籍貫報告本會辦事處，發給符號，以資識別　其未曾報告者，不得自由進出，或留宿臨時商場內。

第八條　租賃人於所租地段內，周圍須保持清潔，不得任意拋棄汚物。

第九條　租賃人如有不守各項規則，及不受本會指導者，得停止其營業，其租金概不發還。

第十條　本規則自八縣市代表聯席會議通過後施行。

（三）呈請備案　依據聯席會議通過暫行章程之規定，八縣市展覽會應呈請省政府暨各主管廳備案，並請省政府主席各廳廳長俯任名譽會長●是日會畢之後，即由八縣市縣長市長暨商會主席委員聯名具呈省廳，其原呈如下：

呈爲擬舉辦八縣市地方物産展覽會，謹呈理由，暨展覽會暫行章程，仰祈鑒賜備案，並請俯任爲名譽會長事，竊查訓政開始，首重民生，裕民之道，在於發展地方物産，慨自海通以還，外貨充斥，經濟壓迫，源涸流枯，國人怵目驚心，咸思挽救，權衡利害，當地發展地方物産爲當務之急，顧發展地方物産，首宜開會展覽，俾全國人民，咸曉然於地方物産之情形，思補苴救漏，以挽狂瀾，此爲挽回利權計，不得不舉行八縣市物産展覽會者一也，查農工商爲富國之源，近年物産，自天産外，人工出品，逐漸增多，固可喜悦，惟徵之東西各國，以工業品爲一國出品之大宗，幾爲不可掩之事實，急起直追，在於保育與奬進，惟如何保育如何奬進，尤在於展覽，此爲保育與奬進計，不得不開八縣市物産展覽會者二也，吾蘇江南各縣，自昔號稱財賦之區，民物殷阜，國人所羡，際此勵行訓政，自宜首先解決國民經濟，以厚民生，爲鄰邑倡，惟發展經濟之工作，責任在吾訓政人員，已成天職，爰集八縣市之物産，薈萃於一處，陳列而展覽之，以資提倡，此爲發展國民經濟計，不得不開八縣市地方物産展覽會者，三也，夫一事之進行，當先有比較，而後有競爭，有競爭，而後有進步，近年外貨充斥，社會經濟，幾全握於外人，推求其故，實以外貨較國貨爲優良，國人爭相購買，致國貨落後，苟能集國貨於一處，陳列而比較之，何者爲優，何者爲劣，則出品者之競爭求進，自不待言，而貨物之進步，自是蒸蒸日上，外貨入口，不待抵制而消滅，此爲物産求進計，不得不開八縣市地方物産展覽會者四也，基上理由，祖基等爰擬舉行無錫蘇州市吳縣常熟武進江陰宜興溧陽八縣市物産展覽會，已於三月四日在無錫開會，議決每年舉行一次，第一次會址在無錫惠山鎮，會期自本年四月廿日起，所有展覽會，暫行章程，已修正通過，夫惠山爲江南名勝之區，當此春光明媚，集地方物産以展覽之，既可挹山水之清幽，又足以資物産之進步，于提倡國貨之中，寓有民衆娛樂之至意，一舉數得，莫善於此，所有擬舉行八縣市地方物産展覽會各緣由，暨展覽會暫行章程，理合呈請鈞長鑒核，予以備案，並請俯任爲名譽會長，庶幾登高一呼，俾會務益臻美善，仰祈允准，實爲公便，再此件係由祖基主稿，會呈不會印，合併陳明，謹呈

江蘇省政府主席鈕

江蘇省民政廳廳長繆

江蘇省建設廳廳長王
江蘇省財政廳廳長張
江蘇省教育廳廳長陳
江蘇省農鑛廳廳長何
附呈展覽會暫行章程

(四)請准免稅　展覽會陳列物品，按之部頒專章，例得免稅，蓋所以引起出品人之熱忱，而踴躍應徵也。去歲國貨展覽會免稅手續辦妥，已在閉會之後，致出品商家，頗蒙損失。本屆展覽會，各代表對此頗爲注意，公決由無錫縣政府會同縣商會負責辦理其事。本邑孫縣長暨商會主席陳湛如君，當即根據衆意，會呈省政府建設廳，請求核轉准予免稅，其原呈云：

呈爲定期舉行江蘇八縣市地方物產展覽會，仰祈鑒核轉咨呈工商部備案，准予發免稅證書及減費運單，以獎國貨，而利徵集事。竊惟本省蘇錫武澄宜常各縣，素以富饒著稱，水具太湖灌溉之利，陸有鐵路運輸之便，農工商業，並臻發達，祇以改進無方，進步遲緩，社會消費，外貨居多，經濟損失，國民交病，近自國民政府建都南京，畿輔各縣，恭爲中外觀瞻所係，全國模範之區，縣長商民等，或備位民牧或忝領工商，值此訓政時期，自當體承鈞旨，力以提倡生產，發展民生爲要圖，爰發起組織江蘇八縣市地方物產展覽會，由職等聯合吳縣蘇州市武進常熟宜興溧陽江陰等各縣，共同舉行、徵羅物產、互相觀摩、不特提倡國貨、杜塞漏巵、亦所以覘各縣市農工商業之進退、而資激勸也、經于三月四日由縣長邀集各縣市政府、暨商會代表、在錫開聯席會議、會塲意見、一致贊同、即席通過各種章則、並決定第一次展覽會在無錫惠山鎮舉行、定於四月廿日開幕、以後輪流在各縣市舉行、所有展覽會徵集運送、及管理裝設等費、由各縣市分別自任、會場全部布置費、則由展覽會所在地之縣市負担、除臨時商場畧取租賃金外、其餘應徵物產、均於會畢時、悉數發還、概不取費、以上各點、均詳訂章程、附呈察核、查屬縣等所發起之八縣市地方物產展覽會、屬於全國舉辦物品展覽會通則第二條第二項之性質、自應呈請鈞府廳核轉工商部、請求備案、又查通則第十二條規定、凡舉辦物產展覽會經核准備案後、得請工商部簽發免稅證書及減費運單各等語、縣長等現因會期迫近、各項應徵物品、亟待輸運、沿途稅運各費、非請求簽發免稅證書及減費運單、不足以喚起應征人之熱忱、茲特檢同八縣地方物產展覽會各項章則書表、具文呈請鈞府廳轉咨工商部核准、迅賜簽發免稅證書、暨輪船鐵路減費運單各八百份、以憑轉發各縣市、即日運送、俾得如期開會、除展覽會暫行章程、業已另文會呈鈞府廳鑒核備案、暨分呈建設廳省政府外、理合呈請鑒賜核轉、實爲公便、再第一次展覽會場、係借用鄙縣惠山鎮各公私祠堂、風景

幽麗、屋宇寬敞、業經縣長與各祠業主等商妥、並飭員精密設計布置、積極籌備、合併呈明、謹呈

江蘇省政府主席鈕

江蘇省建設廳廳長王

附呈展覽會暫行章程

辦事處組織簡則

征集物產陳列品規程

臨時商場租賃規則

出品願書式樣

出品說明書式樣

出品目錄書式樣

籌備會議決案各二份

(乙)本邑方面

一)會議情形　八縣市地方物產展覽會無錫縣籌備委員會於三月六日在市政籌備處舉行第一次會議。事先由縣政府市政籌備處暨縣商會各推代表三人，組織籌備委員會，並由縣長任籌備主任。委員姓名如次：

縣政府　許以松　陸起　胡彬

市政籌備處　王伯秋　江祖岷　李冠傑

縣商會　程敬堂　陳品三　陳進立

玆將第一次籌備會議決案錄下：

一、修正通過江蘇八縣市地方物產第一次展覽會無錫縣籌備委員會組織簡則

二、推定各股主任

三、聘龔善樂為本會秘書

四、聘請孫寒厓等三十五人為本會顧問

五、推定各部負責人員

六、決定臨時商場區域東至山門口南至尤文簡公祠西至忠烈祠北至周文恪公祠

七、即日起登報通告各商界凡開設臨時商店須來會登記並先繳保證金十元

八、決定以惠山全部房屋作本會會場原有商店派員前往挨戶調查辦理登記並通告會場內全部房主不得自由出租

九、即日起登報徵集物產

十、規定每星期三六上午十時至十二時為本會常會日期

十一、確定各股股員人選

(二)組織簡則

江蘇八縣市地方物產第一次展覽會無錫縣籌備委員會組織簡則

第一條　八縣市地方物產第一次展覽會舉行地點，在本縣惠山鎮，本委員會負有設計及佈置全部會場，接洽各縣市廳徵

物產暨徵集本縣物產之責

第二條　本委員會設籌備主任一人，由縣長兼任之，籌備委員九人，由縣政府市政籌備處暨縣商會各派代表三人組織之。

第三條　本委員會分設總務，宣傳，徵集三股，每股設主任一人，由籌備委員兼任之，股員若干人，由籌備主任分別委任之。

第四條　總務股掌理會場設計佈置陳列及會內庶務會計事宜，

宣傳股掌理編輯交際事宜，

徵集股掌理農工商物產之徵集登記及編制事宜。

第五條　本委員會得設秘書一人或二人，

第六條　本委員會設顧問若干人，由籌備主任就工商界及地方熱心人士中延聘之

第七條　本會事務所暫設市政籌備處內，分事務所設惠山公園內。

第八條　本委員會每週舉行會議二次，由籌備主任召集之，各股得自行召集股務會議，會期不定。

第九條　本會委員均不支薪，秘書及股員得酌支薪金或津貼，

第十條　本會經費暫在縣地方預算展覽會徵集費項下撥充之。

第十一條　本委員會以籌備終了，展覽會開幕之日為結束時期。

(三)職員名單

江蘇八縣市地方物產展覽會無錫縣籌備委員會職員名單

籌備主任　孫祖基

籌備委員　許以松　陸起　胡彬　王伯秋　江祖岷　李冠傑　程敬堂　陳品三　陳進立

秘　書　冀善樂

總務股股長　江祖岷

股　員　沈濟之　周駕山　邢仲卿

宣傳股股長　胡　彬

股　員　戴戟儀

徵集股股長　程敬堂

股　員　高　振

(四)顧問名單

江蘇八縣市地方物產展覽會無錫縣備籌委員顧問名單

孫寒崖　蔡子平　俞仲還　張軼歐　嵇濂生　江禪山　唐忍安

吳壽彭　衛質文　顧傲南　榮德生　楊翰西　薛明劍　趙子新

江煥卿　蔡有容　榮宗敬　張倬仁　王堯臣　王禹卿　馮雲初

嵇仲和　吳襄卿　蔡兼三　錢孫卿　張恨天　陳子寬　華繹之

唐星海　吳士枚　薛壽萱　錢鳳高　蔣鏡海　周寄湄　吳玉書

(五)各部分負責人員名單

江蘇八縣市地方物產展覽會無錫籌備委員會各部負責人員及股別表

股別	部名	負責人姓名團體
總務股	警衛總部	黃貞白　許頌如

消防隊　救火聯合會
公共電話處　電話局
臨時醫院　醫師協會
電燈管理處　戚墅堰電廠
工業陳列部　縣商會
徵集股　商品陳列部　縣商會
教育陳列部　教育局　民衆教育院
政治陳列部　許滋侯　沈星若　蘇渭濱
藝術陳列部　周寄湄　曹衡之　胡汀鷺
農礦陳列部　高踐四　顧述之　吳邦傑　華繹之
鄭崇卿
參考館　薛明劍　陳子寬
衛生館　醫師協會　市政籌備處社會科
宣傳股　京劇部　周鶴山　沈濟之
電影場　周鶴山　沈濟之
動物園　周寄湄
音樂亭　平民習藝所　廣勤軍樂隊
歌舞場　沈濟之
崑曲社　大崑社
雜耍場　周寄湄

籌備之進行

甲、關於設計及宣傳方面者

（一）會場設計　八縣市物產展覽會，既決定以惠山全部房屋為會場。其中除每一縣市設一館外，並有參考館及衛生館之設。參考館陳列他縣或他省所出物產，及國外優良物品，俾吾人之參攷，而為促進工商業之一助。衛生館陳列各種衛生模型圖表，以增進民衆之衛生常識。此外尚有京劇部，電影場，動物園，音樂亭，歌舞場，崑曲社，雜耍場等，以增一般赴會者之興趣。在管理方面，則有警衛總部，消防隊，公共電話處，臨時醫院，電燈管理處之設，在營業方面，則有臨時商場之闢，務期佈置周密，規模完整。惟會場之支配，自應預為設定，俾使着手佈置，當經市政籌備處工務科實地測勘會場全圖，並商承主任劃定館址，其計劃另詳會場設計圖，茲不復贅。

（二）會議情形　無錫籌備委員會自三月六日舉行第一次會議後，續於三月八日，十五日舉行第二，三次會議，茲將議決要案誌下。

第二次籌備會議：

一、除通函外，並推定陳品三，江祖岷，陳進立負責接洽借用惠山各姓宗祠。

二、會場需用電燈盞數，約計一萬五千盞至二萬盞、

三、推定陸起，程敬堂，江祖岷擬訂本會預算

四、招人承辦公共汽車。

五、於火車站，寶善街，嚴家棚路口及五里街各建牌樓一座，請實業建築公司主持辦理。

第三次籌備會議：

一、致函九福公司黃楚九君招登電氣廣告。

二、定三月十八日成立惠山分辦事處。

三、游藝場日夜連演，規定時間，日場一時至五時，夜場六時至十時。

四、填平大德橋以利交通。

五、規定商場租價，每間每月甲等四十元，乙等三十元，丙等二十元。

(三)調查事項　(一)展覽會期間，本會特設臨時商場，備各地國貨商租用。惟會場地址有限，誠恐各商人乘機租用民房自行開設商店，不獨有損臨時商場之收入，抑且房屋被佔愈多，會場愈覺狹隘。因此決定調查惠山鎮各商店，除原有之商店外，非租用本會商場，不得臨時開設，此項調查工作，於三月十二日前辦竣。(二)惠山各祠宇，經指定為各館館址，其房屋間數，及內容，亟待調查，以便着手佈置。爰於十五日起派員前往按祠勘察，至十九日調查完竣。

(四)宣傳事項　關於本會宣傳事項，其重要者如次：

一、製定會徽，由總務股邢仲卿設計。

二、向火車站接洽，在該處建立本會廣告牌。

三、登滬上大報廣告。

四、登報招商承租臨時商場，並函請七縣市同時登報。

乙、關於徵集方面者

(一)會議情形　無錫籌備會徵集股股務會議於三月十四日開會，事先由籌備會方面聘定各部分負責人員，故如商會方面對於工商陳列品之徵集，縣政府及市政籌備處方面對於政治陳列品之準備，均已積極進行。茲將當日開會議決要案錄下：

一、推舉徵集股各部主任如次：

工業陳列部　縣商會
商品陳列部　縣商會
教育陳列部　教育局
政治陳列部　許滋侯
藝術陳列部　周寄湄
農鑛陳列部　吳邦傑
參考館　薛明劍
衛生館　醫師協會

二、添聘程華貞，華張應秀為藝術陳列部負責人，陶達三為農鑛陳列部負責人。

三、指定寶善橋東北一帶各祠堂爲參考館地點。

四、指定孫大宗伯祠至楊氏四褒祠一帶爲無錫館地點。

五、指定各部收件處如下：

工商陳列品　商會

教育陳列品　教育局

政治陳列品　縣政府

藝術陳列品　公園事務所

農鑛陳列品　市政籌備處

參考陳列品　工藝機器廠

衛生陳列品　市處社會科

六、徵集費用由各部主任開具預算再行核議

（二）徵集書籤　展覽會徵集用之出品願書說明書及標籤等，由籌備會，印就後分發各縣市，格式如下：

江蘇八縣市第一次地方物產展覽會出品願書　第　號

具願書出品人姓名　年　歲　省　縣人

現住　營業牌號　地址

今願將左列出品　種運送

貴會陳列遵照所訂規章辦理除另填出品說明書外合行填具

願書謹呈

江蘇八縣市第一次地方物產展覽會

具願書出品人

中華民國　年　月　日具

計開

品名	商標	數量	容積	單價	共價	摘要

江蘇八縣市第一次地方物產展覽會出品說明書

第　類　第　號

			備考
1	品名	英文譯名	
2	商標		
3	製造地	縣市地名 何處爲最大製造地	
4	製造額	各地製造若干 每年共製若干	
5	發售處		
6	價格	現時價每 最高價每 最低價每	
7	銷場	何處爲最大銷場 每年銷數若干 出口若干	
8	用途	單獨用途 配合用途	
9	包裝法	何種包裝法 長　寬　高　徑	
10	重量	每件重若干　皮重若干　淨重若干	
11	轉運	陸運　由　至　由　至 水運　由　至　由　至 運費若干	
12	税捐	內地 出口	
		營業牌號　出品人姓名 住址	
		中華民國　年　月　日	

中華民國　年　月　日

江蘇八縣市地方物產展覽會第一次出品標籤

品名	
商標	
出品商號	
地址	
數量	
價格	
發售處	
備註	

第　類　第　號

(三)各縣情形　展覽會辦事處，由各縣市推派代表組織，原定三月二十日成立。迄三月十八日止，各縣市已推定之代表如次：

蘇州市　仲靖瀾　江陰縣　尹□仁　王觀芹　宜興縣　歐仲榮　張行信　吳縣　陶福庭　吳竹溪　常熟縣　鮑雲鶴

蘇州市暨常熟江陰等縣代表，均於十九日先後蒞錫，當即偕赴惠山察勘陳列地點。又蘇州市方面於三月十三日成立江蘇八縣市地方物產展覽會出品委員會，積極進行，此距開會一月以前之大概情形也。

展期之原因

八縣市物產展覽會原定四月二十日開幕，乃於十八日接武進、宜興兩縣來函，謂因會期迫近，籌備不及，請展期舉行。本縣籌備會，未便擅專，當即據情徵詢各縣市意見，錄其原函於下：

查八縣市地方物產展覽會，前經各縣市代表蒞會，議決第一次展覽會，定本年四月二十日，在無錫惠山鎮舉行，正在籌備間，忽准武進縣朱縣長，宜興縣劉縣長等，先後來函，僉謂此次聯合展覽，尚係創舉，一切籌備，頗費時間，現距會期過促，實屬籌備不及，擬請展緩會期，另再定期舉行，俾資籌備，而期完備各等語，查現在距離開會日期，祇有一月，籌備諸端固甚複雜，而各市縣征集商品，亦至爲繁瑣，在此最短期內，欲其辦理完善，事實上感受困難，自亦實情，似有展期舉行之必要，准函前因，相應函達台端，即希查照見復爲荷。

以大勢觀之，此次展覽會似必須展期，惟事關提倡國產前途，深望勿因展期而中止，庶不負發起之美意與籌備之辛勤也。

市政與遊民

郭興熊

葉楚傖先生、對于『新市政府基本辦法』的論著中，曾把精神的培養和整理，看作市民底『生命關頭』。這種見解，實在有可研究的價值。因為社會的精神，全賴乎牠的分子，如果分子健全，牠所表現的，自然都是光明純潔的了。

(一)遊民發生原因

察遊民發生的原因，實有種種，其重要者，不外乎無業和失業。大凡人們、因為無有職業，才會放蕩，因而作種種卑陋的事情，在這種情形之下，如何還能自給養家呢？無業的根本原因，一方面因為沒受相當的教育，古人說：『不學無術』，不受教育，自然不能適應環境，何況在這種優勝劣敗的時代呢？他方面是因受遺產的毒，一般富有子弟，以為有了遺產，他們就可以安閒度日，享祖上的安福了，還要甚麼教育，預備將來到社會上去奮鬥呢？，然而這種夢想，那能成為事實，即算有千百萬的遺產，也不經長期的揮霍，結果無非是金盡落泊罷了。到了這種境遇，富家子弟也變成為敗類和遊民了。第二個原因，就是失業，按現在社會上失業的人數，總是一天多一天，失業問題，雖然經許多社會學家和經濟學家的深思熟慮，總沒有根本解決的方法。至於失業的起因，大概不外下列幾點：

(一)盲目的罷工——在現在工潮最易發生的時代，鼓動煽惑和脅迫罷工的舉動，往往使一般有職業的人，和消費者都受了極大的影響。在那無善後辦法的時候，工人們不免因失業而變成了遊民，走到墮落地方去的，不計其數。所以對于工潮問題，在社會上，是極可怕的事件，都市當局應如何使勞資洽調達到互助合作的原則，去療治社會的病態。

(二)疾病——禍福不測，有時有職業，有能力，工作的人，因為身體不健，疾病隨之，以致不能從事于工作。及至身體復原，機會失了，于是職業也失了，賦閑家居，無以自活。

(三)低能—這是失業原因的一種。有時幸遇有機會，每因低能不能稱職，易受天然淘汰，致不能立足，又何能保守他原有的位置。

(四)職業不適宜—職業不適宜，影響非常之大。這是因為在選擇職業時候的不慎，一方面因為虛榮心，和生計的趨使，投身去做某項事業，全不是他自己的本能，去謀生活，自然不能有好結果。又一方面是因為無相當的訓練，也就不能支持下去。再者，現在各工廠工資低廉，不能招致曾受有相當訓練的人材，也是造成職業不適宜的現象。查現在所發生的工潮，其最大原因，就在此了。此外還有因商業變遷，每每引起極大的影響。

(五)時季職業，這是因為職業，是按季的。譬如夏季有而秋季就結束了，牠是有定期的，在這情形之下，失業的增加，也就不少。

(二)遊民對于社會的影響

總上種種原因，遊民會有危險性，與社會以莫大的恐懼。既是如此，這些份子留存在社會上，他們對于社會的貢獻若何，我們不妨考量考量牠的力量。牠所貢獻的，第一是妨害治安，一般無業遊民，所作的決不會是正當的，社會上受他的

害不少，社會又如何得安呢？第二，所貢獻的是增加罪犯問題，這點與以上的一點，是相關係的。既是如此，種種的犯罪，亦莫不因之而生。據研究罪犯學的說，犯罪者增加，其中一個原因，就是無業的遊民的增加。第三，所貢獻的是生利少，分利多，這等無業失業的人，既不能生利，當然是分利了。生利少，當然分利多，這是至當不移的定理。如此社會的經濟，又如何能調濟呢？有以上的種種惡現象，還能說是貢獻麼。估量牠的破壞力量，簡直不可言喻了。

(三)市政府應取的態度

以上所述的惡現象，到底市政府對于牠應取怎樣的態度呢？難到是聽其自然生滅，取不理的態度麼？決不。我可以代表市政當局答覆，牠決不能置諸不問的，也就是不能取不理的態度。何以呢？辦市政的，決不肯對于市的精神方面忽略了。所以對於遊民，第一要將他們收留起來，第二要授與相當職業，使他們在社會上能生活，能生產，至於具體的辦法，就是多設職業介紹所，和遊民工廠，這都是各國所提倡和公認為必要的。如果能如此，當然可以減少失業的份子而促進社會的幸福了。

革命前後蘇俄之市政概觀

本篇載美國 National Municipal Review 原著者馬古威 Bertram W. Maxwell

沈維棟譯

俄國非城市國家，百分之八十五的人民，都從事於農業。牠的情形，當然和美國不同，因爲美國人口十萬以上都市的居民，約占全人口四分之一，而俄國同等都市的居民，則尚不及全人口十六分之一。但自從蘇聯政府成立以來，因爲要獲得城市工人階級的援助，同時並想把國家變成工業化，因此俄國的城市，已於不知不覺之間，於國計民生方面，取得重要的地位了。

美國對於俄國市政的情形，無論屬於歐戰以前，或在蘇聯政府控治時代的狀況，迄於現在，都很少發表，所以此篇不得不將俄國自成立共產國家以來，全國市政的情形，作一鳥瞰的寫述，而同時對於帝制及臨時政府的覆亡，以迄蘇聯的成立，其間關於市政的經過狀況，亦概述一二。茲將各時期的組織，分述如次。

革命以前的俄國城市

俄國的城市，直到晚近時代，方始有法律上的地位。瀰正式城市法制定以前，卡賽林第二Catherine II曾於一七五八年頒布一關於城市人民權利的特書，其所規定處理市政的權限，幾乎每個市民都得而顧問，不過那時候俄帝國政治及社會的情形，還沒有進到這種程度，所以此項敕令，始終不能夠實行，而不久也歸於無形廢止。但其後當一八六二年至一八七〇年間，政府對於各城市，復迭有敕令，賦以相當的自治權，自此以後，市政乃略具雛形。

迨一八七〇年，始有所謂市政條例 Municipal Act 者頒布。該法大體上是仿普魯士制度的，規定繳納市稅的市民有選舉或被選舉權。其選舉依照納稅的多寡而別爲三等，並規定設立市參事會，由複選當選的市民組織之。理論上市行政的最高權，雖似屬於參事會，而實際上則市政管理的實權，完全操之於朝廷委派的督辦，而特設一市政局所以輔助之。

自一八七〇年以迄一九一七年，中央對於各城市，始終握有無上的權力。一八九二年曾頒布一市政法規，詳密規定市政機關的組織，非僅有資產者不得參與市政，結果則祇有百分之一的市民，享有市會的選舉權。市參事會的議長及各員，變成政府監督的對象，而又認爲是朝廷官吏的一員，受中政院的制裁。然而中央委任之督辦，其權力頗大，他對於市法規認爲不合法或溢出立法的權限者，得停止其施行，甚至督辦處於一種絕對的地位，以限制市政的活動、再者，朝廷的內政部長也可以用不批准的手段隨時撤銷市法規的，以上是一九一七年專制政府顛覆以前俄國市政立法的趨向及中央政府的態度、後來臨時政府成立，壽命極短促，雖然曾想採用西歐的市制，但建立僅及五月即傾覆而入於多數黨政府的時代、

蘇維埃制的市政府

多數黨著作家對於市政管理問題，必追溯一九〇五年革命時期蘇維埃制度之城市立法、當是年五月工人代表的蘇維埃（議會）鑒於服次省 Ivanovo-Voznesensks 地方的長官太孤弱無能，於是起而代行維持公安的職務、又同年十月聖彼得堡的工人，也組織同樣的蘇維埃，惟不久，即解散 迨後一九一七年二月革命，將專制政府推翻，彼得格勒 Petrograd 的蘇維埃，將一切政權，攘入其會員即兵士的掌握，非但變成該城的治理者，抑且爲彼得格勒全境的事實政府。這種情形，直至省政府組織健全後始消滅、

當時革命空氣，甚爲濃厚，羣衆對於蘇維埃的熱度，也異常高漲，然而注目之點，都不過是市政中最平庸的問題。多數派『一切權力屬於蘇維埃』的口號，足以鼓勵蘇維埃握取一切可能的權威。故當一九一七年十月廿五日軟弱無能的省政府傾覆時，蘇維埃已自居爲理論上應該取得一切權力的主體。

但事業由艱辛得來，確非倉卒可就。當時（十月）革命情緒，較之二月之役更爲熱烈，因此蘇維埃實無相當的時間去從容實施各種麻煩的建設事業，而其對於行政及地方事業之成績，簡直無足稱道。迨新政府成立，傾向於使市政機關獨立，而仍以統治權保留給蘇維埃。因此如彼得格勒的市議會（Duma）於一九一七年十一月解散而重行改選，結果則中間階級及智識階級均被擯於選舉，而多數黨與左派之社會革命者獲得市議會席中之大多數。再者在蘇維埃控治下。各城之地方長官，常受蘇維埃的干涉與越俎代謀，甚且被其嫉視，行政官即欲反抗，亦屬無効，因上訴只能向本地的蘇維埃控告。解決糾紛和爭議惟一的方法，就是蘇維埃把當地的行政人員解散，而自己去操握政權、不幸這時候蘇維埃執政的經驗很淺薄，他們大都來自民間，並不是治理的階級，而實可說是一種革命的組織，結果則差誤與效率薄弱之弊是常見的，並且對於城市幸福方面，屢演相反的結局，以致市民對於新統治者，發生顯著的憂慮與消極的反對。嗣後革命的狂熱慢慢地平靜下去，蘇維埃逐漸做下許多建設的工作，反對的聲浪始漸歸消滅，然在一九一七年之末，各地猶時有騷亂並且贊成組織民生的

市政關機。

俄國在一九一八年蘇維埃新憲法頒布以前，關於市政府的統系，並沒有正式規定，所以市政機關的組織和職權，各城市很不一致。當時國內的人民委員會關於處理城市事業的標準，曾屢次發布命令，且未經憲法之採入，而事實上早已嚴厲執行了。又每個地方的蘇維埃，自以爲是這區域內的最高權力機關，自由發布新稅捐，並單獨規劃其行政系統，甚至處決反對派，也並不取得中央的同意，錯雜之情形，蓋可見一斑焉。

蘇維埃憲法頒布後所發生的變動

蘇維埃憲法於一九一八年六月公布，在市行政方面因此成立一種很好的基礎。這根本法規定，市蘇維埃的組織，每市民一千人中產生代表一人，惟每個蘇維埃代表的人數，不得少於五十人，亦不得多於一千人，至代表任職的時期，則定爲三個月。又爲便利實際行政起見，由市蘇維埃。選出一執行委員會，處理一切政務，大抵每代表五十人中產生執行委員一人。執行委員會是對於其蘇維埃負責的。蘇維埃會議規定每星期舉行一次，但得因執行委員會的請求或半數代表的發起而召集臨時會。在法定範圍內市蘇維埃是該區域內的最高權力機關，其工作的範圍如左：

一、行使一切可能的方法以期實現上級機關的決議案

二、鼓勵社會文化及經濟生活之進步

三、決議一切屬於地方性質的事務

四、於一區域內，統一一切蘇維埃的活動

市蘇維埃必須劃分爲若干部分，以便分別處理政務，但事實上市蘇維埃應如何分部並未有明文規定，所以立法的條文覺得太空泛對於市機關的組織問題，仍未能確定。尤不幸者，憲法頒布未久，內亂接踵而起，因此又發生種種的糾紛，而有經驗的地方服務人員，對於建設行政系統的工作，更備受種種的打擊。那時軍事長官是高於一切的，他們對於憲法及國家律令簡直視若具文。俄國全境復入於可怖的騷亂時代，到處是饑饉和破壞，尤其是城市的居民，陷於飢寒交迫的境遇，簡直談不到什麼自治。市政機關實際上已經不復存在了。

然而中央政府却猶時時希望恢復市蘇維埃，在一九一九年第七屆全俄會議中，曾討論到市蘇維埃的恢復問題，提出許多的議案，但大衆都沒有注意及此。迨一九二〇年第八屆全俄會議開會，舊事重提，乃決定爲便利地方行政起見，在各城鎮組織蘇維埃。然又經二年的蹉跎，始由全俄中央執行委員會通過一市組織的特別法案，實爲以後一切市法規的張本。（當一九二二年迄二八年間，全俄中央執行委員會對於地方政府事務甚爲注意，中間迭次發布條令，引伸一九二二年之法案，市政法規，乃漸臻完備。）

一九二二年是蘇俄的大轉變時期，軍閥與英雄的風浪至此歸

於平寂，而中央政府亦亟亟於斬求與取得各中心城市的合作，不過從連年內戰所鑄成的擾亂中，去製造和平與秩序，以及建立市政的基礎，其工作之艱困，蓋自不言而喻也。

大抵蘇俄自一九二五年以後改進市制度的工作，才趨緊張。蘇維埃政府努力於蘇醒文化生活，同時於革命的理想上，建築良好的市政制度，幸此數年間四境寧靖，各種事業，均大有進步。城市是有新的生命了，革命與內亂的恐怖也消失了，毀壞的街道和破損的建築都漸漸的修復起來，新的建設也次第出現了。各種市政事業，政府正在盡力的鼓勵和促進，並且希望使大多數人對於實際的市行政發生興趣。市政職官從前是貴族所盤據的，現在變爲平民的組織了。今後俄國市政的進步是可以預卜的。

南京條約中最關重要的三款

一、償鴉片價六百萬元，商欠三百萬元，軍費一千二百萬元，共計二千一百萬元

二，割讓香港與英國，幷開廣州，厦門，福州，寧波，上海五口爲商埠，許英人居住貿易，幷得派遣領事，專理商賈事宜。

三，秉公議定關稅則例(後根據此約與英國訂定關稅值百抽五制)。

計劃

拆除月城計劃書

工務科

查無錫城垣，早經本處計劃拆除，四門月城，亦在其列，本無庸另擬計劃。祇以去冬四郊多故，匪盜濟滋，未克即時實行。而各月城地近商塲，商賈輻輳，交通頻繁，月城橫梗其間，道經吊橋之往來車輛，必須繞越，偶有不慎，每多衝擊之患。市民受切身拆苦，希冀拆除，尤為殷切。前經縣建設局據公民之請求，呈請拆除，旋奉

廳令另擬計劃呈核。比以市處成立，市民又復紛紛請求，在城垣未拆以前，先將四門月城拆去，以利交通。本處迫於輿情之熱望，當由工務科分別測算，詳察市民所需，周諮博詢，簽請先從南門入手，西東北挨次實行。蓋以南門月城，適當南吊橋堍，車輛入城，必須沿橋經二十度陡坡下駛，轉輾入月城，危險最多。雨後泥滑，車輛顛覆，時有所聞，就綫論言，實有先拆之必要也。茲將拆除月城及築路等工程，分別依據本處實測越城平剖面圖，詳為核計，造列預算如左：

甲、拆除月城預算書

（一）月城概況　月城城根較城垣為厚，附廓房屋櫛比，施測非易。姑就城門寬厚，按照實測斷面圖計，每尺磚石料如次：

每尺越城磚 $= \frac{5' \times 11.2' \times 144 \times 12}{14 \times 7 \times 4} = 246$塊

垛梁磚 $= \frac{1.2' \times 4.2' \times 144 \times 12}{14 \times 7 \times 4} = 2.5 = 17$塊

兩共263塊

石料 $= \frac{10.5' + 5.5'}{2} \times 7.2' = 57.6$每方尺

（二）拆除月城預算支出表

項別	月城長度	磚料	石料	拆卸工費	運送及堆理工費及監工出勤費等	總計工程費	備註
南門	一七一呎	四四九一三塊 合一〇二•二方	九八•五方	二〇〇•七〇元	二〇〇•七〇元	四〇一•四〇元	每三工合拆磚石扯合一方清除灰泥運送堆積監工出勤等費每方估計一元工價每工洋五角
西門	一二四呎	三五二四一塊 合八〇•九方	七七•一八方	一五八•〇〇元	一五八•〇〇元	三一六•〇〇元	
東門	一四五呎	三八一三五塊 合八六•八方	八三•五二方	一七〇•一二元	一七〇•一二元	三四〇•二四元	
北門	一五七呎	四一二九一六塊 合九三•八方	九〇•四四方	一八四•二四元	一八四•二四元	三六八•二八元	
統計	六〇七呎	三六三•七方	三四九•六四方	七一三•〇六元	七一三•〇〇元	一四二五•九二元	

（二）拆除月城磚等收入表

項別	磚料價	石料價	出售磚石共價	備註
南門	一三四九•二九元	六八九•五〇元	二〇三八•六九元	城磚每塊估洋三分每方城磚四百四十塊城磚每方十三元二角
西門	一〇五七•二六元	五四〇•〇〇元	一五九七•二六元	石料均為靑石而非花岡石估石料每方洋七元
東門	一一四四•〇五元	五八四•六〇元	一七二八•六五元	
北門	一二三八•七二元	六三二•六〇元	一八七一•三二元	
統計	四七八九•二三元	二四四六•七〇元	七二三五•九二元	

又拆卸後磚石料，均有損壞，其不完整磚石料，祇可拆扣出售，故實收售價，約計八折。

總計收入舊料價洋五千七百八十七元四角四分，

收入相抵，尙餘整理費洋四千三百六十一元五角二分。

乙．拆除月城整理計劃書

月城既經拆除，自應從事整理，即為將來甲等幹路之一段。而與環城馬路相銜接。所有月城內外橋坡路面，以及埋置水管陰井等工程，均須舉辦。至於房屋在月城範圍內者，先行拆除。不涉月城者，亦計劃及之，以備將來建設環城馬路時完成之。如月城內警衛所，亦在遷徙之列。全部整理工程約分三項，分述如下

：

(一)築路工程　月城適當幹路衝途，車道因以曲折。今如拆除月城，則屏障已去，自可修築直貫大道，以利行駛。該路爲本處曾經計劃之甲等幹路，寬度定爲十二公尺。在月城範圍者，先行建設，其他則暫緩實施，以符整理月城之本意。又北門月城一帶，向爲市廛中心，月城兩旁，又爲交通孔道，大橋一段，將來車輛必甚擁擠，故計劃來往路線各一，寬度定爲九公尺（內人行道一公尺半），人行道亦各分來往，如是則原有店面，不致障塞，而月城中民房亦可拆除極少，將來交通狀況，益覺有序不紊。至東西南門各月城。民房各僅一二所，面積狹小，大半猶是空地，即全行拆去，所費無幾。即以吊橋及城門中心爲幹路中心，築寬十二公尺之甲等幹路一段，以待將來南北東西二幹路築成時相連接。

(二)遷移工程　月城內警衛所五所，均須遷移城內，以讓路線。拆用民房之超過全屋一半者，即以月城內基地酌量調換之，而給以遷移費，核計房屋每方公尺給遷移費洋一元。

月城築路面積計算表

項目／門別	拆除後城基之面積	築路須用月城基地面積	築路須用民房基地面積	應交換與民房基地之面積
東門	○•五八八一畝	○•三三二畝	○•○九四七畝	○•○九四七畝
南門	○•七四八畝	○•四○○畝	○•一二五二畝	○•○九九一畝
西門	○•七○五七畝	○•六七九七畝	○•三○一七畝	○•三○一七畝
北門	○•八○九四畝	○•○九三七畝	○•一一○九畝	○•一一○九畝

(三)清理工程　吊橋橋堍坡度太陡，車行不利，均須填高改平，加以整理，又修補城垣拆口，以及清除一切泥土瓦礫等工程，亦應同時舉辦，始臻完備。

綜上各款，爲月城拆除後必須之整理工作，茲估計工費，以及各月城拆用民房面積等分別列表如下；

整理月城工程費表

	路　長	東門 路面長101呎	南門 路面長113呎	西門 路面長72呎	北門 路面長209呎	備考
(甲)築路費	陰　井	27.00元	27.00元	27.00元	27.00元	用磚砌2½方陰井一個洋十六元邊井二個洋十一元
	水泥管	141.40	158.20	100.80	292.66	用呎半徑溝管管料及三和土底脚每丈洋十四元
	碎石子	55.70	66.80	62.50	209.00	每方彈街工料洋三元五角
	人行道	244.42	273.46	174.24	198.55	二面人行道寬二公尺半每丈工料洋十二元一角但北門寬一公尺半每丈工料洋九元五角
	共　計	468.52元	525.46元	764.54元	727.15元	
(乙)遷移費	警所遷移費	300.00	300.00	300.00	300.00	每所約估計洋三百元
	民房遷移費	64.50	111.54	114.62	39.76	每方公尺給洋一元
	共　計	364.50元	411.54元	414.62元	339.76元	
(丙)清理費	填土舖橋堍	71.30	85.50	80.00	○	視各門情形酌定估計如上數
	修補城拆口	30.00	30.00	30.00	30.00	月城拆除接連城牆處拆口應分別拆補估計如上數
	共　計	101.30元	115.50元	110.00元	30.00元	
	統　計	934.32元	1052.50元	859.16元	1096.91元	3927.89元

以上統計甲乙兩項收入相抵，結净餘大洋三百八十八元六角三分。

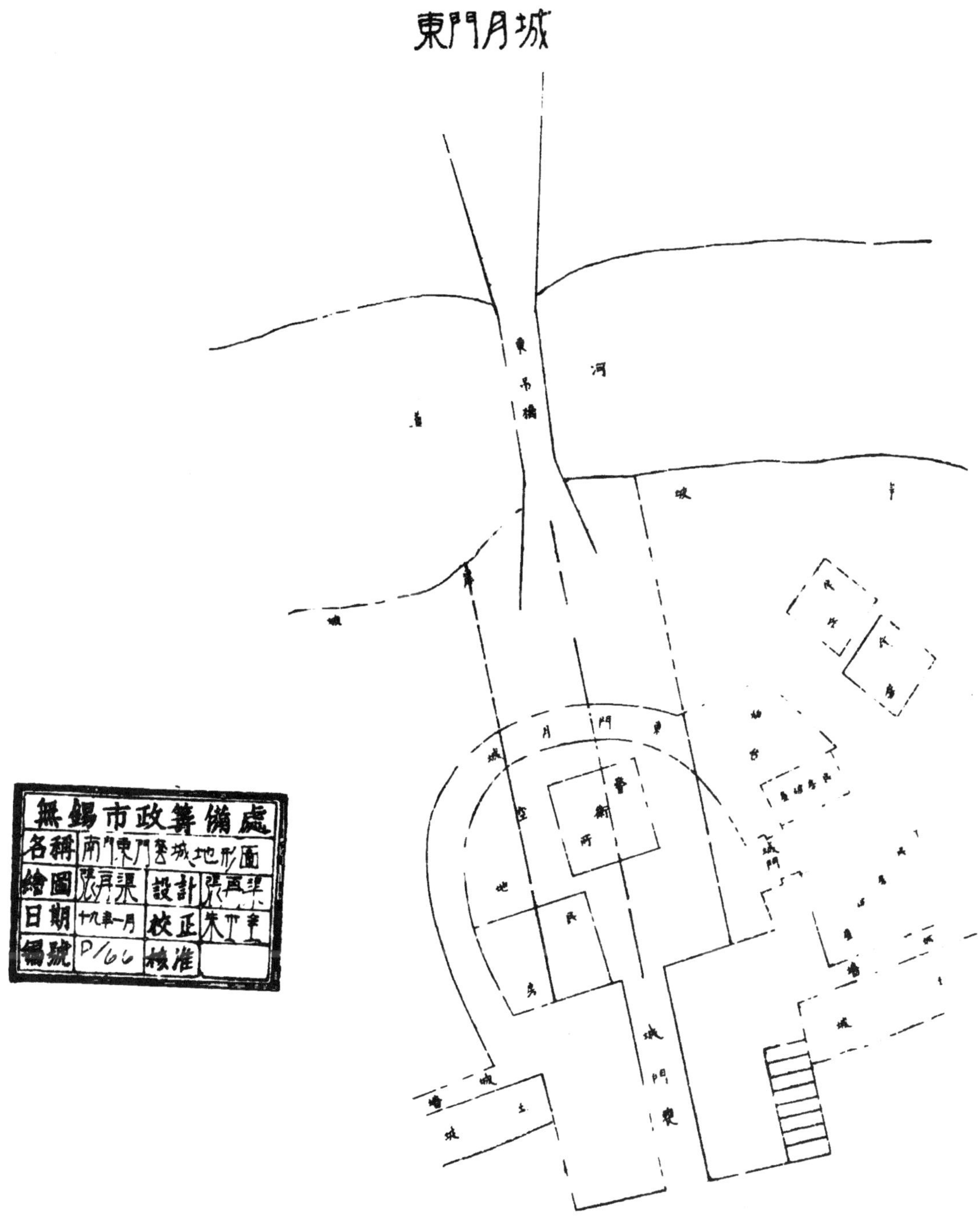
東門月城
東吊橋
河
東門月城
警衛所
空地
民房
城門
城門洞
無錫市政籌備處
名稱
南門東門甕城地形圖
繪圖
設計
日期
十九年一月
校正
編號
P/66
核准

南門月城

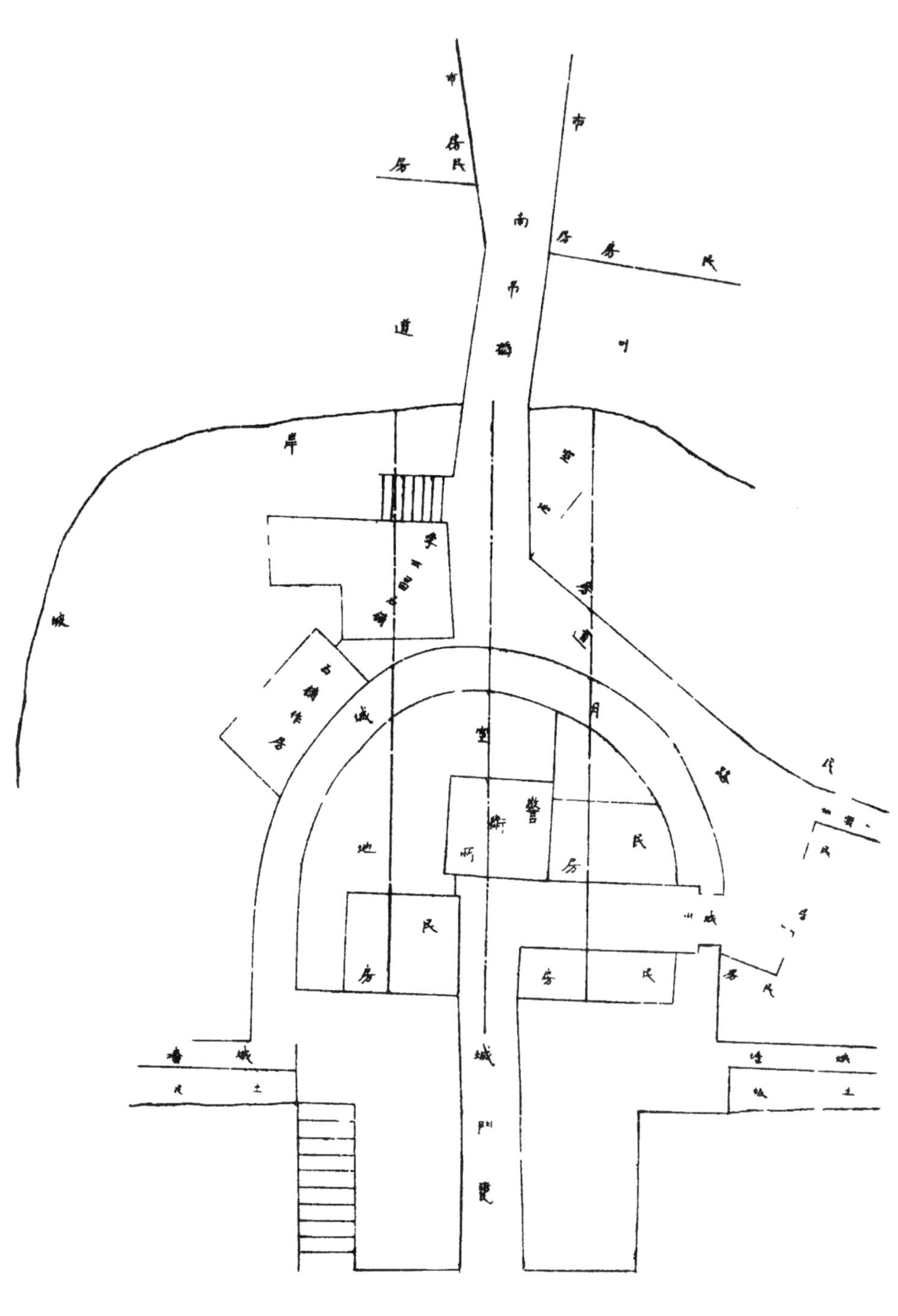

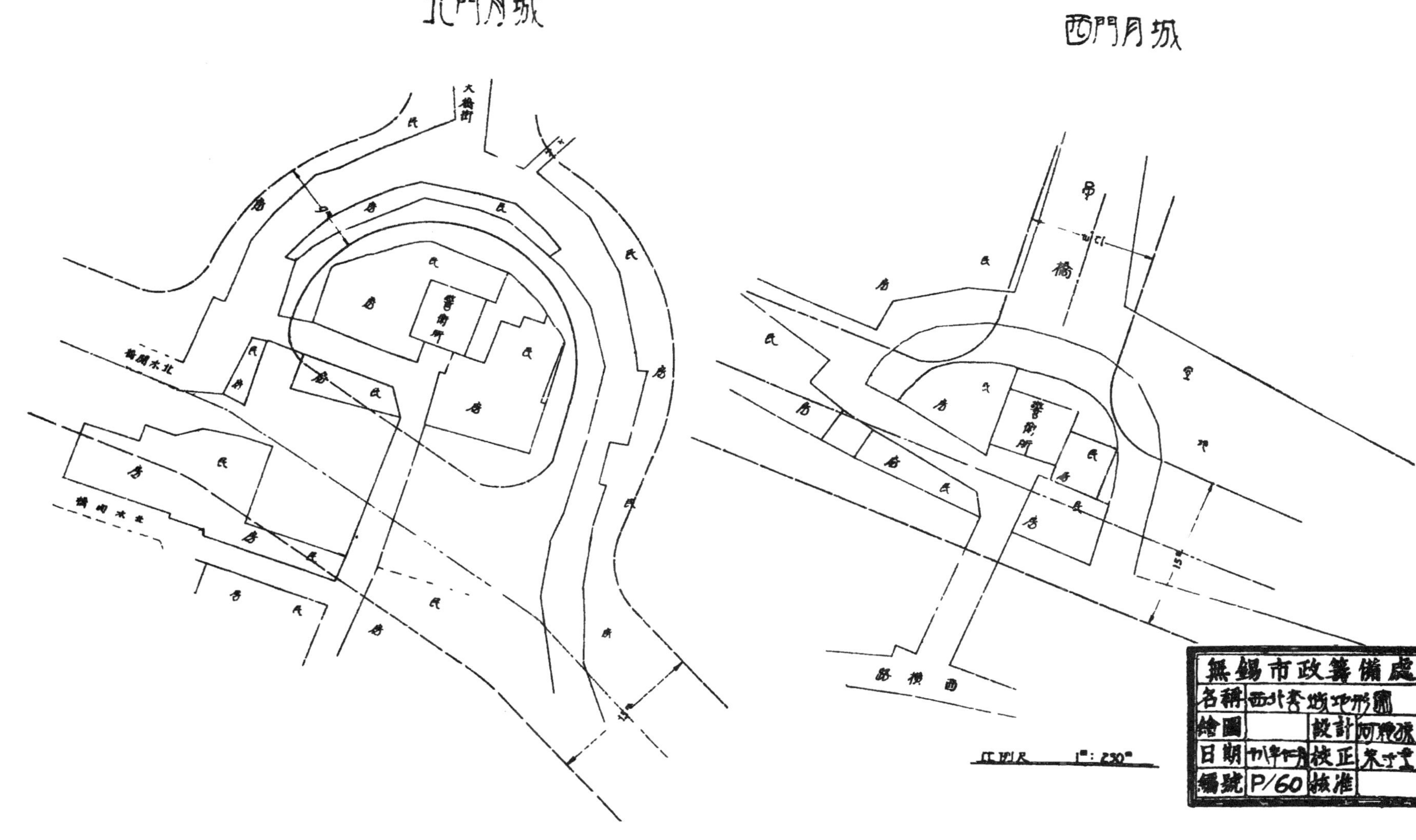
北門月城
西門月城
大橋街
北水關橋
警衛所
橋
西横路
無錫市政籌備處
名稱
繪圖
設計
日期
校正
編號 P/60
核准

整理本市公用事業計劃

工務科

都市之發展，與公用事業之設備，關係至爲密切。公用事業，亦即爲人民享用之事業，如車輛船泊之行駛，電燈電話之設備，廣告招牌之規定，門牌路牌之編釘，菜市場之建立，以及度量衡之確準等。本邑人口繁增，工商業興盛，而公用事業殊爲幼稚，居民感受物質供給之不足，生活程度因而日高，故有亟求改良整頓之必要。茲就本市之現狀，因地制宜，歷舉整理辦法，列表如下：

公用事業

總目	項目	辦法	效果	辦理情形	備考
電氣	電燈	供給健全價格低廉	充分享用便利安全	請電廠益求進步	
	路燈	普遍裝設燭光增加	夜間明亮交通便利	請電廠派定專員管理之	今已與電廠訂立合同積極改良
	電話	普遍裝話期通四鄉	信息靈通	請電話公司籌備擴充	
	電力	輸送健全價格低廉	節省開辦費	請電廠供給低價電力	
交通	車輛	改良管理增加便利	迅速舒適安全便利	已檢驗人力車自由車二種	繼續檢驗汽車及雜色車輛
	船舶	整理船隻規定交通	河運無阻交通便利	擬先舉辦船舶登記	俟登記完竣後統計而整理之
給水	自流井	劃分區域按區添設	清潔衛生	已成自流井均已低價供給市民享用	水質已請專員檢驗證明品質極佳
	自來水	計劃開設水廠	取用便利	計劃中	

廣告	招牌	規定格式取締亂掛	市容美化效率增加	取締懸掛跨街招牌	
	廣告	規定地位取締亂貼	方便美觀效率增加	添設廣告欄以應需要	擬建特別廣告場於火車站附近
權度	度	稽査取締杜絕弊竇	計算便利交易公平	計劃中	
	量	仝	仝	仝	
	衡	仝	仝	仝	
門牌		確定系統劃一形式	顯明準確尋覓便利	已由社會科換釘新門牌	完成
路牌		仝	仝	已由社會科調査編釘	製造中
菜市場		劃分區域按區添設	買賣集中交易便利	整理已成菜市場籌建新式菜市場	擬於北門外馬路附近建造大菜市場
停車場		規定地位便利停留	坐車便利市容整齊	分期建立停車場	
屠宰場		規定管理限制宰殺	注重衛生貨物集中	計劃中	

電燈

電燈爲近代照明學第一利器。歐西日本各國，雖窮鄉僻壤，莫不裝設完備，使民衆盡量享用，取費亦至廉。蓋公用事業，迥非商業可比，專以牟利爲目的，而應以公益爲前題也。査本市三萬餘戶，已裝電燈者，尚不及半數，豈猶樂用晦暗之油燈，蓋亦由於燈費昂貴，無力裝設也。我國各處電廠，向顧私益，電價之昂，比各國大數倍。縱吾錫市電價，在中國已稱極廉，但較之外國電力之成本，則尚有節減之必要。前年震華與耀明競業時代，雙方均抱犧牲主義，而電價驟賤。因此報裝者陡增，而雙方反藉以推廣營業，餘利更多，可見燈數如能增加，則價格尚能節減，在電廠方面爲謀市民之衛生與便利計，自宜設法推廣之。

路燈

路燈所以便行路之人，爲路政應有之設備。對於市容公安，尤有莫大關係，故雖陋巷僻徑，亦須裝置完備，而燈之光度，尤貴明耀，査本市路燈，當震華耀明兩電廠競爭營業時，互爭裝置，惟恐不及，不厭重複，以博時譽，然因無整個計劃，仍覺疏密不勻。其後耀明營業失敗，併入震華電廠，隸屬於中央建設委員會，更名戚墅堰電廠。戚廠成立，又因震華營業久未發達，歷年虧耗，內部尚須力求改革，機件設備，亦待擴充，組織更張，事務紛陳，電力之供給綿長數百里，一時對於路燈之完善，尙無暇顧及，故本市路燈不得不大受影響，市民煩言嘖嘖，以爲辦理不善。本處籌備市政，路燈屬於公用，爲市政之一，自不能不力圖整頓，爰與電廠方面，迭次磋商，卒訂定合同條件十一欵。同時本處亦決定取銷報裝制度，一律免收燈費，全市添裝路燈七百餘盞，以免疏密不勻之弊。此項合同訂立後，現已由電廠方面，負責裝置，全市路燈當可改觀。惟改裝之後，仍須管理得宜，遇有損壞隨時飭工驗修，此本處與電廠所當共同努力者也。

電話

電話爲近世傳遞消息之利器，不特能使商業通訊便利，人民探問迅捷，即公安上遇有匪警，亦易於探捕也，查本市電話已裝者，固屬不少，而於四郊尚未普遍，電話局現有之機，似不足供應錫市之需要，故常有報裝後久不得裝置者，或竟因電桿關係，要求植桿費而至不能滿人民之要求者，比比皆是。亦錫地市政之缺憾也。應請電話局而謀擴充，增置電桿，普遍裝設，以完善傳遞消息之能事，如因經費不足，似可與政府方面，協力進行，其所獲效果，自可臻至美滿也。

電力

二十世紀已由蒸氣世界轉入電氣世界。夫工程以經濟爲原則，故凡一切機械之原動力，莫不藉用電力而發動。本市工廠林立，機聲轆轆，而電力之施用，猶未普及。若統計每年經濟之損失，想甚可觀。而戚墅堰電廠之供給量，據查綽然有餘，故各工廠需用原動力，應設法一律改用電力，以求經濟。在電廠方面，亦須力事撙節，減低電力價目，以冀普遍購用也。

車輛

本市車輛，隨人口而日增，其種類亦隨工商業之需要而日多。人力車外，汽車，馬車，運貨車等，種類複雜，以簡單而狹隘之街路，行駛各種車輛，固屬危險。然車輛因需要而產生，亦爲交通之利器，又何能禁止其使用。故本處爲兼籌並顧計，特規定各種管理及取締車輛章程，分別定期登記而檢驗之。其有不合式者，藉可勸令改造，使符定章。在市民既得安全舒適之車輛，而道路橋梁亦可因之而維護。所有本市人力車輛，已先後檢驗完竣，今則着手檢驗自由車，汽車及各種雜色車輛，並規定每年檢驗一次，務使全市車輛，得以日臻完善。

船舶

本市水道，四通八達，加以工商業日臻發達，故船舶交通，日就繁賾。數目之多，種類之複，既漫無查考，停泊地點及通行路線，亦未經規定，故於熱鬧處隨意停歇，阻滯交通者有之，狹道相逢，竟日停塞，未能通過者有之，船戶故意抬高船價，欺詐市民者有之，修船破舊，裝載過量貨物，中途沉沒，而使商家受莫大損失者有之，宵小濫造船隻，侵害船戶生計者有之。凡此種種，隨時可以發現，殊足堪虞。本處爲維護市民之便利與船戶之生計起見，擬先辦理船舶登記，然後循此統計，規劃整理之策，逐步改革，以期水上交通機關，日就健全，則裨益市民，誠非淺尠也。

自流井

自流井供給市民清潔飲料，遇有火警，亦可藉以救熄，其功用甚鉅。查本市自流井共有三處，其水料之純潔，用量之不竭，早爲吾人所信用，惟以設置未遍，以三井之水量，供給全市二十萬民衆之所需，自所不能，故市民大半仍汲取河水爲飲料，於衛生上極有妨碍。故　方面宜將原有自流井維護，一方面將全市劃分區域，每區至少籌設一二處，較之創設自來水工程輕而易舉，自亟應着手辦理也。

自來水

自來水爲完成新都市不可少之工程。欲於市政方向，有充分設備，使飲料清潔，防災，消疫，以及穢物之排泄，均非自來水難臻完美。查本市地濱太湖，縱有清流足以灌溉，然河中每多工廠濁水垃圾混入，且城區河道如蚯蚓，盡是腐水，故自來水工程稍緩設備則可，若謂不必舉辦則不能。惟該項工程，需費甚巨，先宜着手調查全市人民水量供給若干，對于公用清潔需量若干，加以統計，然後將設廠水源之所在，精密考核，水量單位最低之價格，力求抑平，則一旦辦成，自可爲民衆所信用而利賴也。

廣告及招牌

廣告爲近代商戰之利器，於實業都市內，廣告之需要更多。惟本市招牌廣告　式樣參差，新舊雜陳，既欠整齊，又損觀瞻。如路邊屋頂，到處有粗污惡劣之廣告招牌，其色彩與標示文字，往往足以毀損市容。近來流行一種跨街招牌與旗幟，尤足妨礙視線，阻擋日光。此外各種廣告印刷物等，任意張貼於電桿屋壁，又有於屋頂上高架廣告塔者，式樣取材，不得其法，殊欠雅觀。整理方法，惟有聘用美術專員，負責指導，並遵照民廳規定格式，多設懸掛廣告處及特定揭示塲，規定揭貼方法與式樣，隨時由當局審查更正，並隨時由公安局注意取締之，則自能漸就整齊矣。

又本處前奉　民政廳令飭取締跨街等有損市容之招牌後，即布告民衆周知，並由工務科派員實行調查，加以取締。今錫市跨街招牌，一律撤除，街道上之光線視線，已較往昔爲佳矣。此後對於廣告一項，尚擬切實整頓，以期市政與商民，兩有裨益也。

度量衡

度量衡與人民日常生活之關係，最爲密切。故歐西各國，對於度量衡均有一定不易之標準，使全國遵守，無敢違背。吾國度量衡，因地廣俗異，各自爲制，相傳幾千年，日就錯雜，至今竟各業各自爲制，甚且各戶亦各自爲制，紊亂商場，莫此爲甚。現中央已規定度量衡標準，本處正呈請頒發標準器，一俟頒到，即可着手整理矣。

門牌

查本市近年以來，人口日增，居民已達三萬餘戶。而昔日舊門牌係長方木質，字號糢糊，稍遠即不易睹識。加以新戶隨時增添，故門牌號數，錯雜不全。本處前呈奉民廳核准，改釘新式珐瑯質門牌，每方闊五寸半，長四寸，藍底白字，色澤光亮，字體明晰，且易洗滌。現已由本處委派專員，次第編釘竣事矣。

路牌

本市各街巷路牌，尚未設置，於訪覓殊感不便。且本市客民日多，新自外埠來者，尤覺尋訪困難。本處有鑒於斯，已決定編釘路牌，於每街或巷之二端，各釘一塊，式樣亦已規定，材料仍照門牌所用之珐瑯質磁牌，既耐久經用，且易洗刷，藍底白字，字大而清晰，並於路名下附有指示方向之矢頭，使尋覓者依以前進，免時間之損失。茲已派員調查，即將完竣，製成後，即行逐巷裝置矣。

菜市場

本市菜塲已有六處，因限於經費，地面不大，構造單簿，建築簡陋，以供全市二十萬市民之需要，實有供不應求之勢。以致每屆清晨，肩挑菜販，仍有擁擠塞途之虞，而尤以繁區鬧市，交通爲之阻止，殊非善計。本處已着手調查全市住戶情形，擬將全市劃成數區，每區市民，各就其區內所有之菜市場買賣，並視緩急分別添建新式菜市場。

菜市場爲生利之公用事業，其利息之優厚，無出其右。故無論官商，均能創設，而尤以大規模之菜塲爲佳。蓋規模大則設備周全，建場高，層數多，則光綫空氣足，地盤大，則商戶可以租定各自成店，或可全日營業，此在無形中足以振興商市也。

本市城北一帶，急宜有大規模菜市場之建立，以便市民之購買。如用三層水泥建築，廣二百尺方，則所占地不過一畝，建設費不過三萬，而所能容納之舖戶菜担等，可五百戶。本處現正着手進行，期於短期間內實施之。

停車場

停車場分有蓋停車塲，停車塲所及寄車場三種。有蓋停車塲兼便冬夏二季，以避烈日霪雨，最爲適宜。本市如西門南門均已建造，此後應擇地逐漸添造，使人力車夫得有休息之處，意至善也。停車塲所即擇街道曠地樹立木牌，示明停歇車輛數目，使車輛照章停留，以便招攬生意，而免空車橫梗道中，妨碍交通者也。前奉 民政廳頒發式樣，本處於十月間已遵照規定格式，設立二十處，現又添製二十處，俟再擇要繼續添設。務使人力車均得一定停留之處，則市容上亦可日就整齊矣。寄車場為便利市民寄放車輛而設，無論定期臨時均可寄存，例如在名勝古蹟附近建設之，以便自駕車輛如自由車，馬車，汽車等寄存，代為保管後，則可縱覽勝蹟，而無所顧慮矣。此項設備，本市尚無其例。本處擬於惠山先設一處，以便倣行及於其他各處。

屠宰場

屠宰事關衛生。歐西各國，歸國家辦理者有之，官督商辦者有之，而未許小商人私自設舖宰殺也。吾國向無大規模之屠宰場，故亦無任何取締之辦法，雖於表面上無若何影響，而間接因肉食不潔或病牲遺毒，致遭疾病者，爲數定不在少數也。此後人數漸多，需要日繁，屠宰場之設置，似應及早計劃，以便集中屠宰，既便稽查，又可統計，所望熱心之市民，有以贊成之。

天津條約中最關重要的四款

（一）允許教士入內地傳教，商船得航行於內地，英法人民得領執照，往內地遊歷。

（二）除前開五口外，更開營口，烟台，台灣，汕頭，瓊州等為商埠

（三）英法兩國人民訟案，不論人產，皆歸兩國自行辦理。如中國欺凌擾害英法兩國人民，中國地方官自行懲辦，中法英三國交涉案件，彼此均須會同公共審斷，以昭允當。

（四）償金四百萬兩與英，二百萬兩與法。

整理錫山風景計劃

工務科

錫山在城西五里，惠山之支脈也。山之東峯，當周秦間，大產鉛錫，至漢時方衰，故置無錫縣，此錫山之名所由來也。此山爲邑之主山，勝蹟頗多，山南有仙人洗面池，仙人童子石等，山西有錫泉，山巔有龍光塔，皆以古跡稱。惟因保護乏人，又少修理，類多頹圮不堪，甚或因以湮沒，殊堪惋惜。山西有秦皇塢，山坡平坦，與惠山相連，東有烏腰塢，北環小河，風景天然。惟歷年未就葬者日多，以致坟墓纍纍，長此不加整理，則大好勝景，將全淪爲荒草荊棘之地，此本處所以有改造之動議也。茲就可能範圍，略擬整理辦法一二於后：

一、修築道路

錫山風景，頗有足資流連者。惟因山道崎嶇，交通不便，重以缺乏整理，遂使遊人裹足，而錫山之名，遂不如惠山遠甚。今者本處既有整理之準備，自宜先從整理道路始。考錫山上下道路，原有二處：一在山西秦皇塢，羊腸曲徑，間有石級，幸山坡平坦，上下尚稱便利，爲自錫山至惠山之捷徑；一在山北，自龍光寺直達山麓五里香塍，有石級可通，上下較易。晚近復經邑人重加修理，改築金山石路，頗平坦整齊。道旁間置石凳，以便遊人休息，冬青夾道而列，曲折有緻，大似西湖靈隱佳景。惟近一二年間，未加注意，又呈衰蕪景象。茲就附近地勢及交通情形，擬築道路三段，以輔助錫山之交通，列述於后：

（一）公園支道　錫山位處城西，居公園道傍，梅園及黿頭渚等勝景，在其西南。今自車站往梅園者，均取道惠麓廟巷，故經錫山麓時，大率走馬看花，以致辜負勝景不少。且惠麓道路窄狹，房屋櫛比，拓寬爲難，不便殊甚。今公園道計劃，經寳善橋五里街而入城，故自車站往梅園者，苟仍取道廟巷，則更感不便。茲擬於錫山東麓築路，自五里街往南，直達開原路，爲公園支道，寬十二公尺，沿途已經察勘，尚無妨礙房屋情事。此道果成，凡自惠麓往梅園等處者，均可由寬坦大道以環繞錫麓，從此錫山爲必由之路，而錫山之名，亦可由此顯著矣。

（二），錫山路　錫山四麓，除西有廟巷，北有五里街可通車輛外，其東南二面，則止有曲徑可通，遊人至此，輒以交通不便，不獲窺全景爲憾，且山南樹林陰蔽，溪水潺潺，頗具幽情，尤不宜任其荒廢。茲擬環山麓築一環形路，即以錫山爲名，路面不必過寬，以能通行人力車輛爲度。路旁遍植樹木，以濶葉類或富於蔭蔽者爲佳，樹下間置石凳或鉄椅，以便遊人休息。溪水經過處，設金山石小橋，佈置宜曲折，綴以鐵欄，使遊人不覺身在山林，而有園亭感想。且此路環繞山麓，又可藉此多築登山道路，以便山上下之交通焉。

（三），築登山路　錫山上下通道，已如前述，除山北及山西二道尚易涉足外，其餘悉係羊腸小徑，非山居或樵夫不敢舉步。今山麓既有環形路之計劃，可於山麓平均擇三四處築登山道路，分廻旋或之字形二種，或砌石級，或築馬路，以便遊踪上下。途徑宜就山石而曲折，多植松柏冬青等常綠樹，務使路徑陰蔽，極盡迂廻曲折之妙。遊人到此，曲徑通幽，自有一番興趣，使錫山風景，又可多一點綴，固不僅便利交通而已也。

二、整理名勝古蹟

錫山名勝，頗有可足述者。惟因荒蕪日久，漸將湮沒，自宜亟加整理。惟需欵浩繁，一時無相當巨欵，宜其擇輕而易舉者，逐一修葺，茲分述於下：

（一）龍光寺　在錫山之巔，自寺門迄山麓，有石級可通，晚近由邑人捐貲重修，煥然一新。寺中房屋，亦頗整潔，惟大門常閉，非熟識者不易入內，故宜全部開放，另佈置一二精舍，陳列經典，設備琴棋，遊人到此，其性好者，可得一流連之所，在寺僧又可藉以結交風雅，此固一舉兩得之道也。

（二）石浪禪院　在龍光寺之西南，建於明代，有正殿三間，樓六間。其上爲三茅殿，有石階可通，均因年久失修，漸致荒蕪，宜亟加修理，於幽靜處所，髹漆數間，懸掛字畫，陳列花草，備陳佳茗，以便遊人駐足。院前有巨石聳峙起伏，此乃石浪之所由名，宜護以木欄。加以標語。使游人一望而知，無向隅之嘆。

（三）龍光塔　在龍光寺內，本爲石塔，明萬歷時改建磚塔，可緣梯而升。後因年久失修，漸至荒廢，近由邑人出貲重建，參用鋼骨水泥，頗爲堅固，塔頂稍加修改，可用作氣候觀測之所。

（四）錫泉　在錫山北面半山中，前邑令吳鉞掘地得之。有巨石一，上鐫錫泉二字，擘窠大字，筆劃雄偉，不知係出誰氏手筆。惟外面並無保護，漸淪入土中，殊爲惋惜。今可就石築小亭蔭蔽之，以存古蹟，又可作涉山半途休息之所。

（五）仙人洗面池　在石浪禪院前石級下，爲山石裂縫所成，不易乾涸。惟四周岩石峭巇，不易逼視，可加砌滂欄杆。池旁山坡平坦，周圍面積有四十方，可佈置花草，圍以冬青，間置石梳。東行數十步有高阜，上有六角石基，是即古望遠亭舊址。

（六）望遠亭　在龍光塔西，建於明嘉靖年間，後因失修，遂致傾圮，至今迄未重建。茲擬就原址再行建築六角亭一，圍以欄杆，憑欄遠望，惠山全景，歷歷在目。附近若錫泉，仙人池等，皆俯視即得，形勝天然。

以上數則，均爲固有之勝蹟，如能一一加以整理，錫山已頗可觀。外此如氣候觀測所之建築，動植物場之設置能逐漸完成，則錫山之名，或可駕二泉而上矣。

三、建築氣候觀測所

錫邑文化，素稱發達，然各項事業，除圖書館、體育場等外，其他尚未設備。今籌備改市，各種調查甚繁，而調查雨量及風速等，又非設立較完備之氣候觀測所不可。惠山高冠全邑，四望凌空，其上建築氣候觀測所，本甚相宜。惟因山路崎嶇，跋涉爲難，故不甚適當。錫山峯雖低而孤立聳然，且山路整齊，上下便利，甚合需要，故擬就錫山建築。山巔有龍光塔，即於塔頂略事佈置，俾以瞭望，最爲相宜。塔旁有西式樓屋五間，頗寬大，用以儲藏書籍，闢室研究，亦頗幽靜。屋頂加以修葺，改建二層或三層，小樓中置儀器。若量雨計或風速計氣壓計等，均可酌量置備，另設專員管理，使每日氣象之變遷，均有較精密之報告，學者於公餘之暇，又可多一實地研究之機會，而錫山勝蹟，又可多一點綴，未始非錫人之福也。

四、建築動植物場

錫邑山明水麗，人物優秀，故教育事業，亦頗發達，爲全省冠。惟輔助文化設備，尚未見十分發達。如博物陳列館，動植物園等一切可作學校兒童之參考者，均付闕如。茲擬於錫山北麓闢一動物場，分爲野獸，飛禽，鱗介三部。野獸部就山鑿穴，範以鐵柵，築成山室，搜集各種走獸陳列其中。每室門前誌以說明，使游人至此，一目了然。飛禽部分室內室外兩種：室內陳列者，可應用三官殿原址。該殿有正廳四間，葺而新之，略事更改裝修，已能敷用。其中設置鐵絲籠若干，將各種飛禽分類陳列。屋後有小院，用以飼養雞禽，亦頗足用。其宜於室外陳列者，則就屋旁近山麓處用鐵圍築一高大篩籠，籠中略事佈置，用以飼養雀類及鶴類。由此往下，開山麓成巨穴，取出泥土，即以之填築通惠路，然後引春申澗之水，即爲鱗介部，用以飼養魚類，池旁作斜坡形，上覆鐵絲籠，中飼兩棲類動物。三官殿向下，本有石徑可通，稍加修理，即可上下裕如，使游人無跋涉之苦。三官殿旁有于忠肅公祠，俗稱夢神殿，中有正屋十間，用以改建作講堂式，置備坐位及演講席，以便學者之講演。此外另備專門書籍若干，以備遊覽者之參考。祠後有餘屋數間，即作爲管理處及伕役室，以便管理。至於動物之搜集等，純出購買，則所費甚巨，斷非短時間所能擔負，故須隨時徵求，捐助搜集，而工程方面，因搜集時間關係，亦可逐項備置，逐漸進行。此外又擬於錫山之南麓，闢植物場。該處山坡平坦，前環小河，地土肥沃，適於種植，可闢若干畝，分劃成區，種植各項樹木。吸水性弱者，可較近山麓，吸水性强者，植近河邊。並於地點適宜處築一二花房，以培養花草。將來經費充足，更可擴大範圍，闢田若干畝，以之試種稻麥，而裕收入，并築廒舍一二，廣爲搜集植物標本及模型，分部陳列，以供展覽。至於管理方面，可合併於動物塲，藉以節省經費。且植物場爲生利之處所，除開辦費外，苟經營得宜，將來利益甚大。即動物場之經常費，亦可取給於是焉。

整理惠山風景計劃

工務科

（一）惠山之價值　山水之勝，毓秀鍾靈，一邱一壑、亦堪不朽。惠山爲錫邑附廓名勝，數千年來，供人游覽，不獨以風景著稱，抑且與文化之開發，與工商業之發展，至有關係，錫邑之所以有今日，不能不謂非惠山之賜也。夫石頭城以龍蟠虎踞，蔚爲名都，西子湖以風景明媚，視爲樂土，山水與地方興衰之關係，於茲可見。錫邑苟欲不落人後，自非發揚其名勝不可，則惠山之價值，詎容忽視哉！

（二）勝蹟之修葺　遜清以來，變亂頻仍，惠山勝蹟，年久失修者有之，廢圮者有之，湮沒無聞者亦有之，茲值訓政伊始，建設方殷，亟宜攷據志書，窮搜竭研，逐加整理，籌集巨欵，廣事修葺，雖一石之微，亦不能忽其歷史上之價值，並宜標識詳明，觀者可以興趣盎盎，而一不致索然寡味也。再修葺之後，尤應養護有人，以維不弊，而垂久遠。

（三）道路之整理　道路爲交通命脈，名勝之區，而交通梗阻，縱能有其史乘上之價值，亦必減色不少。故整理惠山，應以交通爲前提。道路狹隘者拓寬之，崎嶇者築平之。本處現已有惠山公園道之修築，沿惠山浜之小道，亦經加以整理，使可通車。至於惠山道路之整個計劃，擬先事測量，再行規劃，務使游山者，無攀登之勞，而有驅馳之便。

吳稚暉先生之惠山道路計劃　稚暉先生對於整理惠山之計劃，論之綦詳。並曾跋涉山涯，親往查勘，發揚名勝，規劃周至。其對於惠山道路之計劃有二：其一，主張，由惠山公園之門前，築路直達王文正公祠，通五里街，折而西向，經聖帝殿，繞山麓達春申澗。更就現在山門築路，經香花橋，通華孝子祠，折至泉亭附近，更折至春申澗。此路因地勢所限、稍加擴充，以能通駛汽車爲度。其二，主張在惠山斜坡盤旋築之字形大道，路線接由春申澗起。向西直達石門，又由石門折而東向，達白雲塢，折向山後，通至青山，一端與山麓路會合春申澗聯接，一端直達青山全路，貫通山之前後，東西成一聯鎖云。

按本處惠山全部測量，尚未實施，所有小坡斜度與闢路通車，關係至鉅，將來全山道路如何蜿蜒上下，擬按照平面圖再行規劃。自當參考吳先生之主張，詳爲設計，一俟測量完畢，計劃完成，再當就正於地方明哲焉。

(四)樹木之栽植　樹木足以點綴風景，盡人皆知，而造林之功用更足調節雨量，有益水利農田，增進地方收益，故惠山所有道路兩傍，均應廣植樹木。將來綠樹成蔭，道路自呈美化之象。一俟路線勘定，即當先事栽植樹木也。

(五)工程之次第實施　惠山之整理工程，亟待實施。孫縣長改造惠山公園，即爲整理工程之一。迴惠路與五里街貫通之公園道，已由本處填土鋪築，業已完成。惠山浜沿河車道，亦經整理工竣，可以通車。又迴惠山路爲迴惠山之幹路，本處擬重加修築，增高路面，削平橋坡，亦經測量製圖，招工投標，從事整理，全部工程費約二萬元左右。至於惠山全部工程，姑就經濟能力之所及，分其緩急，次第實施之。茲將工程之程序及工作之概要，分述如下：

(甲)開放忠烈祠

忠烈祠所以表彰先烈，先烈爲革命而犧牲，吾人設祠以祭之，非但崇德報功，亦所以資後來者之景仰也。故忠烈祠亟應時常開放，任人游覽，對於先烈之功勳，亦須勒石誌之，以備追念。至祠之前部，有空地一方，向來堆積泥土，雜種桑樹，蕪穢不治，殊失莊嚴之象。現已由本處將土堆平，擬再將石欄修整，多種名花佳樹，爲游人休息之所。該處原有金蓮池，聽松石床及數百年之銀杏古樹，倘有加整理，必能化朽腐爲神奇也。

按忠烈祠向有祠田，年有收入，足供修葺之費，故此項整理工程，不難擘劃，似可最先實施之。

(乙)改造聖帝殿

惠山聖帝殿，即古東嶽行宮。其先本在城內中市橋南，後唐時由山人周太乙募貲徙建於錫山之麓。自宋至明，建而燬者屢矣。前清乾隆時，邑人集貲重修，咸豐十年，又燬於火，至同治八年，始將正殿重行建造。民國肇建，取締神偶，該廟遂日就衰敗，兩廡房屋及戲檯等處，年久失修，漸致傾圮。加以常川駐軍，損壞益甚。數年前，邑人唐氏曾將正殿及偏殿略加修葺，至今尚存舊觀，惟兩廡房屋，窗扉盡失，變作沿門托鉢者之大本營。戲檯自傾圮後，無人注意，始則木料被人竊賣，繼則磚瓦被人偷竊，漸致牆敗垣殘，幾將湮沒，游蹤及此，舉目荒涼，惠山勝景，因之減色，故宜亟加整理。蓋利用荒蕪之廟產，作有益於公衆之事業，又可使遊人多一休憩之所，固一舉兩得也。

（一）設立惠山博物陳列館　惠麓土產甚多，如惠泉之酒，孫巷之菱，燦山之茵，二非之栗，水田之荳豆，均皆有名。此外如泥塑之人物，油酥之餅餌，亦皆聲聞遐邇，凡遊斯土者，無不以滿載而歸為快。惟當地人民，無聯合之組織，缺精密之研究，故數百年來，一仍舊貫，銷數狹小，泥人一項，晚近雖略加改造，然尚不如天津出品遠甚。長此以往，大好名產，恐將湮沒無聞，非亟加補救不可。茲擬闢聖帝殿之兩廡為惠山博物陳列館，將舊屋葺而新之，一面聯合各土產出品者，將出品分別陳列　至於製造品，則宜將自原料以至成品逐段配置，並加以詳細說明，如何製造，如何運輸，有何特長，使遊人至此，一目了然。在售品者亦可得暢銷之機會。且同業聯合，可減少競爭之損失，可研究改良之新法，固有益而無損也。殿前戲檯，現已傾圮，可重修之，中置惠山全部模型，舉凡邱壑林泉，亭台樓閣，均一一列入。其涉及名勝古蹟者，詳細說明之，使遊者覩此，胸有成竹，隨後按址訪尋，自覺興趣盎然矣。

（二）設立民衆茶園　惠山以泉水著名，故遊者均以品茗為唯一目的。無如山麓茶肆，除一二稍幽靜外，其餘或闢祠堂之門庭，或借沿河之矮屋，因陋就簡。入室則涕唾滿地，烟氣薰天，偶坐則腰酸足疲，精神怠倦，以之襯託惠泉，有何佳趣。茲擬就該殿餘屋改作民衆茶園，置備較完備之桌椅，較風雅之字畫，陳列花草，佈置琴棋，使遊人得鑑賞幽情，細品佳泉，惟售價宜廉，以收民衆同樂之效。

（三）佈置小花園　聖帝殿除正殿及兩廡房屋外，空地尚多，惟因地近錫山麓，故悉作斜坡式。原有階石多層，拾級而登，頗覺引人入勝。惟年久失修，荒蕪滿目。今就此可闢為若干區，中植花草，或耐冬樹木，佈置成螺旋形或成圓形，正中鑿一小池，引澗水入之，飼養魚類。四周圍以石欄，間設鐵椅，以使遊人作惠山遊者，可多得一休憩之所，寧非佳事。況聖帝殿與毗鄰張中丞廟相通，將來正可逐漸擴充，就原有假山花木加以點綴，其他屋宇，或儲書籍，或陳報帋。至於中丞靈位，則另闢一室專祠之，並將一生之歷史，逐一詳載，陳列其間，使遊人至此，得追思先賢，此亦未始非紀念之道，固不必斤斤於廟堂之顯赫也。

以上所述，不過因地制宜，約略言之。至於經費一層，或出之地方捐助，或由公家撥付。總之，此種事業，宜由公家提倡，人民協助，始克早觀厥成也。

（丙）整理春申澗

春申澗亦名黃公澗，在惠山望湖閣之西，其初祠春申君於此，故名。今則春申君已移祠於廟巷，而澗名則仍沿其舊，為惠麓勝蹟之一。澗身蜿蜒曲折，水聲潺潺，碎石雜陳，頗饒靜趣。遊人抵此，倘披襟當風，臨澗高臥，則塵俗盡消，有飄飄欲仙之概，夏日霪雨之秋，山水暴發，則擊石起波，其流湍急，澎湃之聲，若萬馬奔騰，頓成巨觀。惟附近山坡童禿，缺乏建築物，偶遇大雨，遊人之興佳者，每冒雨而尋之，否則不能一沾眼福，是嫌美中不足。且澗石平小，雖擅曲折迂迴之勝，而缺高下崢嶸之勢，故除雨季或暴雨外，恆少突兀奇景。是宜以人工整理之。茲擬就臥雲石下方約五六公尺處，闢一池以承澗水，溯源而上，鑿石成壁，斧斤不易，可借重於炸藥。高以六七公尺爲度。使澗水至此，傾瀉而下，有如匹練下注，池中浪花飛濺，蔚成奇觀。池周圍以石欄，一面連以水管，上綴龍首或其他裝飾品，使澗水由此流出，池旁山下約三十公尺處，擇地闢一廣場，縱橫分區，舖以草皮，植以花木，圍以冬青，正中設一噴水池，噴水之管，由地下直通至澗內池底，池內積水一部份即可由管內噴出，應用天然水壓力以築此噴水池，至爲經濟；廣場內置鐵椅若干，建築精舍一二，俾作遊人休息之所，可名春申澗公園，以作勝蹟之點綴。復於洞旁作一長廊，直達公園精舍，隨澗蜿蜒而上，至池旁削陡處。臨池建水閣，明窗淨几，以供遊賞。偶値淫雨之秋，山水洪發，偕二三知己，登臨閒眺，把酒當風，但見匹練當空，傾瀉而下，此景此情，其樂何極　春申澗西南數百步，有忍草菴，其旁有貫華閣，由邑人楊君修建，均擅幽勝　目今雖有曲徑可通，然尚嫌其仄，將來可就原路拓寬，使車輛得直達，與春申澗連貫一氣，藉此擴大範圍，以飽遊人眼福。凡此數端，均整理中犖犖之大者也。

（丁）開放各私祠

俎豆千秋，所以追念先人，自貴清靜之地，所以惠麓私祠，櫛比皆是。然均門設常扃，逢春秋二祭，始事整理，平時則塵垢盈積，穢氣觸鼻，屋宇每易盡毀，殊違清潔隆崇之意。故各私祠似宜一律開放，供人游覽，其先人之功業彪炳，有足供人欽慕者，亦可叙其已往，以表彰之。後裔之游往其地者，更可隨時追念其先人，初不待春秋二祀之日也。再各私祠互相貫通，亦不減園林之勝，祗須啓閉以時耳。

（戊）修葺秦園

園林足爲山水生色，引人入勝，相得益彰，環惠之麓，園如棋布，而秦氏之園，尤獨擅勝場，允爲巨擘，惟年湮代遠，蕪穢日甚，已非昔比，亭榭減色，花木亦少生氣，大好名園，斧斤以拾薪者有之，寠人據以棲息者有之，良堪惋惜。自宜大興土木，行有餘力，再圖擴充之。秦氏後裔，頗不乏人，當能合力籌資，鳩工集材，克底於成，舊蹟重新，亦正所以恢光先業也。

（己）之字形路建築費之概算

該路路線，爲吳稚暉先生所計劃，爲貫通惠山前後之大道，應爲登山之平坦大道無疑。自春申澗起，蜿蜒而達第一峯，爲第一段，寬十呎，可就闢路所掘山石鋪築之。坡度擬定二十度，即水平上三呎尚一呎之斜坡。此次工程，工數雖大，用材不多，且以開掘所得石料之較大者可以建造路傍石欄石凳及假山花台等，隨地點綴，或用水泥膠接石料之大者，築石亭以壯路容，而便休憩，全部工程預算，約計需洋一萬元。自頭茅峯經第二峯而達三峯為第二段。此段為山頂平坦之處，現在寬度已在二十呎以上，僅須興構各項築建物及栽植樹林以點綴之。工程費等，約合洋五千元。自第三峯而下，經石門而達白雲塢為第三段。此段雖曲折難行，但假定上山均由春申澗起，則此段為下山之道，坡度可較大，即就現在路形，擇其崎嶇難行之處，加以修整或築石坡，約須洋八千元。自白雲塢折向山後通至青山為第四段，工程較大，但開築亦不困難，工費至多二萬元左右，即可完成矣。

（庚）惠山鎮街道之改造

惠山鎮中之街道，為惠山大公園園內之道路。其寬度不必過寬，以能栽植道傍樹而通行車輛為標準。例如自惠山公園之門前直達王文正公祠一段，如寬度定為三十呎，則所拆市屋至少。自五里香塍直達忠烈祠一段，兩旁多為祠之建築，但大部分寬度已在二十呎以上，除少數市屋及私祠前之圍牆門須讓進外，已足闢為古樹蒼蒼之大道。其折至春申澗一段，曲折大多，路亦狹隘，工程較難，惟長僅數丈，且一邊尚非街道，皆照內政部土地收用法征收而改造之，亦尚易進行也。計全部改造工程費，約須大洋五六千元。

（辛）石門之整理

石門峯巒奇突，懸崖峭壁，而能令人履險如夷。循序而上，道愈險峻，石尤怪奇，洵為大觀。遊者以其高危，每憚於登陟，僅春夏之交採藥者攀登拾草而已。茲擬以人工整理之，將山路修整，並綴以亭臺，使天然勝蹟體，得人工而益彰，游山者可拾級而登，憑欄遠眺，遊自騁懷，其樂何如。

（壬）青山之整理

青山灣四面環山，抱拱平原，廣可百畝，古木蔚然，風景絕佳。惟曠地尚無建設，且背惠山之青山寺，雖有寺僧主持，而純屬迷信之徒，乏高雅之致，殊可惋惜。本處對於該廣地，有改建為本市公墓之議，藉以闢為公用之林園，既足增進該地之風景，且為整理青山入手。蓋公墓成立後，憑吊之士，觀光團體，咸視為必去之途，而熱心公益事業者，必捐建各項紀念物以點綴之，則於公墓外，四周山麓，必日就改造，而成為惠山之一大名勝矣。再於現今已成之山路，接通汽車道至五里街，一端折向後，過至白雲塢，而接之字形大道，以貫通惠山前後，使諸勝蹟貫成一氣，則其價值當不亞於石門春申澗也。

（癸）其他名勝古蹟之修葺

惠山勝蹟，指不勝數，而湮沒無聞者，實佔多數，蓋大半由於失修而廢圮。故古蹟之保存，端賴常時之修葺，與游客之愛護而已。惠山其他名勝除上述者外，凡志乘可考者，均宜大加修葺，不可任其廢圮，任其湮沒，經之營之，復其舊觀。更宜繪列說，與游歷者以指南，俾於游覽之中，寓憑吊之意，而增歷史之智識焉。

（六）籌欵方法

以上十項，工程設施，如能逐加整理，使邦人士得於事務之暇，游散其間，以暢胸懷，則惠山之價值，當可倍蓰於今日。惟此項經費，動輒鉅萬，斷非本處現在經濟力量，所能負擔。故除先撥公欵，建築一部份外，其餘則分隊募捐。凡熱心之士，認捐巨額者或立碑紀念，或按照江蘇省人民贊助建設事業獎勵條例，呈請獎勵之。如此進行，期於二三年內完成之，則其成效已不為緩矣，願邦人君子有以共圖之。

圖表六三：此處原爲《新市村計劃圖》，見書後。

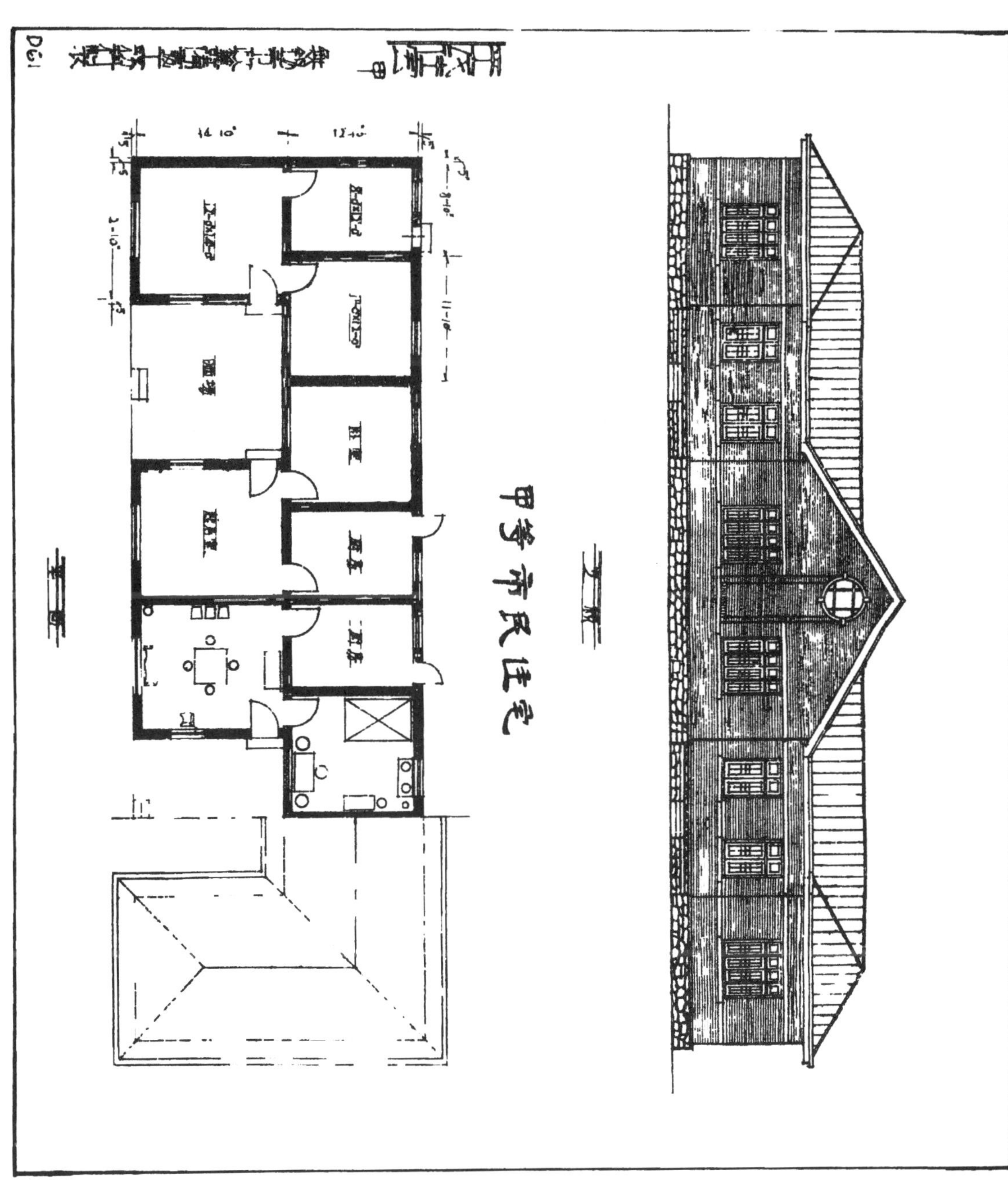
甲等市民住宅

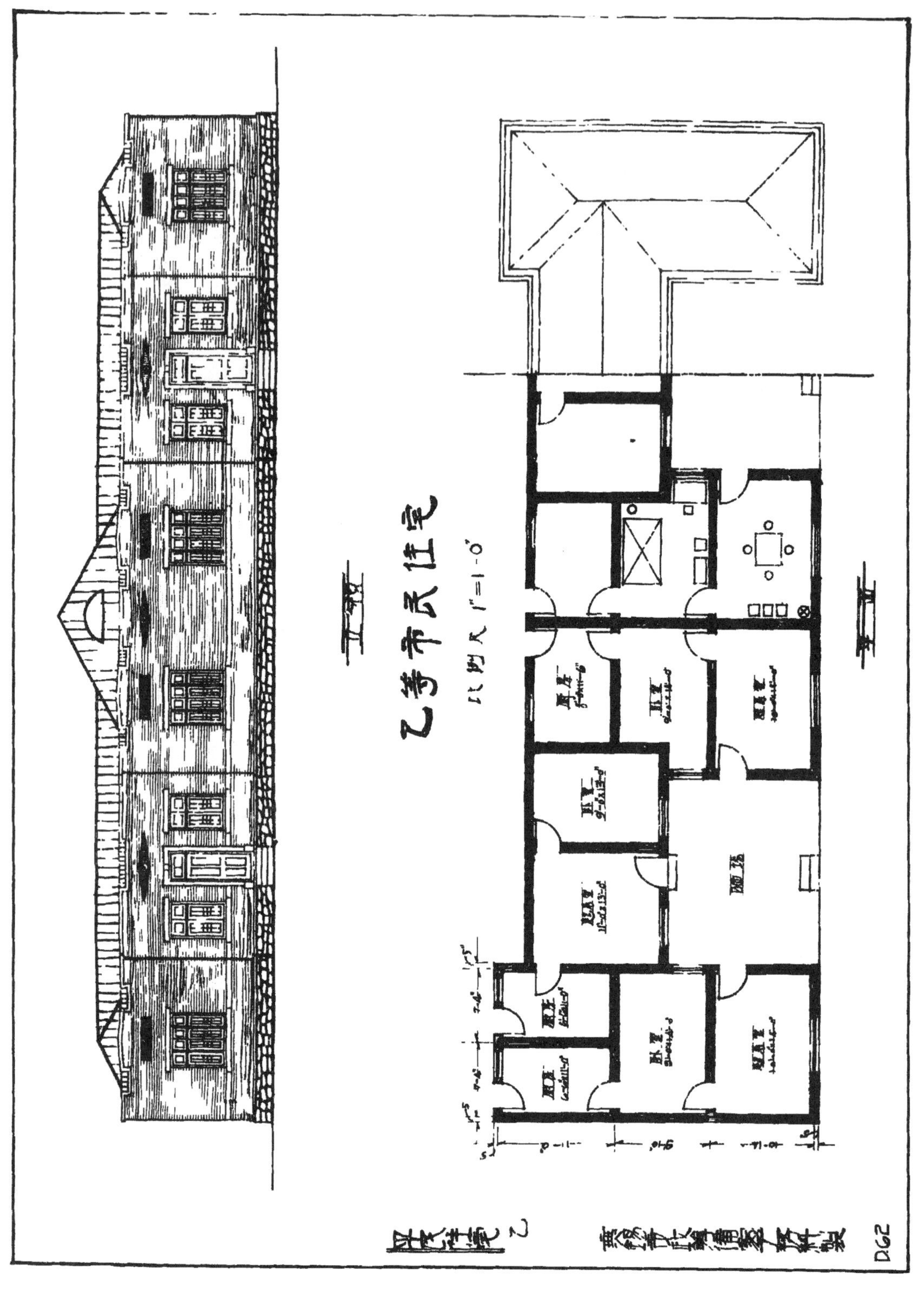
乙等市民住宅
比例尺 1"=1'-0"

圖表六四：此處原爲《甲等公共男廁所圖》，見書後。

圖表六五：此處原爲《美術廣告牌》，見書後。

報告

無錫市政籌備處民國十九年二月分收支報告

計開

庫存

十九年一月底止揭存洋二萬四千九百四十五元四角一分四厘

收入　一萬一千三百五十元零九角零六厘

甲、經常收入項下　一萬一千另十八元八角零四厘

一、市產收入　一千五百三十元另二角二分

一、房租　一千零六十四元三角

二、地租　一百零三元二角

三、碼頭租　七元四角

四、公園塲租　一百九十七元七角

五、菜場房租　一百十六元五角

六、自流井售水　四十元零一角二分

七、廁租　一元

二、捐稅收入　八千八百四十八元四角八分四厘

一、街車捐　一千七百五十九元

二、包車捐　一百九十四元五角

三、自由車捐　七十四元二角

四、汽車捐　三十八元五角

五、馬捐　十五元

六、清道捐　四百四十五元七角

七、汽船捐　九元

八、快船捐　陸元

九、店房捐　五千二百十元零六陸角二分九厘

十、旅棧捐　二百零二元

十一、茶館捐　九十六元二角六分
十二、戲館捐　六十元
十三、公園茶捐　一百四十四元一角
十四、廣告稅　三百五十一元七角八分
十五、菜場捐　一百九十七元八角一分五厘
十六、輪行年捐　四十四元
三、雜項收入　陸百四十元零一角
一、路燈門費　三百零五元
二、建築執照　二百零二元一角
三、土木作登記費　七元
四、娛樂登記費　一元
五、熱水店執照　二元
六、汽油船執照　十元
七、菜場執照　三元
八、公園攤照　十元
乙、臨時收入項下　三百二十二元一角零二厘
一、各項收入　二百三十二元一角零二厘
一、租房押租　二百三十元
二、人力車驗車費　一元
三、自由車驗車費　三十一元
四、編訂門牌費　七十元零一角零二厘

支出　一萬一千三百六十四元一角一分九厘

甲、經常支出項下　九千七百二十元零二角五分三厘
一、行政經費　二千三百三十八元一角六分九厘
一、職員薪俸　二千二百二十元
二、勤務工食二百七十八元二角
三、印刷公文用紙捐票表格及車牌照費　一百三十六元二角五分
四、紙張筆墨簿冊文具　四十六元四角七分五厘
五、郵費電話電燈　一百九十六元四角四分
六、書籍新聞報紙　十八元四角八分
七、茶水薪炭及消耗　五十五元七角零四厘
八、報紙廣告費　三十三元五角
九、購置零物及雜支　二十二元三角五分
十、公務出勤車資　二元五角五分
十一、收捐員薪俸　二百四十元
十二、跟收捐勤務工食　四十八元
十三、收捐員司收捐車膳資　四十元零二角二分
二、事業經費　六千三百二十六元零八分四厘
一、補助市區公安經費　五千元

二、修治道路雇用砌街匠小工測丁工食及用具　六十六元六角六分

三、測量道路及會勘並市民建築丈發車膳資　十九元一角六分五厘

四、清道清河夫工食及垃圾船租　七百卅五元二角五分

五、公園經常費　八十七元八角六分

六、自流井經常及修理費　一百零八元七角二分

七、菜塲經常及整理清潔費　二十二元七角四分

八、本市路燈與電燈廠商榷重訂合同設筵款待費　二十一元二角八分

九、市產房屋與花船修理費　一百卅九元二角九分五厘

十、市產房捐費　五十四元一角六分四厘

十一、市產條漕費　十一元七角五分

十二、市產宿舍保險費　四十元

十三、市產房租及警衛所房租費　十一元五角

十四、市產門牌費　二角

十五、東亭馬路田租費　七元五角

三、補助費　五十六元

一、國民導報三月分補助費　五十元

二、中區救火會一二月分月費六元

乙、臨時支出項下　一千六百四十三元八角六分六厘

一、工程費　四百八十二元四角八分六厘

一、新建公園內商店門前鋪設煤屑費　四元

二、新建公園路市房與宿舍圍牆溝渠費　二十六元九角八分

三、惠山浜橫街鋪砌金山石片路及培土方完工找付銀　四十二元

四、通惠路驗收工程及補塡低窪員司車膳資　五元五角九分

五、塡築錫山路購置器具雇工工食及員司監工車膳資　四百零三元九角一分六厘

二、衛生費　二百五十一元零四分

一、衛生指導員薪俸與膳食　一百十二元

二、自由車修膳費　五元五角

三、預防痧喉炎購置血清及川資並施種牛痘購置牛痘漿及器具並印刷宣傳等費　一百三十五元五角四分

三、公用費　五百元

一、補助惠山公園改建經費　五百元

四、公益費　二百三十二元九角

一、民衆娛樂部購置公園杏非裝修及購置檯椅等費　八十二元三角八分

二、掩埋暴露棺柩購置扛抬器具及雇工工資雜支照相等費　一百五十元零五角二分

五、門牌費　二元四角四分

一、征收門牌費職員車資　二元四角四分

六、頂首押租　一百零二元

一、菜場頂首　十元

二、租房押租　九十二元

七、保證金　十元

一、職員宿舍租用電表保證金　十元

八、補助費　六十元

一、第一區公所二月分補助費　六十元

二月底止除以上收支兩抵外結存洋二萬四千九百二十二元二角零一厘

十九年冬

無錫市政籌備處附設接生婆訓練班報告

王世偉

接生婆，粗愚笨牟，目不識丁，列於三姑六婆之一。去年由本邑公安局給照營業者，二十四人中，無一識字者。由「做散工」，「倒缸脚」，無師傳授，毛遂自薦出身者，居十之二。嘗鄰里生產，由帮忙撮腰，嘗試出身者，亦十之二。因生育滋繁，親屬指鹿爲馬，盲認其爲有褓產智識而起者，亦十之二。由婆太太老舅婆帶領入門，自以爲正途出身者，居十之四。然其不明生理，不識消毒，以生命爲兒戲則一也。達生篇著者亟齋居士嘗言曰，『此等人多愚蠢不明道理，一進門來，不問遲早，不問生熟，便令坐草用力，一定說孩兒頭已在此，或令揉腰擦肚，或手入產門探摸，多致損傷。總以見他功勞，不肯安靜。更有一等狡惡之婦，借此居奇射利，禍不忍言矣。按吳越之間，謂之穩婆，江淮間，謂之收生婆，徽寧間，謂之接生婆。按收接二字之義，因其年老慣熟，令之接兒落地，收兒上床耳，原非要他動手動脚也。每見富貴之家，預將穩婆留在家中，及到臨時，稍不快利，前門後戶，接到無數，紛紛擾擾，炒成一片，所謂天下本無事，庸人自擾之。』接生婆之不學無術，荒唐陋謬，二百五十年前已如此。今乃變本加厲，如強取胞衣，誤曳子宮之類，不計其數。甚有經秤鈎摘出之半死小孩，啼哭數小時方氣絕身死者。以惡劣之接生婆，與殘酷之劊子手相比，有過無不及也。然當今我國之產婦及胎兒之生命，仍託之於若輩之手，可憂孰甚，此本邑之所以繼北平而有接生婆訓練班之創設。攷我國醫學，元時分十三科，產科與婦科外科內科並立，無所軒輕。明清以產科併入婦科，遂習焉不專，有江河日下之勢。歐美各國，初亦兩科併合，近以妊娠分娩產蓐等複雜已甚，始分兩科。又因產科學理深邃，不易了悟，復擇其淺而易明者，別爲「產婆」故「產婆」與產科醫生之範祖迥異。當疑難之際「產婆」自知力不勝任，恒舉產科醫生以自代，同聲同氣，互相表裏，故僨事者少。其營業亦必經政府攷驗，不及格不許也。吾國政府，雖亦有明令頒布，然迄今尚未實行，於是日不識丁之徒，藉途聽道說爲學識，得一知半解，輒損人以獵食，故今之操接生業者，無產科學理之可言。接生婆之黑闇既如此，婦女又不能不生產，然則產婦及胎兒之生命，將何所委託乎？故吾邑繼北平而創設接生婆訓練班，實開全國之風氣，應響所及，不僅一邑而已。至於該班創設之宗旨，去年孫縣長及社會科長李公威先生，已申述于前矣，蓋所以導其固有之經驗，補充其缺乏之技能，教授新智識，扶持其舊業，爲產母保生命，代嬰兒謀安全，大則一邑人口之增進，小則一家精神之歡忭，其惠普及全邑，不待陳說。故此班雖有創辦至結束，前後不滿三月，畢業者，亦僅寥寥二十人，然將來之效果，至廣且遠，有識共鑑，所授課程，較北平稍有增添。計主要科目共八門：即（一）產科解剖學（二）產科生理學（三）消毒滅菌法，（四）正常產手術，（五產婦調養法，（六）嬰兒保養法，（七）產前產後病理學（八）小產早產及不正常孕妊等。此外復有補充科五門：（一）我國本有產科學，解釋其合理之處，校正其謬誤之點，（二）細菌學淺識，（解釋細菌致痛之理）（三）產科應用品自製法，（四）必知條件，（所謂必知條件者，即接生婆不能不知之要點，以何種是正常現象，何種是危險徵象，何種宜速延產科醫生，何種宜立即送醫院等等。）（五）教導設置最底限度之接生婆應用箱此箱抱括籐製手提籃一只，用白布襯裏，上有橫隔，可置手術衣一件，隔內置小洋鐵箱一，內有藥水四種，（一）火酒，（二）流動拍來分（擦身油，）（三）來沙兒（洗手藥水）發維他爾（服藥水，）又藥粉二種（一）骨石粉（小兒臍部腋部用），（二）硼酸粉（產婦陰部破碎用。）又小缸二．（一）火酒浸過之臍帶紮帶，（二）凡士林（擦指手剪刀之防銹油。）小洋鐵箱亦有橫隔，內置剪刀鉗子各一此外有小洋鐵磁盆二，用以消毒剪刀鉗子等物，盆以置來沙兒水洗抹產婦陰部者全箱裝置，僅費洋四元九角而已。補充科中，以第一第四二門，最有力量，非僅足以更正接生頑執不化之心理，於改革方面，亦能留深刻不泯之印象。不然，「兩眼不識一字」，新學識何得其門而入，『六十歲學打拳，』效果何在，然不僅如此而已也。既明之以學理，復必申之以法令，繩之以道德，誘之以名譽，務使已經訓練之接生婆，無越軌及不合助產原理之舉動 雖然，希冀如此，但何容易，倘畢業員，皆能以此義銘之於心，邑人以此義督察於旁，官廳申其令，統邑行其法，則今後之成效，必大可樂觀者。（況當今社會科長李公威先生等，深思遠慮，已有精密翔切之章法，防範於前，復有何慮 茲將接生婆訓練班畢業學員名細列左，以使邑人問津焉：

鄒華氏（全弟）西門惠龍橋　　吳華氏（吳媽）中橋下塘十八號

鄒徐氏（阿二娘）仝上　　陸周氏（月芬）觀前街

陸潘氏（阿大娘）觀前街　　俞諸氏（寶琴）東大街

蕭朱氏（朱秀珍）七尺塲
萬張氏（阿雲娘）後太平巷商會後
徐孫氏（阿雲娘）外黃泥橋二十四號
陳龔氏（陳媽）三皇街十三號
楊姚氏（楊老太）四堡橋五十號
楊范氏、楊老太）東大街七十七號

劉李氏（寶根娘）大河池沿頭
潘吳氏（大塊頭）大河池沿
華彭氏（根寶娘）東門亭子橋永盛甲
陳梁氏（榮壻娘）柵口裝厲橋下
周呂氏（杏英娘）周山浜
倪華氏（阿雪娘）東門壽春街

俞丁氏（二姐）東大街　　朱鄭氏（咬臍娘）通運橋

以上共二十名，凡未畢業及未受訓練而私自營業者，當依據去年十二月十九日孫縣長之布告，『准許人民告發，拘案嚴辦，』以重產婦及嬰兒之生命。茲定於三月一日舉行訓練班學員畢業典禮，敬祈邦人君子，惠臨賜教，不勝幸甚。民國十九年二月二十七日，無錫接生婆訓練班主任王世偉報告。

第一回

無錫年鑑出版預告

本書係無錫各機關各團體擔任分纂。由無錫縣政府及無錫市政籌備處主編。全書共分十七欄。都八十餘萬言。約計八百頁。裝訂乙厚冊，堪供訓政時期辦理縣政市政之參考。留心無錫工商業及社會狀況者，尤不可不人手一編。茲定四月二十日出版。每冊定價二元，四月十五日前（外埠四月二十日前）預約改收半價一元。郵費二角。預約處無錫縣政府或無錫市政籌備處。

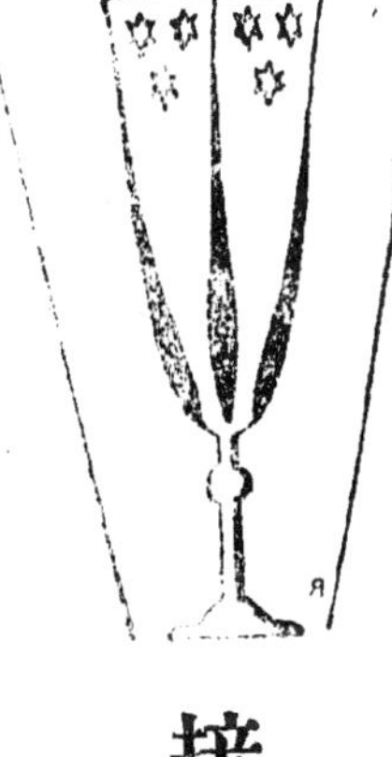

接生婆訓練班畢業典禮紀事

社會科

本科附設之接生婆訓練班，自十八年十二月開辦以來，已閱三月，訓練期滿。照章由該班主任王世偉考查成績。於上月底辦理結束。並於三月一日下午二時假縣府大禮堂舉行畢業典禮，先期柬邀各機關團體代表及各醫師蒞臨觀禮，茲將是日行禮情形，分誌如下：

到會題名

社會科李公威莫善樂　訓練班主任王世偉　教員王諸涵英　江蘇省立醫院院長舒賢文　縣政府科長華少純　陸起　四鄉公所蔡文彬　第一區長錢鍾亮　第四區長朱鏕　本邑醫師王海濤　張季勉　徐士林　秦秉衡　孫祖烈　高時良　陸宗祥　楊子華　毛南松　暨各界來賓共二百餘人。

畢業學員

鄒華氏　鄒徐氏　陸潘氏　蕭朱氏　萬張氏　徐孫氏　陳惠氏　碭姚氏　楊范氏　俞王氏　吳華氏　陸周氏　俞朱氏　劉李氏　潘吳氏　華彭氏　陳梁氏　周呂氏　倪薛氏　朱鄭氏

典禮儀式

（一）開會　（二）奏樂　（三）全體肅立　（四）唱黨歌　（五）向國旗黨旗及總理遺像行最敬禮　（六）主席讀總理遺囑　（七）靜默三分鐘　（八）主席報告　（九）給憑　（十）主任訓話　（十一）來賓演說　（十二）學員答詞　（十三）奏樂　（十四）攝影　（十五）禮成

主席李公威　司儀莫善樂

主席報告

今天接生婆訓練班舉行畢業典禮，孫主任因有要公外出，不能蒞會，特囑兄弟代表。今天承各位代表各位來賓蒞臨觀禮，非常榮幸。接生這件事，我們中國向來歸諸天命，對于學理手術，都不加研究的。近代歐西之產科學術漸漸傳入吾國，人民亦漸漸知道接生的重要，而加以研究。但是我們無錫精于助產術的，還是很少，且延聘助產士接生的費用較大，所以一般中下人家因為經濟的關係，不得不把產婦和嬰孩的生命，仍然交付給不學無術的穩婆手裏，這不是非常危險嗎？

本處有鑒於此，所以開辦接生婆訓練班，聘請產科專家王世偉醫士擔任該班主任，產科女醫士卜諸衡蒞擔任教師，招考學員二十七人，到現在實足訓練三個月，考查成績及格，可以畢業的共二十人。各位學員，都有多年的經驗，現在得到許多新方法，將來出去接生，定能應付裕如。萬一仍有困難之點，好在王主任諸教師都在城東，還可以常常去請教的。最後希望各位畢業學員繼續不斷的研究，不要自滿就好了！

主任訓話

各位學員，光陰過得真快，從開學到現在，已經三個月。關于產科方面最緊要，最必需的功課，可以告一段落，所以今天在這里舉行畢業典禮了。但是產科一門，也和內外各科一樣的深奧，你們所學的，不過是其中的一部份，最安全的一部份。以後應當格外謹慎從事，將來出去實習的機會很多。如遇到難產，要去請西醫，一面可以在旁留心。但是學到方法以後，切不可輕于嘗試，因為設備不完全，也不能動手的，總之，要互相研究更求進步才好！

來賓演說

省立醫院院長衛質文演說云，今天無意之中同錫來參加盛會，非常榮幸。社會上的舊思想都以為產婦的生命完全像在大海之中，即表示生產是很危險的一件事。但是我以為只要接生婆有經驗，有方法，是不要緊的。去年兄弟初到省立醫院的時候，診治到被接生婆害死的產婦甚多，省方亦想辦理訓練班，但因年老者不堪造就，年輕者不肯來受訓練，所以未曾舉辦。我們無錫開風氣之先，有此成績，真是可慶可賀啊！

其餘西醫王海濤徐士林均有極懇切之演說，可長從畧，

學員答詞

學員陸氏代表答詞，畧謂我們應當遵守諸位官長諸位先生諸位來賓的訓誡，謹慎從事，不要貽誤人家才好。

無錫市政籌備處工務科實施工程報告（十八年八月至十九年三月）

本科自十八年八月開始工作迄今，凡八月。此八月中，計劃及設計各項市政設施，占十分之六七，至於各項實施工程，則因經費支絀，未能盡量擴充，僅就本處經濟能力所及，擇要舉辦，大概可分道路，橋樑，駁岸，溝渠，房屋五類。茲將各項實施工程概況，分類列述於后：

甲、道路

本市道路，有待拓寬及建築者頗多，惟以各種關係，未能一一舉辦。祗就工程易施或需要急切者加以整理，計有七處：

一、惠山公園道　分幹路及支路二段。幹路計長一千八百尺，支路長四百尺，由本處雇工填築，設工程事務所於惠山，以便管理。自十九年二月廿六日開工，至三月三十一日工程告竣，計凡三十五日。惟因本結處束期促，祗能築成路形，舖完煤屑一層，以利交通，未能填至規定高度。共支器什及工資洋一千五百元。

二、五里街在惠山附近一段，亦因築路而加以整理，拓寬填高後，頗覺寬坦可觀。遊人由通惠路可直達惠山公園及五里香塍，該項土方，即由錫山浜開掘，故同時河浜亦得整齊美觀。約計用工資洋二百元。

三、錫山路　本路自五里街公園道起，跨河經錫山麓，直達開原支路，計長三千四百廿尺，寬三十尺。由本處雇工填築，設事務所於惠山，與公園道事務所聯合辦事，以資便利。自十九年二月廿八日開工，至三月三十一日完工，計凡三十一日。該路地近山麓，取土較易，故工程較速，工費亦省，共支器什及工資洋一千二百元。跨五里街傍河道築一涵洞，以通澗水，中段有余公橋亦由本處改建，以鋼骨水泥築成涵洞，以利交通，而美觀瞻。此路築成，可與開原支路啣接成一康莊坦道。

四、通惠路　該路爲煤屑路，年久失修，時虞積水。由本處雇工填鋪煤屑，於一月二十三日開工，每日有工人七百七八十名，船二十餘隻，分往各廠運取煤屑，填鋪路面，約三吋厚，并用鐵滚滚實。路長凡一萬二千尺，至一月二十九日竣工，凡七日，共支器什及工資洋八百六十八元七角九分七厘。

五、惠山浜路　本路沿惠山自黃埠墩至寶善橋，本係田徑小路，近由本處加以整理，將原路拓寬至十二呎，加鋪金山石片，由盧金記承包，共計工料洋九百四十二元一角四分五厘。自十一月十八日開工，至二月十七日完工，計長三千餘尺，中設黃石溝渠十二處，以疏積水。

六、界涇橋弄　該弄自南里菜場完成後，頓成往來要道。惟原弄兩傍坑廁林立，街道狹窄，由本處加以規劃，將兩傍坑廁拆除，有礙路線之市屋及住房亦拆去一二。現已拓寬至十三呎，由本處工隊塡補金山石片，及翻砌磚質副街，以利交通。

七、第一菜塲　本菜塲係就崇安寺皇亭舊址逐漸改造而成之市場，未有詳細之規劃，故雖地點適中，菜攤林立，而對於交通攤位等，均漫無限制，故收入不能激增。茲由本處工務科設計，將全塲分成若干方格，每格長八尺，寬四尺，爲一菜攤位，已將舊塲重新翻砌，嵌以磚石線，分別攤位，而示以限制。既利交通，並藉可整理月收。全部工程由盧金記石作承包，共計工料洋二百元，於一月二十二日開工，至三月十八日完工。其間除陰雨及其他情形停工外，計共十八日。

以上爲修築道路工程之較大者。此外尚有各街巷之舖路小修理，每日派砌街匠三人，擇要修理者，不下百餘處。但舊街道年久失修，除溝淤塞，所雇砌街匠，尚不敷分配，茲後尚須增加工匠也。

乙、橋樑

一、吳橋　該橋係用鋼骨建造，上鋪木板橋面。惟因材料單薄，自通行汽車後，橋面損壞殊甚。茲由市處修理，將橋面半數舊料取去，更換新料白糙板，鋼骨內塗桃丹，外加灰漆，計工料洋一千九百九十四元九角二分。於十一月十四日開工，至十二月廿五日完工。其間除停工二十二日外，工作計五十二日。

二、錫山路第一二號橋　錫山路與公園路接啣處，在錫山浜築第一號橋，又余公橋改爲第二號橋，現正在改建爲新式橋樑，約四月下旬可以完成，工費尚未支付。

三、工運橋　該橋係鋼骨水泥構造，建築未久。惟因粉刷橋面水泥時，工作不良，致橋面粉刷之水泥脫殼駁蝕，不利車行。茲由本處雇工將該層水泥鑿去，俟天氣和暖時，另行招工鋪築柏油橋面，以資示範，但於鑿光時，因該工人手術不精，未能鑿得平準，故原包價洋百元，僅付四十元。自十月十一日開工，十七日完工，凡七日。

四、西倉橋　該橋欄杆損壞，由本處砌街匠修理。

五、吉祥橋　橋面板損壞二三次，均由本處工程隊及臨時雇工修理，更換新料洋松數塊，兩旁加方頭釘一排，以資堅固。計、工料洋六元六角六分。

丙、駁岸

本市區域內駁岸之修理，大率責成對駁岸之地主修葺之。間有一二處公地或公共處所，則由本處雇工修葺，計三皇街駁岸數丈，用木板木樁爲墻，塡以泥土，該工程由盧金記承包，計洋二十二元，五日完工。西水關駁岸一處，由本處雇工修理，計洋二十元。此外各處駁岸之零星小修理，均派砌街匠臨時修葺之。

丁、溝渠

本市溝渠久缺修理，故淤塞處頗多，一遇天雨，途中積水成潦。本處有鑒於此，飭砌街匠常川修理，惟地方遼闊，一時不及分配，故溝渠之淤塞者，仍在在皆是。近來除少數居戶自動捐款興修外，如寺巷鳳光橋堍，吉祥橋堍，漢昌路，書院弄等處，均由本處砌街匠逐日修理，或一二日，或四五日不等。近又將籌撥的款，大舉開濬，以利人行。

戊、建築

本處自成立以來，因經費拮窘，對於建築新工程方面，大率祇具計劃，其能實現者，尚寥寥無幾。茲擇其較大者約有三項，列舉於後：

一、寄宿舍　本處房屋狹小，除辦公處勉强敷用外，職員寄宿地點，尚無着落。故決定於圖書館旁，將舊屋翻造樓屋六間，凡二進，參用新式構造，沿街三間，改做市房。由崔延益營造廠承造，計共包價洋三千四百二十四元九角八分，於十月二十一日開工，至一月十日完工，工作凡七十九日。

二、公園小商店　公園多壽樓及杏莊，本係出租作食品店，後因園中不可無一二處幽靜地點，供遊人休息，遂將食品店退租，另於園之西部高地建平屋九間，後坡屋四間，繞以走廊，園以竹籬，作公園小商店。由聚盛泰營造廠承包，計工料洋一千七百四十四元，於十月二十一日開工，至十一月二十九日工竣。除天雨停工五日外，計工作凡三十五日。

三、公園女廁所　周圍用十寸墻，上加鋼骨水泥屋頂。中央分隔爲二，其南半部爲本處便所。由崔延益營造廠得標承包，計標價洋四百四十六元，自十二月一日開工。二十日完工，凡工作三十日。

以上各項，爲八個月來實施工程之大概此外如各處市產房屋之修葺，均臨時雇工修理之，不復贅。

統計以上各項實施工程費大洋一萬二千六百零九元五角零二厘。

江蘇省區長訓練所調查各縣經濟狀況及風俗習慣之項目

▲經濟狀況

甲、農業　一、農產品，二、未墾荒地，三、有無牧場漁場鹽場樹林地，四、全年每畝生產，五、荒歉原因，六、食糧。

乙、工業　一、工廠，二、主要手工業，三、工廠工人，四、主要的工藝出品。

丙、商業　一、輸入商品，二、輸出商品，三、主要銷售的國貨，四、最發達的商舖。

丁、人民　一、合作事業，二、每年每人必要生活費，三、失業貧民，四、人民資產，五、農民痛苦，六、人民遷徙。

▲風俗習慣

一、鴉片與賭博，二、民衆迷信，三、纏足留辮，四、星相僧道，五、鬻婢蓄奴，六、宴會酬應喪禮婚儀，七、納妾賣淫，八、公共衛生，九、民衆娛樂，十、莠民乞丐，十一、墮胎溺女的風俗，十二、民衆間私鬥，十三、最不良的風俗習慣，十四、善良的風俗習慣。

無錫市政籌備處工務科置辦儀器工具報告

十八年八月至十九年三月

本處由前無錫市行政局改組，原有儀器工具殊爲簡略。自接收以後，爲謀工程實施起見，經陸續酌量置辦。茲將八個月中所購各件，分別列表如左：

(一)測量儀器

項目	牌號	數量	價格	備註
經緯儀	亞特芬德製	一具	七〇〇元	精密度秒
水準儀	派潑德製	一具	四〇〇	做精密水準式
地形儀	派潑德製	一具	四〇〇	望遠力約八百公尺
照準儀	商務印書館製	二具	三〇	磁針等全
手水準儀	商務印書館製	一隻	一五	實施工程用
鋼尺	德製	一盤	三〇	長度五十公尺
100尺皮尺	英製	二盤	一五	內一盤由前市行政局移交
50尺皮尺	英製	二盤	一〇	發丈用
花竿	自製	大小十枝	三〇	測量用
箱尺	商務印書館製	一枝	二四	仝上
視距尺	自製	二枝	一〇	仝上
鐵扦	自製	二〇枝	四	仝上
木捶	自製	二個	一五	大小各一
木樁	自製	一五〇〇根	一〇〇	測量用

統計各項測量儀器洋一千七百八十三元

(二)製圖用具

項目	牌號	數量	價格	備註
畫圖器	德製	全付		前市政局移交
直線筆	德製	四枝	四元	
三角板	美製	大小共五付	五元	
鉛筆	維納史	六打	十一元	
大圓規	美製	一	八元	
對雙表		一本	一元	

曲線器	,, 二	二	
丁字規	,, 二	八	
直線規	,, 一	三	
比例尺	,, 四	十一	前市行政局移交一枚在內
圖畫紙	英製 一令半	四〇	
墨水	仝 一打半	二〇	
雜件		三七	圖釘橡皮量儀等

統計共辦各項製圖用具洋一百五十元

(三)築路工具

項目	數量	價格	備註
運泥身輛	二〇輛	二二五元	由蘇州購來用以運送土方
籮筐	七五隻	四八、二五元	打連煤屑泥土
竹杓竹槁	二〇〇枝	三三、四八元	仝上
土蓬簑箕	一〇五隻	一三、四〇元	運送土方
扁担招扛	八〇枝	一七、一〇元	仝上
煤鏟	九〇把	七九、七六元	起土鏟煤屑
山鋤	五五把	四二、〇八元	仝上
鐵鏟鐵扒	八〇把	六〇、〇九元	仝上
蔴繩棕繩	二〇〇斤	三四、六六元	籮筐土蓬車輛等均配用繩索
木料	七種	二四、八〇元	修理及製造車輛器什之木材
鐵件鐵釘	二二〇斤	三五、六五元	仝上
竹布旗桿	招貼標語旗號各件	二〇、〇〇元	船號組旗工人符號等均用白竹布
事務所器什	床舖台櫈茶具等	六〇、〇〇元	工程事務所器什等
工人器什	鍋子碗盞等用具	五〇、〇〇元	仝上
鐵千斤	十二個	一五、〇〇元	掘土起石料

統計共辦各項築路工具洋七百六十八元二角七分

以上三項共計二千七百〇一元二角七分

圖表六六：此處原爲《錫山路第一號橋》，見書後。

圖表六七：此處原爲《錫山路第二號橋》，見書後。

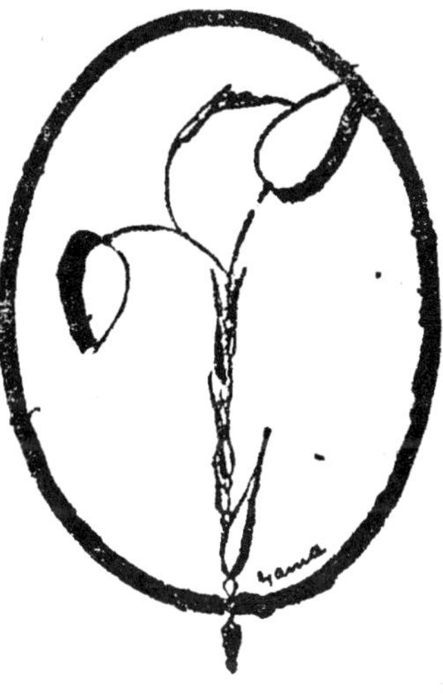

無錫市政籌備處圖書室書報一覽

十九年三月二十日製

本處八個月來，向各地市政府暨各機關團體徵集及交換書報，共得一百七十餘種，一千二百餘冊。茲值籌備期滿，告一結束，特製此表，聊備查考云耳。

著作類

江蘇省政治年鑑	一冊
武進年鑑第一二回	二冊
全國經濟會議專刊	一冊
日本帝國統計年鑑	一冊
日本勞動年鑑	一冊
世界經濟年報	一冊
市政全書	一冊
道路全書	一冊
都市政策汎論	一冊
道路工程學	一冊
市行政選集	一冊
我國都市財政問題	一冊
地方自治要覽上下	二冊
都市財政論	一冊
告江北農民書	一冊
住宅問題與都市計劃	一冊
日本帝國統計全書	一冊
都市計劃與道路行政	一冊
社會統計論綱	一冊
市政概況（上海特別市）	一冊
市衛生行政初期實施方案	一冊
蘇州市簡明統計	一冊

海外勞動年鑑　一冊
英國田園市　一冊
現行市組織法平議　一冊
我國大都市之建設計劃　一冊
警察救國　一冊
勞資協調　一冊
日本府縣制　一冊
膠州行政　一冊
模範之廣州市　一冊
徵工築路（圖表，章程，佈告）　一冊
無錫縣立圖書館歷年概況　一冊
接管招商局兩週紀念刊　一冊
蘇州市政籌備處平民夜校實施概況　一冊
無錫縣志　一部
江蘇無錫農民地主經濟調查表　一冊
昆明市民衛生須知　一冊
民國法規　共五集
辭源上下　共二集
國民政府財政部法規彙編　一冊
上海特別市政府工務局辦事細則 組織　共二集

昆明市衛生法令彙刊　一冊
總理實業計劃表解　一冊
昆明市政現行規章彙編　一冊
中國勞動問題之現狀　一冊
立法專刊第一輯　一冊
整理土地計劃書　一冊
國慶紀念特刊　共四冊
上海特別市衛生法規三集　共二冊
無錫民衆慶祝雙十節全國統一紀念大會特刊　一冊
今年的五九　一冊
總理被難紀念特刊　一冊
上海特別市暫行建築規則　一冊
上海特別市市政法規彙編二集　一冊
廣州市市政報告彙刊　二冊
南京社會　一冊
首都市政　一冊
上海特別市工務局業務報告第二三期 十六年七月至十二月即第一期　二冊
上海特別市公用局業務報告 十七年一月至六月 十七年七月至十二月 十八年一月至六月　共四冊

上海特別市教育局業務彙編十六年七月至十七年十二月　一冊
上海特別市政府財政局業務彙編十六年七月至十七年六月　一冊
上海特別市土地局年刊（十七年）　一冊
上海特別市內華法水電交涉彙編　一冊
上海特別市市政統計概要（十六七年度）　二冊
南昌市政府工務局業務彙編十七年一月起至十二月止　一冊
南昌市政府財政局業務報告十七年一月起至十二月止　一冊
南京特別市工務局十六年度年刊　一冊
財政府部游江沙田局十七年年終報告　一冊
蘇州市政籌備處半年彙刊　一冊
南通市行政局六個月之報告　一冊
黨務彙刊（第五期）　一冊
蘇州市地價調查及統計　一冊
康熙字典　一部共六冊
天津特別市市政法規彙編　一冊
上海特別市政府法規彙編初卷上下　二冊
上海特別市公用局一覽（十六年七月至十二月）　一冊
首都戶籍第一次之調查　一冊

杭州市國貨運動週特刊　一冊
上海特別市社會局小冊子　共三十六冊
上海特別市政府通俗演講稿 工務局 公用局 土地局 公安局 市政府　共五冊
西湖博覽會指南　一冊
中華全國道路建設協會十週年紀念徵求大會特刊　一冊
上海特別市政府工務局 十七年度施政大綱 十六年度工程概況 概況　共三冊
行政精神　一冊
精神書　一冊
現代教育　一冊
縣立農蠶試驗場試驗報告　一冊
傳染病預防法淺說　一冊
西湖博覽會各館參觀指南　共十五本
李國杰破壞整理招商局及把持營私之供狀　一冊
衛生部頒衛生法規錄　一冊
芝蘭室語　一冊
十八年度行政計劃大綱　一冊
江蘇省立無錫蠶絲試驗場籌備處十七年度工作概況　一冊

中國國民黨江蘇無錫縣第一二次全縣代表大會　一冊
中華全國道路建設協會十週紀念徵求大會特刊　一冊
過去的六個月無錫縣立農民教育館籌備經過報告　一冊
The Modern city and its Problems.　一冊
Dailymail year book 1930　一冊
English Public Hatlh Administr ation　一冊
The law of city planning and zoning　一冊
Towns and Town-Planning　一冊
無錫市政法規彙編（一輯）　二冊

雜誌類

江蘇省建設公報　共五十二冊
商業月報　共八冊
廣州市政公報　十冊
天津特別市市政公報　二冊
杭州市政週刊　八冊
杭州市政月刊　二十九冊
昆明市聲　五十冊
昆明市政季刊　一冊
昆明市政月刊　三冊
北平特別市市政公報　四冊
寧波市市政月刊　八冊
汕頭市政公報　七冊
蘇州市政月刊　八冊
南昌市政月刊　十九冊
漢口市政月公報　九冊
新漢口　又一冊
南京特別市政公報
首都市政公報　五十六冊
上海特別市政府公報　五十二冊
江蘇　二十五冊
明日之江蘇　十六冊
無錫縣政公報　二十六冊
道路月刊　十二冊
建國月刊　三冊
津聲週刊　十一冊
新生命　五冊
東方雜誌　十四冊
吳淞月刊　三冊
民衆教育月刊　十冊
民衆教育實驗報告第一次一本第二次二本　三冊
衛生月刊　二十一冊

江蘇省政府財政廳驗契處特刊	十六冊
江蘇財政公報	八冊
又　彙報	二冊
區政導報	八冊
江蘇省政府公報	四百餘冊
救濟月刊	二冊
鄭州市政月刊	三冊
丹陽縣政公報	四冊
鹽城縣政公報	二冊
銅山縣市行政局季刊	四冊
再造	六冊
時兆月報	六冊
無線電月新報	二冊
中央銀行旬報	四冊
農鑛通訊	六冊
現代教育	五冊
蠶桑叢刊	五冊
無錫縣中月刊	五冊
無錫十八年度施政計劃大綱	一冊
無錫雜誌	七冊
晏成	七冊
工程譯報	一冊
無錫學生聯合會雜誌	一冊
崇安寺小學校概況初編	一冊
圖	五張
民衆週報	十九期
無錫教育	一冊
江蘇黨務	二十三冊
江蘇黨務週刊	一冊
江蘇民政廳庶政會議彙刊	一冊
浙江省道蕭紹段三月刊	一冊
訓政旬刊	一冊
蘇民	二冊
太湖流域水利季刊	一冊
無錫市政（一二三四五號各二冊）	十二冊
萬梁馬路月刊	一冊
漢口市政週刊	一冊

蕪市旬刊，蘇市旬刊，懷上週報，武漢市政，昆明市政日刊

•上海市政週報等零張均不列入。

工商部救濟金融辦法

一、通飭所屬工作人員，一律服用國貨，隨時督飭主管機關，會集工商業團體，厲行國貨運動。

二、查明各業工廠，無論官營民營，均應切實整理，務使出品改良，產額加多，不許抬高市價。或有已經停閉之工廠，必須設法恢復其營業。

三、查明全省特產向係輸出外洋，令飭主管機關設法指導其產量，遇有輸外困難情形，特予保護，並酌量補助之。

四、通令所屬各徵收機關，遇有商人報運國貨，必須從優待遇，並查明所屬地方各種附捐，分別緩急輕重，酌令停止征收。

五、凡屬本省所有農林漁牧以及礦產原料，足供世界各國之需要者，務必使產量增加，漸圖輸出。凡其探有金礦，應即設法採鍊，開發富源。

防免流行性腦脊髓膜炎病之近況

社會科

歷年每屆春日，時有流行性腦脊髓膜炎之發現。此病傳染極速，病者危險，宜早加預防，始免傳染。本年入春以來，省會地方及寶山縣城廂內外，發生是項病症，死亡甚多。當由民政廳電飭本處查明本邑有無發生此病，並飭妥爲籌防，以杜蔓延。本處奉令後，即由社會科提出二十九次處務會議，討論防範辦法，及印發預防傳單，一面派員至各醫院詳細調查，自三月初起至十二日止，計治療男孩三十四人（死八人），女孩十三人（死五人），成年男子四人，女子五人，共五十六人。旬日間病症傳染之速，於此可見。同時由本處派員至鎮江民政廳領取抗疫血清，分發各醫院，免費注射，召集無錫市各醫師討論抗疫辦法，印發調查表格，交各醫院，每周塡報。現據最近一月內之統計結果，計有病人七十六人，病勢較前衰減。今將預防傳單及統計圖表附刊於後，圖表中堪注意者，爲年齡四五六七歲之兒童最易傳染此病，以是爲父母者，宜嚴愼防範，不可任其出外嬉遊，及至人多之處，出門時帶口鼻保護罩，實爲第一要事也。

（附）一、預防傳單

二、醫院治療腦脊髓膜炎病人週報表

三、統計表

可怕的流行性腦脊髓膜炎病

本市內發現了！

快快注意預防！

現在省會地方，及寶山縣城內外，均發生流行性腦脊髓膜炎病，死亡人口甚多。我們無錫於旬日內患這種傳染病的，亦有數十人，醫治不及而死的，已有數人，以兒童爲多數，一經傳染，危險非常。凡發熱。頭疼。眩暈。嘔吐。喉音啞。昏睡。頸項强硬。失其自然。就是這種病的現象，若不速即送往醫院治療，遲則數日，快則一日內，就要喪命。務請大家注意！預防方法如下。

（一）帶嘴罩。此種嘴罩，可到西藥房去買，未病的人用罩蓋住口鼻，那末吸進空氣，經過濾淸之後，空中病菌，可免傳染。

(二)不要到人很多的地方去。人多的地方，最易傳染病症，因爲有一種人，自己雖然沒有病，但是他身體上帶有病菌，同他接觸，就可傳染，所以非有正當要事，不要前去，可以減少病症傳染的機會。

(三)用腦不可過度，睡眠要有定時，每日須大便一次，

(四)小兒傷風咳嗽，很容易傳染腦膜炎病，須要注意，

(五)注意個人衛生。(甲)吃喝的東西，穿的衣服，住的房屋，臥的牀被，用的器具，都要淸潔，並且要時常理髮洗浴。(乙)宜常開門窗，使空氣流通，並且不時到空曠的地方走動，吸收新鮮空氣，人多的地方，空氣混濁，不免有病菌浮蕩，所以不去爲妙。(丙)太陽光是殺病菌的好東西，所以日用衣服臥具以及屋裏，都應該利用太陽光晒着。

人人能特別注意衛生，身體就可强壯，抵抗病菌的力量就可增加，即使遇到病菌，也不致於受十分大害，所以注意衛生，是預防病症的根本辦法。

(六)隔離。不要與病人接觸，不幸家屬中有患此病的人，應該立刻送往醫院療治，免未病的人再受傳染，不得已而親自服侍，尤其必須帶嘴罩。

(七)消毒。病人用過的一切東西，都要用沸水煮過，或洗過，或在太陽中曬過幾天萬不可拿來就用，至於病人吃賸的東西，尤其不可再吃。

醫院治療腦脊髓膜炎病人週報表自　月　日起　止

姓名	年歲	住所	發病月日	治療經過	備註

無錫市各醫院治療腦脊髓膜炎病人統計表　自二月十三日起　至三月十日止

醫院	人數
普仁	三七
療養	五
同仁	五
兄弟	二二
勞工	三
陶涵	四
總計	七六

治療經過	
治療得救	七
尙未全愈	一八
不知結果	四〇
不願打針	二
死亡	九

性別
男五十人
女二十六人

無錫市政籌備處每週工作紀要

第二十六週 一月十九日至二十五日

▲舉行第二十六次處務會議
▲辦理公文二十八件
▲編輯第五期無錫市政
▲徵收各項捐稅及門牌費
▲函各公司催訂廣告合同
▲催索過期票欠欵及包租租銀
▲潔理市有欵產編製表冊
▲各月收支報銷呈報民政廳備核
▲函公安局嚴查漏捐車輛
▲著成整理城中公園計劃書及圖
▲通過第一公墓計劃書呈送民政廳核示
▲驗收公園內小商店及女厠所工程
▲丈發建築六十三件
▲計劃沿通惠路植樹以增美風景
▲二十三日起雇工二百人船十八隻駁運煤屑舖塡通惠路全路壓平路面以利車行工務科全體出勤督工
▲督飭各圖地保掩埋市內浮厝棺柩
▲查塡市區內商業調查表

第二十七週 一月二十六日至二月一日

▲舉行第二十七次處務會議
▲辦理公文十件
▲編校第五期無錫市政稿件
▲擬草縣行政會議提案
▲徵收各項捐稅
▲塡發各種臨時執照
▲催繳旅棧業積欠誌捐
▲繼續通惠路塡舖煤屑工事至二十九日結束
▲重舖第一菜場路面及場地
▲塡發建築執照二十一件

▲檢驗脚踏車及汽車

▲繼續掩埋市內浮厝棺柩

▲整理市區商業調查表

▲查勘長康里善記熱水店地點糾紛

▲本週適值廢曆年頭尾本處各職員均照常工作

第二十八週 二月二日至二月八日

▲舉行第二十八次處務會議

▲辦理公文二十九件

▲整理各機關團體所送無錫年鑑稿件

▲征收各項捐稅

▲編造店房捐底簿

▲決定爲便利交通起見先拆四門越城

▲測量四門越城及弔橋之現狀並製圖

▲著作拆除月城及整理計劃書

▲發表通惠路填土工事書面報告

▲設計美術廣告牌

▲決定試辦雇工築路

▲擬訂本處工程事務所各項章程及預算書

▲登報招運市內土堆以築道路

▲查勘各處違章建築

▲丈發建築三十四件

▲填發建築執照三十一件

▲檢查各處臨時游藝場及書塲

▲統計掩埋暴露棺柩調查表

▲繼續辦理熱水店登記

第二十九週 二月九日至十五日

▲舉行第二十九次處務會議

▲辦理公文二十七件

▲編輯無錫年鑑

▲徵收各項捐稅

▲分隊調查西北兩區住戶房捐

▲編造十九年一月份收支報告

▲著作月城整理計劃書及預算表呈送省廳核示

▲試作本市市範圍圖以便進行勘定市界

▲派工鋪砌公園內磚街

▲派工拆除西門迎龍橋木柵以利交通

▲購辦運泥小車以備築路之用

▲籌備惠山工程事務所各項事宜及應用器件

▲丈勘建築五十件

▲填發建築照二十六件

▲查勘市區內添設廣告欄地點
▲市內發現流行性腦脊膜炎症爲預防起見當即印發傳單警告市民
▲查勘各區圖地保掩埋暴露棺柩情形

第三十週二月十六日至二十二日

▲舉行第二十次處務會議
▲派代表出席縣政府召集之縣行政會議
▲辦理公文五十三件
▲編輯無錫年鑑
▲無錫市政第五號出版
▲征收各項捐稅
▲繼續分隊調查西北兩區住戶房捐
▲催促各商店繳納廣告稅並協訂包認年稅合同
▲更換汽油船及汽車磁牌
▲與戚墅堰電廠會商解决市內路燈辦法並協定合同條件十一款
▲驗收修築惠山浜下岸道路工事
▲徇市民之請求勘量新建大公橋高度
▲惠山工程事務所佈置就緒並派定職員
▲揭示招雇路工一百名以便築路
▲路工即日應募足額分別編號登記並留備用其雇用期定於下週開工

▲丈勘建築五十件
▲填發建築照五十七件
▲印發預防天花傳單
▲籌設佈種牛痘所免費爲市民種痘
▲派員赴省領取抗腦脊髓膜炎血清分各醫院施射
▲召集市內各醫師開抗疫會議
▲佈置公園內杏莊新設民衆公共娛樂室

第三十一週二月二十三日至三月一日

▲舉行第三十一次處務會議
▲辦理公文二十九件
▲編輯無錫年鑑
▲無錫市政第五號出版
▲與電廠簽訂路燈合同分別呈請省廳及建設委員會備案
▲征收各項捐稅
▲繼續辦理催繳廣告稅事宜
▲惠山公園道土方工程於二十四日起開工舖築
▲測築錫山路路線並於二十八日起招路工一百名開工築造該路
▲會同縣政府及商會發起在惠山舉行地方物產展覽會並邀請各縣派員參加定名爲江蘇八縣市地方物產展覽會
▲調查各醫院腦脊髓膜炎患者人數並印發週報表

▲接生婆訓練班訓練期滿於一月一日舉行畢業典禮

▲檢查鐘聲戲院電影片

▲警告各不良坑廁限期改造

無錫油廠調查報告

社會調查處調查員　沈濟之

吾邑油廠，城鄉共有十三家。在城區者，有梁溪東之恒　，南尖之潤豐，成茂，清明橋之益豐，西門外吊橋之湧寶成，北元大，大昌七家。鄉間有洛社之三和，石塘灣之儉豐，欽橋之元豐，莊元大，藕塘橋之公大，南橋之德豐六家。成茂，元豐，益豐，德豐，公大五家，已先後停業。全邑油廠規模以恒德為最大，資本十萬元，全年用荳計十五餘石，潤豐儉豐三和等廠，資本均在二萬左右，其餘資本二三千元或五六千元不等。又潤豐創設於民國三年，在各廠中為最早。全邑油廠資本總額共計十八萬二千餘元，其有職員六十七人，工人三百三十八人，軋荳機四百零四部，全年營業總額計三百三十八萬五千餘元。去年上半年勉强開工之油廠，僅有恒德，潤豐，湧寶成，三和，儉豐等五家，公大則至夏間方始開工。去年油廠營業，比較上年更為困難，預計各廠去年結賬虧耗之數，較上年為鉅，以故恒德油廠自去六月停工以後，至今尚未開工。潤豐，儉豐，一和三家，自去年下半年起，停工日多，開工日少，惟西門外吊橋之湧寶成營業較為發達，公人則僻居鄉，範圍極小，然亦時輟。總之，去年油廠業之困難，可謂達於極點，茲將其失敗原因，分述如下。

一、油廠營業，實以豆餅為主體，蓋黃豆一石，可製豆餅一百餘斤，而豆油產量，多者不過十斤有零，少者六七斤而已。以故各油廠開機與否，全視豆餅銷路之有無，而不以豆油銷路旺淡為標準。豆餅一物，除夏間所銷之田餅外，豬食小餅，祗可隨製隨銷，不能久堆待售。久堆即霉，而且分量減輕則售價亦賤，若更無人問津，此則油廠正產物少而副產物多，為營業失敗之第一原因。

二、豆餅銷場，以國曆六七兩月為時，因各鄉壅田之餅，均在此時當銷。過此兩月，則田餅銷路絕跡，以故各油廠全年盈虧，均視此兩月之生意發達與否以為斷。去年夏間，江北一帶所產壅田豆餅於六七月間運錫銷售者，不下十餘萬担，一時供過於求，價格因而驟落，各廠所產之餅，貶價求售，虧折甚鉅。資本薄弱者，甚至週轉不靈，立即倒閉，此油廠豆餅旺銷之際，客餅湧到，輒貶價目，爲業營失敗之第二原因。

三、油廠原料所用黃荳，向均採自大連及皖北一帶。以前價目每石不過五六元，去年春間大連黃豆因西洋幫銷路暢旺，南運者少，皖北黃豆年歲本不甚佳，又因津浦路交通阻滯，車運困難，黃豆來源，時告缺乏，因之黃豆價目，每石竟漲至五十元左右。而豆餅則本年夏間天公少雨，田禾枯槁，農民大都無意購買。又因餅價過高，農民養豬，無利可圖，相戒少購，致銷路異常清淡。此則交通阻滯，豆價昂貴爲油廠營業失敗之第三原因。

四、徃年大連黃豆，在六月以後，西洋幫即停止採辦，屆時豆價即行低落。去年至新豆登場，豆價仍然大漲，據上海豆行派員赴連調查報告，德國於上年發明用黃豆製造餅乾機器，銷路異常暢達，以故西洋黃豆銷路終年不停，豆價亦終年不賤。試思餅乾係人類食品，豆餅除田餅外，全充豬食，價目過大，農民養豬，無利可圖，勢必少養。況豬食一項，尙有麩皮，大麥，元麥等等，向亦不專恃豆餅，餅價昂可改買麩皮等以充豬食，此豆餅原料用製餅乾，豆餅不能與之抗衡，爲油廠營業失敗之第四原因。

五、無錫油廠所產豬食豆餅，大多銷於蘇州四鄉，如木瀆，光福，滸墅關等處，向來均購自吾邑。豆餅中滋養料比他種食品爲富，蘇州農民均購買豆餅喂猪不喜購用缺乏滋養料之麩皮等物，以故豆餅銷場，蘇州比無錫實加幾倍。兩年以來，靠近木瀆之胥口及滸墅關等處，均開設油廠，就地製餅，就地出賣，既省水脚，又無捐稅，成本當較錫地油廠爲輕，售價自可稍廉。木瀆等處餅號，進貨爲又近便，何必再來錫地採辦。此銷餅區域，陸續添開油廠，豆餅生意被奪，爲無錫油廠營業失敗之第五原因。

六、油廠採辦黃豆，製成豆餅，豆油，無不要捐稅。黃豆捐稅每石有八分之鉅，製成豆餅，每担又須報捐五分，豆油每担又須報捐三角二分四厘，同一貨物，連征三道捐稅，成本安得不重。且上年財廳對於油稅特設專局，并定鉅額比較，派員專司其事，油廠負担更較以前爲重。此捐稅加重，爲油廠營業失敗之第六原因。

以上六種原因之外，如工資，薪水，駁費，以及一切開支，兩年以來，無一不增，處此潮源之下，從何維持，故油廠均取收束主義。但無錫爲工商發達之區，油廠範圍雖小，要亦食類要品，處此萬難之際，似亟應設法挽救，俾不令已興工業，忽歸於盡也。

無錫市政籌備處工程事務所組織簡則

第一條　本所隸屬於無錫市政籌備處所址暫設惠山聖帝殿內

第二條　本所職掌如左

一、關於道路修築事項

一、關於市政工程招雇及管理工人事項

一、關於墈掘土方事項

一、關於製作工程用材事項

一、關於危險房屋拆卸事項

第三條　本所設總監工一人監工二人事務員二人總監工由工務科建設股股長兼任監工二人由工務科技術人員兼任事務員二人由市政籌備處遴員充任之

第四條　總監工秉承工務科長主理本所一切事宜監工輔理之事務員秉承總監工辦理一切事務並負管理工人之責任

第五條　本所雇工人數按照工事情形隨時呈請市政籌備處主任規定之在試辦期間額定爲一百名

第六條　工人每十名爲一組互推工目一人須經總監工認可工目負領導之責爲工作表率工目工人均受監工及事務員之指揮

第七條　本所職員除兼任者不支薪外事務員薪金由主任酌定之

第八條　工作勤勞者於每項工程完成時由事務員陳報總監工轉呈主任酌量獎勵以示優異怠工者得隨時呈請斥革之

第九條　本所一切工程上需要工具均由市政籌備處購備工目負責愛護如有損壞及遺失情事應即賠償

第十條　本所工程實施及管理細則另行規定之

第十一條　本簡則由市政籌備處處務會議議決公布施行

（附）路工事務所預算書

甲、經常費

名稱／項目	數量	單價	統計
小工	九十人	十元	九百元
工目	十人	十二元	一百二十元
管理員	二人	三十元	六十元
工具		十元	十元
船隻	五隻	五元	廿五元
雜支		三十元	三十元

統計每月一千一百四十五元

乙、開辦費

名稱／項目	數量	備攷
修葺房屋	一百元	借用聖帝殿
器具	二百元	小車、釘鈀、鐵鏟等
雜件	五十元	檯櫈、床位、茶具等

統計洋三百五十元

無錫市政籌備工程事務所管理工人細則

第一條 本細則根據本所組織簡則第十條規定之

第二條 本所管理工人事務由事務員負全責

第三條 本所工人爲工作便利計須住宿所內按時工作進膳及休息所有膳食及起居各事均由各組工人自行設備

第四條 工目須受事務員之指揮督促一切事務但不得涉及他組以內之事務

第五條 工人除有疾病經工目面報事務員准其告假者外不得藉故歇工因病告假逾一星期者由本所另行招補但因公致病者不此限

第六條 工人工作怠惰者得由工目面報事務員懲戒或斥革之工目辦事不力或有凌辱工人行爲者得由該組工人三人以上面報事務員核辦

第七條 天雨時應在所內工作但每月一日及十五日得各休息一天

第八條 休息日期當晚就寢前須回所否則以曠工論

第九條 工人起居同在一處宜相和睦不得於有齟齬等事否則斥革之或送交公安局究辦

第十條 本所規定每日起居時間如左

上午

早飯 七時

點名 七時半

開工　八時　午飯　十二時

下午

開工　一時　收工　五時

回所點名　六時　晚飯　七時

就寢　八時半　息燈　九時

第十一條　本所工人一切雜務如汲水煮茶燃燈灑掃等工作不另雇工均由事務員輪派工人辦理之所內設公飲處一每組得領茶杯兩個僅於早午晚備茶儲用工作時得另派二人輪送之

第十二條　工作勤勞遵守規約者由事務員呈請主任酌給獎勵金

第十三條　所有工作材料及工具等應各撙節愛護如有浪耗或損壞等情應負賠償之責

第十四條　本細則自公佈之日施行

無錫市政籌備處修正征收廣告稅章程

第一條　廣告稅為市稅之一凡在本市區域內均有徵收此項廣告稅之權

第二條　凡越出自己地位使人注目感覺而具有營業性質者無論為紙為板為標記或活動或不活動向所稱招帋及告白等類均作為廣告其商號本店招牌陳列或張佈於自己地位者不以廣告論

第三條　凡欲張貼廣告於本市區域者須將廣告內容及其尺寸呈報市政籌備處經核准並納稅後方許張貼

第四條　凡帋類印刷或繕書之廣告每市尺（每一市尺合三分一公尺）一方尺每百張繳捐銀三角方尺放寬張數多加準此遞加不滿一方尺者準一方尺算不滿百張者準百張算

前項廣告如係沿途散發或隨報附送不張貼者每市尺一方尺每百張繳捐銀大洋一角餘照前項之例類推

第五條　凡欲張貼廣告除照章繳稅外其張貼處所應以本處所規定廣告欄內為限不得任意張貼牆壁有礙觀瞻

本處所規定之廣告欄分四種

甲、公共廣告欄　由本處就相當地點建立之有時亦得招商承辦

乙、臨時廣告欄　由本處臨時指定之

丙、特許廣告欄　分三種

一、就道旁建設者

二、就牆壁建設者

第六條　特許廣告係為便利商人起見特於普通廣告外准其設立特別形式如用木板鉛皮漆布圖畫以及代為經理之標幟等類惟須預先將廣告繪具形式及尺寸地址一併開明報由市政籌備處派員查驗核准之後方可建設並須預繳捐銀一年給予收據存憑

三、就屋頂建設者

此項特許廣告因優待商家便於推行起見特訂優待條例如下

甲、就道旁建設者分官基私基兩種官基每月每方尺納捐銀六分私基每月每方尺納捐銀四分

乙、就牆壁建設者分官牆私牆兩種官牆每月每方尺納捐銀二分私牆每月每方尺納捐銀一分

丙、就屋頂建設者（用木架或嵌設電燈者）分官房私房兩種官房每月每方尺納捐銀八分私房每月每方尺納捐銀四分

丁、借用廣告欄　如廣告欄係借用他人基牆屋頂者應先行與業主商定辦法於呈請揭佈廣告時並將商定辦法呈核

第七條　游行廣告須於游行前二日至市政籌備處聲明廣告之形式及人數裝飾並樂器若干件逐一開單以憑核捐給照此項廣告每人每日繳捐大洋一角樂器每件照五人計算游行人數不得過十二人並受沿途警察之指導不得任意亂行致碍交通

第八條　凡紙類廣告報捐後由市政籌備處分別張貼逐張加蓋印記為憑木板鉛皮漆布圖畫等廣告除於底樣加蓋印記外應由建設廣告者於廣告右方下端註明市政籌備處特許字樣以示識別游行廣告概由市政籌備處發給執照以備携帶

第九條　凡事前隱捐或期滿不續繳捐款者查實後當視該廣告應納之稅額三倍科罰

第十條　學校及慈善機關或事關公益之各項廣告一律免納稅銀但仍須送由市政籌備處加蓋印記

第十一條　本章程自公布之日施行並呈報主管官廳備案

無錫市政籌備處設立民衆俱樂部暫行章程

第一條　本俱樂部以提倡正當娛樂改良習俗增進智識與道德為宗旨

第二條　本俱樂部隸屬於無錫市政籌備處社會科

第三條　本俱樂部附設於城中公園杏莊

第四條　本俱樂部設辦事員一人由主任委派之

第五條　本俱樂部次第舉辦下列事業

一、書報　二、球戲　三、弈棋　四、無線電話　五、音樂　六、通俗演講　七、戲劇

第六條　本俱樂部完全取公開性質凡屬本市市民皆得入內享受權利惟須遵守規約及辦事人員之指導其規約另訂之

第七條　本俱樂部經費由無錫市政籌備處撥給

第八條　部內禁止一切不正當之娛樂及消遣品

第九條　本規程自公布之日施行

民衆俱樂部規約

第一條　本俱樂部開放時間定每日上午十時起至下午六時止但得依氣候寒暖變更之

第二條　部內陳列之書報樂器民衆取閱及奏弄時應依照本俱樂部規定手續辦理

第三條　民衆打球弈棋時應照球棋規則辦理

第四條　民衆應特別注意下列各事

一、遵守秩序　二、禁止喧嘩　三、不得隨地涕吐　四、禁止攜帶危險物品

第五條　凡損壞部內物品者應照價賠償

第六條　凡不能遵守本規約者辦事員得令其出外

第七條　本規約自公布之日施行

世界各國之鋼鐵產量

（單位千噸）（星）

	一九二七年各月平均	一九二八年五月	一九二八年六月	一九二八年七月	一九二八年八月
鐵					
大不列顛	六一八	六〇一	五七四	五四六	五二七
德國	一、〇九二	一、〇四四	一、〇二一	一、〇三五	一、〇三一
法國	七七五	八七一	八四四	八三六	八五七
比利時	三一三	三二九	三二一	三二四	三二九
盧森堡	二二七	二三四	二三〇	二二五	二三四
美國	三、〇六八	三、三三七	三、一三一	三、一二一	三、一八七
鋼					
大不列顛	七七〇	七六五	七二一	六七八	六五九
德國	一、三五九	一、二四八	一、二九五	一、三一一	一、三二九
法國	六九〇	七九四	七九七	七五七	七九三
比利時	三〇九	三二五	三二九	三二〇	三四二
盧森堡	二〇六	二一五	二一五	二〇八	二二四
美國	三、六七五	四、二七一	三、八〇三	三、八七三	四、二四六

會議記錄

第二十九次處務會議紀錄 二月十一日

出席者 孫祖基 沈維楨 江祖岷 聶文杰 朱上珪 李延傑

主席 孫主任 紀錄 金禹範

（一）行禮如儀

（二）宣讀上屆會議紀錄

（三）報告事項

主席報告本市政府組織應俟立法院市組織法制度頒布後再行着手進行

（四）討論事項

（一）工務科提議擬具拆除月城計劃草案請付討論案（附計劃書一份） 議決呈請省政府暨民建兩廳核辦

（二）工務科提議擬自本月十六日起招雇工人一百名開築道路在試辦期一個月內計需工程費洋一千四百元請於築路費內支撥案 議決照辦

（三）社會科提議近來本市發現天花及流行性腦脊膜炎應如何設法預防案 議決（一）社會科附設布種牛痘所市民一律免費種痘（二）腦膜炎預法由本處刷印傳單通告市民注意預防

（四）財政科提議今有中央影戲院擬就城中公園後身市有基地上投資向本處租賃蓋建平屋影戲院茲擬具合同草案是否有當請公決案（附合同議據草案） 議決交公園管理委員會核議

（五）財政科提議本處六個月預算案業已屆滿擬在會計年度終了以前準照舊預算施行是否有當請公決案 議決呈請民政廳備案

（六）總務科提議擬具本處宿舍規則請核議案（附規則）　議決通過

（七）工務科提議擬具本處工程事務所暫行簡則預算□及管理工人細則請核議案　議決修正通過

（八）工務科提議美術廣告式樣及搆造圖已繪就並擬具預算書請付審查案　議決交李科長審査

（九）社會科提議爲限期改建不良私廁應予發給完費執照案　議決（一）如坑廁地位適宜面積廣大業主能自動籌資改建者由本處查明給與改建式樣及免費執照限期改建（二）如坑廁地位有碍市容及地積狹小即改建後尚不合衛生者由本處查明一律限期取締塡塞（三）如有空曠地主欲建築新式坑廁者經本處查明准即發給建築式樣及免費執照以利公益而重衛生

（十）主任交議改良廁所已有辦法至露天糞缸既不衛生又碍觀瞻應即日撤除案　議決會同公安局於兩星期內一律撤除

（十一）主任交議通滙橋下小浜內穢不堪且防碍交通應即日設法塡塞案　議決通過

（十二）沈秘書提議錢君孫卿函稱現有他就亟須離錫所有市政討論委員暨拓寬道路設計委員勢難出席呈請辭職應如何辦理案　議決去函挽留

（十三）社會科提議接生婆訓練班訓練將畢應定何日舉行畢業禮又畢業證書式樣已經擬就應請審核案　議決定下月一日舉行畢業禮畢業證書式樣修正通過

第三十次處務會議紀錄　二月十九日

出席者　王伯秋　沈維棟　朱士圭　茹文杰　李冠傑　江巨岷

主席沈維棟代　紀錄　金禹範

（一）行禮如儀

（二）宣讀上屆會議紀錄

（三）報告事項

（一）准縣政府函轉江蘇郵務管理局函稱本處前請添設郵筒及信差一案已奉交通部郵政總局核准在本市添設信筒十處及郵差二名（二）民政廳指令轉奉衛生部指令本處呈送醫院註冊規則准予備案施行（三）民政廳指令本處呈送公墓圖說概算等均尚妥當可行（四）社會科報告本處爲防止天花流行起見經上次會議議決附設佈種牛痘所現已聘請陳　勤女醫生担任布種時

聞爲每日下午二時至四時市民來種一律免費（五）社會科報告本市自發現流行性腦脊髓膜炎後蔓延可怖刻已派員赴省領購防治藥水以備設所廉價施打（六）江科長蕭科長報告本市改良路燈計劃已與戚墅堰電廠商定辦法十一條現定本星期六雙方簽立合同以使實行（七）社會科報告取締市內露天糞缸現已登報通告限業主於兩星期內撤除逾期即由本處會同各該管公安分局暨分駐所僱工强制執行又市內私廁分別責令修理或改造注重清潔期內呈報修理者准給免費執照逾期不遵者即强制拆除

（四）討論事項

（一）工務科提議准無錫市第一區區公所函據北塘西鎮長蔡吉陣呈請補助修築通濟橋以西達小三里橋支路經費應否酌予補助請公決案　議決交工務科依照市民修理街道橋樑陰溝等工程規則酌核辦理

（二）工務科提議准無錫縣黨部函請設立無錫市屠宰場以使取締雞鴨豬作而重衛生等由現本科設計建造圖樣計建造費約需二萬元請派員負責籌措以期早告厥成案　議決提交縣行政會議討論

（三）工務科提議擬具市區界域圖請核議案　議決交勘定市範圍專員實地勘察

（四）財政科提議准縣政府函轉據公安局呈請將西門外迎龍橋基地爲建築派出所之用等由查該地原爲無主拋荒官基副有錢凌二姓出而爭執迄無結果現第四公安局自覓地建築派出所可否即撥歸應用請公決案　議決函復縣政府准予建築派出所由本處派員會同公安局勘定

第三十一次處務會議記錄　二月二十五日

出席者　孫祖基　沈維棟　王伯秋　朱士圭　李冠傑　江祖岷　聶文杰　莫善樂

主席　孫主任　紀錄　金禹範

（一）行禮如儀

（二）主席宣讀上屆會議紀錄

（甲）報告事項

（一）工務科報告惠山浜下岸整理道路工事已完工計工程費洋九百四十二元一角四分五厘請派員復勘驗收（附細賬一紙）（二）工務科報告工程事務所已於本月廿一日正式成立雇有工人一百餘名於二十四日正式開工先築第一期第一段路約三十餘天完工（附工程事務所及僱工雜件四紙）

（三）社會科報告近日腦膜炎流行甚熾本處爲設法防止蔓

延起見曾派員赴省購置防治藥水並召集各醫師討論預防辦法結果推定兄弟同仁等六醫院廉價注射血清以便市民

（乙）討論事項

（一）主任交議爲發展地方物產促進市政建設起見擬會同無錫縣政府縣商會聯合吳縣蘇州宜興溧陽江陰常熟武進等縣市舉行八縣市地方物產展覽會第一次在本市惠山舉行以後輪流在其他各縣開會是否可行請付公決案　議決通過

（二）主任交議錫山路關係本市與鄉區交通甚大擬按前修築案　議決交工務科辦理

（三）工社兩科長會提戚墅堰電廠開來該廠供給全市路燈合同條件十一款是否照訂請公決案　議決修正通過

（四）工務科提議據惠山鎮長陳釗與興隆鎮長溫晋賢呈請第一區公所轉請本處補助修築自興隆橋起至九豐麵粉廠止之泰

第三十二次處務會議記錄　三月四日

出席者　孫祖基　王伯秋　李冠傑（張之彥代）　沈維楨　江祖岷　聶文杰

主席　孫主任　紀錄　仝禹範

（一）行禮如儀

（二）宣讀上屆會議紀錄

湖路一段經費案　議決依照市民請求修理街道橋梁等工程規則酌予補助

（五）社會科提議現值各種傳染病流行之際應函請公安局轉飭各分局負責調查死亡人口及其病情以便統計案　議決通過

（六）社會科提議去皮水菓扦白荸薺與山芋片等每浸以汚水易滋傳染疾病應請公安局轉飭所屬一體嚴禁案　議決通過

（七）主任交議年鑑現已編輯就緒請付審查案　議決交王參事沈秘書審查

（八）主任交議拓寬道路標準急待制定擬添聘拓道路設計委員俾早開會商定案　議決添聘周寄湄楊翰西陳品三唐星海華少純錢鏵亮爲拓寬道路設計委員會委員

（三）報告事項

（一）主席報告本處會同縣政府發起八縣市第一次地方物產展覽會定今日在本處開第一次籌備會（二）工務科報告（一）錫山路已於二月念八日開工現招到工人一百多名預定一個月內竣工（二）拓寬道路設計委員會於昨日（三月三日）

開第二次會議定十五日再開第三次會議（三）社會科報告本處附設產婆訓練班於三月一日舉行畢業典禮畢業者廿名

（二）討論事項

（一）主任交議推舉本處出席八縣市物產展覽會無錫籌備委員案　議決推定王參事江科長李科長為籌備委員

（二）主任交議八縣市地方物產展覽會開會在即本處出品應如何準備案　議決由各科長負責準備再行提會審査

（三）主任交議城內外各街巷溝渠年久失修以致水泄不通行路不便擬通告市民暨函知第一區公所轉知各鄉鎮長副發起自動籌欵幷由本處補助雇工修築案　議決通過

（四）社會科提議現在存米稀少來源斷絕人民將有斷炊之虞値此北方多故米糧為人生最重之問題且與後方治安至有關係本處應會同縣政府縣商會召集米業董事共商救濟辦法以利民生案　議決通過

（五）社會科提議取締坑廁及露天糞缸以後擬仿照上海蘇州等處辦法招人承辦備船荷担逐日按時為各街巷商舖住戶傾倒尿糞以重衛生案　議決先交社會科擬具辦法再行提交市政討論委員會討論

第三十三次處務會議紀錄

三月二十一日

出席者　孫祖基　沈維棟　朱士圭　李冠傑　江祖岷　聶文杰

主席孫主任　紀錄　陳鴻藻

（一）行禮如儀

（二）宣讀上屆會議紀錄

（三）報告事項

（一）主席報告本處呈請拆除越城一案兹奉省政府指令內開既據分呈仰候廳示辦理又奉民政廳指令內開據呈拆除越城係為順從輿情事屬可行惟北門外來往道兩旁應築人行道各寬一公尺半以利行人其餘一切工程計劃等並候省政府暨建設廳核示遵照等因一俟建設廳指令到處即可遵照實施（二）民政廳指令本處呈請暫准繼續舊預算案經轉呈省政府提出二六八次委員會議決交財政廳仰即知照（三）八縣市地方物產展覽會准武進宜興兩縣函請展期開會現已去函各縣市展緩舉行（四）民政廳指令本處呈送路燈協定准予備案

（四）討論事項

（一）主任交議本處奉民政廳電令改組市政委員會應如何改組請付論案　議決定于本月二十二日『星期六』下午二時召集市

政討論委員會討論

(二)主任交議本市路燈准戚墅堰電廠函請于四月一日起實行新協定請付討論案　議決通過

(三)社會科提議爲擬具本處設立民衆俱樂部暫行規程請核議案　議決修正通過

(四)工務科提議惠山鎮直街兩旁堆積垃圾種植樹木菜蔬以及破房屋遺留之傾斜舊圍牆等於市容既不雅觀擬飭由本處工程事務所工隊撤除之是否可行請公決案　議決通過

(五)工務科提議錫山路第一二號橋已設計完成請付審查以便從速雇工建造而利通車案　議決通過

(六)工務科提議市內雜色車輛每有不領捐照私自通行者殊屬違背市章且其結構方式載重限度尤多不合定章有礙路政莫此爲甚茲擬自四月一日起一律登記檢驗以期整理而統計之是否有當請公決案　議決交工務科辦理

(七)工務科提議建築錫山路不日完工兩旁應植行道樹以鞏固路邊約需樹秧五六百株擬請蠶桑場辦理案　議決函縣政府轉飭蠶桑場照辦

(八)工務科提議本處市政工程之模型尚付缺如殊不足以引起市民對於市政之興趣茲擬仿照他處市府辦法雇用模型匠製作之請公決案　議決照辦

(九)工務科提議公園管理委員會函請估計改換水門汀電桿並改裝暗線是否可以撥款建築案　議決交工務科擬具預算提會

(十)工務科提議公園管理委員會函稱中央電影院擬租公園後面基地自行建設電影院本科應否代爲繪圖估計案　議決由該電影院繪圖估計送處審定

(十一)工務科提議公園管理委員會函稱大門狹小擬改建以壯觀瞻請繪圖估計工程等語查本處整理城中公園計劃內有改建正門之議是否按照該項計劃改建請公決案　議決交工務科擬具預算提會討論

(十二)工務科提議錫澄長途汽車公司呈請准予通過通滙路直達車站以便行旅查公共汽車在市內火車站附近似可通行惟應予以規定並徵收養路費等請速規定專則案　議決交工務科辦理

(十三)工務科提議私立楊氏學校校長姚桐呈請修築自道長巷至水定橋間沿河一段駁岸街道以利交通擬按照市民請求修理街道橋梁等工程規則酌予補助請付公決案　議決通過

(十四)工務科提議無錫第一區中區五鎮鎮長華雁臣呈請補助經費修理西內日暉巷以利交通擬按照市民請求修理街道橋梁陰溝等工程規則酌予補助請公決案　議決通過

(十五)工務科提議無錫第一區區公所函據長街鎮鎮長胡桐蓀呈爲修理北長街轉請補助經費請公決案　議決通過

（十六）工務科提議准無錫縣建設局函請飭工修理沙文泮一帶道路現經派員勘估約需洋一百七十八元可以修復請公決案　議決照辦

（十七）財政科提議南里大公橋建築委員會請求補助經費五百元　議決照撥

（十八）社會科提議公園內白水蕩東南隅水埠卽爲附近居戶洗滌上下作用現爲泥路極不方便並不易掃除潔淨擬鋪砌石片路以便居民而重衛生案　議決通過

（十九）社會科提議接生婆現由本處訓練畢業應特予獎勵免除公安局月捐至未畢業之接生婆及私自接生者應函請公安局嚴重取締並吊銷前發執照以重婦孺生命案　議決通過

第三十四次處務會議紀錄

三月二十七日

出席者

孫祖基　王伯秋　沈維棟　江祖岷　朱士圭　李冠傑　嶽文杰

主席　孫主任　紀錄陳鴻藻

（一）行禮如儀

（二）宣讀上屆會議紀錄

（三）討論事項

一、工務科提議惠山公園路及錫山路土方計已築成路用民地約計二十五畝自應給價其給價標準及方法請付討論案

（議決）地價以每畝一百元計算（田底銀六十元田面銀四十元）將款函送財務局代爲發給

二、工務科提議拓寬道路設計委員會函送修正拓寬原有街道辦法規定道路等級一覽表及議案各一份請核奪轉呈省廳備案等由請公決可否轉呈省廳備案案（附公函及抄件一份）

（議決）轉呈民建兩廳備案

三、無錫縣政府函請接收惠山公園案

（議決）由社會科前往接收

四、主任交議本處奉令停止進行業定三月底結束應否推派保管員負責保管案

（議決）（一）推江祖岷陳鴻藻楊蓮輝（總務科）張之彥（社會科）金學池（財政科）張懋珩（工務科）爲保管員

（二）衛生指導員及清道夫清河夫照常工作

（三）呈請省廳飭將改組辦法頒下以便移交

（四）定本月三十一日下午二時開結束會議

拓寬道路設計委員會第二次會議記錄

三月三日

出席者　華少純　周寄湄　朱士圭　姚滌新　錢鍾亮　陳子寬　陳品三　江應麟　江祖岷　唐星海

主席　朱士圭　紀錄　金禹範

(一)行禮如儀

(二)主席報告

略詔本會第一次會議已於去歲十二月十日開過今日爲第二次大會市政籌備處因鑒於本市拓寬道路爲當務之急特加聘委員六人共策進行云云

(三)討論事項

(一)規定本市原有道路等級案　議決(一)依照市政籌備處訂定拓寬原有街道辦法除第十一條十六條十八條二十條應加考慮提交下次會議討論第九條原有下刪去『駁岸或』三字外其餘各條修正通過(二)依照市政籌備處訂定道路等級一覽表規定之特等路公園道甲等幹路各級道路修正通過其餘各等級道路寬度提交下次會議討論

(二)本會第三次大會日期案　議決本月七日(即下星期五)下午二時舉行

拓寬道路設計委員會第三次會議記錄

三月七日

出席委員　陳品三　錢鍾亮　唐星海　周寄湄　江應麟　陳子寬　朱士圭　江祖岷

主席　朱士圭　紀錄　陳鴻藻

(一)行禮如儀

(二)主席報告

略詔上次開會所議道路等級(一)特等路(二)公園道(三)甲等幹路1.環形路2.公園支道3.城內十字形路4.城外放射形路5.梁溪路均已審核修正通過其餘各路等級寬度因時間關係不及討論故定今日開議

(三)討論事項

(一)原定乙等幹路第二環形路之寬度如何修正案　議決依照市政籌備處規定第二環形路之寬度爲九公尺現以所列路名須分別修正(甲)自跨運河過黃泥橋至鈎橋沿河至南新橋小鹽場爲八公尺(乙)自江尖張成弄經蔡家弄大河池沿

過泗堡橋荷葉村繆亮壩橋爲八公尺(丙)自東門亭子橋經長攻上羊腰灣路西新橋過河經迎龍橋沿河直達興龍橋丁港里擺渡口大存棧沿河工運橋關埭橋直達亭子橋爲九公尺

(二)城內井字形路變更名稱案　議決改稱十字形路三下塘起至西溪直街止各路照原定尺度通過

(三)城外各路如何修正案　議決前社橋路起至廣勤路第一二三四五支路止各路照原定尺度通過

(四)甲等支路之寬度如何修正案

議決　(一)第三環形路　照原定尺度通路

(二)第四環形路　照原定尺度通過

(三)留郎橋直街起至談渡橋直街醬園弄止照原定尺度通過江陰巷下加直巷二字

(五)乙等支路之寬度如何修正案　議決　照原定尺度通過

(六)絕巷寬度如何修正案　議決照原定尺度通過

(七)拓寬原有街道辦法第十一十六二十條如何修正案　議決俟下次會議再行討論定奪

(八)市民蔡樾吳廷枚鄒家麟孫希俠李漢光等函會轉請市政籌備處修理街道案　議決照轉

(九)江委員祖岷朱委員士圭提議實行拓寬道路分期進行以何路爲第一期應先決定以便實施而利交通案

議決　(一)由吉祥橋起至北城腳嚴巷口止

(二)由王道人弄起至留師弄口止

(三)由圓通路起至三下塘止

第一期實施拓寬道路向城牆未拆除以前自城牆外線拓寬六公尺

(十)本會第四次大會日期案　議決定于本月十五日(星期六)下午三時舉行

拓寬道路設計委員會第四次會議記錄

三月十五日

出席委員　陳鼎三　江鷹麟　朱士圭　江祖岷　周寄湄　華昌壽　陳子寬

主席　朱士圭　紀錄　陳湧藻

一、行禮如儀

(一)修正拓寬原有街道辦法案　議決第十一條删去「除特等路及甲等幹路外」十字　性質下删去「且經本處認爲」六字改「『並』字　甲項删去「添」字　不裝「下删去「斜」字改「『仕』字

修正　凡修理臨街房屋具有下列二項性質並不妨礙路政者得

免退讓

第十六條勘丈下改「如查有侵佔公地等情事得令業主繳驗契據」

[illegible]凡業主修理或建造房屋圍牆籬笆駁岸等須呈由本處派員勘丈如查有侵佔公地等情事得令業主繳驗契據

第二十條籬笆等下「違反」改為「違犯」二字

以上二條修正通過

江委員祖岷朱委員士圭提議新市區道路應先規定寬度以資計劃案　議決照拓寬原有街道辦法加級規定各等路寬度如下

(一)特等路

(甲)二十一公尺

(乙)十八公尺

(二)幹路

(甲)十五公尺

(乙)十二公尺

(三)支路

(甲)九公尺

(乙)六公尺

(四)江委員祖岷朱委員士圭提議開闢夾城河大道應先規定寬度以利建設案　議決暫行保留

無錫市政籌備處為防除天花及腦脊髓膜炎召集各醫師開談話會紀錄　二月二十日

出席者

高直雲　譚述謨　陳彤輝　朱品三　陸陶庵　陸宗祥　張季勉

徐士林　秦秉衡　諸超良　孫祖烈　顧憲章　許松泉　曾之珊

干海濤　高時良　顧衛如　楊子華

市處社會科　李冠傑　張之彥　莫善樂

主席　李冠傑　紀錄　莫善樂

主席報告

1.本處鑒於本市腦脊髓膜炎之流行特向民廳領到衛生部所發之抗流行性腦脊髓膜炎血清五十瓶擬免費注射以救貧病至于預防方法本處已有傳單分發市民督促注意

2.本處鑒於天花之流行特附設布種牛痘所布告市民免費普種

3.關于上述二點請到會各醫師多多指教以期完善

討論事項

一)公函醫師協會轉知各營業醫生如遇腦脊髓膜炎須送往普仁同仁兄弟療養勞工陶涵等六醫院診治

二)各醫院如有到腦脊髓膜炎病須隨時報告本處以使到病人家中實施消毒

(三)今年之腦脊髓膜炎病勢頗兇猛一經傳染極難治愈大暖後恐必

尤甚故最好創辦隔離醫院收容此種病人以免傳染

（四）由市處製成調查表格發交各醫院每周填報一次以便統計

（五）血清五十瓶分發各醫院普仁十瓶療養院同仁兄弟勞工陶涵各八瓶專爲貧病注射藥費概行免收

（六）設法勸用口罩

（七）函請教育局衛生專員顧子靜赴各學校演講預防腦脊髓膜炎及天花之方法

（八）腦脊髓膜炎及天花最易傳染患病者雖在痊愈後亦不宜出外即親戚朋友均不宜到患病者之家中以免傳染

（九）工商醫院之發汗退熱丹及李同豐之回天丸能否醫治腦脊髓膜炎應呈送本處轉呈衛生部調驗方准營業

（十）設法實施巡迴種痘

市政討論委員會第四次會議紀錄

三月二十六日

出席委員　蔡緘三　周寄湄　華繹之　江恩麟　胡桐蓀　許彦定　程敬堂　華少紀　蔡有容　孫祖基　陳湛如　俞明劍

主席　孫祖基　　紀錄　沈維棟

行禮如儀

主席報告

略謂今日討論組織市政委員會問題召集開會承各委員準時蒞臨幸甚溯去年七月間區長訓練所學員畢業之際各縣市鄉行政局行將改組爲區公所省方各委員僉以無錫城市一區工商發達人口繁庶認爲於區公所外有辦理市政之必要爰由繆廳長提出省府會議議決設立無錫市政籌備處並委祖基兼任主任成立以來忽已八月對於市政應興應革諸端或草具計劃或擇要施行惟祖基能力有限并非市政專家對於市民供獻殊少問心滋愧籌備期間省府本未規定惟以蘇州前例爲六個月迄今已告滿期茲奉民政廳電令以市組織法尚未頒布而籌備屆滿飭將原設之市政籌備處結束停止進行一面遴選地方富有經驗聲望允孚之人七人至九人組織市政委員會負責辦理市政方面進行事宜查組織市政委員會一事關係極爲重要經祖基提出三十三次處務會議議決召集本會討論應如何遵照廳令組織之處請各位公同研究俾得早日成立此後負責得人仔肩獲卸祖基深以爲幸至市政籌備處現已定三月底一律結束業已準備交代合併報告

討論事項

主席交議市政委員會應如何遵照廳令組織案

（議決）市政委員會條例尚未頒布究應如何組織應請省廳核示

美國之國勢指數

（星）

	工業生產之指數（一九二三—五年＝一〇〇）	勞働者就業之指數（一九一九年＝一〇〇）	積載貨車之指數（一九二三—五年＝一〇〇）	建築指數（一九二三—五年＝一〇〇）
一九二七年各月平均	一〇六	—	一〇一	一三七
一九二七年十月	一〇三	九一·七	一〇一	一三七
一九二七年十一月	九九	九〇·二	九六	一二五
一九二八年前半年各月平均	一〇八	—	—	—
一九二八年七月	一〇九	八八·五	一〇二	一三九
一九二八年八月	一一二	九〇·〇	一〇四	一一一
一九二八年九月	一一五	九一·二	一〇六	一三六
一九二八年十月	一一四	九二·〇	一〇六	一四七
一九二八年十一月	一一一	九一·六	一〇六	—

圖表六八：此處原爲《民國十八年無錫市公自用人力車捐收入各月比較圖》，見書後。

民國十八年無錫市自由車季捐收入比較圖

說明 春夏兩季為前市行政局時收入 秋冬兩季為本處接管後之收入

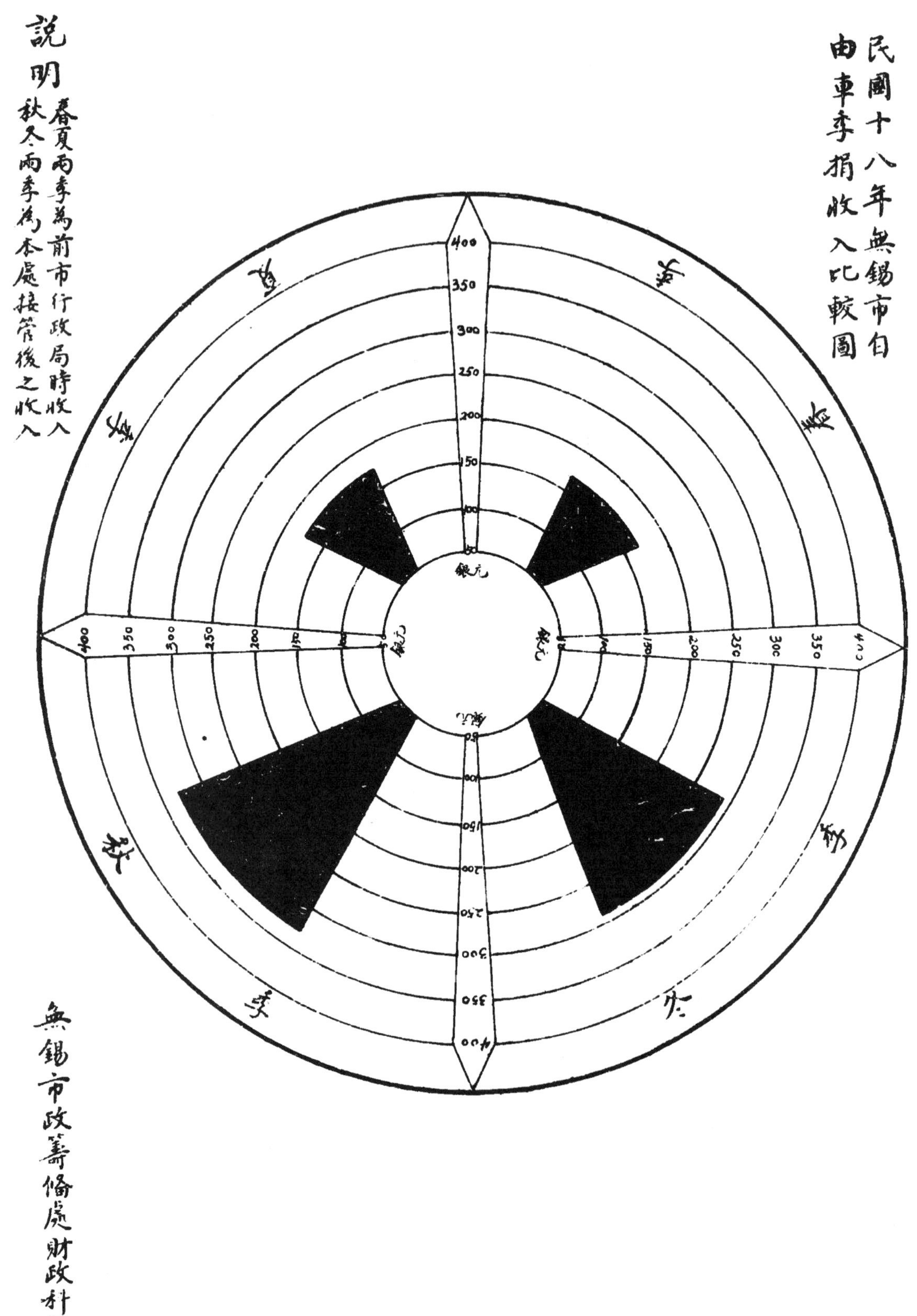

無錫市政籌備處財政科製

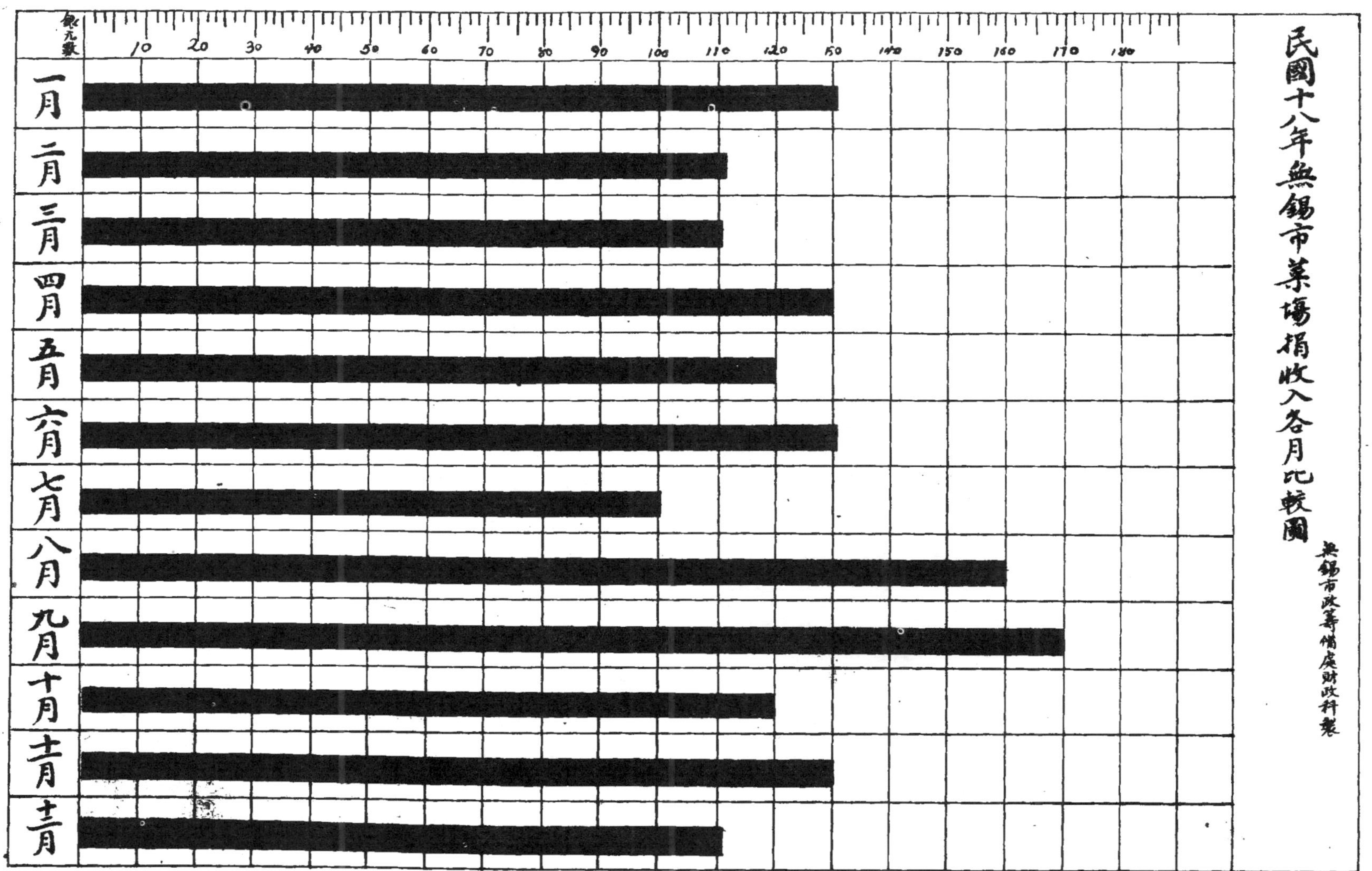
民國十八年無錫市菜場捐收入各月比較圖
無錫市政籌備處財政科製
銀元數
10
20
30
40
50
60
70
80
90
100
110
120
130
140
150
160
170
180
一月
二月
三月
四月
五月
六月
七月
八月
九月
十月
十一月
十二月

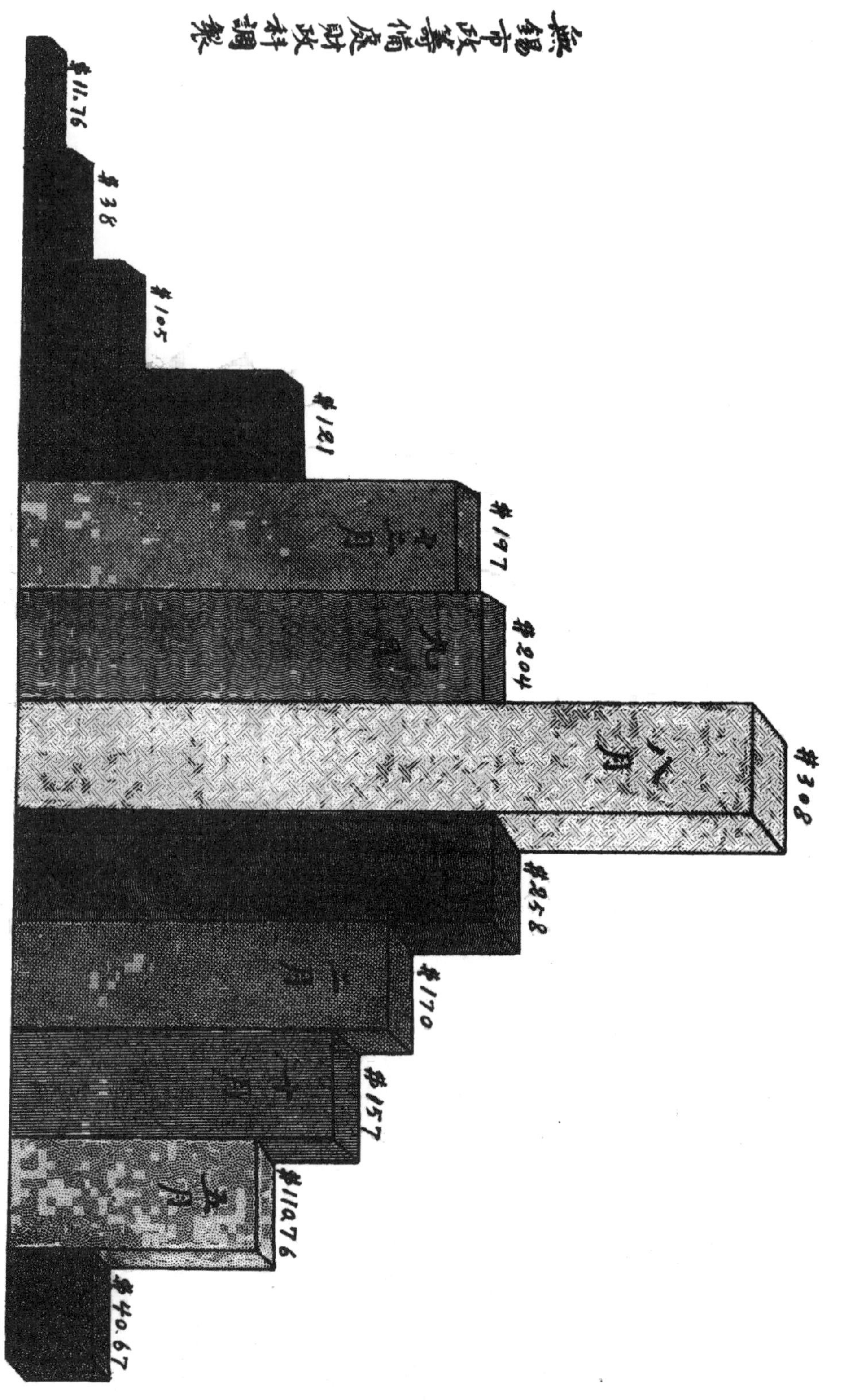

民國十八年無錫市特捐收入各月比較圖

民國十八年無錫市建築執照費收入各月比較圖

說明 本圖每格代表百元

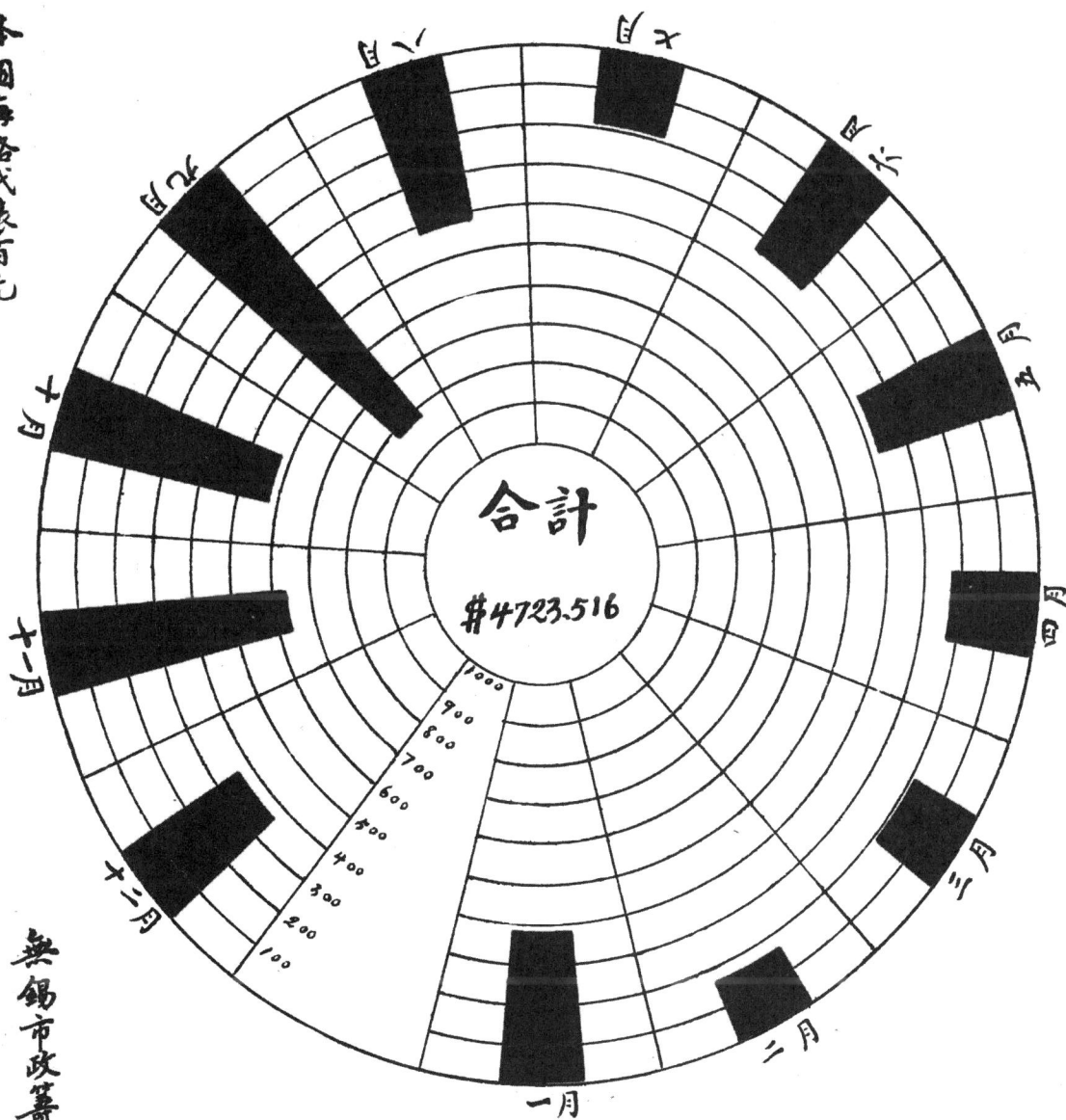

無錫市政籌備處財政科製

無錫市菜場房租一覽表

財政科製（十九年二月）

編號	租戶	押金	月租	年限	地址	備註
一	曹榮林	五元	三元	不拘	崇安寺	
三	尤阿二	五元	二元	不拘	仝上	
五	顧阿狗	五元	二元	不拘	仝上	
七	徐才龍	十五元	三元	不拘	仝上	
九	顧子卿	四十元	五元	不拘	仝上	
一一	尤阿根	無	一元五角	不拘	仝上	
一三	蔡阿胖	無	一元	不拘	仝上	
一五	劉雲記	無	二元	不拘	仝上	
一七	許宜全	百元	九元五角	不拘	仝上	
一九	顧阿三	十元	三元	不拘	仝上	以上十九號係第一菜場
二一	邵榮生	十元	三元	不拘	大河池沿	
二	殷盤大	無	七元	不拘	仝上	
四	陳協記	十元	三元	不拘	仝上	
六	丁阿大	十五元	三元	不拘	同上	
八	祝餘寶	十五元	三元	不拘	仝上	
十	王阿榮	無	一元	不拘	仝上	
一二	許金寶 王梅生	四十元	八元	二十年	仝上	
一四	林順記	無	一元五角	不拘	同上	
一六	高有根	無	二元	不拘	同上	
一八	楊桂寶	八元	二元	不拘	仝上	
二十						
二二	朱鳳祥	十元	三元	不拘	仝上	

無錫市政　第六號　調查統計　無錫市菜場房租一覽表　九三

號數	姓名	房租	押租	期限	備考
二一	項復記	十元	三元	不拘	仝上
二三	祝盛興	十元	三元	不拘	仝上
二七	鄧金記	十元	三元	不拘	仝上
二九	曹杏記	十元	三元	不拘	仝上
三一	陳源記	十元	三元	不拘	仝上
三三	沈榮記	十元	三元	不拘	仝上
二五	吳阿榮	無	三元	不拘	仝上
二七	周顯文	無	三元	不拘	仝上
二九	殷仲斌	十元	三元	不拘	仝上
四一	殷子貞	十元	三元	不拘	仝上
四三	馬復興	十元	一元五角	不拘	仝上
四五	殷阿揚	無	一元五角	不拘	仝上
四七	李源祥	十元	一元五角	不拘	仝上
四九	朱義盛	十元	一元五角	不拘	仝上
五一	興記肉莊	十元	三元	不拘	仝上
五三	張阿多	十元	三元	不拘	仝上
二四	張泉根	十元	三元	不拘	仝上
二六	曹泉阿	十元	三元	不拘	仝上
二八	包金和	十元	三元	不拘	仝上
三〇	陳榮記	十元	三元	不拘	仝上
三二	楊鴻餘	十元	三元	不拘	仝上
三四	鄧壽金	十元	三元	不拘	仝上
三六	諸榮根	十元	三元	不拘	仝上
三八	周昌基	十元	三元	不拘	仝上
四十	邵淡章	十元	三元	不拘	仝上
四二	張翼初	十元	三元	不拘	仝上
四四	儉記	十元	三元	不拘	仝上
四六	劉仁記	十元	三元	不拘	仝上
四八	鴻興順	十元	三元	不拘	仝上
九十	義興恒	十元	三元	不拘	仝上
五二	張盤大	十元	三元	不拘	仝上
五四	義源順	十元	三元	不拘	仝上

以上係第四菜場

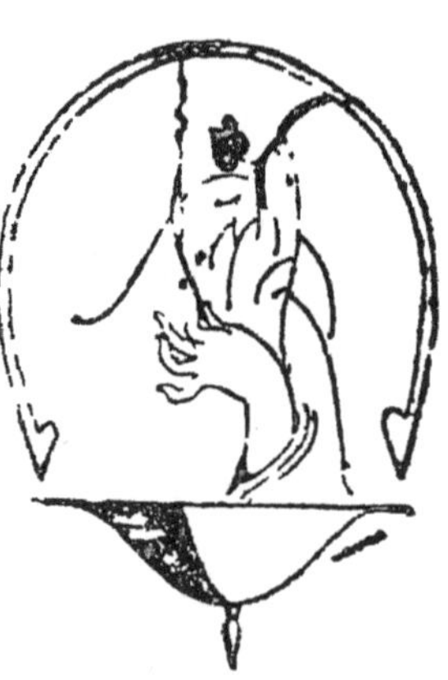

無錫市航船租賃市有碼頭一覽表

（財政科製 十九年二月）

姓名	開往地址	停泊碼頭	每月租金	備註
蘇金大	周鐵橋	三里橋	一元二角	
陳金培	柏木橋	灘上	二角四分	
秦滿生	潘家橋	三里橋	八角四分	
王寶仁	南宅	三里橋	八角四分	
徐榮觀	胡埭	三里樓	七角八分	
金林春	連村楊橋	三里橋	七角八分	
王正標	蓉湖橋	三里橋	三角正	
馬根生	陸區橋	三里橋	七角二分	
周寶郎	潘家橋	三里橋	八角四分	
馬龍法	陸區橋	三里橋	七角二分	
姚根培	胡埭	三里橋	七角八分	
陳和尚	漕橋	三里橋	一元二角	
黃益生	湖宕裏	灘上	一元正	
任端良	雪堰橋	三里橋	七角八分	
朱湧泰	雪堰橋	三里橋	七角八分	
黃和泰	漕橋	三里橋	一元二角	
余金山	新瀆橋	三里橋	五角四分	
伍鼎觀	張舍里	三里橋	六角正	
林鼎泰	前橫	三里橋	七角八分	
蔣全根 朱憲文	南宅	三里橋	八角四分	
倪耦生	張舍裏	蓉湖橋	六角正	
俞富元	新瀆橋	三里橋	五角四分	
陳仁根 川[illegible]	周鐵橋	三里橋	一元二角	
周吉保	灘上	灘上	四角正	

張盤法		芋頭河沿	六角正	
陽羨公司	宜興	工運橋北岸西首	五元正	碼頭約計五丈押租一百元停泊汽油船二艘
錢阿培 朱大保	查家橋楊亭	灘上	一元正	

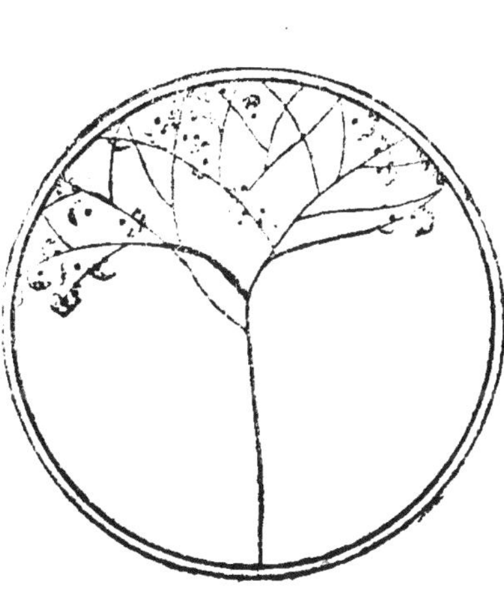

無錫市人力車行戶及車照號數一覽表

財政科製（十九年二月）

行戶	輛數	號數	地址	備考
協程	一〇四	1至97 966 967 978 983 984 985 988	挑水弄	
德安	二四	98 99 213 643 675至680 703 716 722 757 770 800 968 969 970 1167 1245 1246 1247 1295	西河頭	
喬文錦	三	100 713 714	含秀橋	
李文祥	一二	103至108 511 512 762 763 1188 1189		
高鎰記	一二	109 110 302 308 356 453 454 746 754 883 947 948	上牌樓	
蘇廣記	六一	111 301 578 579 644 681 723 724 764 919 802至816 1151至1156 1506至1535	東門越城裏	
恆記	二六	101 102 112至117 303至306 513 514 532 533 534 538 539 580 767 1305至1309	圓通路	
瑞豐	一二	119至122 125 126 261至266		
兆豐	一九	123 124 618至622 801 841 923 1194 1225 1228 1230 1261 1592至1595	東新路	
日生	五〇	127至169 1273至1279	中市橋	
義成	二三	170 171 172 560至563 253至255 393至396 884 921 922 942 945 946 949 1291	南門帶鉤橋	
震記	三	173 216 721	映山河	

蔣源記	四	174 320 333 799	東新路
李禹仁	三五	175至202 204至206 209至212	
振興	五	203 980 1166 1294 1296	王道人弄
曹鴻飛	一	207	中市橋巷
德新	九	208 300 531 986 766 1210 1299 1312 1313	牛尿弄
李長華	四	214 215 712 1172	東新路
合盛	三五	217至247 258 259 260 950	觀前街
唐生泰	一七	248 249 422至425 730至734 795 796 797 996 997 998	南門便民橋
順泰	二一	250 251 252 1221至1224 1226 1227 1229 1231 1829至1838	漢昌路
寶記	六七	188 256 257 334 479 682 683 715 745 837至840 842至882 924至935 1157	西大街
文記	三	267 279 281	東新路
昇泰	二二	268 270 278 282 283 285 286 287 289 291 293 294 295 297 298 708 709 710 1168至1171	東新路
新記	一五	269 271至277 280 284 288 290 292 296 299	惠農橋
王鑑記	五	307 792 951 953 1209	歡喜巷
朱潤萬	八	309 756 981 982 987 994 1174 1330	妙光橋
協興	五六	310至319 321至328 330 331 332 335至343 345至355 375 798 918 976 1105 1281至1290	圖書館前
徐必先	九	329 977 1181 1202 1268 1269 1270 1292 1293	小南海
吳贊蘇	一五	344 755 916 917 989 990 1000 1025 1026 1027 1199 1304 1327 1328 1329	東城門口

泰記	四二	358至392 1195至1198 1237 1200 1201	太平巷
德豐	三〇	397至421 1204至1208	小南海
興記	三四	426至452 1214至1220	萬前路
吳清如	二二	456至477	棉花巷
蔣德才	一	478	西門外吊橋
朱清祥	三	480 481 11[illegible]0	
徐德丕	八	482 760 761 920 995 999 1162 1300	妙光橋
捷安	二六	483至503	挑水弄
徐德俊	六	509 510 623 758 759 993	
競飛	二八	515至530 1062至1068 1111 1112 1135 1310 1311	馬路上
協成	六二	535 536 537 885至907 936至941 1690至1719	西門楪屑路
雲程	三五	540至559 718 719 720 958 959 1183至1187 1611至1615	西河頭
徐立明	二	564 769	西門
興利	二二	565至577 961至965 1232 1233 1297 1298	太平巷
德記	二八	581至600 1180 1182 1238至1243	公園路
慶記	三二	601至617 1436至1450	前太平巷
東興	二〇	624至640 1163 1164 1165	東新路
唐耀記	九	641 642 725至729 1258 1259	交際路

珊記	一四	645至656 1260 1262	圖書館前
齊信記	二〇	657至672 1263至1266	東新路
徐記	六	673 674 793 794 1108 1257	東新路
寶興	一二	684至695	西城門
合興	一二	696至702 704至707 711	東城門口
德利	六	735至740	西城門口
永興	三	741 742 743	光復門
元記	二	747 1314	沙巷口
朱華記	八	748至753 1203 1234	崇安寺
徐阿大	一	765	西河頭
隆興	一	768	西門外吊橋
顧元記	七	771至775 1302 1303	中正路
寶綸	一五	776至787 1211 1212 1213	德心橋
辛根基	三	788 789 790	萬前路
錫昌	二九	817至836 1190至1193 1675至7679	西門德心橋
撻成	一二	908至915 943 944 954 955	南門帶鈎橋
徐同盛	一	957	老廟前
財記	九	960 1173 1799至1805	挑水弄

安記	七	952 971至975 1244	
永恆	一	979	英前路
永泰	一四	991 992 1248至1256 1267 1271 1272	太平巷
代步	三〇	1001至1024 1121至1130	
明記	六	1021至1024 1106 1107	
陳記	二	1028 1029	
潘記	一	1030	
徐乾泰	三	1031 1032 1033	
順興	三七	1034至1061 1109 1110 1136至1142	
韓寶林	三	1069 1070 1071	
保記	一三	1072至1080 1113 1114 1149 1150	
明星	一四	1081至1089 1115 1116 1132 1133 1134	
五記	一三	1090至1096 1118 1119 1145至1148	
雲記	七	1097至1100 1120 1143 1144	
協盛	四	1101至1104	
蔣記	一	1117	
陳德記	一	1131	
曹鴻聲	二	1158 1159	中市橋

惠民	一三	1161 1315至1326	新馬路
祁公興	六	455 1175至1179	南越城
鄒南記	一二	1235 1236 1630至1639	西門迎龍橋
禹記	一	1301	公園路
益興	三〇	1401至1430	交際路
劉雲生	五	1431至1435	
美利	三一	791 1451至1480	中正路
益新	二〇	1481至1500	交際路
李鳳山	五	1501至1505	中正路
姚幹石	五	1536至1540	中正路
龔永和	三〇	1541至1570	中正路
沈阿順	五	1571至1575	西大街
朱雲洲	三	1576 1577 1578	公園利泰橡皮公司
蔡同芳捷成	七	1579至1585	南帶鈎橋
周金塔合記	六	1586至1591	西溪下
陳同恭	八	1596至1603	東門亭子橋
陳德記	二	1604 1605	公園路
金仲澗	四	1606至1609	圖書館前

王垣大	四	1616至1619	妙光橋
王瑞豐	六	1620至1625	東新路
尤子楨	四	1626至1629	新馬路
王冠清	一〇	1640至1649	崇安寺
李春元	五	1650至1654	廣勤路蘭芳里
崔安康	五	1655至1659	北滄門
華文魁	五	1660至1664	中正路
王永順 飛皂	一〇	1665至1674	西門迎龍橋
王餘記	五	1680至1684	西政迎龍橋
蔣景先	五	1685至1689	二下塘南市橋
益利	二〇	1720至1749	
品興	三〇	1750至1779	東新路
徐昌記	三	1780 1781 1782	談渡橋獺關者
邵幼山 興益公司	一六	1783至1798	萬前路
陳兆鏡	二	1806 1807	西河頭附設雲程
張耀山	五	1808至1812	東門亭子橋
王海帆	二	1827 1828	
協程	六	1813至1817	東新路

合計	一一十五九	自一號起至一千號止爲舊有行駛本市　千另一號起至一千一百五十號止爲舊有通行與原總自一千一百五十一號起至一千一百十號止亦係舊有通行本市自一千四百另一號起至一千八百十八號止及一千八百二十七號起至一千八百二十八號止爲十八年秋季新添放內除一千六百十號外適合上數

中政會審查完竣之市組織法原則

立法院提出市組織法原則草案，經中政會法律組政治報告組委員審查完竣。但原草案關於市組織法原則十二項，修正爲六項，已提出政會公決，原則如下

一、各市均以所在地地名稱爲某某市

二、具有左列條件之一者設市得直隸於行政院

甲、首都所在地

乙、人口在百萬以上者

丙、在政治上經濟上有特殊情形者

但具有上列乙丙兩項條件之一者以非省政府所在地爲限

三、具有左列條件之一者設市隸屬於省政府

甲、人口在三十萬以上者

乙、市所稅入營業稅牌照費土地稅每年合計占該市總收入二分之一者

四、隸屬於行政院之市市長簡任隸屬於省政府之市市長簡任或薦任市得設市參事會

無錫市區街巷里弄門牌調查表(續)

財政科調製

(西區)

街巷里弄名稱	門牌總數	街巷里弄名稱	門牌總數	街巷里弄名稱	門牌總數	街巷里弄名稱	門牌總數	街巷里弄名稱	門牌總數	街巷里弄名稱	門牌總數
壩橋下	一七	惠山直街	五三	大王廟前	五	惠山橫街	二四	大王廟弄	一八	燒香浜	八
財神堂	三	廣祠巷	一	前西溪	一四	龍頭口河塘	四二	野園弄	三	惠山浜	一〇
便民橋	二	龍船浜王巷	九	後宋巷	一二	茂新里	四四	便民橋瑪巷	三	棚下街	一〇
振新里	四九	水仙墩	八	大德橋陳巷	六	西新塘	七	丁港里溫巷	五四	太保墩	一五
丁港里青蓮巷	二六	寶勤里	五	丁港里老敵	六三	迎龍橋	六三	丁港里新敵	六	小木橋	四〇
丁港里	五	榕蔭里	一七	蓉湖莊李巷	一六	振新里一	一〇	蓉湖莊	五〇	振新里二	四四
壩橋下李巷	二五	振新里前街	五	鄭巷	七	振新里一	七	錫山下馬巷	七	振新里二	七
錫山下朱巷	九	振新里六	七	錫山吳打銃巷	一三	振新里四	七	錫山下壁山莊	六	振新里五	七
錫山下秦巷	一二	中新里	四一	錫山下荷花橋	八	中新里前弄	一三	錫山下三家村	三	中新里一	一三
錫山下寶巷	一五	中新里二	一二	西門直街	七七	中新里三	一二	西門棉花巷	一二六	中新里四	一二

街巷里弄名稱	門牌總數	街巷里弄名稱	門牌總數	街巷里弄名稱	門牌總數	街巷里弄名稱	門牌總數	街巷里弄名稱	門牌總數
惠山寮間街	二二	中新里五	一三	中新里六	一〇	惠山觀前街	一〇	中新里七	一三
惠山春申澗	一	西塘	一四	惠山山門裏	二三	東打鼓巷	四	醬園浜東岸	三	新馬路	一七
嵩山口浜西	二	橋店弄	一六	禾豐里一	一二	小倉弄	一八	禾豐里二	六	大倉弄	五三
禾豐里三	一〇	梓樹巷	一六	水滸里	三九	體育場路	五	北水溝	一四	章巷	五
魚行頭街	七二	倉巷	四七	西倉橋下	七	敦倫里	一一	課積里	七一	東小木橋巷	八
油東弄	三四	周籬笆巷	五	龍船浜張巷	八	汪巷	五	棚下龍船浜	一一	包巷	一四
龍船浜	三	棵弄	一一	尖頭龍船浜	二一	高巷	七	興隆橋東堍	一四	孫家衙	七
興隆橋西堍	一二	前朱巷	一一	興隆橋街	一五	後朱巷	一〇	五里街	四三		

（東南區）

街巷里弄名稱	門牌總數	街巷里弄名稱	門牌總數	街巷里弄名稱	門牌總數	街巷里弄名稱	門牌總數	街巷里弄名稱	門牌總數
南倉門	二〇一	巷泥涂街	八七	南倉門內安里	二七	石浦頭	一五	南倉門知樂里	八	金鈎橋後街	六九
南一里	一八	慎餘里	一二	打橋下	八	[illegible]子灘	一六	上塔	八	張家弄	七
楊巷里	七	牛弄	九	學前街南	八七	黃泥橋沿河	四	學前街南	一〇	虹橋下	四〇
業勤路	二	定勝橋下	一	孫巷上	二一	賀弄	一八	塘岸下	三四	塔橋下	三一
下巷上	四七	紹巷上	一九	東門外崇春街	一七三	泰孚工房	五	東門外城腳	一二	龍船浜	一
新市橋下	三	南朱巷	二〇	羊皮巷	五	南張巷	七	陳巷上	五四	泰安里	四七
井亭街	二八	船廠裏	九一	隆昌里	八五	蘿蔔浜	二二	通淮橋	二一	南花園弄	二〇
通隆里	四二	羊腰灣	四三	井亭橋西街	一〇	陽春巷	一三	壩頭上	九三	南門姚巷上	三一

街巷	門牌	街巷	門牌	街巷	門牌	街巷	門牌	街巷	門牌	街巷	門牌
小南門巷	三〇	船方頭	四六	小猪巷	一六	人鴿頭街	一三	帶鈎橋	二〇	禮堂弄	二九
淘沙巷	一三	徐泥水巷	四三	灣轉頭	一八	四倉廳弄	一三	廟塲上	二〇	寺前街	六七
李薛巷	七	徐家弄	一九	上崗上	二〇	振新多幅里	五一	九思弄	七		

內政部修訂各地倉儲管理規則要點

內政部修正各地倉儲管理規則要點如下：

一、各倉積穀數目，縣倉由民政廳定，區倉由縣政府定。鄉鎮以 戶儲穀一石爲標準。

二、縣市區鄉鎮積穀，應以地方公欵辦理。

三、縣市區鄉鎮積穀，不得挪作別用。

無錫石粉石灰磚瓦石筆織網一覽表

廠名	性質	資本	廠長或經理	成立年月	地址	備註
無錫第一石灰廠	公司	一〇、〇〇〇元	薛明劍	民國十七年一月	西門外大帝巷	兼出草紙
鄒成泰機製石粉廠	公司	五〇、〇〇〇元	鄒福祺	民國十六年四月	丁埄里	兼出其他副產
進化石筆廠	獨資	二、〇〇〇元	朱聿祥	遜清宣統元年二月	五里街大德橋	
無錫織網廠	公司	一〇、〇〇〇元	榮鑑明	民國十七年七月	西門外棉花巷	
熾昌磚瓦廠	獨資	一〇、〇〇〇元	袁兆祥	民國四年二月	南門外周新鎮	機製青紅等色

十九年二月調查　無錫縣社會調查處

無錫市最近各醫院治療腦脊髓膜炎病人年齡統計圖

三月十四日

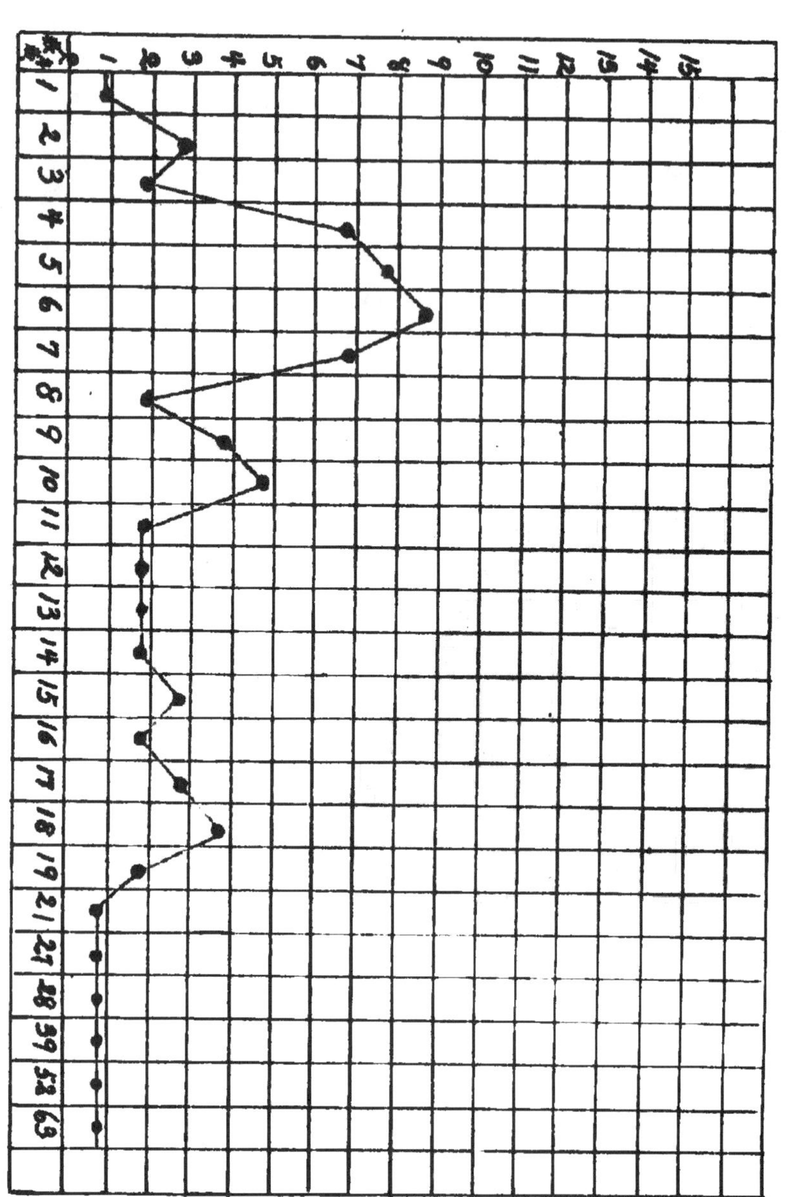

無錫市最近各醫院治療腦脊髓膜炎病人性别統計圖

三月十四

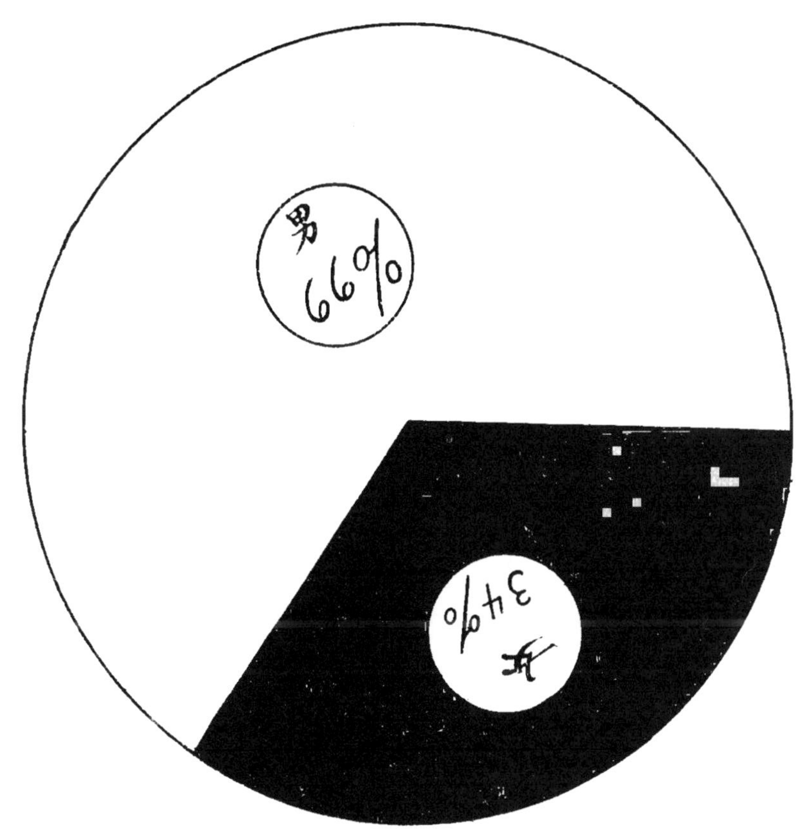

性别＼年齡	1—5	6—10	11—15	16—20	21—25	26—30	31—35	36—40	41—65	總計
男	14	18	5	10	0	0	0	1	2	50
女	7	9	6	1	1	2	0	0	0	26
總計	21	27	11	11	1	2	0	1	2	76

無錫市政籌備處佈告第肆拾貳號

爲佈告事案奉江蘇省民政廳廳長繆庚代電開本廳於最近旬日之內據報省會地方及寶山縣城廂內外均有發生流行性腦脊髓膜炎死亡人口情事除已分飭切實消弭並通電各市縣一體調查具報外合亟電仰該主任即便遵照迅行查明該管境內有無是項流行性病發現並相機妥籌防範以杜蔓延仍將遵辦情形詳細陳報以憑察核毋稍忽畧切切等因奉此查現在時屆春令本邑亦已發現流行性腦脊髓膜炎病亟應設法防止合行佈告市民格外注意須知此種病症最易傳染危險堪虞仰即勸誡兒童勿至熱鬧處所並戴口罩以資防範而免傳染是爲至要此布

中華民國十九年二月十二日

兼任無錫市政籌備處主任孫祖基

無錫市政備籌處佈告第四十四號

爲佈告事查本市城廂內外沿途所設不良坑厠爲數甚夥亟宜妥籌處置方法以重衛生而壯觀瞻業經本處第二十九次處務會議議決（一）如坑厠地位適宜面積寬大業主能自動請查改建者由本處查明給與改建式樣及免費執照限期改建（二）如坑厠地位有碍市容及地積狹小即改建後尚不合衛生者由本處查明一律限期取締填塞（三）如有空曠地主欲築新式坑厠者經本處查明准即發給建築式樣及免費執照以利公益而重衛生在案除函致公安局查照外合行布告各坑主限於兩星期內自動來處呈請改建領取免費執照逾期查有應行修改如粉牆建門開窗出糞洞蓋板等類未能切實遵辦者即由本處會同各該管公安分局分駐所雇工撤除決不寬容切切此布

中華民國十九年二月十九日

兼任無錫市政籌備處主任孫祖基

無錫市政籌備處 戚墅堰電廠 公布全市路燈協定條件

查無錫市路燈前據市民自由認費報裝以致紛歧無定殊非整理市政之道茲經會商將全市路燈統籌規劃協定條件呈奉建設委員會江蘇省民政廳核准備案並定於四月一日為施行期特公布之

無錫市政籌備處（以下簡稱市處）戚墅堰電廠（以下簡稱戚廠）今因戚廠供給無錫全市路燈用電雙方訂立協定條件如左

一　「工料」凡在無錫市區內之路燈其普通裝置及修理需用各項工料均由戚廠擔任如有特別裝置（例如光復橋工運橋上路燈之類）其工料由市處担任至私人里弄路燈所需各工料則由各業主自任

二　「距離」就戚廠桿線所到處除私人里弄外每間桿木一根裝置路燈一盞但橋梁重要巷口四叉路口及緊要地點由雙方會同指定裝置之凡桿線未到處須裝置路燈者新添桿木在三根以內照營業章程每根減半貼工費洋二元五角在三根以上者另議之

三　「光度」直街巷口用二十五華脫重要橋梁用五十華脫四叉路及緊要地點用一百華脫

四　「電費」戚廠以路燈關係地方公益每盞酌收大洋三角另加燈泡費每盞一月大洋一角以六折實收大洋六分合共每盞每月大洋三角六分正甲月之費市處須於乙月付清市處以戚廠係國營事業不收捐稅至私人里弄路燈電費由業主担任價目與公共路燈同

五　「整理」戚廠應將全市路燈照第三項辦法切實整理添裝其工料照第一項辦理所有市民報裝之路燈一律取銷

六　「開關」由戚廠按段或按公安分局區域裝置便利開關交由市處責成各公安分局負責管理其開關時間由雙方會同規定之

七　「修理」路燈損壞失明應須修理時由市處用兩聯通知單隨時通知戚廠須於三日內修竣由就近崗警或委托住戶於通知單蓋章證明以一聯存留戚廠一聯交由市處存查

八　「編號」全市路燈由戚廠逐一編釘搪磁號牌並將編定號碼通知市處以備查考

九　「時效」本協定有效期間以公布施行之日起扣足五年為限雙方均須遵守不得中途變更

十　「實行」本協定經雙方簽訂後須分別各自呈報主管機關核准再行公布施行

十一　「冊則」本協定同式四份市處戚廠各執一份其餘一份由市處轉呈民政廳一份由戚廠轉呈建設委員會

戚墅堰電廠代表　吳玉麟印
市政籌備處代表　孫祖基印

中華民國十九年二月

無錫市政籌備處十九年一月分收支報告

計開

庫存

十八年十二月底止揭存洋二萬八千九百四十九元九角八分六厘

收入

一萬三千○三十一元五角四分五厘

甲、經常收入項下　一萬○九百七十六元○九分一厘

一、市產收入　一千六百六十五元六角○四厘

1.房租　一千○七十八元七角

2.田租　二百八十五元

3.地租　一百○四元八角

4.碼頭租　七元

5.公園場租　五元

6.菜場房租　一百三十八元

7.自流井售水　四十二元一角○四厘

8.廁租　五元

二、捐稅收入　八千七百二十一元三角八分七厘

1.街車捐　一千七百五十九元

2.包車捐　一百九十五元

3.自由車捐　一百八十五元一角

4.馬捐　六元

5.清道捐　四百六十六元六角

6.汽船捐　四十六元五角

7.輪船捐　一百四十元

8.快船捐　六元

9.店舖捐　五千二百二十六元一角五分二厘
10 旅棧捐　十六元五角
11 茶館捐　八十五元三角六分
12 戲館捐　四十元
13 公園茶捐　九元七角一分五厘
14 廣告稅　四十七元七角六分
15 菜場捐　一百二十三元九角五分
16 轎行年捐　一百四十八元
17 堆棧年捐　二百十九元七角五分

三、雜項收入　五百八十九元一角
1.路燈貼費　一百六十四元
2.建築執照　四百十三元一角
3.土木作登記費　十二元

乙、臨時收入項下　二千〇五十五元四角五分四厘

一、各項收入　二千〇五十五元四角五分四厘
1.菜場押租　十元
2.檢驗自由車費　一百〇四元五角
3.黨義圖書館津貼公園電費　二元
4.罰金　五百二十三元一角四分十八年八月一日至十二月三十一日止工務財政兩科所收罰金除提獎外悉數撥充公用

5.編釘門牌費　一千二百八十五元八角一分四厘
6.蔣廣鈴君公益捐　一百二十元

一萬七千〇三十六元一角一分七厘

支出

甲、經常支出項下　一萬一千四百〇四元〇八分

一、行政經費　三千二百六十一元〇〇八厘
1.職員薪俸　二千二百四十一元
2.勤務工食　二百六十八元六角七分
3.印刷公文用紙捐票表格及磁鐵車牌等費　二百二十二元二角五分
4.紙張簿籍文具等費　十四元四角五分
5.郵電　二十六元九角五分
6.書報　十一元八角一分
7.茶水薪炭及消耗等費　六十四元七角一分五厘
8.報紙廣告費　三十六元五角
9.購置各處用具並修物件及一切雜支內公車費等費　四十元〇〇二分三厘
10 收捐員薪俸及跟收捐勤務工食等費　二百九十八元
11 收捐員及跟收捐勤務車膳費　三十六元六角四分

二、事業經費　七千七百六十三元〇七分二厘

1.補助市區公安經費　五千元
2.裝置虹橋電燈工料費　十八元
3.測量道路及查勘工程並市民建築文發車膳費　二十三元二角三分
4.砌街匠小工測量夫工食　六十元
5.購置晒圖紙亞母尼水及油測量尺　九元
6.清道清河夫工食及垃圾船租　七百六十元〇〇二分
7.公園經常及修理費　一百三十七元九角五分五厘
8.自流井經常費　三十四元
8.茱塢經常及地租修理費　三百四十元〇五角
10 路燈十一月分燃費　三百十二元五角六分
11 市政二四期出版及酬謝封面圖書費　五百九十五元
12 市產汽船修理及油費　三百五十元〇二角六分
13 市產房捐費　五十一元一角二分七厘
14 市產條漕費　二十四元六角二分
15 市產門牌費　一元四角
16 市產房地租金費　四十三元
17 東亭馬路田租費　二元四角

三、補助費　三百八十元

1.國民導報二月分　補助費五十元
2.勞工醫院十二月分補助費　一百元
3.區黨部一月分補助費　二百三十元

乙、臨時支出項下　五千六百三十二元〇三分七厘

一、工程費　二千七百七十七元二角〇七厘

1.建築公園內商店房屋完工找價及添做推槽等費　三百二十元
2.建築公園內女廁所完工找價及裝置便桶等費　六十六元
3.修理吳橋工程費　三百元
4.惠山浜橫街舖砌金山石片及堆填土方續支費　五百元
5.填築通惠路工資及購置器具並裝煤屑駁船蹬盤工人員車膳費　八百六十三元二角〇七厘
6.建築公園路市房與宿舍完工找價及添做工程並裝電燈工料　七百二十八元

二、衛生費　一百十二元

1.衛生指導員薪俸及膳食　一百十二元

三、編釘門牌費　三百八十元〇八角三分

1.編釘門牌員薪俸膳食　一百九十八元
2.編釘門員勤務工食　六十六元
3.編釘門牌員公務告竣津貼半個月薪　九十元
4.編釘門牌洋釘　三元
5.徵收門牌費員司車費　二十三元八角三分

四、冬防費　一百七十元

1.各圖地保更夫一月分及找十二月分工食費　一百七十元

五、補助費　九百八十元

1.軍事招待補助費　六百元　市政討論會臨時動議在前市行政局移交保管委員會積存公欵內動撥支用

2.市區一月分教育經費　三百元

2.第一區公所一月分補助費　六十元

4.無錫縣執行委員會撤廢節事裁判宣傳費　二十元

六、公益費　七十六元

1.公園杏莊內設立民衆娛樂部購置器具費　七十六元

七、撥還墊欵費　三百元

1.撥還南區市民建築南里菜場墊欵　三百元

八、置產費　八百二十七元

1.購購公園杏莊旁邊丁姓房屋契價銀及中傭金　八百二十七元

九、押櫃　九元

1.路燈押櫃　九元

以上收支兩抵外揭存洋二萬四千九百四十五元四角一分四厘

無錫概覽

無錫縣政府 編印

《無錫概覽》，無錫縣政府編印。

一九三五年三月起由各機關分集材料，華文川任總編纂，縣長嚴慎予自任總校核並作序，閱兩月而成，五月出版，無錫文新印刷所印製，十六開鉛印本。

書前有風景照片八頁、總目二頁、分類細目七頁。該書實際上是民國時期的第二部《無錫年鑒》，縣長嚴慎予在序中指出，因爲一九三〇年之後『未必能年輯一書，就不曰「年鑒」，而曰「概覽」』，但在書後版權頁上印有『年鑒第二回』字樣。本書編輯體例與一九三〇年四月《無錫年鑒第一回》保持一致，章節大體相同，分爲『地理』、『人口』、『黨務』、『政治』、『司法』、『警衛』、『財務』、『交通』、『建設』、『教育』、『地政』、『禁烟』、『農業』、『工業』、『商業』、『衛生』、『公用』、『救濟』，共十八章。與《無錫年鑒》相比較，不同之處僅刪去『宗教』一章，增列『地政』、『禁烟』兩章，將『公益』改爲『救濟』。全書正文三百五十二頁，分上下兩欄排印，每欄二十四行，行二十五字，總篇幅約爲《無錫年鑒》的一半，除『地理』一章中有關歷史沿革、山河湖泊、名勝古迹等内容略有重複外，重點收録了一九三〇年以後無錫地方政治、經濟、教育、文化和城市、社會發展變化的新資料。書頁空白處刊登少量廣告。從這部書中可以比較清晰地看到，一九二九年的世界經濟危機和一九三一年『九一八』事變後中國民族危機的日益深重，對無錫經濟社會的發展産生的重大影響。嚴慎予在序中指出，自第一回《年鑒》出版五年來，縣政府有關『庶政興革、市政建設』的規劃，『實現未逮什一，至今日者，則農工商業之衰頽，更幾于江河日下』。但從書中也可看出，无錫的民族工商業在這一時期還是取得了一些進步。無錫工業總産值在全國主要工業城市中，僅次於上海、廣州，居全國第三位。該書『地政』、『禁烟』兩章及『黨務』一章中有關民衆抗日運動的資料、『教育』一章中有關『社會教育』的資料，尤爲珍貴。

（陳文源）

無錫概覽總目

無錫概覽分類細目

序言

全縣地圖

風景留影

寶界橋　湖山路　新生路　新監獄

惠山公園　寄暢園　東大地　梅園

萬頃堂　小箕山　蠡園　五里湖

城中公園(一)　城中公園(二)　錫山　仙蠡墩

黿頭渚(一)　黿頭渚(二)　太湖三山　漁莊

地理

無錫地理沿革略史

無錫縣之位置

無錫之山河及湖泊

無錫名勝古蹟誌

無錫縣各區面積一覽表

補白　遊覽無錫最經濟之遊程

人口

戶口數

一　無錫縣戶口數統計表(一)

二　無錫縣戶口數統計表(二)

職業別

無錫縣居戶職業統計表

黨務

無錫縣黨務沿革及其現況

一　無錫縣黨部現任工作人員表

二　無錫全縣下級黨部概況一覽表

三　無錫縣黨務概況統計表

無錫縣民衆運動之過去及現在

一　工人運動紀要

二　商民運動紀要

三　農民運動紀要

四　婦女運動紀要

無錫縣社會團體概況

一　自治團體

二　文化團體

三　自由職業團體

四　公益及宗教團體

補白　無錫縣重行劃分黨區原則

政治

縣行政

一　無錫縣各機關系統表

建設

教育

工業

商業

衛生

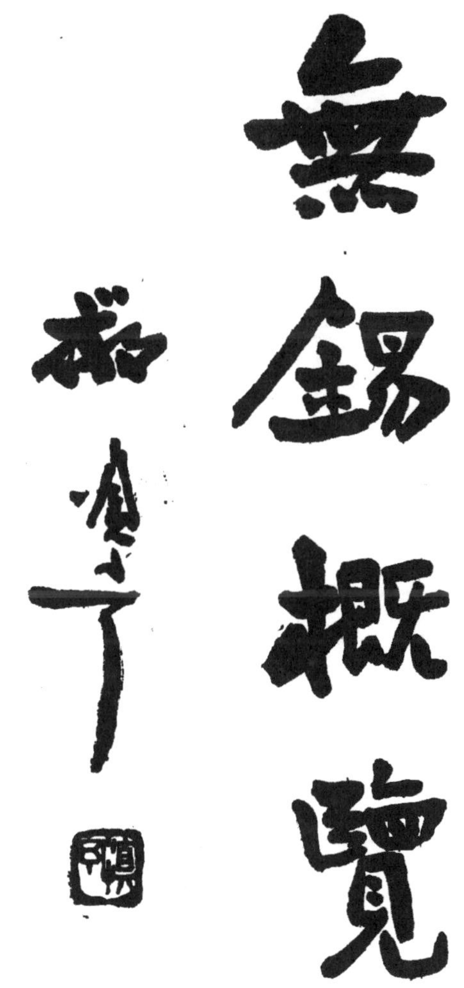

序言

自民國十九年四月無錫年鑑第一回發刊以來，荏苒五年，遽成絕響。良以市政籌備，曇花一現，籌備處撤銷而後，事務紛繁，集中縣府，人力財力，兩感不足，不特款無所出，抑且無專司之人也。惟是施政得失，貴乎鑑往以知來，捨短取長，端尚攻錯於他山。在縣府每有興革，輒苦參考之無資；而他處馳函來索統計之籍者，不得不以事隔五年之第一回年鑑相應，尤可愧恧；矧自去歲本縣努力提倡風景建設以來，遊旅日衆，而考察視察之團體，踵趾相接，每有諮詢，舉答固感煩難，倉卒尤苦疏闕。慎予服務是邦，每思繼蹤前規，厄於事實，卒卒未能。本年三月，乃決心從事，擬縣政公報節餘之款，不足則另行籌計，由各機關分集材料，而倩華君洪濤主其事，慎予公務餘暇，復親爲編校，閱兩月而成。祇因限於物力，但列圖表，而務求質實，又以審情度勢，繼兹以往，未必能年輯一書，爲符名實，故不曰「年鑑」而曰「概覽」。簡陋疏略，所不能免，幸大雅君子，有以教之！編校既竟，嘗試與第一回年鑑互爲披閲，則舉凡庶政興革，市鄉建設，年鑑中固已規劃綦詳，而光陰五載，實現未逮什一；至今日者，則農工商業之衰頹，更幾於江河日下，政府職責，益覺重大，而此後經緯，更不勝履薄臨深之戒。同舟匡濟，是在闔邑人士之共勉矣。

二十四年四月嚴愼予

圖表六九：此處原爲《無錫縣全圖》，見書後。

新築之寶界長橋

寶界橋位五里湖內外兩湖之腰東，由邑人榮德生君獨資捐建，費金六萬餘元，長一百三十餘丈，作六十環洞，二十三年秋落成。

新闢之湖山大路

湖山路爲聯絡湖山風景，造成風景線而築。分南北兩綫，此圖爲南線中蠡園寶界段之留影。

新拓寬之新生路

新生路爲城中舊三下塘街所拓寬，二十三年六月一日正式開工，八月二十日全部告竣，計費銀一萬七千八百餘元。爲無錫城中街道唯一之新建設。

新募建之縣監獄

新監於廿三年春開始募建，八月中旬動工，廿四年三月十七日落成。共費銀七萬六千九百元，其中五萬三千元爲司法行政部所撥，餘則均地方募捐者。上圖爲五十人雜居監內容攝影。

惠山公園

民國十八年夏，由李公祠改建，在惠山龍頭冂寶善橋堍。

惠山寄暢園

寄暢園爲秦氏舊園，故一稱秦園。以幽靜古樸勝，在無錫各園中別成一格。

東大池

在張巷之北，池廣數十畝，處嶂顧兩隴之接壤處，前由陸君培之經營，現屬徐姓。

梅園

梅園在鎭山獨目山之間，東山之上，由榮氏宗敬德生昆仲私資闢建，在無錫私人園林中爲規模最大者。以梅花著稱。

萬頃堂駐美亭

萬頃堂在東管社，當黿頭渚木鬪築前，此爲錫邑眺覽太湖之唯一勝地。山麓有項王廟，廣美人崖，崖前有「小一亭」立危日，美駐。亭

小箕山錦園

民國十八年，榮君宗敬就小箕山築錦園。園臨伸太湖中，園堤植荷。爲錫邑消暑第一地。

蠡園

蠡園在青祁，臨五里湖濱，遠對長廣溪，民國十六年由邑人王君禹卿建築。在錫地新建園林中爲煞費心計者。

五里湖

太湖內有五里湖，一名漆湖，跨揚名開化二鄉，北通梁溪，東通馬蠡港，南通長廣溪，西由浦嶺瀆山二門入太湖。此圖爲湖內漁艇聯陣撒網之影。

城中公園

城中公園，在城中公園路，清光緒三十一年闢建。年來日益擴充，此爲多壽樓雪景。

城中公園

公園長廊，民國十八年添建，公園新建設，自此爲始，嘉會堂、九老閣、青年路等，皆其踵而起者。

錫山

錫山在惠山之西，山不高大，而爲無錫之主山。周秦時，山中產錫，故名、

仙鑫墩

仙鑫墩爲一土墳，峙梁溪之東口，爲入湖要道，遠望湖山，青蔥蓬鬱，別有靜趣。

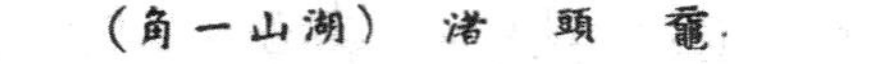

黿頭渚（湖山一角）

黿頭渚俗名南獨山，楊翰西君所營，其地爲太湖出口處，以望湖聽潮著稱。

黿頭渚（太湖別墅）

太湖別墅在黿頭渚廣福寺後，爲王君心如所建。

太湖三山

黿頭渚以望太湖聽濤聲著稱，此圖爲登黿頭渚望太湖中三山之景。

漁莊外景

漁莊在蠡園之西，與蠡園對峙，爲姊妹園。

地理

無錫地理沿革略史

無錫，古荆蠻地。三代以前。隸揚州，殷爲勾吳國，泰伯居焉。周封泰伯仲雍之後周章。爲吳國君，遂爲吳國。迨至東周，越幷吳，遂爲越地。其後楚又幷越。爲春申君城，秦置會稽郡，漢初，置無錫縣，以邑境錫山草石採掘已盡，故名。初爲楚王韓信封地，後爲吳郡治，文帝時，復秦之舊，幷爲會稽郡治，武帝封多軍爲無錫侯，爲侯國封士，征和四年，國除，復爲無錫縣，新莽易名有錫縣，後漢光武仍復舊稱。明帝時爲無錫侯國，三國時爲吳國地，省無錫縣，分無錫以西置毘陵典農校尉。晉武帝復置無錫縣，隸毘陵郡，後改郡名爲晉陵。宋仍之，梁置杼秋縣于無錫。至文帝時。移南徐州于江南，晉陵郡改屬焉，而北沛郡竹邑縣併入杼秋縣。齊省杼秋縣，梁陳皆因之，隋省南徐州，改晉陵郡，爲常州，無錫縣屬焉。煬帝又改常州爲毘陵郡，唐初復常州舊縣，玄宗改爲晉陵郡，隸江南東道，肅宗復改爲常州屬浙江西道，宋仍之，屬兩浙路之浙西路。至元初，隸江淮行中書省，後常州升爲路，隸江浙行中書省，而無錫縣亦于成宗元貞間，升爲無錫州。明初仍之，改常州路爲長春府，又改常州府，隸江南省。洪武二年，降爲無錫縣，神宗改常州府爲晉州府。滿清入關，府治復爲常州，無錫縣屬焉。清雍正四年分無錫東境置金匱縣，太平軍興，省金匱縣，天國敗亡，邑境仍依舊分金匱無錫二縣。民國紀元。省金匱縣，廢常州府，而直屬于江蘇省蘇常道。國民革命軍底定江南，廢道制，而無錫縣直隸于江蘇省。民國十八年江蘇省政府議決無錫籌備建市，旋復罷。今縣治仍滿清無錫金匱兩縣疆域之舊，在武進縣東南九十里，東西百二十里，南北百一十里，此其大概也。

無錫縣之位置

無錫位於江蘇省之南部，京滬之中樞，南臨太湖，風景優美。全邑東西相距約一百二十餘里，南北相距約一百十餘里，面積約三千六百五十方里，其四境分界及距城里數如左：

東　王莊常熟界七十里
西　周橋武進界五十里
南　烏山吳縣界七十七里
北　馬鎮江陰界三十三里
東北　嶺村江陰界七十四里
東南　烏角溪吳縣界四十三里

西南　新塘武進界五十一里
西北　五牧武進界五十里

無錫之山河及湖泊

（一）山脈　無錫山脈以錫山爲主峯，其脈自南嶺山脈之浙江天目山渡湖而來。自閶江入境，蜿蜒起伏於邑之西南境，有惠山、青山、璨山、章山、墨潭山、嶂峒山、舜山、橫山、管社山、唐山、夏陰山、石步山、西顧山、鷄籠山、華藏山、龍灣山、歸山、大雷山、盤塢山、胥山、安陽山、獨山、三山、充山、許舍山、南橫山、五浪山、軍障山、吳塘山、等峯。其散布於邑之四境者，有西高山、嵊山、膠山、嵩山、臯山、芙蓉山、夾山、斗山、顧山、等峯。

（二）河流　邑中河流，以運河爲主。自武進縣界，經橫林東南行人邑境，分而南爲西沙港，爲志公港，分而北爲北大河。又東經五牧，分而北爲挪堰橋河，又東南行，分而北爲石瀆，分而南爲花渡港，又東南經洛社、石塘灣，分而北爲蠡口橋河，又東南經潘葑，分而北爲高橋河，分而西爲小虁河、爲虁河、爲新開河，又東南行至黃埠墩，分而西爲寺塘涇，又東行，分而北爲三里橋河，分而西南一繞魟尖，一過長安橋，爲環城河，爲梁溪，又東過蓮蓉橋，分而南出黃泥橋，入環城河，分而北爲轉水河，又繞而南，過亭子橋，至羊腰灣，分而東爲冷瀆，又西南爲南門塘，環城河合流自北來會，分而西爲談渡河，爲九里涇，又東南行，分而西爲河港，分而東爲泰伯瀆，又東南行，分而東爲王莊港，分而西爲曹王涇，爲謝家河，又東南行，分而西爲麵杖港，分而東爲周涇，又東南行，分而東爲宅基浜，分而西爲新安溪，又東南經新安，分而西爲徐陶涇，又東南行，分而東爲聖瀆，又東南過望亭豐樂橋，分而東爲蠡河，分而西爲沙墩港，又東行入吳縣界，凡經行九十里。

（三）湖泊　本邑著名湖泊，以跨江浙之太湖爲最。五里湖。在邑之西南境，周三十餘里，風景頗佳。其外有與吳縣分界之鵝湖，與常熟分界之蕪山蕩，均爲諸水之匯，與本邑水利極有關係者也。

無錫名勝古蹟誌

名勝

惠山風景線

惠山　在邑之西南五里許。考錫山景物略：「開山禪師名慧照，慧惠也，以僧名名山，故名惠山。宋時名歷山。郡國志名九龍山，又名冠龍山。吳地志名華山。老子枕中記名西神山。陸羽記山有九龍，故名九龍山。隋大業時，有龍鬬於山，故又名鬬龍山。」今通稱曰惠山。山有九峯，下有九塢，曰白石塢、桃花塢、擔鈎塢、王家塢、宋塢、馬鞍塢、望公塢、仙人塢、火鴉塢。峯巒起伏，神勢天矯，周圍約四十餘里，高約百餘丈。登山之道，由二泉亭後，歷級而上，經文昌閣，三官殿，轉折而西，直達山巔。其上殿宇，有頭茅峯、二茅峯、三官殿、三茅峯等，皆羽流所居。登頭茅峯，即見太湖，湖中諸山，若洞庭、夫椒、縹渺隱約，如蓬萊三神。東顧則平疇綠野，林烟蒼靄，渺無涯際。其第五峯巔宋塢之上，俗呼曰拔船灣，巨石盤錯，有鏡光石、涼棚石、天公足跡石、獅子石等，惟歲久字湮，不復能識別矣。諸石交互成臺形，足供小憩。遊人歷全山者，多自石門下。石門在第七峯下，望公塢上。峭壁懸崖，孤絕奇險，兩巨石對峙，明邵文莊公書石門二字於其側。上有流泉下注，飛瀑濺珠，曰珠簾泉。有洞窅然，曰白雲洞，供呂仙像。由此下山，路窄澗深，石級蜿蜒，人以其盤旋曲折也，故呼之曰搖車灣。道旁有九陽宮、離垢庵、紫薇宮、張仙殿、眞武殿、雷尊殿等。過眞武殿以下，路漸平坦，松風澗水，聲韻淸幽，紆徊叢林中，凡數百武即出山。磚衢南行，直達龍頭口，山盡處爲龍尾陵，俗呼龍山梢，有白龍潭在焉。按此山爲天目支脈，由九華穹窿迤邐而東，至此崛起，數百里內，山嶺悉歸宗焉。西北如嶂峒、大穹、青山、峨嶁、回抱、樍山、石塘、軍將、諸山，蜿蜒盤礴，東西如鴻、垠、膠、顧、芙蓉、石室、諸山，峯巒相望，又有拱輔之意。若璨山、錫山，則獅伏其前，如門戶焉。

惠山寺 考諸家記載，惠山寺建自劉宋時，係長史湛茂之歷山草堂改建。初曰華山精舍，數經更改，至明初始名惠山寺。經五里街至九龍峯門。又一里許爲山門，山門左右有石幢二，近過都馬祠者，爲唐乾符間物，上刻金剛經。近錢武肅王祠址者，爲宋時物，上刻楞嚴經。山門內有日月池，池上有香花橋。當年自古華山門至山麓一帶，皆寺基，其規模之宏大，殆難擬比，今則全廢。惟山門左右之二石幢，及香花橋下之日月池，昭忠寺內之金蓮池，得略窺一斑耳。他如佛殿僧房，已爲昭忠祠或宗祠等所占矣。

惠山公園 民國十八年夏由李公祠改建。建築堂皇，亭臺深雅，迴廊曲折，怪石嵯峨，風景絕佳。

積書巖 積書巖在昭忠祠左側，清康熙時有顧貞觀者爲祕書典籍，晚年於顧端文公祠右芙蓉亭址，構軒曰暢詠堂，積書萬卷，吟誦其中。開軒面金蓮寺。今軒仍在，而積書巖則已徒有其名矣。

金蓮池 在昭忠祠內，池中產金蓮，相傳爲劉宋僧湛顯者所植。花似蓮而小，色黃而香。池水甚潔，邑人恆漂紗其間，故有漂塘浣沼之稱。

聽松石床 在金蓮池之上，橫臥亭內，石長約六尺，闊厚半之，盤倨有古色，爲東南各省著名之石床。有唐李冰陽篆文聽松二字鐫其上，唐皮日休所謂「松子聲聲打石床」，即指此也。迨後幾經遷移，荒棄草野，清康熙中，始遷於此。道光間李彥章建亭覆之，今壁間有碑，即敘石之始末也。

不二法門 在石床後，舊惠山寺之齋堂，明萬曆間，改築者也。供眞武地藏酆都諸像。時有村嫗鄉婦來此進香，木魚清磬，常聒耳鼓。

竹爐山房

在二泉亭右　後接昭忠寺。按明時惠山寺僧名性海者，風雅多與名流遊，王中祕紱寓聽松庵，常相過往。會湖州有竹工至，爲製竹茶爐，一詩名流唱和之時極多，此爐遂爲珍品，藏之庵中松濤軒，後軒毀於火，僧人遷之彌陀殿，改稱聽松山房。此爐幾經陵谷，終得復其原處，並將當日唱和詩及王紱畫竹刻於壁間。明萬曆時，鄒副使迪光更今名曰，竹爐山房。乾隆間又遭火劫。重建後，復將搨本刻於壁，御賜「頓復舊觀」額。庚申又毀於洪楊兵燹，同治間再建之，並於庭前築戲樓焉。光緒末年，由邑人孫昌烈顧景璆等請於大吏，撥款改築。秦寶瓚摹御額，懸之廳事。王紱畫竹及諸名人題詠仍在，惟竹爐僅有繪圖遺蹟，藏之裴氏矣。

雲起樓

在二泉亭上昭忠祠後，舊日惠山寺之大香第一樓故址也。清康熙間，邑令吳興祚建樓於若冰泉左，後移今地。危樓一角，聳出山麓，隔絕塵囂。入門迴廊曲折，緣山勢高下，名曰隔紅塵。拾級而上，曰聽松亭，舊名曰朱衣閣。亭下有泉曰羅漢泉，對面爲名山敬業堂舊址，最高層即雲起樓。四面開窗，風景幽絕。樓下假山曲折，通昭忠寺享堂。

第二泉

進香華山門約三百武，華坡之盡處，有門可入，假山嵯峨，豁然別有天地。兩壁有天下第二泉額，右爲元翰林承旨趙孟頫所書，左爲清良常山人王澍所書。考錫景山物略：「泉在第一峯白石塢下，本名惠山寺，經唐人陸羽品定，置天下水之第二，始名第二泉，又名陸子泉。唐李德裕在中書時，酷好是泉水，置水遞餉轉不絕，泉山以是奔馳天下。源出若冰洞，伏流入方圓二池。曰上池中池，又伏流從螭吻出，匯於下地，曲匯斜分，迤邐暗流，入西溪雙河，溉田數十百頃。」下池蓄大魚，五色兼有，游人投以餅餌，則爭躍出水面攫食，喁喇有聲。其上曰漪瀾堂，宋時曰真賞亭，明嘉靖初改今名。當時之名流碩彥多觴詠於此，冠裳濟濟，詩詞唱和，極一時之盛。今則爲茶肆，遊人多憩遊其中，背山臨流，品茗觀魚，亦一樂也。中池味澀不可飲，上池占泉之上流，含礦質最足。宋高宗南渡，飲其水而甘之，築亭於其上，牓曰「源頭活水」，今亭經毀後復建，此泉雖在，而牓額已廢。壁間有碑，鐫清高宗詩。漪瀾堂下有海南觀音石，若慈航普渡之像。石之下半，刻有八分四言銘，款曰嶽巖，係明顧可學別墅中物也。石之左右，有金童玉女兩石，若善才龍女拱輔之狀，殊可觀也。

石冰洞泉

由泉亭歷級而上，南行數十武，有洞廣方丈，上鑿石冰洞三字，係唐僧若冰劚成。其右有若冰泉，二泉之水，所自出焉。

龍縫泉

在無錫縣立惠山小學校內。水自石縫中流出，深廣可三尺，泉旁有涵碧池及碧山吟社石刻。

黃公澗

在二泉亭右，惠山與錫山之間。按錫山景物略：「楚考烈王徙春申君歇於江東城，吳墟爲都，澗即其飲馬澗也。」又名春申澗。澗水自山腰下迤，合錫山澗注於河。旁有巨石，鐫「臥雲」二字，邵文莊手筆也。澗流至是曲折而下，匯成小潭。

忍草庵

在惠山第一峯白石塢東，章家塢上。入庵之道，自泉亭，東南行，經學校前，誇黃公澗，越山坡，折而西，循山徑右行，不二百武，庵門見矣。庵建於明代，背倚崇巖，面俯絕澗，石壁峭立，古木拱抱，極擅清幽之勝。

貫華閣　在惠山第一峯忍草庵之左，凡三楹，閣高三層，後倚峭壁，前臨絕澗，清納蘭容若，嘗與顧梁汾月夜登最高層，屏從去梯，清談竟夕，嘉道間閣燬。民國十四年冬，楊君味雲出資重建，由許君彝定主其事，楊君重修貫華閣記有云：「憑檻而望，九峯晴翠，五湖烟雨，如在几席，帶以疏林怪石，曲澗清泉。」又云：「薜蘿幽深，外有白雲。」景物之幽邃可知知。

點易臺　在惠山麓昭忠寺後之西偏，舊聽松庵竹園之故址，明邵文莊公寶建尚德書院，祀李忠定公。堂前壘石爲臺，象八卦彩，故名點易臺，今惟剩石數堆，峙碑於前，刻點易台三字而已。尚德書院，創自邵文莊，有十五景。既燬於火，文莊孫涵初就原址復建之，增至二十三景，然不能如原來之位置焉。歷歲既久，荒草叢茸，凡地址多半由石族佔爲祠墓，須於斷碣中剔苔細辨，始知孰爲點易台原址，孰爲太極石矣。

滴露泉　在點易臺，邵文莊闢。銘曰：「一滴一滴，有竅無竅，雲自地生，月從天照，青海未枯，黃河未倒，薰風南來，發我長嘯。」泉旁有太極鑑水逢源等石。有瘞卷邱，爲文莊督學江西試卷之埋藏處。泉上爲松壇，有研朱石，由壇而上，稱登岩道。有巨石三，一刻青壁丹崖人間天上，一刻風塵之表，一刻山水之間，皆文莊所題。然大都在荒煙蔓草間，不易認識矣。

媧皇廟　是地屬桃花塢下，廟四周徧植栗樹，係明成化間馮泰求嗣還願而建，今修葺方竣，尚稱幽深。近則求嗣者常至起，故俗稱娘娘堂。廟前栗樹，秋間結實，芬芳甘美，即桂花杜栗之珍品也。廟南有讀書臺者，係唐左僕射鄉賢李紳之讀書處，今古蹟全泯矣。

覺聖寺　在媧皇廟北循磚道而進，約里許可至寺前。寺一名奇緣禪林，俗稱茅蓬庵，山塢環列，蔥蔚如椅。寺中點綴尚佳，亦勝地也。又寺後有龍腴泉，天生石穴，水甚深，忽晴忽雨之候，山中產紅色之朱血菌，爲惠山著名特產之一。

春申君廟　俗稱大王廟，春申君黃歇，徙封於江東城吳墟爲都，此廟蓋後人所立也。舊時在惠山麓黃公澗之上，後遷於此。唐人張繼詩云：「春申祠宇空山裏，古柏陰陰石泉水」，可爲證焉。

寄暢園　秦氏之舊園墅也，故稱秦園，在河塘上。元時爲僧房，明正德初，秦金，改建曰鳳谷行窩，數傳而歸秦舜峯，大事佈置，更名曰寄暢園。迨後屢經更變，至前清高宗南巡，後裔秦介庵修葺之，以駐御駕，題咏甚多，故園中碑碣纍纍，惟園以久廢，荒涼不堪寓目。改革後，秦議氏與修之。近年來已楚楚可觀。園中有大陂一，名錦匯漪，漪西之濱爲鶴步灘，漪北有七星橋，陂上有知魚檻，猶舊制也。迴廊宛轉，石徑屈曲，古樹蓊鬱，清泉狂瀉，幽靜修美。假山後有複道，澗流澈底，殆即舊制之懸淙也。凌虛閣後，有石巍峙，本曰美人石，清高宗更名曰介如石，昂藏卓立，風緻天然。

龍頭口 在報德坊前，臨黑山浜，有石龍頭，終年吐水，爲惠山諸泉入河之處，俗名龍頭口。

通惠路工碑 在寄暢園街與通惠路接壤處，由此循通惠路，經吳橋越惠商惠工惠農等橋而達京滬車站，或沿山麓北走，可至石門下錢橋等處，可逕達宜興。

龍尾陵 在秦墓之北數十武，峯形下垂，迴環如掉尾，相傳春申君闢以通黃城者也。陵上有深不可測之白龍潭，陵下有宋鄉賢蔣重珍之墓龍小隱．然時代變革，怪石聳峙，遺址所在，不可攷矣。此地爲惠麓西北角之盡處，距吉華山門約五里。

珠簾泉 在張仙殿後石壁之中，飛瀑濺激，下垂如珠，志乘稱曰珠簾泉，俗稱爲水簾洞。

石門 在白雲洞後，峭壁懸崖，孤絕奇險，巨石翼峙，中虛一隙，明邵寶摩崖書石門二字，及清廖綸壁峯樓雲等字皆在焉。石罅中常流微水，承以小潭曰悟空泉。蓋元超次鈞管築悟空精舍於附近也。明俞憲有詩云：「地脈逢溪斷，雙門據險開。朝昏常不掩，疑有玉人來。」自石門卜指路碑至此，約二里餘。由此而上，道愈險峻，石尤怪奇，約半里而至三茅峯庵。道中有著名之映風石仙人石等。

古人題句石 在三茅峯庵前百步，怪石之巔，一面西南者，刻「石路縈迴九龍脊，水光翻動九湖天」等字，一仰天者，刻「三吳第一山」，萬歷秦某等字。春夏之交，來此採藥者甚衆，蓋山中產藥材有五十種。

靈泉 黃祠右有東嶽廟，俗稱聖帝殿，殿之東廡，通張中丞廟，靈泉在焉。泉爲宋道士盧至柔所濬，壁間嵌有明王達及孟叔敬所書之靈泉記碑。又有玉靈護碑，鐫宋尚書省建王越祠廟之牒文，書法極佳。

張中丞廟 離五里香塍百餘武，有廟曰張中丞廟，祀唐張巡。明成化間所建，即爲清徽精舍故址。初曰忠精王，復避宋封也，清道光間，始改今名。曾燬於火，後重建，復祀許遠於廟右，高臺峻宇，廟貌堂堂，像面青色，從其死爲厲鬼殺賊語也。殿前有鐵脚，作長跪形，所以鑄賀蘭進明之奸，以報不救之憤，游人至此，每踐之。而一般鄉愚，又妄謂踐之可無足疾，故鐵脚光澤異常。廟後通東嶽行宮，廟前有雲泉。

五里街 由香塍坊外直通西城，風景絕佳。有「一枝楊柳隔枝桃，紅綠相映五里遙」之童謠。

錫山 在惠山之西，廣三里許，高數十丈，無錫之主山也。周秦時，山中產錫，故名。登山之道有二：一自五里街曰前山路，一自秀嶂街曰後山路。現有龍光寺僧，募資修前山路，石級嶄新，蜿蜒直達山頂，登臨較便於昔日。且每行數十武，即有石櫈，可資憩息。山半有于忠肅公祠，山頂有龍光塔，即在山中。

龍光寺 在錫山之巔，殿前有井，清秦瀛茹題曰定心泉。寺供天王等像，禪房雅潔。

龍光塔 在龍光寺內，明正德初，建石塔以鎮風水，所以像龍山之角，萬歷間改建磚塔題曰龍光塔，當時可梯而上，後因年久失修，荒草蔓生，蛛網徧佈，游人不堪涉足。近已由邑人榮君德生等捐資重修。一塔巍然，雲表矗立，爲錫山風景增色不少。

錫泉 在錫山北面半山中，清乾隆時，無錫邑令吳鉞掘地得之。

湖濱風景線

太湖 太湖即古之震澤、笠澤、具區、五湖也。距邑十里。湖之面積三萬六千頃，周約六百餘里，跨江浙兩省之交，邑之富安、開原、揚名、開化，新安五鄉，皆濱斯湖。臨湖之地，計約四十五里。我國第三淡水湖也。水量因時季而異，冬季水量雖淺 然深於運河，故湖中之水，恆出注於運河；夏季西南諸水，多由運河而歸於湖，故水益深。沿湖之區，土壤肥沃，溝渠交錯，農桑水產之利，甲於他鄉。湖中島嶼點點，著名有七十二峯。

五里湖 太湖內有五里湖，一名漆湖，亦曰小五湖。跨揚名，開化，二鄉。北通梁溪，東通馬蠡港，南涌長廣溪，西由浦嶺，犢山，二門入湖。濱西有項王廟，東有高子水居之遺址。明高忠憲公，曾築別墅於此。光緒中葉，邑人裘廷梁，即其遺址，醵資修建樓宇數楹，勒高公遺像於石，遊人每觴詠其間，惜燬於火。近則居民多就湖濱建漁池，湖面日形縮小矣。

青山寺 在惠山頭茅峯南面之青山麓。燦峯前屏，犢嶺右峙，具區波光，可見一角，亦勝地也。舊祀水帝，今塑五百羅漢及佛像。季秋之初，香客極盛。寺中後園有青蓮臺。寺前燦山之麓，明高攀龍先生之墓在焉。

明陽觀 在燦山南麓，原爲道院，宋紹興間盧至柔所建。內有三茅殿，殿中有洞大觀時勅賜額牒石，又紹興時李遠撰建觀之碑文。觀前有池沼石梁，觀後原有上臺、中臺、橫翠亭、半山亭、望湖閣等，今皆廢矣。惟柱石之基，略有一二存在。陸羽記云：洞陽觀下有穴，潛通太湖之包山，故以名觀。創於蕭梁，廢於隋末。或曰：即今明陽觀址也。觀中有洞酌泉。古詩云：「杖策閒尋物外天，攬衣欲上翠微巔，虛亭坐愛雲深處，石鼎茶烹洞酌泉」，蓋指此也。觀右有明顧洞陽父榮章之墓。

東大池 在張巷之北，有啓民路可通。池廣數十畝，處嶂顧兩隴之接壤處，本屬天然勝境。更由陸君培之築池岸，建茅亭，植桃柳，鑿白沙泉，極人工之妙。池水清澄見底，游魚可數，亂山叢樹，倒影水中，其幽倩絕似西湖一角，二三月間，堤上紅桃齊放，爛若錦霞，則尤勝絕。

橫山 湖濱諸山，列若屏障，而以橫山、管社山、犢山、三山、充山、燦山、青山等爲尤著。橫山在榮巷之西，突起於平原，南北橫亘，故以橫名。高數十丈，山頂有五高阜，故俗名五頂山。相傳爲春秋吳越時防湖戍兵之地。山之西南，有東山，今梅園闢於此。

桃園 在梅園東，佳種極多，各色俱全。花發時堪稱大觀。

鎮山園 在鎮山灣。胡雨人就鎮山築別業，風景極佳，惟尙鮮亭臺點綴。遊湖畫舫，類泊園前。

梅園 園址在鎮山獨目山之間，東山之上。前面管社，後對龍山，風景之佳，天然入畫。民國元年，由榮君德生，就清初徐殿一進士桃園遺址所建。園之左爲榮氏私立公益第二小學，右有洗心泉，稍進爲松架，中豎一石，上鐫梅園二字。兩旁徧植梅樹數千株。其後地形漸高，有怪石數叢，矗立廣場中。過小橋，穿假山石洞，至天香臺，臺上有亭，小溪蜿蜒曲折，環繞于亭之四圍。更前有一泉，濬時得研，因以研名。歷級而上，有軒曰香海，南海康有爲所題也。再進爲誦豳堂，係楠木所構，陳設備極雅緻，遊人之品茗者，多在此間。廊之右有玻璃花房及餐館，堂側東向一室。額曰荷池，軒前有荷池。依廊西出，有留月村及碑亭，壁間滿砌名人碑石，約三百餘方。堂後又有招鶴亭，有石危峙，面鐫小羅浮三字，背刊老梅一枝。據此遙望太湖，如在眉睫。復由此折而東上，聯接許山，沿路有庵有亭有松林，風景絕佳。再爲太湖飯店，陳設雅潔，專供遊人餐宿其間。山頂洋房高聳，爲宗敬別墅。東有豁然洞，避暑最宜。頂上爲平場，廣數十畝。四周圍以石欄。由此遙望太湖風景，較前尤勝矣。園東有開原寺，倘在興築，不久即可竣工。

後灣山 一名後惠山，由梅園往錦園必經之地。登山一望，湖山風景，四圍環繞，刻下正在闢園，將來必居湖濱風景之冠。

錦園 民國十八年，由榮君宗敬就小箕山建築錦園，入園爲錦堤，堤長約里許，就湖濱築成，工程頗鉅，沿堤廣植桃柳，每屆盛夏，堤旁滿放紅白荷花，散步堤上，清香撲鼻，令人心曠神怡，實消夏最宜之地。荷池位錦堤兩側，闢池凡四，廣百餘畝，盛植紅白荷花。其西南一池，年放四並蓮，實不可多得之奇葩。每屆花放，遊人爭往玩賞，途爲之塞。荷軒位於荷池之南，用楠木構造，屋頂蓋琉璃瓦，尤爲壯麗。夏日臨池品茗，俗慮全消。復有別墅位於錦堤盡頭處，爲園主人經營之別墅，建築盡仿西班牙式，室內空氣清爽，佈置井然建築之細巧玲瓏，別具一格，臨窗閒眺、湖中勝概，一望無餘，天際帆牆，往來如織，載沈載浮，出沒如沙鷗，較西子湖邊，實雄壯萬倍也。餘若平台廣廳嘉蓮閣等，亦爲是園勝處。

華藏山 本名青山。距城西三十五里，梅園西行約十里，地屬富安鄉，以華藏寺得名。面臨太湖，山頂白蓮花峯，下有青山嶺，小嶺，塔子嶺，山脊有雲海亭在其上，一名望湖亭，登此望洞庭夫椒，歷歷如畫。

閭江 華藏而西，道路較狹，游客亦少。有韓灣、楊灣、孟灣、大雷、小雷、盤塢、夏慕等地。皆面湖背山，風景絕勝。約十五里而至閭江。江上有月牌山及章山。山下有泉，終年不涸，史乘稱之曰天津泉。有里社，額稱伍相祠，係吳大夫子胥之廟。章山西有胥山，山巔平而圓，蓋子胥嘗屯兵於此。江之西有故城基，即吳王闔閭之城，因閭城而有閭江之名稱也。江昔甚廣闊，今爲小河，且屢經變遷，不可詳攷矣。

楊園 楊園即楊紫淵公祠，在梅園之西約三里，即管社山之東南麓，地名東管社，爲清初隱士楊紫淵所建，紫淵名維甯，性剛直，膂力過人，然終未嘗與人言武事。國變後，率妻子隱於此，名管社山莊。曾詠「湖山雖好非吾有，天地無言痛國亡」句，其心事可知矣。治生之暇，讀書賦詩．布袍草履，與漁樵者伍，客至非意所願者，輒拒弗納，意所可，則欸之，因無俗客至其室。一夜，有盜十數人，排入山莊，紫淵徒手敗之，自是數百年來，山民咸安居，未嘗有盜患。園中原有翠勝閣、尙友堂、濟樂堂等，今皆荒廢不復存矣。

管社山 管社山，與犢山相對，距城十七里，地屬揚名鄉，山臨湖畔，風景殊佳。下有項王廟，或云本爲夏王廟，相傳犢山門爲夏禹所鑿，故祀於此，後乃訛夏爲項也。廟左有萬頃堂，由邑人楊君翰西等，集資就湖神廟舊址所改建。東南即楊園。

萬頃堂 在東管社，距楊紫淵祠，迤南百數十武，舊有項王廟，其側爲湖神廟，旁有劇樓廳事，均燬於火。丙午年，邑人集修之，名曰萬頃堂。復由里人葺劇樓而新之。綠樹紅牆，隱約湖口，其地有廣美人崖。

犢山 犢山亦名獨山，居五里湖太湖之交，矗立湖中，北對管社山，爲浦嶺門，俗名廟門，亦曰北犢山門，南對充山，爲犢山門。五里湖水，自二門西達太湖，是山實當其衝，山頂有蠶神廟。南有小蓬萊山館。

小蓬萊山館 在中犢山南，民國十五年，由榮君鄂生建造，面對三山，風景絕佳。

子寬別墅 在小蓬萊山館之西，由陳君子寬所建，亭台樓閣，頗有巧思。

三山 三山在犢山門外，鼎立湖中，東爲東鴨，西爲西鴨，大箕小箕在其西。

充山 充山一名衡山，又名南獨山，下有曹灣，曹灣而下，皆平壤，有巨石突入湖中廣約十餘丈，狀若半島，名曰黿頭渚，與萬頃堂相對，太湖出口處也。

黿頭渚 在萬頃堂南，充山之麓，俗名南獨山。有一石，狀若巨臂，深入湖中，作半島形，俯瞰湖流，形如黿頭，故名，其地爲太湖出口之處。每值南風，波濤澎湃，奇石壁立，氣象萬千。有前無錫縣知事，巴江廖綸摩崖書「橫雲」及「包孕吳越」擘窠大字。現爲楊氏私立植果試驗場。渚上有燈塔，山麓建有橫雲小築，與涵虛，在山諸亭，頗擅湖山之勝。亭北闢一山徑，於盡處建城樓一，曰小函谷，新建松下清齋，可供游客往宿。山下闢池塘，種荷甚多，臨池建淨香水榭。山半建有花神廟，廟後石壁成龕，內置石像。由萬頃堂或小箕山至此，設有渡船，一葦可航，又由渚南行，有長生未央館，館上有飛雲閣，風景最勝。再南約半里，有一勺泉，泉上有「天開峭壁，源頭一勺」題字，相傳爲明王仲山所書，惟無款誌。

廣福寺 在一勺泉上，原名峭巖山，民國十三年由楊君翰西將山地捐給僧人量如，復由量如募建而成。寺右有陶朱閣，爲本邑商家各業集款公建。面臨太湖，飛閣流丹，氣象軒豁，寺左有退廬五間，爲蔡君兼三所建，山景最佳。朝暉夕陰。尤宜賞雨。內有臥室，並可留賓。寺內素餚頗屬適口。

太湖別墅 在廣福寺後，民國十八年由邑人王君心如建造，背山面湖，景色絕勝。有七十二峯館踞山之巔，形勢宏壯，邑中捨龍王山蓬萊閣外，無駕其右者，奇境也。

鄭園 在太湖別墅之東，位於山灣中，爲鄭明山所築。石峯之奇，曲徑之幽，爲湖濱各園之冠。

若圃　在鄭園之後山，爲陳仲言所闢，雜植中西花果。

蠡園　在揚名鄉青祁，有馬路直達。臨五里湖濱，遠對長廣溪，形勢天然，風景入畫。民國十六年由邑人王君禹卿建築。園中奇石突起，蔚爲大觀，長廊枕水鷗，鷺依人，曲岸紅欄，臨流俯影，湖上草堂面湖而開，隔岸諸峯，就入几座，王維輞川，庶或近似。

漁莊　在蠡園西，三面環湖，風景亦佳。十九年由陳梅芳建築，佈置與蠡園相埒。

寶界橋　爲無錫新大建築之一，位五里湖內外兩湖之腰東，由邑人榮君德生捐資建造，長一百三十餘丈，作六十環洞，長虹臥波，氣勢雄壯，且楊西黿渚兩風景線，從此聯絡，可無叫渡跋涉之苦。登橋遐眺，五里湖全入眼底，無稍遁形，誠快事也。

朱山寶界　充山東南，有朱山寶界，東臨五里湖，西浸太湖，非好游者不至此。朱山係漢廣陵葬處，王莽拜陵爲司徒，陵不從而死，後光武以朱旂表其墓，故名，寶界即漆塘山，漆湖之塘岸也。王仲山嘗於此處闢三十五景，今已不復見矣。山中以產枇杷楊梅聞。

高子水居　明高忠憲公攀龍之別墅，在漆湖之東濱，構遲其中者，垂三十年。自言几席湖山，衣被風月，飲食圖史，皆此地也。

路耿山　錢武肅侯南唐時，嘗於夜半裹甲迷路於此。山脈自石塘南來，岩巒重疊，怪石嶙峋，上有石池，不盈不涸，龍王祠臨焉，故是山又有龍王山之稱。祠中風景極佳。

石塘山　自寶界循五里湖而南有石塘山，地屬開化鄉，山下有石塘鎮及石塘橋。元末莫天祐與明軍嘗戰於此。橋南有旋水潭，深不可測。是山與獨山門均以要害著稱。

雪浪山　在石塘南，循長廣溪西行，經耿許舍五浪山而至是山。距城三十五里，山之東麓有橫山祠，宋鄉賢蔣一梅故居也。山巔有雪浪庵，即公讀書處，今蔣子閣在焉。廟下有仙人洞，門臨深澗，僅能容一人出入，漸進則漸廣。

軍將山　在雪浪之西南，一名軍嶂，較湖上諸山爲高，南唐嘗屯重兵於此，以防吳越，故名軍將山。形勢險要，北有甲仗塢，西有箬葉塢，南有官圭塢。山巔有眞武廟，上巳日，鄉民多往進香，殿下有龍湫，湫旁有龍寺，係宋淳熙間所立。深澗中產竹，幹細葉大，人皆珍之。

長泰山　在軍將山南，山有長泰古剎，相傳昔有異僧寓於寺之留笠閣，閣有鳥雀不至之畫貓壁，雨後現形之羅漢像，及蘇東坡書金剛經等古蹟。今僅蘇子之石刻尚存矣。

城市風景線

公園　在城中公園路，清光緒三十一年，就洞虛宮之荒基開闢，名錫金公花園。民國成立，又拓其基，而改今名。入門有巨石巍峙，最高者爲繡衣峯。右爲假山，山旁之池曰白水蕩，蕩北有嘉會堂，闢穆，其側有斂軒一間，額曰西社。社前有池，通白水蕩。池畔有清風茶墅，池上草堂。園門之左爲守園人居，園之中心有多壽樓，樓後有池，上刻隨水成池四字。西面草場花架中，有八角亭，六角亭、四角亭、茅亭、九老閣布置其間。

于胥樂公園 在廣勤路北壩，民國十一年，由楊君翰西創設，園中附設教育館及體育場。

崇安寺 在邑城之中，距光復門約半里，有馬路可通。前清光緒中，劃寺之一部分歸公有，改無量殿爲學校及勸學所，以金剛殿招粵人設商店，於山門內之兩旁隙地，架屋設小菜場。改革以還，又從而擴充之。今僅存者，惟大雄寶殿，松隱院，萬松院，及北院數楹，供奉佛像而已。

黃埠墩 在北塘運河中流，原名小金山，相傳爲吳王夫差濟芙蓉湖，樓船鼓吹，游讌之所也。清高宗駐蹕於此，有「兩水迴環抱一洲，不通車馬只通舟，到來俯視原無地，樂陟遙吟恰有樓」之句。墩小而圓，周約半畝，墩上有屋數楹，頗屬幽雅。民國十年燬於火，十五年由邑人唐保謙重修，今復舊觀，現改名圓通寺。

芙蓉湖 一名無錫湖，周萬五千頃，其一千三頃毘陵上湖也。一名射貴湖，南控吳縣，東接江陰，北掩武進，東西四十五里，深五丈，東流爲五瀉，西北入揚子江。晉時張闓始塞湖爲田。明嘉靖時，巡撫周文襄公忱大治圩田，名曰芙蓉圩。當年浩浩湯湯，今悉東南其畝，無復舊觀矣。

缸尖渚 在北門外北塘對岸，一名芙蓉尖，蓉湖中之大島也。四面環水，渚上多商陶。夏歷七月三十日，有燒地藏之舉。陶商每壘爲燈，高至數丈，俗名燈塔，熱鬧一時。

四鄉風景線

天上市公園 在天上市堰橋鎮，園中築有亭台，風景清幽，故往遊者頗多。內有縣立村前圖書館。

芙蓉山 在天下市東北塘與八士橋之間，離城二十里。山周約八里，高三十丈，每屆廢歷三月十八日，士女咸集，上有二土邱，曰龍井峯，天乙峯。有二石對峙，高約六七尺，俗呼石公石母山。下有繡球墩，當蓉湖未湮時，茲山近在湖上，故名芙蓉山。倪雲林讀書處及墓堂在焉。

斗山 離縣城東北四十里，脈起自江陰花山，長約九里，山頂自南至北，有土邱七，象北斗，故名。山多白堊朱石，中有黃腰巔，西通牛塘山，山之東爲回山，士人合名之曰回斗山。其北有觀基山，洞虛宮故址存焉。又西有枝抽山，一名梔子山，多產苦梔，相傳北宋時梔花大如玉甌，香聞數里，名碧甌梔子，皆回斗之支山也。

膠山 在懷下市，嵈山之東北，周九里，高九十丈。相傳與惠山東西對峙，上有獸啼痕，俗稱金牛跡，舊產薯蕷，充作貢品。山下安氏世居之。其西峯曰鳳凰山，當雞籠之東旁，有甄巖山，插旗山。

皇山 一名鴻山，在縣之東五十里。吳地記云：泰伯宅東九里有皇山，高十丈。劉昭亦云：縣東皇山，有泰伯塚，一名吳王墩，西即梅里平墟，相距正九里。東嶺有泰伯井，滌硯池，或曰梁鴻居此，故又以鴻名。

陽山 在富安鄉陸區橋，周安陽侯贊封地。旁有朝陽清水等洞，南麓有梁中書陸羣宅。今爲翠薇寺。

歸山 在富安鄉，吳人哀伍胥處。山下有資福菴宋碑。

古蹟

金匱山 縣志載金匱山高踰三仞，周三十丈，隆然中峙，四望道中均適。土中石玲瓏黑白，亞於昆山，元以後取石殆盡，而土亦耗減，塊若覆釜。復考錫山景物略，金匱山實負土而成，在六箭河上，相傳晉郭景純曾埋黃金符匱於山下，時有紫氣騰空，又名紫金山。元時爲豪民所占，立致萬金。明永樂時，邑令盧克敏復之，培土種松，松下構亭，四週咸植巨竹，萬姓頌之，自此人才頓昌，民力漸裕，改革後。廢縣治之駢枝者，遂裁金匱縣，而金匱山已廢圮久矣。

專設諸塔 在邑城中之大婁巷，距光復門約一里許，人力車可通。當春秋時，吳公子光使專設諸刺殺王僚，專設諸爲щ士所醢，今巷中三椽瓦屋塈丹之壁。內有磚塔，供專設諸位，相傳其下卽瘞其尸者。俗以七月七日爲其誕日，以其工魚炙也。邑中庖人奉之。

東林書院 在城內東隅蘇家衖口。宋名龜山書院，元廢爲僧居，名東林菴，神宗萬歷三十二年，顧憲成顧允成兄弟復構爲書院，憲成歿，高攀龍主其事，榜其門曰東林，當時海內講學者，咸以東林爲歸，天啓間黨禍作，詔毀天下書院，東林實居其首，崇禎初，有詔修復，清咸豐十年毀於兵，同治光緒兩次修葺，稍復舊觀，清末葉改爲東林學堂，即今之縣立第二小學也。

高公止水 在城內水缺巷，明進士高攀龍立朝侃諤，闢邪說，扶善類，疏劾戚畹鄭養性等，忤崔呈秀，去官，旣而將逮獄，高公知之，衣冠自沈於此處池內。其地後歸他姓，清康熙初，高公從子世泰贖還，置祠其上，名止水。

將軍堰 在西門內西溪，相傳唐單雄信以槍止水處。

克保橋 在東門內熙春街，相傳明邑侯王其勤斬子之處。

妙光塔 在邑之南門外南禪寺內，負廊而立。考錫山景物略：「宋雍熙中所建，以怖神蛟，明萬歷中，有光自塔頂出，直干雲霄，故更名曰放光塔。」今里人稱曰南禪寺寶塔，亦錫山八景之一也。惟年久失修，鳥啄鳶剝，風雨侵蝕，清光緒中，塔頂又燬於火。近由邑人榮君德生，重行修建。

保安寺 在南門外清明橋，梁時建有穢跡金剛等神，夏歷十月十三日會辰，寺旁有邵文莊東林庵基。

太保墩 在邑之西門外，舊爲秦氏別墅，落成時適主人晉太保故名。地勢三面臨水，綴以樹木，景頗幽勝。後改建爲水仙廟。清初又改爲劉侯廟，侯諱五偉，因有功於邑，歿後又著靈異，祀典今猶弗替。邑人概稱其地曰西水仙。

梁溪 卽梁清溪，一名梁鴻溪，在邑之西南，梁大同中重濬故名。或曰高士梁鴻曾隱於此。溪旁多魚池，年出甚豐。北通運河，南洩太湖，溉田數十百頃。有西定橋跨其上，洞凡五，建於明嘉靖中，今已傾圮無存矣。

仙蠡墩 在西城外，南濱梁溪，一名仙女墩，高出地面約十丈，廣約二畝餘，相傳范蠡曾載西施泊於此。舊有伍和祠，後爲張氏別墅，今又廢爲荒地矣。

開利寺 在萬安市洛社鎮，舊爲晉王右軍別墅。梁太清初，改建曰興福寺，宋景祐三年賜今額。其後迭有興廢。清康熙間諸生孫洵詢僧請廣建院宇，乾隆間其子璽重建大悲經樓，并置寺田。咸豐時燬於兵燹，今係重建者。內有右軍滌硯池，觀鵝亭遺跡。

古戰場 在青城市五牧，宋末麻士龍尹玉戰死於此。

泰伯舊都 在車站東南四十里，北下鄉梅村鎮，春秋時吳泰伯所築，後改爲廟。宋元祐七年詔以至德額其門。內有泰伯宅，泰伯井。

清秘閣 在懷下市長大廈地方，元高士倪雲林故居，有雲林堂。朱陽館等。而以清秘閣爲最勝。

金娥墩 在泰伯市大牆門口，南唐李煜之妃墓。

范蠡湖 在泰伯市漕湖，范蠡伐吳而鑿，又名蠡瀆。

無錫各區面積一覽表

區別	原名	面積 方里	面積 田額	與全縣面積之比較
第一區	無錫市	九二・三	三二・三七一畝	二・五三%
第二區	景雲市 北下鄉	三六〇・二	一二九・八七三畝	九・八二%
第三區	揚名鄉 新安鄉 開化鄉	五八五・三	一八八・一二四畝	一六・〇二%
第四區	開原鄉 富安鄉	四六三・三	一六三・一六〇畝	一二・六九%
第五區	天上市 天下市	四二八・〇	一三二・五一六畝	一一・七三%

第六區	懷上市	二三〇・〇	一〇四・三三四畝	六・三二%
第七區	懷下市 北上鄉	四〇九・九	一二七・九二七畝	一一・二三%
第八區	南延市 泰伯市	五二三・四	一九八・一二三畝	一四・三四%
第九區	青城市	二七二・二	八三・九一九畝	七・四六%
第十區	萬安市	二八五・四	九七・九四三畝	七・八二%

外地旅客最經濟之遊程

化二元車錢　費一天時間
遊遍無錫勝景

上午八時，在城內崇安寺早點，遊城內公園，在公園口雇人力車出發：

仙蠡墩→蠡園→漁莊→寶界橋→黿頭渚→太湖別墅→鄭園

在黿頭渚午餐，搭人力車，乘渡輪過湖，至小箕山，再雇人力車：

錦園→梅園→東大池→惠山

下午六時，返城晚餐。車價第一次約大洋七角，第二次約大洋一元三角，總計大洋兩元。外地旅客個人遊覽，以此為最經濟合算，如人數多或團體遊覽，則以雇汽艇走水道為宜。

人

戶口數

戶口調查之工作，於庶政中最爲艱鉅，而其結果，亦最難準確。本邑戶口，民十七年間，曾由縣政府飭令各區調查，其結果已載第一回無錫年鑑人口欄內，厥後於二十二年冬，縣保衛團復因調查壯丁，曾舉行第二次之戶口調查。惟此先後兩次所獲數字，亦祇能得其大概，難言絕對準確。

最近本縣辦理保甲，全縣同時清查戶口，各區所呈統計，其準確性已較前爲强，本書編纂之初，原擬逕行採用此項最新統計，以作信讞。無如保甲工作繁重，各區轄地遼闊，限期屢延，迄本書全部印竣待釘，而尚有半數區域，因工作未完，不能彙齊。本書出版之時間既無以再緩，未報之數字又未能臆造編列，不得已姑先將以前調查之兩表，分載於下，所有最近編查保甲之戶口調查結果，則祇能暫缺候補矣。

下列兩表，調查時均依舊自治區域之十七區調查，而本縣現狀，則已由十七個自治區劃併成十個自治區。茲表仍以十七區爲列，而於附註中註明之，俾存其眞也。

無錫縣户口數統計表（其一）

本表在民國十七年由縣政府調查，已發表於第一回無錫年鑑。

區別	舊市鄉名	戶數	人口數
第一區	無錫市	三二八七三	一七一一二四
第二區	景雲市	一二五七三	七〇二二七
第三區	揚名鄉	九八〇七	四八四四五
第四區	開原鄉	七〇四三	三六五一〇
第五區	天上市	一一九〇九	五五四四八
第六區	天下市	一〇四六二	五〇八八四
第七區	懷上市	一三三一四	五七五八三
第八區	懷下市	九八一一	四二四三八
第九區	北上鄉	五五二六	二四一〇三
第十區	北下鄉	六〇〇一	二七五五二
第十一區	南延市	九三八八	四二六二一
第十二區	泰伯市	一一七七八	五四四〇四
第十三區	新安鄉	七九〇〇	三八四二九
第十四區	開化鄉	九八九二	四四一五八
第十五區	青城市	一三五二〇	六四四〇一
第十六區	萬安市	一四〇七三	六九〇八三
第十七區	富安鄉	八八一二	四三九六五
合計		一九四六八二	九四一三七五
附註	本表調查時全縣爲十七個自治區，故所列數字，爲分十七區者。至於現在現狀，則已歸併成十個自治區矣。其歸併之情形爲：第一區仍舊，舊第二第十區合併爲新二區，舊第三第十三第十四區合併爲新三區，舊第四第十七區合併爲新四區，舊第五第六區合併爲新五區，舊第七區改爲新六區，舊第八第九區合併爲新七區，舊第十一第十二區合併爲新八區，舊第十五區改爲新九區，舊第十六區改爲新十區。詳請參看本書政治編地方自治欄。		

無錫縣户口數統計表(其二)

本表爲民國二十二年十二月縣保衛團調查壯丁時由各區公所所報。

區別＼項別	戶數	人口數		
		男	女	合計
第一區	二五六〇七	九四三三三	七六九二三	一七一二五六
第二區	一二三九一	三〇三三〇	二七三五八	五七六八八
第三區	九五二六	一六五九〇	二三三六五	三九九五五
第四區	七〇九一	一七三四六	一六一七七	三三五二三
第五區	一一六九八	二九六二〇	二五七〇五	五五三二五
第六區	一〇五一二	二[illegible]五六四	二三七五一	五〇三一五
第七區	一二五四五	二七五九四	二五六六一	五三二五五
第八區	九二七四	二一〇五一	一八六七七	三九七二八
第九區	五七〇六	一二六〇三	一一三五七	二三九六二
第十區	五七九九	一三四〇〇	一二〇四二	二五四四二
第十一區	九三〇三	一九七一六	一八六九九	三八四一五
第十二區	一二一五三	二六九〇五	二五九二六	五二八三一
第十三區	八二一〇	二〇七二六	一九二四〇	三九九六六
第十四區	九九〇四	二三〇六八	二一四三九	四四五〇七
第十五區	一二二六[illegible]	[illegible][illegible]三〇八	二八七二八	六二〇三六
第十六區	一二七二四	三[illegible]五九[illegible]	[illegible]〇一二六	六[illegible]六七九
第十七區	八九二四	二二六二〇	二〇一五四	四二七七四
合計	一八四六[illegible]〇	四六九三二七	四二五三三〇	八九四六五七
附註	見上表附註欄			

職業別

無錫縣居戶職業估計表

職業別	估計佔全戶口百分比
農	五一・〇%
工	一二・〇%
商	二一・〇%
學	二・五%
黨政及自由職業	四・〇%
軍警	一・五%
無業	八・〇%

說明

(一)本縣戶口職業，素無準確調查，茲根據各區所報之估計而列示之。僅名估計而不名統計者，明其數字之非絕對準確也。

(二)上列職業別，關於農之一項，係指純粹農人而言。在本縣情形，大都業農之家，仍兼工商，此種居戶，本表即以之列入工商項下。苟摒去工商不論，則業農之家，百分比應估全戶口之六五%左右。

黨務

無錫縣黨務沿革及其現況

追溯無錫革命勢力之開端，猶在光緒二十八年至三十二年間。其時邑人秦毓鎏等加入同盟會，在錫結台同志，努力活動。迨宣統三年十一月六日，遂繼武昌而起義，成立軍政府。民國元年，本邑開始有黨的組織，設同盟會支部於金剛殿，邑中志士加入者頗多。惜以袁氏柄政，百端摧殘革命，此萌芽之組織，未幾即告消滅。由此消沉十餘年，直至民國十三年本黨改組，邑中旅滬學生加入者漸衆，即有王啓周許廣圻等，鑒于社會情形之黑暗，慨然返里而有錫社之成立，創辦刊物，宣傳黨義，辦理平民教育，吸收優秀份子，雖壘與惡勢力搏戰，終能匯成改造社會之中堅勢力，其時江蘇省黨部已正式成立，初派孫祖基，安劍平，許廣圻，王啓周等籌設縣黨部，被人告密未果。嗣由高大成，吳祥，秦翔千，鄧實孚，鄒廣恆，施織孫等分頭徵求同志，於十五年七月四日成立縣黨部，復于同年十二月二十八日成立市黨部，黨的組織始于秘密活動中屹然產生焉。迨十六年三月二十一日，北伐軍抵錫，本黨旗幟遍懸，全縣民衆共慶甦醒，惟因共產黨之操縱把持，致造成恐怖。幸賴清黨較早，未幾即有特別委員會之成立。繼之有臨時執監委員會之委派，有黨務指導委員會之更替。至十八年一月十八日，開第一次縣代表大會，第一屆執監委員始正式產生。惟成立未久，以組織不健全，又復改組為整理委員會。自整理委員會後，本邑黨務漸臻于發皇之境，直至第四屆執監委員會之成立。茲將各個時期之黨務情形，分別記述於下：

(甲)秘密時期　無錫於秘密時代之黨務活動，大略如上述。縣黨部成立十五年七月四日。執行委員為高大成、陳朙觴、吳祥、徐夢影、俞伯揆、秦翔千、王亞生、周亞魂、候補為過雪琴、監察委員為嚴爵荇、衛質文、候補為談佩言。當時全邑黨員約在四百人以上，計成立區分部十四處，并成立無錫、青城、開原三個區黨部，天上、南延則未成立。其後第一區黨部以黨員特多，呈准省黨部成為市黨部。即於是年十一月二十八日舉行全市黨員大會，選舉執監委員，省派唐瑞麟夏錄出席指導，執行委員當選者為鄒廣恆、鄧實孚、陳朙觴、俞伯揆、秦翔千、張鈺、朱綬章。候補為朱六才、吳個臣、監察委員為衛質文。時北伐軍已由粵而湘而鄂而贛。東路軍亦已入閩窺浙。盤踞於蘇省之軍閥孫傳芳，已呈路末途窮之勢。無錫黨務乃益復努力。曾於十五年六月二十一日及十月二十四日兩次召集各區分黨部聯席會議，組織行動委員會，以謀響應革命軍。

掘斷鐵路，散發傳單，合力以赴，及後北伐部隊於十六年三月二十一日抵錫，本邑黨務之活動，遂由祕密而入于公開。

(乙)初公開時期　北伐軍既抵錫，縣市黨部乃召開市民大會於公園。青天白日旗既高揚，闔邑民衆欣喜若狂。九時許開會，由縣黨部高大成，市黨部鄒廣恢，總工會張中元等三人爲主席團。開會畢，領導羣衆赴皋橋歡迎北伐軍入城。至二十五日。縣黨部遷入四鄉公所。市黨部遷入市公所。公開徵求黨員，總數達七千餘人。縣黨部下隸屬區黨部十六個，區分部八十餘個。市黨部下隸屬區黨部七個，區分部五十餘個。此種黨務之發展，表面似極樂觀，而實際則險象環生，爆裂之因又預伏矣。蓋無錫黨部之成立，俱由蘇省著名共產份子戴盆天夏霖等指導組織而成。時總工會成爲共產份子之大本營，從事赤色宣傳，不遺餘力，終因舉開反英討奉大會，遂有市黨部市政局之搗毀。四月十四日夜半，在錫忠實同志，得駐軍十四軍軍部之協助，攻入總工會，激鬥數小時，總工會委員長秦起死於役是。其餘黨徒，或被執，或遠遁，無錫黨務乃入於清黨時期。

(丙)清黨時期　清黨委員會成立於四月二十五日，由縣市黨部聯席會議產生。其人選與職務約如下述：(文書股)衛質文、徐赤子、顧鴻志、孫筱寅、(審查股)施織孫、吳祥、張孝文、任湘蓉、王鈞、孫仲達、鄒廣恢、楊祖鈺、孫靜安、(調查股)孫蘊華、李慕貞、朱六才、過持志、俞漢憶、錢蕙慶、(組織股)施織孫、施錫其、吳祥。會址設于縣圖書館，各委員分股辦事，工作頗爲緊張。時江蘇省清黨委員會已成立，即委派孫祖基，張銘，嚴桐孫，高維立、陳幽芝等五人爲無錫縣清黨委員，錫縣市特別委員會旋即成立，清黨工作，於以結束。

(丁)特別委員會時期　縣特別委員會成立於十六年七月十四日。委員人選爲孫靜安、周光中、屠克強、楊心農，楊玉英、由孫靜安任常委，其後孫靜安辭職，省派孫祖宏、張應鎬二人補充，即改推孫祖宏任常委。至於市特別委員會，成立於七月十九日。人選爲衛質文，華立、孫新吾、施織孫、孫士炬、徐赤子、陳幽芝、由衛質文任常委。其後華立辭職，省派沈全崙補充。當時省方並派李介卿爲縣特派員，高維立爲市特派員，惟李介卿發表後即因案撤職。在此時間中，最大工作爲登記黨員與組織各區分部。委派各市鄉區黨部改組委員，即分頭積極從事組織工作。市特別委員會並開辦小學教師暑期黨政訓練所，組織婦女青年運動委員，設立婦女青年革命工作團。縣特別委員會由孫祖宏任常委後，與市特別委員會密切聯絡，創辦中山日報，以宣揚黨義。惟嗣後忽受孫傳芳偷渡龍潭之影響，由於交通阻隔，省縣失去聯絡，經費又感無着，工作遂告停頓。繼之以衛質文、沈全崙、孫士炬，陳幽芝之辭職，周光中、孫新吾之撤職，終於十一月二十八日，乃有無錫縣臨時執監委員會之成立。

(戊)臨時執監委員會時期　寧漢合作成功，中央特別委員會成立。無錫臨時執監委員會，遂於中央領導之下，於十六年十一月二十八日成立。常務委員陳劍鳴。餘爲張錫昌、錢重慶、楊祖鈺、徐芝賓四人。臨時監察委員為王崑崙。其後王崑崙未能來錫，遂改派俞復担任，成立後第一步工作，即為改組各區黨部。至十七年一月，中央執行委員會恢復，派葉秀峯、李壽雍、祁錫勇為江蘇省黨部委員，中央因而電飭臨時執監委員會停止工作，着原有之特別委員會維持現狀。臨時執監委員會拒絕移交，遂成相持之勢。直至十七年三月十七日，江蘇省黨務指導委員會成立，委派徐赤子為無錫縣黨部保管員後，糾紛方告停止而入於靜止之狀態。

(己)黨務指導委員會時期　十七年七月二日，無錫縣黨務指導委員會正式成立。委員人選及職務如下：常務委員傅伯亮、潘國俊。組織部長周鳳鏡。宣傳部長仲哲。訓練部長鈕長鑄。民訓會常委何緒友。民訓會委員姚鳴治。鈕長鑄未就職，調青浦縣指委繆鈺補充。其後仲哲因案撤職，潘國俊調嘉定，傅伯亮調吳縣，省指委復續派史漢清王珏、劉行之三人補充。職務稍有變更，由史漢清劉行之任常委。指委會成立後，其最重要工作，為舉辦黨員登記，此項工作開始於七月十六日至八月六日完成。總計登記合格之黨員，共四百十四人，於是乃劃分全縣為六個區黨部，二十二個區分部，至十八年一月，一律組織成立。乃於一月十八日舉行第一次全縣代表大會，選出執監委員候選人，於是指委會之工作於以完成。

(庚)第一屆執監委員會時期　無錫縣第一屆執監委員候選人產生後，由省指委會圈定史漢清、周鳳鏡、孫君修、張杰孫、姚鳴治、胡彬、劉行之七人為執委，胡念倩等三人為候補執委。胡桐蓀、張錫昌、錢允中三人為監委、陳炎公為候補監委，開始工作。至七月中，發生各區分黨部聯合驅逐史漢清之舉。時縣執委周鳳鏡方在東北辦理黨務。乃奉令回錫工作，同時縣執委劉行之因黨籍不明，經省方撤職，於是改推周鳳鏡任常委。至十一月間，執委孫君修因案撤職，以候補胡念倩遞充。是年十二月，省執委會奉令解散，另委葉秀峯、張道藩等為江蘇省黨務整理委員。本邑縣黨部奉令停止工作，省派周鳳鏡為保管員，至三月中，遂正式委派周鳳鏡、張人傑、胡念倩、季璞、李惕平等為無錫縣黨務整理委員。

(辛)黨務整理委員會時期　縣黨務整理委員成立後，推定周鳳鏡任常委，季璞任組織部長，李惕平任宣傳部長，胡念倩任訓練部長，張人傑任民訓會常委，積極開始工作以後，黨務漸進於安定。在此時期中，辦理全縣黨員總報到，改進國民導報，改組人民團體，解決勞資糾紛，辦理童子軍登記。出版黨務旬刊，並重行劃分全縣黨區，計五個區黨部，三個直屬區分部，十九個區分部。至十九年九月間，整委調往如皋，省派陳振邦繼充，內部職務遂重又分配。至二十年一月整委陳振邦調往武進。至六月十四日，全縣黨務整理工作完畢，乃呈准召開第三次全縣代表大會。產生第二屆執監委員。

(壬)第二屆執監委員會時期　第三次縣代表大會，選出第二屆執監委員候選人，由省方圈定椎沃臣、李惕平、胡念倩、季璞、徐稲清為執委、倪鐵如、濮一承、楊召伯為候補執委、張人傑、陳炎公、龐翼萇為監委。蔣嘉猷為候補監委。於二十年七月接收辦公，執委會推定李惕平爲常委，監委會推定張人傑爲常委。開始工作以後，即舉行人民團體總視察，改組各產業工會，勸募水災賑款，籌設蕩口民衆教育館。領導全縣民衆一致抗日救國，指導抗日救國會嚴厲檢查仇貨，調處人民團體糾紛，工作至爲積極，尤以指導抗日救國工作，民氣沸騰，成效極著。惟至是年十一月間，忽發生黨務改進會糾紛，惟旋即平息。執委季璞辭職照准，由倪鐵如遞補。監委張人傑亦於九月間當選省執委辭職，由蔣嘉猷遞補。至二十一年二月份，因一二八滬變發生，全體委員率領全邑同志加緊抗日救國工作，並籌辦救護隊及救護傷兵醫院。工作又入於緊張之狀態。執委會改推徐涵清任常委後，約歷三月之久，即於五月份籌開第四次縣代表大會，產生第三屆執監委員候選人，無錫黨務遂又入於新的狀態。

（癸）第三屆執監委員會時期　二十一年六月，省方就無錫第三屆執監委員候選人中，圈定姚心垂、桂沃臣、徐用楫、李惕平、徐赤子五人爲執委。濮一承、胡義霑、談明華爲候補執委。陳炎公、蔣柏森、陸克爲監委。楊召伯爲候補監委，接收後，執委會推定李惕平任常委。監委會推定陳炎公爲常委。於七月間改選下級黨部，八月間籌設城西社會服務處。辦理社會調查工作。至十一月，執委姚心垂辭職，遂由濮一承遞補，是月領導全邑民衆堅決反對販土機關餘興公司。至二十二年二月，會同縣府實施拓寬三下塘街道。八月份，執委會改推徐用楫担任常委，此後即遵照中央規定，改善下級黨部之組織暨活動方式。並組織社會事業委員會。至二十三年二月，執委會改推桂沃臣担任常委，自二月至七月間，派員改選各級教育會，將下級黨部一律改爲直屬區分部。並舉行人民團體總登記，實施檢閱工作。至七月。執委復改推濮一承任常委。此後處理人民團體糾紛多起。至九月間，即籌開第五次全縣代表大會。

無錫黨務之沿革，大致如上述。雖記載未能詳盡，要能窺見其演變之一斑。

至於現時無錫黨務之負責者，爲第四屆執監委員，產生於二十三年十月二十五日。由第五次全縣代表大會直接選舉。實開無錫黨務之新紀錄。由省方核定後，於十一月十六日正式接收辦公。當選執委爲徐赤子•李惕平、桂沃臣、朱默蘭、孫翔風等五人，候補爲高祠羔•蕭若倩、楊召伯三人，當選監委爲陸克•胡念倩•濮一承三人。候補爲蔣翼、關於下級黨部，以任期未滿，並無變更。迄今開始工作僅數月，一切正在積極推進中，茲將各項概況列表如下：

無錫縣黨部工作人員表

姓名	年齡	籍貫	現任職務
徐赤子	三一	無錫	執行委員

姓名	年齡	籍貫	職務
李惕平	三〇	無錫	執行委員
桂沃臣	三三	安徽	執行委員
孫翔風	三〇	無錫	執行委員
朱默蘭	三〇	無錫	執行委員
高祖羔	三〇	無錫	候補執行委員兼總務幹事
蕭若倩	三五	無錫	候補執行委員兼民運幹事
楊召伯	三二	無錫	候補執行委員
錢滌作	三一	無錫	組織幹事
蔣英倩	三〇	無錫	宣傳幹事
榮文光	三六	無錫	助理幹事
錢荷慶	二九	無錫	助理幹事
沈杰	三〇	無錫	助理幹事
周松石	二七	無錫	助理幹事
胡祖圻	二六	無錫	童子軍監事
顧遇安	三五	無錫	錄事
邵棠	二一	江陰	錄事
吳壽菊	二三	無錫	錄事
賈家駒	三〇	高郵	會計員
胡念倩	三九	無錫	監察委員
濮一承	三〇	無錫	監察委員
陸克	二七	無錫	監察委員
蔣冀	三七	無錫	候補監察委員兼文書幹事
陸士銑	三一	無錫	監委會助理幹事

無錫全縣下級黨部概況一覽表

名稱	所屬黨員數 男	所屬黨員數 女	所屬黨員數 預備	活動範圍	負責同志	通訊地點	成立日期
直屬第一分部	一七		三	城中西半部中段	張　鉦	觀前街裕源典	二三年四月一七日
直屬第二分部	一八	一	二	城中西半部南段	魏亞芳	省錫師附小	二三年四月一八日
直屬第三分部	一九	三		城中東部南段及第二自治區西南部	王頡輝	南門黃泥墿	二三年四月一六日
直屬第四分部	二一	三	一	第一自治區東部中心段	蔣英倩	連元街	二三年四月一七日
直屬第五分部	一四		一	第一自治區西城外西南一角	張子勤	縣黨部	二三年四月二五日
直屬第六分部	二一			第一自治區東北部及第二西北角	蘇渭賓	冶坊場小學	二三年四月一七日
直屬第七分部	一三			城中西部北段及第一自治區西北角南部	陳鴻濟	積餘小學	二三年四月二四日
直屬第八分部	八			第三區東南部	陳易新	華大房莊	二三年四月一九日
直屬第九分部	一五	一		第三自治區東北部及第四區東半部	周景賢	南橋于灣裏	二三年四月一九日
直屬第十分部	一九			第三自治區西南部	陸士銑	吳塘門	二三年四月一八日
直屬第十一分部	八			第六自治區西半部	顧翼蒼	張涇橋	二三年四月二一日
直屬第十二分部	七			第五自治區東半部及西半部最南段	蔣　翼	寨門外高樹下	二三年四月一七日
直屬第十三分部	九			第六自治區東半部	姚心葵	黃土塘	二三年四月一六日
直屬第十四分部	七	一	一	第八區西南半部	沈　杰	大牆門小學	二三年四月二〇日
直屬第十五分部	一一			第八自治區東部	華俊才	蕩口	二三年四月二九日
直屬第十六分部	八			第八自治區中段北半	錢起霞	鴻聲里	二三年四月二九日
直屬第十七分部	一五	一		第四自治區西半部	錢荷慶	新瀆橋	二三年四月二二日
直屬第十八分部	二三			第十自治區全區	張承傑	洛社小學	二三年四月一九日
直屬第十九分部	一二			第九自治區全區	薛廣淵	禮社	二三年四月一九日
直屬第二十分部	三六	二	一	第一自治區西北一角	劉季洪	省立教育院	二三年四月二六日
直屬第二十一分部	一〇			第七自治區東南部二區東部	胡野民	安鎮膠南小學	二三年四月二二日
直屬第二十二分部	一一	一		第七自治區北半部	王嘯崖	后橋	二三年四月三〇日
直屬第二十三分部	一九	一		第五自治區西部中北段	華梅軒	堰橋	二三年四月一九日

無錫黨務概況統計表

根據二十三年十月調查統計

經費	生活費	九五九元
	辦公費	一三九元
	活動費	四六二元
	臨時費	四〇元
	合計	一六〇〇元
下級黨部	城區	七
	鄉區	一六
	合計	二三
黨員質量	黨政軍警	七二
	學	一七九
	農	八
	工	七
	商	七八
	其他	五九
	合計	四〇三
黨員數量	正式 男	三七二人
	正式 女	一七人
	預備 男	一四人
	預備 女	〇人
	合計	四〇三人
社會事業	社會服務處	二處
	民衆學校	九處
	民衆茶園	一〇處
	閱書報社	二一處
	流通圖書庫	一處
國民導報	每月經費	七〇〇元
	刊期	日刊
	篇幅	對開一張
	每月銷數	二〇〇〇份
	職員人數	一一人
人民團體	教育會	一九
	商會	一
	同業公會	一〇四
	產業工會	六四
	職業工會	二〇
	農會	一五五
	自由職業團體	六
	其他團體	五一
童子軍事業	理事	八人
	服務員	五五人
	團部	一九團
	小隊	二〇三隊
	童子軍	一二二一名

無錫民衆運動之過去及現在

無錫各民衆團體，均正式成立於十六年三月。在秘密時代；祇工會與農民協會有雛形之組織。各團體在正式成立之初，頗有蓬勃之氣象，聲勢力量，均極浩大，惜爲共黨把持，均不能自主。當時並有商民協會，婦女協會，教育協會等，亦被捲入旋渦，於是造成種種恐怖，社會秩序幾破壞無遺。十六年四月，清黨以後，各民衆團體，始於共黨手中奪回，分別改組，十七年一月，中央決定民運暫予停止活動，重行整理，在此時代，無錫各民衆團體，俱入於靜止狀態之中。是年七月，始由省黨務整理委員會委派工會整理委員，十八年十一月，委派商民協會，農民協會，婦女協會，青年聯合會，各整理委員。十九年九月，由縣黨務整理委員會奉令依法指導組織人民團體，二十年八月，由第二屆縣執行委員會草擬計劃，分別視察各人民團體，九月辦理嚴密審查各人民團體之雇用職員情狀，自九一八事件發生，各人民團體紛紛舉行抗日救國運動，應付國難。由縣執行委員會分別委派胡念倩李惕平蔣英倩相機指導，並親自參加禦侮救國團體活動，積極指導各界民衆禦侮救國情識，發起成立各團體航空救國儲金等事，頗爲努力。

本縣民運工作，向由縣黨部民訓委員會及民運幹事指導進行。黨部幾度改選，其間所有負責民運訓練人員，頗多變動。玆列表如下：

指導委員會時期　十七年七月至十八年一月　何續友—姚鴻治—王珏

第一屆執委會時期　十八年二月至十九年七月　姚鴻治

黨務整理委員會時期　十九年八月至二十年六月　張恨天—蔣英倩

第二屆執委會時期　二十年七月至二十一年五月　蔣英倩—談明華

等三屆執委會時期　二十一年六月至二十三年九月　嚴保滋—高祖羕—錢荷慶—毛君白

第四屆執委會時期　二十三年十月起　蕭若倩

據最近(二十三年七月)調查，無錫全縣人民團體統計有四百十八處。內中同業公會，農會，佔多數，產業工會，職業工會，次之。玆分別列表如下：

類別	百分比	數量
教育會	4.5+%	18
商會	.24-%	1
農會	36.7+%	155
產業工會	15.1+%	64
漁會	.23+%	1
職業工會	4.7+%	20
同業公會	24.6+%	104
救國團體	.23+%	1
公益團體	2.8+%	12
宗教團體	.7+%	3
慈善團體	.9+%	4
自由職業團體	1.2+%	6
文化團體	3.+%5	15
自治團體	3.8-%	16

全縣民運統計有如上述，玆更分別詳紀之：

甲、工人運動紀要

無錫工人意識，較諸上海天津等埠，稍形幼稚；且勞資感情，尙稱不惡，所以在祕密時期，並無特殊活動。嗣後經由共黨操縱利用後，聲勢甚熾，勞資糾紛，層出無窮，資產階級，多數逃避滬濱，社會秩序，異常紊亂，工商業均陷於停頓狀態。淸黨時，本邑捕殺共黨如秦起等多人，煊赫一時之毒燄，遂告消滅。工會在共黨把持時代，下級工會，均無組織，淸黨以後，由商人舉楊祖鈺主持成立工聯會，遷會址於城中八兒巷，分總務、文書、交際、調查、組織、等部，協定勞資條約，改善待遇，解決勞資糾紛，籌募經費，舉辦勞工福利之設施：如勞工醫院，勞工小學，並出版工商日報，設立工人便宜粥店，建築工運橋等。十七年六月工聯會份子複雜，各方攻擊甚烈，因案停止活動。旋由省方委派豐華弼劉光釗等爲無錫工會整理委員成立委員會，一時工作頗爲緊張，幾有復興現象，不意糾紛迭起，旋於十八年六月，由各級工會推毛祖鈞，馮琴泉，惠紀之等，爲臨時維持委員會，工會整理委員會遂告停頓。越二月維持委員會，即奉令撤消。是年八月，省黨務整理委員會委派張恨大，劉啓迪、華念祖、陳祥春等，爲無錫工整委員，組織工整委員會，分總務、指導、登記、三科，佐理會務。其時會內事業，繼續辦理勞工醫院及勞工學校，解決勞資糾紛，修訂勞資協約，所有下級工會。屬於產業組織者，有絲廠紡織業等七處，屬於職業組織者，有有作業香作業等二十八處。二十年一月，呈准省令正式成立無錫縣勞工事業委員會，辦理勞工福利事業。各下級工會，仍由工整會負責指導進行。二十年七月縣黨務整理委員會結束，第二屆執監委員就職，工整會奉令撤銷，核准組織工會總事務所，辦理工人團體指導事宜。指導委員爲孫翔風王次靑陳祥春等。九一八警耗傳來，各團體從事抗日救國運動，工人團體指導委員因參加抗日救國工作，會務無暇顧及，宣告結束。關於指導事項，統歸縣執行委員會訓練幹事指示辦理。是時由訓幹奉令指導各絲廠各紡織廠之區工會改爲分事務所，指導各業工會抗日救國事宜，核准組織勞工小教協會，處理各業工會會務糾紛及勞資糾紛。茲將現有工人團體摘錄於下：

團體名稱	負責人	地址
棉紡織業產業工會	陳祥春	光復門外萬卷上
棉紡織產業工會豫康分會	陳群春	梨花莊
棉紡織產業工會廣勤分會	張彥卿	廣勤路
棉紡織產業工會慶豐分會	褚慶云	周山浜
繈包業職業工會	楊壽生	北塘綵陽茶樓

團體名稱	負責人	地址
派報業職業工會	吳子暉	北門外露華街
荳芽業職業工會	龔寶卿	西門外迎龍橋尤船浜口
糕團業職業工會	陳松茂	東大街靈官廟街二號
金銀業職業工會	朱壽昌	毛桃巷
棉紡織產業工會申新分會	顧阿榮	西門外
棉紡織產業工會業勤分會	丁鶴林	東門外

絲工整會（即無錫縣絲廠產業工會）	葉巧雲	延壽司殿對過
糧斛扛重業職業工會	張煜卿	火車站南巷十三號
碾米業職業工會	長月明	湜安橋長春樓
皮箱業職業工會	顧慕森	觀前街周潤昌內
油廠業職業工會	季錫金	長安橋長春樓

乙、商民運動紀要

無錫商會組織，始於清光緒三十一年，當時推周廷弼爲總理。至民國四年，經改選五次，歷任會長爲薛翼運、華文川、單潤宇、孫鳴歧、蔡文鑫等。草創時期，經費由負責人籌墊，借錢絲兩公所爲會址。嗣後集資興建會所，即現在之商會會址。十六年地方歷經兵燹，商業凋敝，工務停頓，十七年秋，工商部咨行省府轉令建設廳飭縣商會改組，嗣於是年十二月改選，蔡有容、錢基厚、陳作霖、程祖慶、吳士枚、等二十五人當選爲執行委員。楊壽楣、唐星海、榮宗銓、等十一人當選爲監委。事業方面曾爲勸募各種庫券，徵集西湖博覽會及工商部國貨展覽會陳列物品，及籌辦本邑國貨展覽會，調解各業糾紛，代陳商會痛苦等。二十年十二月，商民舉行改選，因手續未合，經縣黨部列舉疑義，呈省核示。嗣奉省令第一次投票改選宣告無效，令將委員名冊及籌備手續補報備核。縣黨部接奉是項訓令，會同縣政府商定日期，依法指導改選。旋於二十三年一月抽選半數，結果：錢孫卿、吳侍梅、程敬堂、江煥卿、李仲臣、陳洪如、吳襄卿、趙子新等爲執行委員，華少純、戈子才、陳品三、蔡有容等爲監察委員。

無錫商民協會，於十六年三月成立，委員爲錢基厚，陳作霖，蔡有容等。下分六十六業，分會會員一六〇五人。十七年四月舉開第一屆代表大會，出席各業代表一百八十餘人，錢基厚、陳洪如、沈錫君等當選爲第二屆執行委員。其時會員多係大業商人，中小商人次之，店員及攤販則罕有，與商會不啻兩位一體，清共時期，中央明令停止民運，商民協會遂宣告結束。十八年十月，江蘇省商民協會整理委員會，委任賈旭東、桂沃臣、姚心垂、劉藩、孫書發、等爲無錫縣商民協會整理委員。十一月接收，開始工作，假縣商會爲會址，舉辦商民登記。當時計登記合格者：有熱水業一〇五人，南貨業三一四人，帽鞋業三〇人，白鐵業七八人，茶園業四八〇人，攤販三五人。十九年六月，縣民訓令奉令接收商整會。於此時期，告一段落。

十九年九月中央決定改組各縣人民團體，頒發工商同業公會組織法規，十一月由縣黨務整理委員會訓練部籌備指導組織無錫縣工商各業同業公會。十二月縣黨整會各部會處奉令取消，訓練部改設訓練幹事，由訓練幹事蔣英倩會同商會李柏森指導組織成立同業公會七十二處。至二十年九月，因同業公會雇用職員問題，於會務上頗有關係，縣執委會決議嚴密審查，決定去留，並加發商人訓練暫行綱領，製定同業公會會員入會證式樣，及調解各業公會會務糾紛，及業務糾紛。截止二十三年六月，又新組織同業公會九處。除指導改組各公會外，又於二十三年七月縣執委會舉辦人民團體總登記，計履行登記之各業同業公會七十三處，茲將各業同業公會概況，分列於下：

團體名稱	負責人	地址
縣商會	楊翰西	光復門太平巷
繭行業同業公會	華少純	三皇街
布廠業同業公會	程敬堂	光復門外電燈廠內
輪船業同業公會	錢孫卿	長康里(借縣商會)
油廠業同業公會	陳進立	東新路雅言學校內
紗業同業公會	殷明齋	北塘東街
儲棧業同業公會	蔡緘三	丁峰里
典業同業公會	秦琢如	連元街
綢布業同業公會	方鳳梧	長安橋南尖
茶葉業同業公會	吳漢璋	北門布巷街瑞泰昌茶號
南貨業同業公會	繆楝臣	長安橋南尖八號
國藥業同業公會	史彬章	三街皇
肉業同業公會	陸宗儀	棉花巷
熱水業同業公會	于友標	驪城同鄉會
油漆作業同業公會	鄧秉琯	三皇街漆業公所
造船業同業公會	李仲華	泗堡橋
圓作業同業公會	陳仲逵	沈果巷廿號
白鐵業同業公會	黃川亭	東門城頭街六號
牛肉業同業公會	金德才	火車站南巷十號
生麵業同業公會	陳國鈞	七尺場雲陽公所
糕糰業同業公會	高福泉	靈官庵街
米荳業同業公會	趙子新	北門大河池沿
車業同業公會	任叔瀛	南橋盛
金銀業同業公會	段有儉	城中毛桃巷

團體名稱	負責人	地址
製酒業同業公會	胡鳴虎	駁岸上二十四號
雜粮業同業公會	趙子新	小泗房街
醬酒業同業公會	朱伯和	笆斗街橫街三號
粮食業同業公會	陶冠時	新縣前
旅棧業同業公會	蔣仲良	南倉門
繭棧業同業公會	錢孫卿	北新橋中國銀行第二棧
印刷業同業公會	吳襄卿	錫成公司內
絲吐業同業公會	汪導山	光復門外漢昌路
山貨業同業公會	胡燮仁	北塘東街財神街內
蔴兌業同業公會	石清麟	駁岸上念四號
紙箔業同業公會	何鴻藏	無錫江尖上
粉坊業同業公會	張子培	西門外荷花橋
碾米廠業同業公會	錢鑑瑩	西門外江尖上
醬酒店業同業公會	許如舟	駁岸上念四號
漆業同業公會	吳松盛	打鐵橋德興漆號
油行業同業公會	夏敬興	長安橋茅蓬沿河
麵飯館業同業公會	王瑤琨	三皇街虹橋下
營業汽車行業同業公會	楊韡卿	火車站興昌汽車行
煤鐵業同業公會	胡士逵	北門外橫浜口
木作業同業公會	張小大	五里街荷花橋
銅錫業同業公會	陳毓臻	小婁巷底
帽鞋業同業公會	陸頌英	駐驄橋
竹業同業公會	王仲英	小三里橋三十九號
篾器業同業公會	周朗夫	書院街向得元堂

理髮業同業公會	周少芹	八兒巷
磁器業同業公會	顧少坪	北門外吊橋下錫昌客棧
運輸業同業公會	邵哲楚	工運橋北首同益公司內
蔴業同業公會	張仲英	西門外城脚蔴業公所
染坊業同業公會	許浩然	西水關染坊公所
菜飯館業同業公會	王菊亭	大市橋沈果巷
花邊業同業公會	浦叔英	南門伯瀆港五號
娛樂業同業公會	楊重遠	光復門外長康里三號
菸業同業公會	李子祥	新生路福田巷口
洋廣貨業同業公會	朱福明	捕衙街
榛燭業同業公會	張耕孫	南盛巷
衣莊業同業公會	高鴻初	吉祥橋河埄里八號
蓆帽業同業公會	李恬恢	北塘植餘街通訊處北塘
照相業同業公會	謝竹均	小泗房街口益順昌
蠶種業同業公會	蔣嘉猷	公園路二十九號
絲廠業同業公會	錢鳳高	三皇街
安徽旅錫運商雜糧公會	李星如	東新路三十二號
錢業同業公會	江耀文	北門外後竹場巷
五金電料業同業公會	蔣漢卿	光復路中恆泰五金號

丙、農民運動紀要　十五年十月，省黨部委派邑人杭果人來錫負責辦理農民運動。至十六年三月，公開以後，始積極組織各市鄉農民協會分會。惟爲共黨所操縱，農民協會更爲抗租暴動之大本營。四月清黨，杭等逝避無蹤，農民協會無形解散。是月，省農民協會籌備處委派顧元伯，鮑耀西等五人爲無錫縣農民協會籌備員。幷由縣籌備員委派鄉區各分會籌備員。五月，奉省農民協會籌備處命令，經總政治部聯席會議決議農民運動暫行停止。七月省會復委任鮑映奎、鄒景衡、楊仁溥等三人爲縣農協會籌備委員，委派各區籌備員，組織各區分會，惟以經費支絀，未能順利進行。十七年月一奉令停止活動。至十八年十一月由省執行委員會派季璣、錢荷慶、周鑫鎮三人爲縣農民協會整理委員，組織農整委會，委派十七區農會整理委員，籌備成立十六個區農會整理委員會，辦理各區農會會員登記事宜。二十年中央頒發農會組織法，農整會奉令結束，由縣黨整會改派徐涵清、馮希唐、濮一承三人爲縣農會組織指導幹事，由縣黨整委頒發許可證，派由訓練幹事蔣英倩、陸克、會同農會指導幹事，積極籌備組織各鄉區農會。迄至是年三月，共組成十四處區農會，一三二處鄉農會，三月下旬，正式選舉成立縣農會，徐涵清、濮一承、錢荷慶、馮希唐、華梅軒、周鑫鎮、錢允中等七人，當選爲縣農會幹事。嗣後因經費無着，工作無形停頓。各鄉區農會因無領導機關，形成虛設。

丁、婦女運動紀要　無錫婦女運動團體，開始於十六年三月，名爲婦女解放協會。公開以後，主持者爲孫英錄，張鈺，等。清黨時期，駐錫十四軍政治部派楊席儒指導改組，選舉楊玉英，施曉霞，陳幽芝，嵇良英，王如珏，顧靜英，華冠英七人，爲執行等委員至六月重行召集全體會員正式改組爲無錫婦女協會。委員爲楊玉英，徐芝芸，沈定瑛，華冠英，秦邦範，陶菊友，嵇良英，許靜霞，王文化、徐德音、周文華、華效羅、陳幽芝、趙滌等。當時頗努力於婦女解放運動及注意於婦孺救濟事業，婦女運動之努力，以此時為最著。常務委員楊玉英並赴蘇滬一帶考察婦孺救濟院之設立，回錫後，即着手籌備各項婦孺救濟事宜，十七年一月奉令停止活動，於是熱烈之籌備，無形消滅。十八年十一月，省執行委員會委派徐德音，張和，楊玉英等三人為無錫婦女協會整理委員、組織委員會，進行一切整理工作。二十年根據中央規定婦女運動應參加各個職業範圍內活動，婦女整委會遂於此時代宣告結束。二十三年省頒婦女會組織大綱，令縣重行組織無錫縣婦女會。是年六月，中央並頒婦女運動指導綱要。無錫縣執行委員會鑒於本邑婦女運動消沉已久，散漫異常，當即分函各機關團體女職員及城區各學校女教員為本縣婦女會基本會員，旋因縣黨部舉行第五次縣代表大會，改選第四屆執監委員，是項計劃，未能實現，深為憾事。二十四年二月，有李慕貞、錢葆真等二十餘人，發起籌組無錫縣婦女會，現正在籌備期中。

無錫縣社會團體概況

一 自治團體

高長岸鄉村改進會	陳延棨	北鄉高長岸
籐昌鄉自治改進會	徐文彬	東亭籐鄉昌
城西地方自治促進會	李圻延	西門外公共體育場
陸區鎮地方自治促進會	沙仲篪	陸區鎮
周龍岸鄉村自治會協進會	嚴慕道	周龍岸鄉龍塘岸村
無錫天上市青年自治會	華梅軒	堰橋
第十六區鄉村自治促進會	陳鴻範	石塘灣縣立六小
無錫第一區張巷鄉村改進會	華紀山	北門外惠商鎮
無錫縣第十區西倉鎮鄉治改進會	蔡烈祖	第二區西倉鎮
無錫縣第六區丁巷鄉村改進會	彭峻裕	錫澄路一號橋西丁巷
無錫縣第六區楊木橋鄉村自治協進會	尤文煌	北門外楊木橋
無錫縣第一區謝張巷鄉村自治協進會	謝文煥	社橋西謝巷
大渲口自治研究社	武漢祥	第四區大渲口
無錫第一治黃巷鄉改進會	黃鳳祥	麗新路對面黃巷
無錫縣前州自治研究會	華德芳	前州
懷北自治促進會	浦福保	安鎮
無錫縣第一區社橋頭上村聯合改進會	朱瑞紀	通惠路社橋

無錫縣第一區鄉鎮自治研究會　王志明　公園路

二　文化團體

無錫縣教育會　李惕平　無錫公園路

城區教育會　顧鴻志　崇安寺

開原區教育會　陸靜山　第四區公所

天上區教育會　胡中權　堰橋

天下區教育會　楊　渠　八士橋

懷上區教育會　馮希唐　黃土塘

懷下區教育會　范君森　安鎮膠南小學

北上區教育會　王福生　后橋小學

無錫縣立社會教育機關聯合會　周文渠　安寺民衆教育館

無錫縣校聯合會　李冠傑　縣初中

無錫中等學校教育聯合會　薛楚才　學前街八號

無錫縣民衆教育促進會　朱若溪　公園路民衆教育館

省立教育學院自治會　劉于艮　社橋頭

錫鐘高商學生自治會　張仓叙　涌楊橋

開原區鄉村教育研究會　潘學敏　錢橋頭區公所

景雲區教育會　錢仲華　第二區江陰鎮私立江陰小學

藍埝鄉改進會　周玉麟　東亭藍埝

楊名區教育會　莊介一　南橋轉中橋

北下區教育會　趙紹志　東亭小學

南延區教育會　須頌周　蕩口

泰伯區教育會　黃斐齋　大牆門小學

新安區教育會　倪復初　華大房莊

開化區教育會　朱堯人　南方泉

青城區教育會　徐逸聲　北新橋

萬安區教育會　金子臧　石塘灣小學

富安區教育會　章星恆　張舍小學

學術研究會　陸雲嘉　寺後門

曙光文藝社　任高平　棉花巷

晨曦文藝社　孫葆琳　南門外許舍鎮

菁華文藝社　周兆麟　大成巷七號

競志女中學生自治會　薛乃蕊　映山河競志女中

縣初中學生自治會　朱伯苗　學前街

三　自由職業團體

中醫公會　奚伯初　三皇街藥王廟

醫師公會　衛質文　公園對門金子英診所

律師公會　楊源白　寺後門街

新聞記者公會　孫德先　火車站鐵路飯店

四 公益及宗教團體

名稱	負責人	地址
紅卍字會無錫分會	華文川	城內進士巷斗姥閣街
溥仁慈善會	唐保謙	希道院巷三號
南通旅錫同鄉會	袁麗軒	後祁街
海門旅錫同鄉會	袁凤鳴	同上
安徽旅錫同鄉會	李星如	東新路三十一號
寧紹旅錫同鄉會	郘志和	東新路
鹽城旅錫同鄉會	荀效忠	七尺場六號
泰興旅錫同鄉會	王正光	南市橋一二二號
儉德會	衛質文	公園路三十二號
理教勸戒烟酒公所	周祺祿	南倉門廣善堂內
救火聯合會	趙子新	公園路
勵志救國會	鄭志良	崇安寺民衆茶園
佛學會	衛文質	城中佛學路三號

無錫縣重行劃分黨區原則

一、本原則根據中央所頒改善縣市以下黨部組織暨活動方式實施方案第六項各款之規定擬訂之

二、本會委員及工作人員不單獨立區分部由會指定參加各分部負相機指導之責

三、第一區區域內設立區分部地點擬劃分如下

(一)縣教育局　(二)錫師附小　(三)南門外　(四)教育會　(五)西門外

(六)縣商會

因原有第四六兩分部人數合計五十人以上另增立區分部於國民導報館內

四、第二、三、四、五、各區之區分部暨直屬一、三兩區分部仍照原狀劃分並不變更

五、直屬二分部擬分爲兩個區分部其設置地點　一、在厚橋鎭二、在安鎭

六、根據以上劃分原則所有第一、二、三、四、五、區黨部因不合實施方案第六項第五六兩款之規定概予撤銷之

七、全縣區分部悉改爲直屬區分部依照下列地點排定次序如左

(一)縣教育局　(二)錫師附小　(三)南門外　(四)縣教育會　(五)西門外

(六)縣商會　(七)國民導報館　(八)華大房莊　(九)南橋　(十)南坊泉

(十一)張涇橋　(十二)八士橋　(十三)黄土塘　(十四)大牆門　(十五)蕩口

(十六)鴻聲里　(十七)新瀆橋　(十八)洛社　(十九)禮社　(二十)教育學院

(廿一)厚橋　(廿二)安鎭　(廿三)堰橋

八、本原則所列劃分黨區辦法另繪詳圖爲根據俟呈報省黨部核准後施行

政治

縣行政

無錫縣各機關系統表

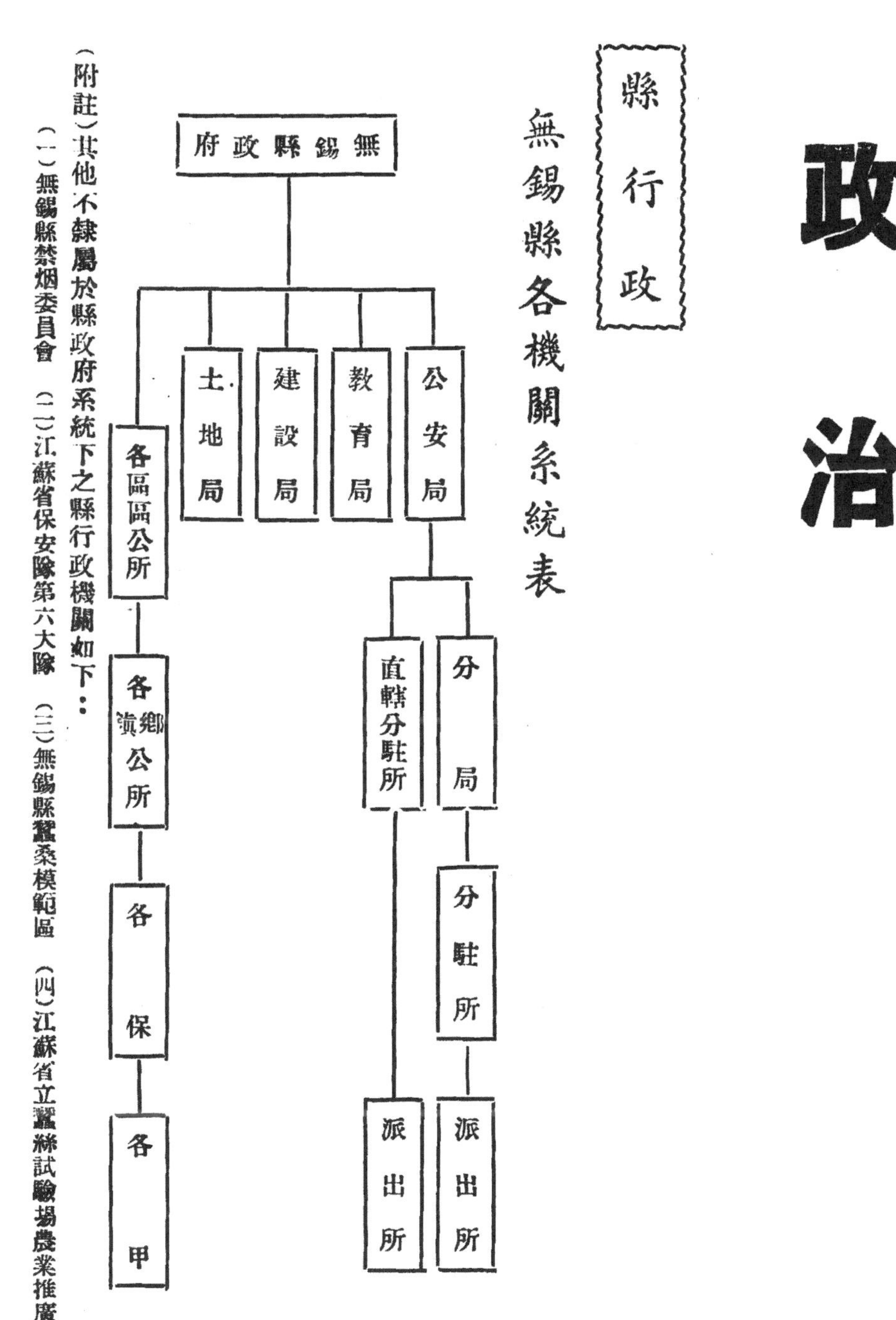

（附註）其他不隸屬於縣政府系統下之縣行政機關如下：

（一）無錫縣禁烟委員會（二）江蘇省保安隊第六大隊（三）無錫縣蠶桑模範區（四）江蘇省立蠶絲試驗場農業推廣股

無錫縣政府組織系統表

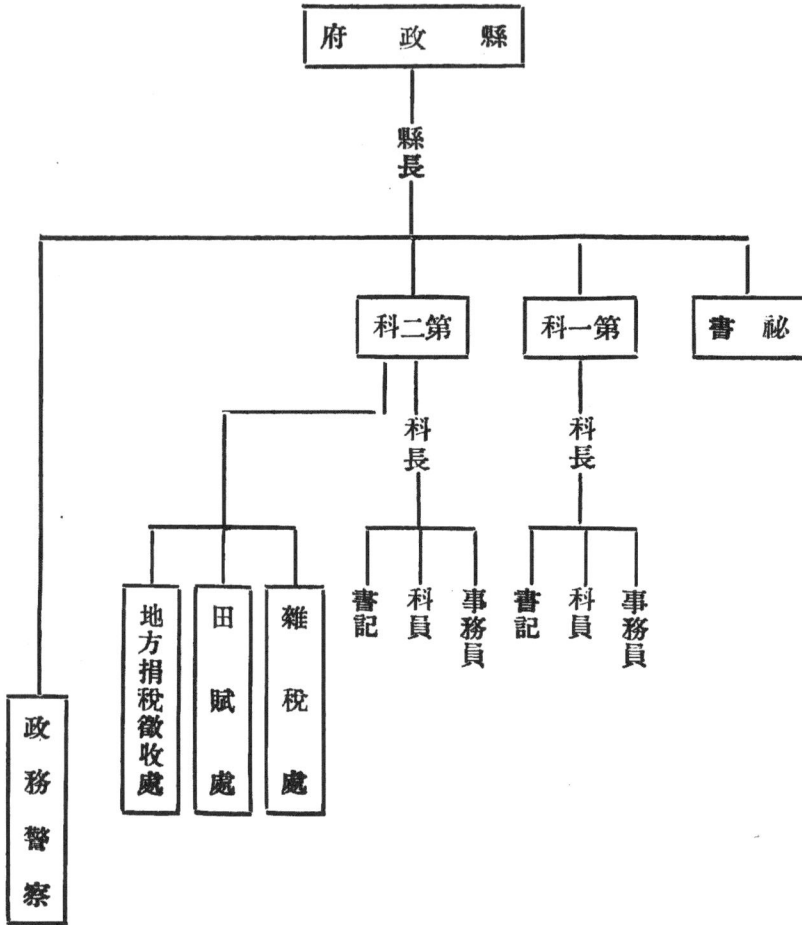

- 縣政府
  - 縣長
    - 秘書
    - 第一科
      - 科長
        - 書記
        - 科員
        - 事務員
    - 第二科
      - 科長
        - 書記
        - 科員
        - 事務員
      - 地方捐稅徵收處
      - 田賦處
      - 雜稅處
    - 政務警察

無錫縣兩年來之縣政概況

本篇為縣政府最近之工作報告，篇內所述，自民國二十二年四月十日嚴縣長接事起，至本書刊行，適屆二年。惟以先期集稿關係，二十四年二月以後工作狀況，不及敘入。然兩年來之縣政狀況，亦可得其大概矣。　編者附識。

一、民政事項

1 公安　本縣公安情況，在本任接事以後，四鄉盜刧案件，經督飭局隊嚴密防緝，幸能逐漸減少。而前任內所發生第三區許謝鄉韓文泰被綁一案，經嚴飭本府政警暨公安局偵緝隊捕救，多方設法，卒在上年七月在第七區張維橋周家閘地方破獲藏票匪楊阿寶，發覺韓文泰已為匪所害。同時在第七區張涇橋地方緝獲匪犯周順根。並在滬會同捕房緝獲要犯李志平蔣漢臣等，經屢次交涉由縣法院提回。楊阿寶，周順根兩名，經訊明確鑿，遵照寒電規定呈奉　省政府核准，於本年一月十七日執行槍決。李志平蔣漢成，亦經法院訊明判處死刑，先後槍決。案內尚有維三與一名，亦屬要犯，並經捕獲，呈奉　省政府令飭移送法院訊辦。又緝獲二十一年秋間第十二區薛典鄉大河頭地方翁振東家綁刧案內要犯陳和尚經訊明遵照寒電規定，呈奉　省政府核准，於二十二年九月二十九日執行槍決。經此嚴辦足寒匪胆，仍隨時督屬嚴密緝捕，統計截至本年一月底破獲新舊盜刧案五十起一百三十四人，除與鄰縣案件有關解交訊辦外，均經訊問後，移送　法院依法辦理。至社會不良分子，足以防害地面安甯者，如流氓地痞之滋擾，迭經嚴密查究，呈奉　第二區督察專員公署指示，有感化院之設，風氣亦因有轉移。二十二年二十三年冬季，均提早督率警團組織冬防，嚴密佈置，故能盜刧案較往年特少。關於公安組織上之整飭，在本年一月奉　民政廳令頒整理公安局辦法，經遵照各規定，督同公安局長籌劃整理，於二十三年三月，擬具整理後之編製薪額預算等表，總分局所組織統系表，各分局所地址圖，呈報　民政廳鑒核。嗣奉指令，尚有應行修正之處，指飭遵照。當以事實上頗有困難，呈請變通，奉令以格於定章，未便照准。緣是公文往返，至七月一日起，始按照整理辦法，實行改組。計將原有第十分局至第十六分局，一律裁撤，改為直轄第二至第八直轄分駐所。而整理結果，係減少官佐，酌增警額。嗣奉　民政廳委派警務督察專員張漢威來縣視察，又經會商整飭，擬具應行改進事項，會呈民政廳，奉指令核准，尚在逐步實施之中。關於公安上實力之補充，於二十二年六月經一八八次縣政會議議決，准公安局於原存購槍費內購槍六十枝，即經呈明　省廳轉咨軍政部核辦。於九月派前公安局長吳德馨赴部購運來縣，計勃郎林手槍五枝，左輪手槍五十五枝，子彈六千發，經即全數發交公安局分配應用。又經二一三次縣政會議議決，在上年度公安餘欵項下，撥款購買子彈，經呈明省廳核轉，於本年二月派由前保衛團副總隊長許毅赴部購領九響毛瑟槍彈三千粒，七六三機彈四千粒，經全數撥發前警察隊領用。至於公安上需要設備，均就財力所及，先後多有增加，公安上一切應舉事項，亦均隨時督飭公安局分別辦理。又水巡隊原歸保安隊統轄，嗣奉令改歸公安局，於本年一月二十日交接。

2 自治　本縣各區經費，向多虧欠，由於預算計算均欠精密審核。本任接事後，從事整理，逐月計算書均隨時核辦外，一面遵照　廳頒定式，通飭各區編製二十二年度預算，行政事業各費，均分別編列，審定實行，得有準繩，區費遂不至再虧。二十三年度自治經費預算，亦經督飭先期編製，適值施行縣金庫制，又省令於自治事業行進，有所改進，故區經費之按月撥給，經會議決定分別支付辦法，依照實行。各區所存有二五庫券，修圩經費等款，原甚散漫難以稽攷，前已製訂表式分飭各區查填，以便徹底清理。至各區自治事業，均經遵照法令，察酌地方實情，隨時督率各區長舉辦。其有關縣政整個進行，如建設，教育，保衛等事項，多敘列於以次各欄之中。關於區鄉鎮區域整理，於二十三年三月奉民政廳頒發辦法，暨圖表式樣等，經即分行各區遵照規定籌設劃併，並召集重行劃區會議，詳加討論，根據討論結果，參酌法令事實，由縣將本縣原有之十七自治區，劃併爲八區，及十二區，擬具兩種方案，暨草圖，簡表，呈送　民政廳請予核示。旋奉指令應劃併爲十區，飭再製送詳細圖表。當經遵照指飭，於四月呈送。其劃併後之十區：第一區仍舊。第二區爲原二、十、兩區合併。第三區爲原三、十三、十四、三區合併。第四區爲原四，十七、兩區合併。第五區爲原五、六、兩區合併。第六區原爲第七區。第七區爲原八、九、兩區合併。第八區爲原十一、十二、兩區合併。第九區爲原第十五區。第十區爲原第十六區。四月二十日奉　省政府令准照所送圖表定案，飭就原任區長中遴呈核委新併區各區長，亦經遵照辦理，並經以二十二年度終了，舊區結束，新併各區公所，一律於本年度開始之七月一日成立。其新舊交接，並經明定辦法，通飭遵行，以期手續清晰。至鄉鎮劃併，先經飭據各區區長劃併製表呈送　民政廳鑒核，奉指令應俟新區長就各區內鄉鎮以千戶最高限度切實劃併，製具草圖簡表送核。又經遵照辦理計本縣原有五百三十九鄉鎮，劃併爲一百九十九鄉鎮。

3 保衛　二十一年度省定保衛團編訓實施辦法，應將編查普訓事項依照進行，在二十二年春季舉行考課。本縣前任因保衛經費無着，多未能照辦，考課未能實行。迨本任接事後，奉令切實整頓，重行依法編查。經派專員會同縣保衛委員會辦公廳主任，悉心籌劃，擬具實施編查辦法，及各項表式，迭經召集會議，討論決定，即行督飭各區長，區團長切實辦理。於各區戶口簡册查造完竣，壯丁編查得其概數後，十二月開始特務訓練班施訓，至二十三年一月期滿，依照規定步驟，派員分赴各區，點驗壯丁，準備實施普訓。其時　省政府對於全省保衛團編練，所有規劃，奉令頒發保衛團編練大綱及各種編制表，經遵照分別辦理，於二十三年三月改組縣保衛委員會，同時成立縣保衛團總隊部。依照奉頒編制，就原有各區保衛團，編爲第一、第二、兩個中隊，獨立第一、第二、第三，三個分隊。又以前特訓班團士，編爲一個教導隊。六月奉　保安處令發江蘇省保衛隊整理辦法，及修正編製表，飭遵照將原有保衛團，警察隊，水巡隊，合併改編爲保衛隊，遵照召集會議，商定編組辦法，於六月三十日以前實行改編完成，七月一日成立總隊部。八月又奉　保安處令發保安制度改進大綱，並暫行編制表，飭將義務隊一律撤消，其餘部隊，按照編制，編爲各個保安中隊。經遵照辦理，於八月底以前除義務隊撤消，遵照奉頒守望所規則，於各區鄉辦理守望，設聯合守望區，協助地方防務，並將原有水巡隊改爲縣政府暫編水巡隊外，（水巡隊於二十四年一月遵省令撥歸公安局）所有部隊，編成四個中隊，呈奉　保安處令飭縣保安隊編爲江蘇省保安第六大隊，即於九月一日成立大隊部。以上編組迭有變更，經費預算亦奉令迭次編造呈送，最後編造之預算，經已呈奉核准。至訓練事宜，悉遵保安處所頒教育進度表實施。南昌行營曾派員來錫檢閱一次，無錫區督練專員亦迭次施行集中檢閱。二十三年八月奉　省政府令轉　蔣委員長令飭派縣保安隊官長一員，率隊兵六名，選送杭州防空學校實習防空監視哨。經遵照派送於九月回縣，即經遵照規定，從事設備，成立防空監視哨，十二月奉相政府令派分隊長王雲士等四員赴蘇中央軍校特別組受訓，亦經遵照辦理。

4 禁烟　本縣禁煙事項，在前除督飭公安局嚴厲查禁，遇有破獲，即由局逕解　法院依法訊辦外本府接據報告，並經隨時令飭政警按址搜查，獲犯亦均解送　法院法辦。二十三年奉省令頒發江蘇省限期禁煙各項規章，經於六月十四日成立縣禁煙委員會，迭次開會討論一切進行辦法。關於烟民登記，戒煙所籌設，土膏行店等設立，均以有待請示辦理之處甚多，故一面從事種種籌備，並廣爲宣傳，一面靜候核示。迄八月奉　省禁烟委員會先後將續訂詳細章則頒發，並發到各種簿册執照等件，又奉令以九月爲強迫煙民登記之期。經詳擬城鄉各區分組調查登記辦法，迭經召集各區長，公安各分局長巡官，會議決定施行。計至九月十一日開始調查登記，二十一日以後更施行復查強迫登記，截至月底限滿，全縣煙民登記共九千五百七十七人，申請戒絕者七十人。戒烟所亦在九月內積極籌備，於十月一日成立。土膏行店及售吸處所均經分別公告招商承辦，先後呈奉　省禁烟委員會核定，發給照證。所有實施禁烟各事項，由縣禁烟委員會遵照省令逐步進行。關於緝獲烟案人犯，自二十三年十二月奉省令委託縣政府兼理，截止本年一月底止，計判決案件五十九起，人犯計九十七人。又經訊解綏江警備司令部法辦者計三起，人犯九名。關於烈性毒品嚴禁，經督飭公安局認真辦理，除破獲製造機關外，販售與吸食之犯，所獲尤多，吸食者均經勒戒，其製造販售案犯，悉經訊明解送綏江警備司令部法辦。

5 衛生　本縣各地私有毛厠，遍處皆是，實爲衛生上極應改良之事，迭經討論，頗苦難得徹底解決辦法。二十三年夏季，値亢旱河水淺涸、運除不易、勢甚嚴重，經督飭公安局擬具取締辦法，切實施行，又城內各處河道，居民任意抛擲洗滌污物，大礙衛生，亦飭由公安局嚴厲禁止。按照規定舉行之清潔運動，均經定期舉行，並切實注意宣傳。二十二年七月召集各界會議，討論籌集經費，開辦臨時防疫醫院。經決定一切辦法，覓定醫院地址，從事設備，於八月一日成立。施診兩月，於九月底結束，二十三年六月仍召集各界會議，決定再行舉辦臨時時疫醫院，經決定在城中八兒巷前遷新局舊址設立，積極籌備，於七月十二日成立。至九月十二日結束。又前在二十一年八月奉　民政廳令飭設立平民產院，當以預算未曾編列此案經費，呈明請予從緩。二十二年十一月又奉　廳令催辦，由省立醫院並派員來縣籌商辦理，經召集會議討論進行方法，決定就前勞工醫院地址設立。經籌撥款項，着手籌備，於二十三年一月一日成立。

6 救濟　本縣救濟事業，除就原有救濟院各機關隨時督促辦理，並遵照省令指示督飭各區籌辦平民貸款，一面提倡私人團體組織平民貸款所外，二十二年冬季，以穀價低落，農民經濟周轉爲難，亟須設法救濟。經擬具農倉貸款辦法，迭次邀集銀行界及典業公會代表，共商籌設代理農業倉庫，受押米糧，經決定辦法後，由本政府，農民銀行，典業公會三機關代表，組織農倉貸款總辦事處。各區鄉備有倉廒之典當十八家，設立農倉貸款處。各貸款處均得由本政府，典業公會保證向農民銀行借貸，專作儲押農戶米糧之用。其貸與農民之利息，力求減低，限以一分六厘。二十三年七月奉　財政廳令發修正江蘇省農業倉庫規程，修正江蘇省調節食糧暫行辦法，江蘇省農業倉庫經營承押暫行辦法，飭遵照規程組織縣農業倉庫管理委員會，遴選委員呈候聘委。經即遵辦。八月奉　財政廳令發委令聘書。九月十八日成立委員會。當經討論決定，業務進行，仍繼續上年農倉貸款辦法，並斟酌於必要之地添設，一面與米荳業公會接洽，辦理米糧調查及統計事項。二十三年入夏無雨，天氣亢旱，農田無水蒔秧，形勢甚緊。先經赴鄉視察，旋即提經縣政會議討論救濟辦法。一面召集米糧業商平米價，一面督率各區區長領導鄉民開濬重要河道，並決由農業推廣所購置戽水機協助農民戽水。嗣奉　省頒救旱辦法六條，又經迭次召集會議，決定指撥的款，呈奉省廳核准，購借機器，擬訂協助農民戽水辦法，由建設局長會同各區區長切實辦理。並令農業推廣所派員赴浙省購運蕎麥種子，平價發各區分給農民領種。農民因戽水需費，則由本政府代向農民銀行商借，及屆期滿，多已分別歸還矣。

7 倉儲　本縣向無倉儲設置，迭奉省令嚴催辦理，經查明積穀款項前所餘存者，祇一千餘元，此外並無指定的款。在編製二十二年度預算時，列入由田賦帶征五釐，呈奉　財政廳核准自二十二年度亦帶征。然其總數，每年收入亦祇五六千元。在上年冬季奉　省令催辦積穀綦嚴，然就所有可以購穀之款，爲數太少，實難着手。經召集縣食糧管理委員會，詳加籌劃，公決就各區所存二五庫劵款提撥十分之四，購穀存儲。經即通令各區遵照辦理，並經一再催辦，截至二十二年度終了，先後據各區呈報購進之穀，合計各區總數五千七百二十七石餘。至縣存積穀款項，續奉省令嚴飭全數購穀，亦經食糧管理委員會總務股購進七百五十餘石，存儲堆棧。本年一月奉　民政府派委向大廷來縣調查積穀，並計劃進行，又經召集縣食糧管理委員會議決建築縣區倉辦法，即將依照實施。

二、財政事項

1 田賦　本政府自二十二年五月一日奉令接收財政局，所有田賦徵收財務行政概由本府接辦。其時適在徵收清淡之際，省縣均需款甚亟，而前財政局既無現款移交，且欠銀行錢莊債務。省廳復以支付命令發由保安處暨水上省公安隊來縣取付，急如星火。應付既繁，尤感困難，經設法籌挪，勉度難關。一面竭力整頓徵收，幸上年春繭量較多，繭市尚佳，截至六月底止，徵起省稅十二萬餘元，地方附稅二十二萬餘元，比較歷年徵數，實有超過，二十二年度田賦第一二兩期自開徵至現在，徵起約在七成，然自二十二年開始至二十二年度終了，徵起本年度及以前各年舊欠，計省稅三十七萬九千餘元，地方附稅九十一萬四千九百餘元，共計一百二十九萬四千餘元，收數之多，為向來鮮見。蓋內有財政廳派委專員來縣坐催歷年舊賦，截至二十三年六月底止，計催起二十萬四千餘元。二十三年度第一期賦稅開徵，正值亢旱，災象日見，農民既疲救旱，桑葉枯萎，秋繭不佳，催科實感困難。顧省縣政費需款，未便因噎廢食，經飭徵收人員妥為辦理，務期兼顧並籌，至九月底初限期滿，共計徵起省地各款二十一萬四千餘元，較之往年已有遜色，然以本年旱荒情形，徵獲此數，已非易易。截至本年二月三日止，二十三年度第一期田賦計徵起二十八萬九千餘元。第一期徵起十六萬三千餘元。總計自本府接收財政局迄今，田賦徵收數達二百零八萬餘元，惟財政廳督責綦嚴，按照徵收主旨，以按年十足徵齊為原則，追起舊賦須剔除再定考成，是以本任賦收，雖不鬆懈，由徵起成數言之，猶不及財政廳規定應徵起之成數也。

2 雜稅　本縣契稅徵收，在二十二年五六兩月，共徵起正附及地方各費八千九百餘元。二十二年全年度徵起正附稅及帶徵地方各費總共八萬二千七百餘元，較之原定比額，超過甚多。緣此項契稅，省廳抵作公債還本用途，催徵至嚴。迭經遵照令飭規定區鄉鎮長協助辦法，通飭施行，並奉令於二十二年十月減半徵收，是以投稅者亦甚踴躍。二十三年續奉　財政廳令飭自五月份，契稅正稅按契價每百元減為徵稅六元，附稅隨減，以三月為期，嗣又兩次奉令展限，均經遵照辦理，先後佈告周知。故本年度徵數亦尚暢旺。計共徵起正附稅及帶徵地方各費五萬餘元。牙稅徵收，自二十二年五月起至七月止，共徵起六千元有零。八月奉　江蘇省教育經費管理處令飭交包商承辦，至二十三年三月十五日又奉令仍由本府接收辦理。至本年一月份止續行徵起一萬九千九百餘元。在二十二年編製預算之前，以保衛經費，所短尚巨，經縣保衛委員會迭次會議討論，決定徵收交通保衛捐，復經與商會暨輪業同業公會迭次會商，確定辦法，由小輪，及汽車隨票帶徵保衛捐，以一年為期，預計收額五千元，經呈奉　省廳核准後，分別委託輪船汽車公司帶徵。自二十二年八月一日起徵，至二十三年七月底期滿，經即佈告於期滿後實行停徵，又預算原列有徵收船照捐，馬照捐，小豬捐，及經懺捐，二十三年度先後奉廳令剔除免徵，均經通飭實行，佈告周知。又市款中原有旅棧捐，戲院捐，奉財政廳令飭將旅棧捐改爲旅館捐，按房金百分之五由旅館代向旅客徵收，戲院捐改爲娛樂捐，隨票徵收百分之五，由旅客負担。經布告於本年一月一日遵照辦理。

3 預算　嚴縣長接事之時，二十二年度縣地方預算案尚未編成，當經繼續辦理。惟各機關預算分册，多因有一時不能解決問題，遲遲不能編造送齊，而省令催送甚急，經提出縣政會議議決，先行編製二十二年度縣地方費歲入歲出總預算草案，經編繕完竣後，於五月呈送　省政府審核。旋以二十二年度業已開始，預算案尚未奉核定，提經縣政會議議決各機關經費暫照舊預算支給。十一月奉財政廳令飭整理縣地方預算，由財政廳組織縣地方預算審查委員會，分期召集各縣長會同討論，審查用途，飭先行準備。復經提出二一三次縣政會議討論議决關於地價及其他問題，推員審查提書面報告，以便携省討論。十二月又奉　財政廳令頒新訂預算科目，飭召集地方會議，共商核徵附稅辦法，依式重編預算草案，帶省聽候審查。於二十三年一月十日召集會議，於十六日由縣長及第二科科長晉省參與預算審查會議。旋奉令飭依照會議審定情形，逐款重編，又經遵照於二月九日編繕完竣呈送。實際此時二十二年度已過去三分之二，而審定重編，特爲編製二十三年度預算之張本耳。二十三年度預算，於四月五日奉省令限於四月底以前呈廳審核，即經通行各機關限於二十五日以前編送到府，以憑彙編轉送。旋於十六日第八次政務會議討論，因限期迫促，各機關預算分册，難期趕編齊全，決定限期先將總册編送。嗣據各機關先後編送到府，經分別審核，漏夜趕編，於五月四日仍將總分各册編造齊全，別併呈送財政廳審核。六月十日奉　財政廳令發審定二十二年度預算，並照二十二年度原送預算册修正爲二十三年度預算各一册，飭依照繕正呈核。當以　廳發代爲修正而成之二十三年預算，有與事實未附之處。經列舉不符情形，開摺呈請鑒核，並依實際情况，先編概算書呈送，嗣後因計算上　廳縣所見有所異同，指陳聲敍，公文往返多次，始行確定。現在二十四年度預算止在編製之中。仍在靜候財政廳核示之中。

4 會計　二十二年十一月，奉　財政廳令發江蘇省會計主任辦事規則，並奉派顧鳳毛爲本縣會計主任，於十二月一在縣府成立會計主任辦事處。本府即遵　廳令規定將二十二年七月一日起至十一月三十日以前之省正稅，及各項省專款徵起，及繳解抵解數目，分清科目與年度，先行填列總表二份，送交會計主任查收存轉。並遵照辦事規程各規定分別辦理。

5 金庫　二十三年四月，奉　財政廳令飭，各縣稅收，自二十三年度起，直接解交省金庫，其他各費，概需存入縣金庫。五月奉令指定江蘇，農民，中國，交通，四銀行爲縣金庫，頒發縣款收支存放辦法，及請款書式，收欵報告，領款書式，繳款書式，飭自七月一日起，所有縣款一律存入金庫支付。旋又奉令重行指定僅以江蘇，農民，兩銀行爲縣金庫。當以縣金庫制創行，事關要政，手續甚繁，於六月五日邀集江蘇，農民，兩銀行行長，欵產處主任，會計主任，暨各局局長，在本府開會，共同研究，以免錯誤。當經決定有擬請解釋及請予變通辦法者五點，即由本府呈請　財政廳鑒核，旋奉指令分別指示。關於實施金庫制所需要之各種書册，及支付命令，先經由本府籌劃分別付印，並通行各機關遵照辦理。所有縣款收支，暨結束二十二年度各項經費辦法，又經提出十九次二十一，政務會議，並於七月二十日舉行臨時會議，討論決定次依照實施。其他有關施行金庫制應辦一切事項，亦均遵照法令分別辦理。嗣奉令增加指定中國，交通，兩銀行爲縣金庫，凡以收入或有不敷支出時，如何籌借，先後兩次召集各金庫銀及各機關討論辦法，在此金庫奉令定期實行之際，同時奉令廢止本縣原有市款產委員會章程，所有該會經辦事宜，由縣接收，遵經照辦，該會於六月二十三日結束，所有接收管理辦法，迭經提交政務會議，暨與縣款產處會商，旋經辦理就緒。而市款向不編入地方預算，又經另行編造收支預算呈送　財政廳鑒核。遵照統一收支規定，原有市縣各種捐欵征收，並經成立徵收處辦理。本年一月起，市款亦實行金庫制度。

6 勘災　本縣二十二年收成尚佳，故二十二年度未辦秋勘。二十三年入夏亢旱，雖經竭力設法救濟，而未能時秧荒田，據各區查報，仍有三十餘萬畝。奉　廳令頒發二十三年修正勘報災歉條例後，即經分飭各區遵照，並擬製表式，令發各區詳速查明荒歉具報。於九月二十四日召集各區區長暨各機關代表會議，討論決定災荒約數，先行呈報　省廳鑒核，請予派委莅縣復勘。一面由縣派員分赴各區先行實地詳細查勘，並飭各區趕造荒册。十月十三日奉　財政廳派委員葉鐵生，建設廳派委員湯錫祥莅縣，由縣派員會同分赴各區復勘。至二十四日竣事，二十五復行召集各區長各機關代表開會討論，時奉　民政廳派委王維藩亦到縣，會議結果，將各區全荒畝數，請予全數蠲免，其餘請予普減一分三厘，即經會同省委呈報　財政廳鑒核。嗣奉指令飭重行查覈分別厘剔，又經聲復實情，最復奉　廳令全荒全免，其餘普減一分，以全荒田畝併入統計，全縣實征八分弱，就此定案。除由縣佈告周知，並飭各區將全荒田畝詳晰公布。

7 盤串　本政府爲清理存串，以杜短少等情弊，呈奉財政廳於二十三年三月派委吳耕虞莅縣，監視盤查。於三月二十日開始辦理，先將十六年盤竣無誤。旋以自十六年自二十二年七屆，年有糧串百餘萬張，盤查需時甚久，呈請就十八、十九、二十、二十一、二十二、五年中指定一年着手先盤，如果相符，即可推知其他，否則再行次第盤核。奉令指定就十九、二十、盤查。經遵照辦理，迄四月十七日盤查完竣，並經委員復盤無異，大致尚能符合。當取具田賦主任保管切結，並查造盤串總分各册呈　廳鑒核，奉令其餘各年，暫免盤查，委員遂即離縣。又前奉豁免十五年以前糧串，前財政局未及造册送省，本任因須整頓串房，清理積案，經呈奉 財政廳核准撥給經費，派員查明各年存串，造具總分各册，將存串悉數運送 財政廳査收核辦。

8 其他 關於財務事項，如辦理交代案件，本任接收縣府交代；接收前財政局交代；又前任未辦之接收建設局交代，先後計有三任；均經分別盤查會算造册結報竣事。又奉 廳令淸理舊案交代，經於二十三年五月遴派專員辦理，逐任盤查造册，不久可告結束。又升科給單事項，均經依照規定辦理。

三、教育事項

本縣教育事業，除由本政府督飭教育局遵照法令專責辦理外，茲可作簡要記載者；當本任接事之時，本縣二十二年年度地方預算編製未竣，而以教育經費預算確定爲難。緣歷來教育經費不免有虛收實支之病，遂致積虧甚巨，教育局旣採取緊縮政策，以期實收實支，收支適合。本政府詳察情形，尙屬正辦，自應力促其成。迭經會議討論，預算得以編成，呈奉 教育廳核准施行。此一年度適値賦稅徵收得力，又奉 省派專委來縣催追舊賦，教育費之徵起，較往年特多，而教育局對於經費籌劃，亦甚得宜，以是迄二十二年度終了，教育經費結算，得有餘裕。本年度開始後教育經費得以勉能應付。此實於全縣教育事業前途所關至爲重要。其次本縣教育會，當本任接事時，在奉令停止工作之中。並奉令飭依法重行改選，先由各區徵求會員員，組織會員資格審査委員會，然後辦理區教育會改選，再辦縣教育會改選。當經分令各區教育會，教育局，分別遵辦，並經 黨部派員指導辦理。迨會員徵集造册，關於進行手續上，多所磋商，往返延時，至二十三年一月飭據教育局擬送會員資格審査委員名單，即經依照規定分別函屆聘。於二月一日召集開會，決定分組審査方法，依照進行，審査完竣，將結果分令各區會知照。三月二十五日開始各區會改選，經分別派員監選完竣。五月二十七日各區代表開會，縣教育會改選竣事。即行呈報教育廳備案。各級教育會遂改組完成。

四、建設事項

本縣建設局於二十二年二月奉令裁併，由縣政府接收，於三月一日設技術室，掌管建設事項。至二十三年三月一日，又奉令恢復建設局。所有本縣建設事項，茲篇可爲簡要記載者，分列如次；

1 水利 本任接事之時，第一期辦理徵工浚河單宜未竣，即經督飭技術員室繼續進行。惟此屆尙屬初次舉辦，經費旣費躊躕，而鄉民且多未盡了解，又値陰雨連綿，工程進行困難，以致遷延時日，因轉瞬農忙即屆，亟應相機籌劃，經召集徵工浚河委員會討論議決，除工程已在進行中之各段，積極施工外，尙有原擬開浚之大河，留俟下期再行開浚，即經呈報 建設廳鑒。旋據各區先後具報工竣，又經分別派員勘驗，並呈奉 建設廳派指導工程師劉崇謹來縣驗收。所有本屆徵工浚河預算圖表，前任辦理未曾完備，經督飭技術員室分別補辦，呈報 建設廳核准。

經費原亦未曾籌定，經以將來應徵水利經費作抵，商由款產處息借四千元，連同徵存水利經費一千五百元，支給一切工費，結束以後，並經造具支出計算書檢同單據呈送建設廳核銷。二十二年六月奉令籌備本年冬季徵工浚河，經提出第四十二次區長會議先由各區調查應浚河道，再行彙案辦理。即經製就調查表令發各區限期調查呈報。並飭遵照省令查造代金名册。旋據各區先後呈報擬開河道，經即製表呈報，按時由各區長主持施工，計原查報開浚河道，為南北城河，東港河，袁灣里河，孫店橋河及鷂頭浜等五處。因測量結果，東港河及袁灣里河，祇須局部撈淺。孫店橋河係一浜梢，由當地農民自行開浚。南北城河於二十三年四月一日開工，二十五日工竣。鷂頭浜三月十七日開工，四月十日工竣。所有工程辦理經過情形，業經呈報建設廳鑒核。二十三年籌備徵工浚河，遵奉 省令指示辦法，督飭建設局製表令發各區調查應浚河道，於各區報齊之後，呈奉省令核定工振開浚，現在遵照規定各辦法，積極進行。又二十三年入夏亢旱，經撥修圩費開浚閶江口，並督飭建設局，各區區長，指導鄉民開浚各處河港。至平時各區鄉鎮呈請自行開浚河道者，均先後飭技術員室，建設局分別核勘指導辦理。

2 道路　城內三下塘街道拓寬一案，早經規劃而未能舉辦。本任接事後，奉 建設廳委派縣建設指導工程師呂廷佐實地詳細查勘，會擬工程設計書圖經費預算，呈奉建設廳核准備案。所需經費經呈准 建設廳於築路畝捐建設特捐共撥九千元，不敷之數提請市款產管理委員會照撥，經委員會議決担任六千元。而工程方面，採納地方人士意見，與原計劃有所變更者，如溝渠改用磚石建築，如路面參鋪足六磚，籌商呈報，幾經往返，始得定案。二十二年十二月佈告三下塘居民，於二十三年一月一日起，依照所釘中心樁將兩面應行收進之房屋自動拆讓，限以二月底為止。詎以該地居民頗有不能諒解者，間有持反對態度，經多方設法解說始漸消釋。然其間亦實不少因經濟困難無力拆讓之戶，經召集會議，決定籌集款項，酌予救濟，沿街應讓房屋，亦即先後拆讓完畢。嗣建設局成立，經督飭進行路面工程，登報招標，所有路面溝渠橋樑工程，於五月二十五日開標，經提交市政工程處工務審核委員會決議分段承包。六月一日開工至工程完竣後，定期於九月四日邀集地方機關團體暨士紳前往勘驗。呈奉 建設廳派委工程師馮旦於十一月十四日蒞縣驗收，並由政務會議議決新路完成，取名新生路。

當三下塘決定實施拓寬，同時以南門外南吊橋至帶鈎橋東堍一段，計長四十五丈，為西南各鄉通城要道，原有街道太狹，亦有拓寬必要。經擬具計劃決定實施，經即釘定中心樁，於二十二年十一月佈告居民限拆讓，並擬具圖樣預算等呈報 建設廳鑒劃。該西貧戶，無力拆讓者，一再聲述困苦情形，亦經多方勸導，並設法予以相當救濟，旋即先後拆讓竣事。即經招標包工建築完成，由縣政會議議決新路改名新民路，新建之橋，改名敦厚橋。

本縣西北外城腳街道拓寬，先經於二十二年五月討論決定，二十三年一月飭由技術員室派員勘估，計舖砌石片街面及開做陰溝修築坍倒駁岸等工程共需二千八百餘元，函商市款產管理委員會籌撥款項，一面佈告拆讓房屋，一面登報招標，於四月二十三日開標。於五月一日開工，六月十五日工竣。

本縣東北各鄉通城車路，經前任規劃自錫澄路塘頭鎮起經西北塘，東北塘，八士橋至張涇橋止，長約二十五里，就原有土路加寬，由六七兩區徵工塡築土方。本任接事後，此項土方工程甫經完竣，所有路面橋樑涵洞工程，經飭技術員室擬具預算計劃，計修理橋樑八座，設置石砌及三合土涵洞大小二百四十一道，鋪塡八尺寬煤屑路面，總計需銀六千二百餘元，經提交縣政會議議決，以人力車修路捐及人力車月照捐撥支。當以此路籌劃已久，地方人士一再催促，經即一面興工，一面呈報 建設廳鑒核。該路在二十二年七月二十六日開工，十月二十八日全部工程告竣，又經呈報 建設廳鑒核。

二十二年八月奉 建設廳令，錫宜路路面業經准由江南汽車公司承築，抄發合同，飭隨時協助。並奉令轉飭技術主任按照星週將修築情形列表報告，均經分別遵辦。十月奉令以錫宜路自梅園至火車站一段，所有榮巷鎮舊道，道路狹窄，房屋櫛比，飭擬具另闢新路計劃預算等呈核。經督飭技術員室遵辦，於本年一月擬具與梅段工程設計，經費預算，及圖表等呈送，並請指定在解省築路畝捐項下撥款興修。二月奉指令派指導工程師王燕泉來縣查勘再核。八月據建設局呈報榮巷至前橋頭一段舊路，業經依照 廳令修正路線，測製各圖，擬具設計及預算，請轉呈撥款提前興修，即經轉呈。並經提交建設委員會議決該段路線有礙工程房屋坟墓桑樹等，限令業戶自行遷拆，當令第四區區長勸導業戶，並佈告週知。所有該路工程，經已飭由建設局依照辦理完竣。

二十三年一月奉 建設廳令，以錫滬公路本縣境內一段路基，前雖征工築有雛形，但查已多坍毀，奉 蔣委員長電飭此路即須修築，飭征工補築路基。經詳酌情形，再行征工，實有為難，經擬具僱工整理預算，呈請 建設廳核辦，奉指令照准。三月建設局成立，督飭遵照 廳令核示進行，招標承辦，於四月十六日開標，二十五日開工，中間因路線改測，手續至繁。其後沿線設置通水溝管，與省設工程處籌商，尤多往返。錫滬，錫宜，兩路啣接之廣勤路華盛頓飯店靠西轉角房屋，有妨交通，奉令拆讓，亦經遵照分別轉飭辦理竣事。

本縣湖濱風景區之整理建設，迭經與地方人士籌議，迄二十三年一月，決定於五里湖建築環湖路，並商得榮德生氏允許捐資建築環橋樑，經即派員測量，並飭三四兩區區長協助進行。一面擬具計劃預算呈請 建設廳鑒核，准予撥給經費，旋提經縣建設委員會議決，定名湖山路，工程由建設局與第三區公所訂立合約，歸區公所承辦，石方工程，准由區公所酌量征工。後因天氣亢旱，征工困難，重行編訂預算限期興築。橋樑工程，最大之寶界橋先已建築竣工，故湖山路南線儘先趕築，於十月十日通行。北線路基亦經修好，已由 建設廳派員驗收。所有橋樑，亦將繼續興修。

此外區鄉修建或整理道路，均經先後督飭技術員室，建設局勘核指導辦理。

3 交通　關於小輪航船行駛應行管理事項，均依照法令隨時督屬處理。汽車管理，向無專員負責，而本縣有湖山風景之勝，各地來遊者甚衆，小汽車爭攬僱客，任意停歇衝要路口，既妨秩序，尤礙觀瞻，於二十二年十月經提由縣政會議議決，特設車輛管理處，派專員負責辦理，旋因錫澄路通行捐奉令歸長途汽車公司代收，管理處取消，仍派專員辦理。關於鄉區電話增設，經遵照　廳飭長途電話鄉鎮支線暫行章程規定，決定第二期裝設辦法，分令各區籌集款項，以便轉呈　建設廳核辦，現梅村電話已裝設。

4 合作　本縣合作指導事宜，自二十二年四月起，奉令交由農民銀行兼辦，其設立登記等手續，則仍由本府核辦。農民銀行接任之後，曾派員先赴各社調查，其結果認爲優良應獎勵者四社，因虧損破產，或營業停頓應解散者八社，本政府准函報告後，經即分別執行。十月奉令移歸農業推廣所兼辦。二十三年二月又奉令派合作指導員尹格非來縣專辦，先注意調查整理原有合作社，使臻健全。嗣即提倡指導各信用合作社，兼營其他生產運銷等事業。現在本縣有信用合作社十七所，生產合作社十三所，運銷合作社一所，利用合作社一所，信用生產及信用購買兼營合作社二十四所，共計五十六所。

5 度量衡　本縣推行新制度量衡，經督飭檢定員依照法令辦理，現計度器已經劃一者，有綢布業，布廠業，成衣業，西裝業，花邊業。量器已劃一者，酒醬店業，醬酒業。衡器已劃一者，南貨業，茶食業，漆業，肉業，菸業，銅錫業，醬酒業，茶葉業，柏燭業，水麵業，魚行業，煤鐵業，煤炭業，火腿業，柴草行業，棉花行業，國藥業，國醫業，金銀業，鹽鋪業，菜場業，攤販業。其尚未劃一之各業，亦均在督促進行，力求解除事實上困難，如木行業，建築業，木作業，所用度器，均因用器折算困難，現正遵省令指示，印發木碼單，折合表，分別發令遵照。又如米荳雜糧業所用量器，本府迭次召集各業代表談話會商，最近鄰近各縣因有相互關係，又在蘇州集會共同討論，決定辦法，亦經於本年二月五日起一律改用新制。至繭行業所用衡器，經迭催實行新制，現計本年春繭汛可一律改用。

五、農林事項

1 蠶桑　二十二年四月奉第二區行政督察專員公署令飭注重蠶事，召集有關係各機關代表迅議辦法實施。經召集商會，絲繭業同業公會，絲廠業同業公會，農民銀行代表開會討論，議決呈請在農業經費項下提撥五千元，備作獎勵育蠶之用。以提起農民育蠶興趣。並由農業推廣所擬具獎勵蠶戶規則，春蠶救濟臨時辦法，呈由督察專員公署轉呈省廳，奉令核准，即依照施行。又經撰擬預定秋種告農民書令各區長分發。是年春蠶成績頗佳，於秋季指導員出發時，予以褒狀，以資鼓勵。育蠶優良農戶，則飭由農業推廣所查開戶名，造冊呈奉督察專員公署就提存獎勵金項下撥款購置農具，分別給獎。二十三年春季奉　建設廳令派實業指導技師熊其銳來縣，飭會同依照繭行統制辦法，切實辦理繭行統制，當經先行派員分赴各區調查繭行，製成統計，呈送縣核。同時奉令劃本縣為蠶桑模範區，成立模範區辦事處，依照蠶絲統制辦法，辦理春繭征收改良費。當以甫經實施統制，不無多感困難之處，經呈奉省令准將繭行抽籤暫予緩行。改良費征收，雖有一部分絲廠聲明困難請予免收，但此項改良費係為改進蠶絲之用，春季僅收每担三元，經多方勸導，始得一體照辦。秋季統制進行，因今年方旱影響，農戶育蠶甚少，不得不多事變通，呈奉省令核准繭行抽籤仍緩舉行，原定改良費每担征收十二元，亦經減為每担僅征六元。

2 造林　迭縣造林事項，迭經尊奉省令督飭農業推廣所辦理。歷屆植樹運動，亦經依期舉行。二十三年四月植樹節造林運動，提經縣政會議議決除令錫澄長途汽車公司於錫澄路補行種樹外，屆期集會各機關人員於通惠路共植楊槐楓楊五百餘株。五月奉令調查歷屆造林成活實況，經調查列表呈報，而成活株樹，僅占總數百分之十四强，又經佈告併嚴飭公安局竭力保護。二十三年春季並擬在錫山等處勸導人民造林，經派農業推廣所管理員與地主接洽辦法，甫有成議，但時令已過，因以中止。本年植樹運動，經縣政務會議議決在湖山路植樹。

六、工商事項

在此工商業不景氣時期，殊鮮事業發展之工作可以報告，而工商業糾紛之處理，則有多起，分列如次：

二十二年八月六日，人力車因車租問題，發生罷工情事，經飭局隊嚴密防止滋擾，維持秩序，一面布告並召集車業同業公會代表談話，接見請願代表勸令先行復工。其事頗傳有不良分子暗中煽惑，並有人散發有險危性之傳單故於地方治安，極可注意，迭經密飭局隊官警嚴加防範，始得無事。旋經查明車租實在情形，於十日召集市款產管理委員會，縣款產管理處，車業同業公會，鹽城同鄉會，各代表在本府開會，共商解決辦法，經公同議決車租定價，並由政府認真檢查車輛，布告周知，定期實行，於是糾紛乃告結束。

二十二年八月，為整頓市容，經一九九次，二〇四次縣政會議先後討論議決，先從店舖侵佔人行道，及搭蓋蓬棚之固定攤販着手取締，至普通小攤販屬於流動性質者，亦即查明分別取締，經令飭公安局轉飭各分局執行。在政務議決分別取締辦法，原已於攤販生計加以注意。乃積習難移，復有少數好事者從中鼓動，竟集衆請願，要求免予取締，一時頗呈紛擾。經接見代表詳為開導，並諄誡不得再有集衆滋擾情事，旋始安靜。而攤販取締，日久玩生，二十三年五月又經第十二次政務會議議決，重申前令，飭公安局查照前案，切實辦理，尚見成效，並未發生事故。

二十二年十月十三日，理髮業因同業減價競爭，發生工友怠工風潮，竟至有鬪毆衝打店舖之事。當經令飭公安局制止，一面於該業代表來府請願，詳切開導，並經秉公處理，旋乃解決。

二十二年十一月，綢布業競事減價營業，實際則每多虛僞，以不正當手段競爭，因以引起糾紛，經召集商會及公會代表談話，予以糾正。並公決自十二月一日起，一律須遵照業規平尺實售，不得再有違背。然嗣後仍復有陽奉陰違之事發生，又經秉公處理，得以無事。

廿二年十一月因絲市不振，其並無實力絲廠，紛紛停歇。而惠生絲廠廠主兼經理奚惠安竟冥然出走，所欠債款，既置不理，女工工資，亦不發給，工人集衆索資，紛紜日甚。經飭局隊妥爲彈壓維持秩序，一面迭與絲廠同業公會，商會籌商解決，惟以該廠既無人責負，所欠工資又無款可發，而女工索資，急不容緩，處理異常困難。旋據查明該廠經理奚惠安在惠昌絲廠尚有股本，公決商請拆出，以資發放工資。幾經設法磋商，始得集合有關係各方代表舉行談話會決定將奚惠安惠昌絲廠股本二千五百元拆出，另由惠昌絲廠墊借五百元，交由商會湊發工資。一面令飭公安局並函上海市公安局，上海第一二特區法院通緝奚惠安歸案究辦。該廠所欠零繭款項，亦經商由商會將該廠抵押乾繭，照市結賬，以所有軋餘之款，悉數撥發秋繭零戶

二十二年十二月泰新絲廠亦發生倒閉虧欠工資糾紛，先經立筆據。惟屆期仍未照村，工人情急，又來府請求核辦。經查明實在情形，並先行墊借款項發放。於一月六日召集有關係各方面來府談話，決定由徐君傑將自有周山浜住宅抵押或出售，以資償付欠發工資。旋以房屋既一時無從抵押，而標賣又無人問津，又經一再會商，減低價格，延至二月始有人承受。遂由絲廠同業公會代爲分別將工資，煤款，零戶繭款，一一理楚。

二十二年十二月慶昌絲廠因閉歇後解散職工，於薪資工資發給時，職員工人發生糾紛，經飭由公安第三分局就近彈壓處理，幸即平息。

二十三年三月，鑒於絲廠投機分子，利用機會，湊集小數資本，租設絲廠，一經虧本，即倒閉逃避，爲防止如上年惠生等廠之糾紛事件，保障工人工資，免除無謂糾紛，及扶助絲業正當發展起見，擬具取締租辦絲廠辦法八條，提經第二次政務會議議決呈奉　省政府核准施行。本年春繭上市後，德豐恆等各租辦絲廠，對於取締辦法，聲述種種困難，請予緩行，又經於五月二十六日召集絲廠公會及各廠代表來府談話，決定於不背取締辦法原則之下，酌予變通，並確定各租辦絲廠工資，須每半月發給一次，不得拖延，以免積欠，並經佈告工人一體知照。然二十三年四月仍有泰昌絲廠因欠發工資發生糾紛，但爲數甚微經飭公安局調解處理，旋即解決。嗣後絲廠因市絲不佳，雖仍有倒閉積欠工資糾紛，但糾紛已不如前此之甚。

二十三年三月錢橋莊源大油廠因縮減工資問題發生糾紛當以該廠設在鄉間，先經令飭第九分局派警前往維持，勸導開工，旋經會同　黨部調解，經黨部召集勞資兩方代表開會協商，決定辦法，遂即解決。

又大華等布廠亦因跌減工資發生糾紛，亦經會同　黨部調解，在　黨部召集勞資雙方代表商定解決辦法。

二十三年二月慶豐紗廠第一工場因鋼絲車部改用女工，致由小糾紛擴大至全廠罷工，經一面飭警維持秩序，一面查明實任情形，分向勞資勸解，雙方各執成見，形勢頗覺嚴重。旋經會同　黨部召集調解會議，決定原則八項，除各項工資推員審查再行核定外，其餘均即實行，旋即照常開工。四月該廠又因工人互相衝突細故，復發生工潮，再經會同　黨部，商會，迭次集會解決平息。前議審查各項工價，亦經公議決定施行，遂告結束。

二十二年六月錫澄長途汽車公司因裁減職工，發生糾紛經會同　黨部召集雙方代表會商解決。本年八月營業小汽車，因錫澄長途汽車公司減價及徵收通行捐問題，相率罷業，請願救濟，奉經　建設廳派委來縣重行規定通行捐徵收數目，公佈施行，糾紛於以結束。

七、土地事項

本府奉令兼任土地局籌備處事項，曆經依照規定，辦理清丈費之徵存支付，測量，圖根，各組學員送省訓練，繳解款項購領各種儀器，並處理土地局未成立前一切土地行政事項。二十三年二月奉　省土地局令派籌備專員來縣，即將經解文卷等項遵令悉數移交，於本府撥出房屋，另設籌備處。七月一日奉令成立縣土地局。省派圖根組早經來縣工作，至上年十一月又派清丈隊來縣，經督飭先就第三區開始實施清丈，所有應用儀器，由省縣分別購發。旋奉省令變更計劃，並於最近確定本縣土地用飛機測量，而原有清丈工作，將於第三區卽舊揚名鄉辦竣，即行結束。

本縣城市土，奉地　省政府令飭舉辦地價申報，於廿十三年七月一日成立辦事處，按照規定分別進行，關於城市界圜調查，劃定地價申報區段，調查地價，調查業主姓名住址及所有地畝，均已依次辦理。並照規定聘約地方人士，成立協助委員會，先後開會討論一切進行辦法。實施申報，原應於八月十五日開始，因採納協助委員會意見，呈請展緩一月，但未奉　省局核准，乃於九月一日開始。惟地方人士對於此事未能深切了解，進行頗感困難，而省令督責綦嚴，且同時舉辦城市地價申報之南通進行並無窒礙，本縣亦自難異議。嗣經重訂實施辦法，及限期進度表，呈奉省局核准，於十一月一日實行，月底期滿，展限半月，至十二月十五止截止申報，辦事處於本年一月底結束，未完事宜，由土地局辦理。

八、司法事項

本縣不兼司法，惟縣監獄仍歸本府監督，關於監獄改良，迭經召集監所協進會開會討論，並隨時推定委員實地視察。而本縣係屬舊監，房產既已古舊，且復狹隘異常，人犯增多，時虞難容，迭奉　高等法院令飭厲行保釋假釋，二十二年七月呈准保釋喬長富等七名，十月呈准保釋邢根生等六名，二十三年二月呈准保釋沈鵬生等二名，均依照規定手續，提經監所協進會審核調查，再行呈請核定。七月又奉司法行政部派委李兆銘暨高等法院派委檢察官朱備滋縣，會同法院檢察官監所協進會推定委員，及本府代表組織臨時審查委員會，將在監各犯，詳加審查，合於保釋者八十一人，合於假釋者九十二人，經督飭管獄員依照法定手續分別辦理，陸續呈報高等法院鑒核。

二十二年九月議定實施改建新監，當時估計建築經費需洋五萬四千元，迭經提交監所協進會討論，議決縮小範圍，假定經費為四萬元，擬具圖案計劃，層轉司法行政部鑒核。同時並奉部院指示迅籌改建，復經監所協進會討論決定建築經費以五萬元為標準，部款撥給一半，其餘半數由地方勸募，經擬具詳細計劃呈准定案，即行着手勸募捐款，於二十三年三月成立募捐委員會，五月成立建築委員會，所有建築工程，用投票方式，招工承辦，於七月二十日開標，由土壽記營造廠以標價五萬八百九十五元八角三分四厘得標承辦，於二十四日簽訂合同，限於合同成立之翌日起一百二十日內完工，即行照約施工。奉高等法院轉奉部令。飭就本縣新監西首餘地，增建監房，以備收容江陰已決人犯，並飭補具圖式計劃呈核，亦經遵辦，此項增建工程，仍歸王壽記營造廠承辦，現在新監建築業已完成

九、其他事項

1 新生活運動　蔣委員長倡倡新生活運動，本府會同縣黨部，縣法院及各局，各中等以上學校，暨公園，組織本縣新生活促進會，選舉理事九人，並於促進會之下，復組新生活實行團，以各機關公務人員，（包括警察在內）國民黨黨員，中等以上各學校教職員學生為當然團員，推選幹事十一人，按週擬定新生活實行項目，於舉行總理紀念週公佈，令各團員切實遵照實行。並領導舉行衛生運動，厲行全城清潔總檢查。嗣奉省令須發新生活促進會組織辦法，又住遵照改組進行。

2 修理本府房屋　為符合新生活整齊清潔之旨，並為事實上之需要，經呈奉財政廳准撥交代案中未經指定用途之間款，將本政府房屋應加修理之處悉行修理，並將兩欄串房大加修葺，串房重地，關防因以益切嚴密。

3 舉行會議　除各種會議定期召集外，遇有重要事件，並召集各種臨時會議。本縣全縣行政會議，久未舉行。至二十三年九月一日乃舉行第三次全縣行政會議，開會三日，計關於財政提案十件，公安提案十四件，教育提案三件，建設提案十八件，自治提案五件，農林提案七件，其他提案一件，均經分別討論決定，編印成冊，呈送民政廳鑒核，並經分別採擇施行。

江蘇省無錫縣政府現任職員一覽表

職別	姓名	別號	年歲	籍貫	履歷	到差日期
縣長	嚴慎予		三十五	浙江海寧	歷任浙江省政府秘書財政部視察江蘇省沙田總局副局長、中央宣傳委員會上海分會委員南京市黨部候補執行委員、中央日報總編輯上海縣縣長	二十二年四月

職別	姓名	別號	年齡	籍貫	經歷	到職年月
祕書	葉德眞		四十六	江蘇江都	歷任江寧縣政府第一科長祕書上海縣政府祕書兼第一科長	同上
第一科長	俞炎芬		三十六	浙江富陽	曾任上海縣政府第二科科長	同上
第二科長	費鍔農	稼秋	四十九	浙江吳興	歷充江蘇各縣第二科科長揚由關姜堰分關關長江蘇財政廳整理田賦主任興化縣財政局長江北運河工程善後委員會駐揚辦事處事務主任	同上
科員	朱立初		四十五	浙江吳興	歷任江蘇川沙松江吳江安徽壽縣阜陽合肥貴池等縣第一二科科長	二十三年七月
科員	何家振	梯寄	四十	浙江紹興	歷充嘉定縣財務局課員興化縣財政局經征科長興化縣政府財政科長	同上
科員	俞全慶	全清	三十五	浙江諸暨	歷任浙江泰順景甯等縣政府祕書第一科長建設科長等職	二十三年七月
科員	徐鯤	百里	四十四	浙江海寧	曾任上海縣政府科員	二十二年四月
科員	徐次匏		四十	浙江富陽		二十三年七月
科員	丁仲行		三十八	江蘇吳縣	前任江蘇民政廳會計科科員兼江蘇省賑務會會計科科員六合縣政府教育科員	二十二年五月
科員	朱驥丞		四十	安徽旌德	歷辦行政事務	二十二年四月
科員	章廷敬	子明	六十一	浙江海寧	曾任海寧達村商業中山等校教職員嘉興縣科員上海縣科員	同上
科員	馮寶頤		四十	江蘇武進		同上
科員	周紹基	少之	五十六	江蘇無錫	前任南京內政部統計司辦事員及本縣縣政府科員	二十年七月
科員	唐振麟	闇如	五十二	浙江嘉興	曾充江蘇金山縣公安局總務課課長行政兼司法課課長阜寧縣政府第一第三科科長等職	十九年十月
科員	陳壽誠	季和	六十一	浙江紹興	歷充江蘇句容縣總務課及第二科科長蘇州清鄉公所祕書處文牘員浙江財政廳科員江蘇江寧縣財政局清理舊案交代專員	二十二年八月
科員	劉濯楠	翰卿	四十一	河北東光	無錫縣政府科員	二十三年三月
科員	宋鎮濤	靜廷	四十九	江蘇無錫	曾充督練公所科長陸軍參謀營長團長參謀長崇明緝私營長無錫警察所長公安局長等職	二十三年七月
事務員	施兆蘭		四十二	江蘇崇明	曾充江寧縣政府事務員上海縣政府科員	二十四年二月

事務員	韓頌臣	不鳴	四十	山西汾陽	歷充南通如臯鹽城上海等縣一二科科員十七年東台禁烟分局秘書等職	二十三年三月
事務員	成錫爵	仲儀	六十五	江蘇宿遷	歷充各縣文牘等職	十六年三月
事務員	張曉初		四十二	江蘇無錫	曾任長春大清等銀行會計科員無錫工商中學簿記教員無錫縣財政局管卷員	二十二年五月
事務員	裴棟堯		五十九	同上	歷充無錫縣政府事務員等職	十六年三月
事務員	朱肇禾	巽齋	三十	浙江吳興		廿二年十一月
事務員	徐月秋					二十三年七月
書記	顧劍聲		四十六	江蘇松江	歷充縣政府各科書記員	十八年九月
書記	孫熙元	績生	三十九	江蘇無錫	歷充縣政府各科書記員	十六年六月
書記	滕震一		二十六	同上	曾充崑山常熟等縣司法書記	二十二年五月
書記	姜子久		四十一	江蘇溧陽		同上
書記	馮永昌	潞鷗	四十一	江蘇嘉定	曾充淮南鹽務緝私局局員江陰縣政府事務員	二十年七月
書記	嵇薰芬		二十七	江蘇無錫	曾充縣財局書記	二十二年五月
田賦主任	朱開觀	東三	三十五	江蘇上海	曾任松江寶山金壇等縣政府科員	十八年三月

地方自治

無錫縣地方自治之沿革

無錫在前清之季，即施行地方自治，各市鄉設扇董，辦理地方公共事務。民國成立，劃全縣為十七市鄉，設市鄉公所，選舉議員，為市鄉議會，公議市鄉內一切興革事務。民國四年，廢議會，設市鄉董事，處理地方行政，兼任學董，負推行地方小學之責。民國十六年，改革後，由縣政府就十七市鄉分別委派行政籌備員，籌備市鄉自治。十七年春，成立市鄉行政局。無錫市則因人稠事繁，局長向由縣長兼任，其餘市鄉行政局，均設局長一人，分總務•務教育等股。十八年四月，江蘇省為積極推行地方自治起見，開辦區長訓練所，本縣遵令保送學員，赴所學習。八月間，第一屆，成立區公所，委任錢鍾亮等十七人為區長。並根據國民政府頒布之區鄉鎮自治施行法，全縣鄉鎮一律劃成，區長受訓練畢，回錫籌備自治，縣政府遴派省令，撤銷行政局，設立鄉鎮公所，由縣政府分別委任鄉鎮長副。同時舉辦鄉鎮長副訓練所，先行編組閭鄰，辦理自治區內應興應革事務。每月開區務會務，公開討論。二十年戶口調查完成。二十一年各區鄉鎮長副實行民選，並選舉監察委員，設調解委員會。二十三年，奉省令將各自治區全縣十七自治區，併爲十區。各區鄉鎮同時劃併，更委代理區長及鄉鎮長副，開始辦理保甲。地方自治，迄今已樹相當基礎，前途之發展，當在預計中也。

無錫縣市鄉及劃併自治區沿革表

舊十七市鄉	民十八年改自治區
無錫市	第一區
景雲市	第二區
揚名鄉	第三區
開原鄉	第四區
天上市	第五區
天下市	第六區
懷上市	第七區
懷下市	第八區
北上鄉	第九區
北下鄉	第十區
南延市	第十一區
泰伯市	第十二區
新安鄉	第十三區
開化鄉	第十四區
青城市	第十五區
萬安市	第十六區
富安鄉	第十七區

現在自治區	二十三年六月由十七區合併
第一區	照舊
第二區	二、十兩區合併
第三區	三、十三、十四三區合併
第四區	四、十七兩區合併
第五區	五、六兩區合併
第六區	即原七區
第七區	八、九兩區合併
第八區	十一、十二兩區合併
第九區	即原十五區
第十區	即原十六區

無錫縣各區概況調查表

區別	面積	鄉鎮數	戶數	人口數	區公所設立地點	區公所至城市之交通	全區較大市鎮名
一	四五九三四市畝	二鄉二〇鎮	二五五・二三	一七〇四・三一	城中公園路	居城市中心點	大安鎮，北塘鎮，熙井鎮，長街鎮，西興鎮，中倉鎮，中一鎮，中二鎮，中三鎮，中四鎮，
二	一七九四五八市畝	一八鄉六鎮	一八五・二六	八五八・九二	東亭鎮	人力車可通水流	東亭，坊前，梅村・西倉・江溪橋，
三	二九一二八二市畝	一七鄉四鎮	二七一・九一	一三四〇・一七	周新鎮暫駐南橋	人力車可通水路	新安・周新鎮，南橋，許舍，南坊前
四	二三〇五六八市畝	一四鄉八鎮	一六〇・七三	七八一・五九	藕塘橋暫駐前橋頭	開原公共汽車江南長途汽車直達	榮巷，徐巷，錢橋，藕塘橋，張舍，胡埭，新瀆，陸區
五	二二三〇〇〇市畝	一〇鄉一〇鎮	×二七八・四五	一〇五六・四一	寺頭鎮	水路人力車可通	寺頭・張村，塘頭，西漳，劉潭橋，八士橋，長安橋，東北塘，堰橋，
六	一一四四六三市畝	八鄉七鎮	×一八〇・二一	五七一・〇〇	張涇橋	水路輪船陸路人力車	張涇橋，東湖塘，黃土塘，陳墅，王莊，寨門，八士橋
七	二〇三九九三市畝	一二鄉五鎮	一四九・七二	六三六・五九	安鎮	人力車可通水路	安鎮，羊尖，嚴家橋，厚橋，
八	二六〇四七七市畝	二一鄉七鎮	一七四・五八	九二・九九	蕩口鎮	輪船可通	蕩口，鴻聲里，后宅，坊橋，大牆門口，
九	一三五四六四市畝	七鄉六鎮	一四五・〇〇	五八〇・三六	玉祁鳳阜墩	水路有濟商輪船陸路可由洛社或石塘灣乘汽車	玉祁，禮社・前洲，秦巷，北七房・南雙廟・
十	一四二〇三三市畝	一四鄉三鎮	一三七・七四	一六〇・二六	洛社鎮	火車可通水路	洛社，石塘灣，楊墅園，
備註	上列戶口人口數，係民十九年調查統計數，有×記號者，爲保甲查竣之數，以下均同。最近詳確戶口，請參閱人口欄。						

無錫縣各區區公所工作人員表

區別	職別	姓名	籍貫	年歲
一區	區長	錢鍾亮	無錫	三九
	助理員	秦銘光	無錫	五八
		王志明	無錫	四〇

區別	職別	姓名	籍貫	年齡
	雇員	張葵昌	無錫	二七
		杭水若	丹陽	二八
		錢燮增	無錫	三二
二區	區長	袁詠裳	無錫	五三
	助理員	諸光釗	無錫	四四
		秦振滄	無錫	四三
	雇員	榮晉昌	無錫	三七
三區	區長	虞愿		
	助理員	何逸民	無錫	三三
四區	區長	朱鑣	無錫	四八
	助理員	殷輅	無錫	六〇
		蔣平	金壇	五〇
	雇員	朱少甫	無錫	四八
		沈楚	無錫	四九
		龔耀北	無錫	二九
五區	區長	蔣執中	無錫	三八
	助理員	周光中	無錫	三八
	雇員	浦扶九	無錫	三四
		楊燦生	無錫	二一
六區	區長	趙鴻賓	無錫	三五
	助理員	龐翼蒼	無錫	三三
		王廷奎	無錫	四八
	雇員	龔滋泉	無錫	三〇
七區	區長	杜錫楨	無錫	四八
	助理員	程炳福	無錫	二五
	雇員	浦福保	無錫	四一
八區	區長	華曰曾	無錫	五八
	助理員	陳名世	無錫	二八
		錢穎	無錫	三〇
		華冠周	無錫	三八
	雇員	施廷璋	無錫	
九區	區長	許裕松	無錫	三一
	助理員	許裕楨	無錫	三一
	雇員	強文儀	福錫	三七
十區	區長	馮俊彥	無錫	三七
	助理員	周野萍	無錫	二四
	雇員	丁海安	無錫	二一

無錫縣各區鄉鎮長名冊

第一區

鄉鎮名	鄉鎮長姓名
中一鎮	陶冠時
中二鎮	杜樸臣
中三鎮	鄧靜伯
中四鎮	嚴翰卿
熙井鎮	王裕懷
長澎鎮	錢鏡清
清名鎮	周康生
黃泥鎮	王頡輝
丁瀆鎮	陸建章

黃巷鄉	周肇昌
通漢鎮	程敬堂
中念鎮	許競援
惠勤鎮	戚拙庵
大窰鄉	劉鴻坤
西興鎮	李仲臣
迎龍鎮	陳念祖
惠山鎮	陳韶琴
大安鎮	繆棟臣
北塘鎮	趙子新
北門鎮	陳翰翔
惠河鎮	馮耀星
梨花鎮	沈楚才

第二區

鄉鎮名	鄉鎮長姓名
江坡鎮	楊文炳
陶璣鄉	周梅初
九里鄉	孫漢民
柏莊鄉	朱耀明
廣一鄉	戚正芳
前旺鄉	朱秀谷
塬陽鄉	莫雲亭
坊前鎮	倪祖鋆
潮音鄉	周鴻昇
吳蔣鄉	朱吟香
下甸鄉	陳桓德
周涇鄉	華福祥
廟金鄉	施東明
華莊鄉	張光磊
白吐鄉	周立人
東亭鄉	程翼雲
福壽鄉	胡彥人
新籐鄉	陶涵如
三蠡鄉	周裕庭
杏家橋鎮	徐瑞唐
東園鄉	朱福保
丹麓鄉	秦季純
梅村鎮	陳如生
西倉鎮	蔡宗元

第三區

鄉鎮名	鄉鎮長姓名
青祁鄉	朱造甫
溪南鄉	袁鶴祥
南橋鎮	于儀庭
淨慧鄉	陸子誠
蠡河鄉	秦承業
太平鄉	范縉紳
南方泉鎮	王明卿
吳塘鄉	陸滌凡
方陶鄉	顧峙青
南楊墅鄉	朱叔行
嘉禾鄉	倪復初
華大房鎮	沈明甫
新安鄉	張仲宣
許舍鄉	薛穀佩
錫北鄉	陸洪元
石塘鄉	殷鑑清
楊西鄉	丁逸清
周新鎮	許岱雲
楊東鄉	周景賢
四河鄉	宋學殷
方湖鄉	王復旦

第四區

鄉鎮名	鄉鎮長姓名
仙蠡鄉	朱鴻昌
河埒口鄉	蔣九皐
大池鄉	張秋園
榮巷鎮	徐葆泉
徐巷鎮	周伯鈞
東北鄉	周景輝
錢橋鎮	毛良
藕塘鎮	龔斗華
溪北鄉	厲翼清
稍塘鄉	殷承祖
張舍鎮	章星垣
胡埭鎮	謝曉峯
新瀆鎮	錢祥耕
修浦鄉	胡梅生
陸區鎮	戚允泰
盛店鄉	張爾嘉
崇仁鄉	俞佛器
興隆鄉	楊泳清
閭江鄉	姚斐然
福山鄉	呂載陽
劉塘鄉	邊依中
鴻橋鎮	錢潮生

第五區

鄉鎮名	鄉鎮長姓名
塘頭鎮	楊濂夫
劉潭橋鎮	蘇廣銓
長紹鎮	季範卿
公安鎮	繆近山
寺頭鎮	楊顯祖
張村鎮	徐秉鈺
堰橋鎮	胡駿
八士橋西鎮	過學綸
北西漳鎮	蔣加猷
陳家橋鎮	顧鳳崗
高莊鄉	莊玉山
東埭鄉	王戒三

鄉鎮名	鄉鎮長姓名
斗東鄉	蔣甌蓀
平梓鄉	顧卿先
石舍鄉	華麗堂
泰安鄉	胡魯之
觀惠鄉	陳懿行
膠南鄉	胡保祥
劉倉鄉	王達奎
斗西鄉	黃冠羣

第六區

鄉鎮名	鄉鎮長姓名
黃土塘鎮	蔣艮生
下莊鄉	周世年
陳墅鎮	姚璞如
張繆舍鄉	郭大夷
港下鄉	玉英北
王莊鎮	須靜山
寶酒巷鄉	陳靜如
蠡涸鄉	王虎文
寨門鎮	嚴重儒
東湖塘鎮	吳壽萱
讓村鄉	顧惠亭
張涇橋鎮	胡念倩
雙涇橋鄉	周寶銓
八士橋東鎮	過子偉
三壋橋鄉	趙克庭

第七區

鄉鎮名	鄉鎮長姓名
東埭鄉	滕祖埏
東橋鄉	華宗武
曹樂鄉	張渭川
厚橋鎮	浦少彥
安龍山鄉	陳蘭韶
羊尖鎮	陳泰寰
鄖華鎮	孫仲華
太芙鄉	安玉章
安鎮	黃君與
吼山鄉	浦元昶
倉下鄉	闕重華
長大廈鄉	馬文耀
嚴鎮	程頌亞
喬柳鄉	喬宗城
興塘鄉	范魯齋
關涇鄉	徐衡初
楊亭鄉	諸穎東

第八區

鄉鎮名	鄉鎮長姓名
湖彩鄉	華亞傑
松之鄉	朱鼎清
甘露鎮	華祖康
汶上鄉	滕劍霄
黃塘鄉	楊穎伯
蕩口鎮	華震碧
劉潭橋鄉	程毓才
三讓鄉	王養源
鳳興鄉	錢庭芝
鴻聲鎮	錢伯圭
廟河鄉	喻雪香
南前鎮	錢頌蝦
荻澤鄉	王紹棨
坊前鎮	張嘉勛
后宅鎮	鄒泰素
省問鄉	邵靜如
葛安鄉	周祖蔭
北渡鄉	鄒心卓
全娥鄉	鄒心活
金橋鄉	鄒仲怡
薛店鎮	翁士鋒
荊福鄉	華文奎
香平鄉	强學曾
觀泗鄉	王友松
大牆門鎮	楊召伯
南家鄉	許文標
顧住鄉	黃文藻
塔西鄉	鄒家琛

第九區

鄉鎮名	鄉鎮長姓名
北新橋鄉	張翰生
北七房鎮	杜宗文
幕三鄉	華德芳
慕環鄉	吳玨生
秦巷鎮	蔣博文
禮社鎮	王德涵
玉祁鎮	李汝馨
劉莊鄉	錢熊福
南雙廟鎮	馬蓦初
鳳阜鄉	許誠鈞
前洲鎮	唐鳳曾
七寶鄉	張智江
魏前鄉	

第十區

鄉鎮名	鄉鎮長姓名
洛社鎮	陶馥和
石塘灣鎮	孫亮初
楊墅園鎮	錢念向
匡橋鄉	匡伯安
高明鄉	吳樂三
前旺鄉	徐浩元
帘讓鄉	黃耀青

鄉別	姓名
榮豐鄉	黃詠康
重仁鄉	張詩忱
西漳鄉	唐秉庭
豐錢鄉	宋祖殷
新合鄉	徐理臣
陸白鄉	徐學泉
萬壽鄉	朱錦賢
新建鄉	許潮道
海馬鄉	陸丙章
唐平鄉	施之憲

新生活運動

無錫縣新生活運動推行概況

自去春　蔣委員長提倡新生活運動於南昌，登高一呼，舉國響應，本縣縣政府縣黨部，感於事實之需求，乃會同踵效組織新生活運動促進會，二十三年五月一日下午二時，召集全縣各機關團體以及中等以上學校代表，舉行第一次籌備會議於縣教育會。推定嚴愼予楊翰西藏祜沈佩絃李惕平等五人爲籌備委員，負責商定進行事宜。是日三時，籌備委員會接開委員會議，確定本縣新生活運動促進會組織原則，並確定本縣推進新生活運動之步驟。準繩有自，粗型已具。五月八日，籌備委員召集全縣機關團體暨中等以上學校代表，舉行新生活運動促造會之成立大會於省立錫無師範，通過章程，推定幹部理事人選。確定本會經費等事。大會散會後，續開第一次幹部理事會，幹部理事嚴愼予徐用揖陳育初錢鍾亮楊翰西顧穀嘉錢殷之臧祜沈佩絃徐赤子徐體乾等十一人全體出席，推定嚴愼予爲促進會常務理事，指定華洪濤爲祕書，並議決組織無錫縣新生活實行團、以「正己」而後「及人」之方式先集各機關公務人員，及中等以上學校員生，　爲當然團員，逐週實行新生活條目，檢查監督，冀以自身之示範，而求推行新生活於全社會。即將該團組織大綱提會修正通過，並推定實行團職員，以促進會常務理事嚴愼予兼任總幹事。徐用揖爲評議部主任，臧祜李惕平錢殷之錢承鈞爲評議部幹事，陳育初爲檢察部主任，錢鍾亮王偉王基沈佩絃爲檢察部幹事。祕書事務，則由促進會祕書兼理。同時，並將確定新生活實行團經費籌集辦法，及規定實行團幹事談話會會期，積極擘畫，初見成效。洎後按步進行，計至二十三年歲尾，其間實行團幹事依期陸續舉行談話會凡八次，促進會幹部理事陸續舉行常會凡二次，其中大部份工作之表現，除五月廿九日之全城衛生運動由促進會主持外，以實行團之工作爲較多。實行團於第一次幹事會議中，將新生活須知中之條目歸成三類：一爲關於各個人本身者，二爲關於各個人家庭者，三爲關於具有社會性者，以此三類，分三個步驟實行。每星期規定實行若干條，下一週之實行條目，於上週之談話會中預先決定，而就該週星期一之聯合紀念週宣佈，由出席紀念週之代表傳達實行條目，全體團員切實遵行。是項辦法，即於五月二十一日起開始實行，實行團幹事第二次之談話會中，復通過檢察團員，實行成績之詳細辦法，及宣傳負責人員之分配。當此之時，工作緊張，責任級歸 新運空氣，蓋已鼓盪瀰滿乎全邑。嗣後每週團員實行成績，檢察部常有報告，結果均甚良好，而尤以開會遵守時刻，減少香烟消耗，淸除牆壁各項，更見成效。六月五日六月六日兩天之衛生運動，擴大工作，全城示範大掃除，尤稱熱烈美滿。六月二十二日下午四時，復由全體團員舉行全城淸潔大檢查，尤促起闔邑市民之興奮，而表示本會處事不苟有始有終之精神。第六次談話會，制定無錫縣新生活實行團團員節制婚喪喜慶送禮辦法，減少無謂之應酬，撙節不需要之消費。亦爲邑人所稱道而羣起效仿者。洎是年夏，天氣亢旱，河水淺涸，城內河道，均已見底。促進會因鑒於飲料防災，均堪危慮，爲防患未然計，特集款發起築壩戽水，以圖救濟。數萬市民，食其德惠，印象更深。十二初旬，促進會奉省令遵章改組，實行團亦以第一步之自身檢查工作完成，宣告結束。於是以嚴愼予徐赤子楊翰西陳育初臧祜許毅李惕平爲幹事，十二月二十五日，召集改組會議於縣政府，推嚴徐臧三幹事兼任常務幹事，前祕書華洪濤，因事冗不及兼顧懇辭，改推臧祜兼任書記，並指定蔣孟倩爲設計股主任，華晉吉爲推行股主任，王棊爲調查股主任。而無錫縣青年業餘服務團，亦於是會席上決定草案，着手組織 先成立青年學生業餘服務團一種，選委李惕平爲團長，李公威莫仲夔爲團附，假縣教育會爲團址，即日組織成立。該團於廿四日舉行成立大會，十二月廿七日卽表現第一次之實際工作，掃除城廂內外各市街。是日，雖陰雨綿連，而各團員冒雨工作，精神飽滿。本年歲首，促進會鑒於「正已」之工作已差告完成，於是謀推進及於全社會之進一步計劃，更疊召會議，實行整個之推動，各幹事全體出動視察勸導，闔邑警士保安隊士亦奉令分隊檢查行人。工作緊張，現正尚在積極進行中也。

司法

司法行政

江蘇吳縣地方法院無錫分院成立經過

無錫司法，初由無錫縣政府兼理。至民國二十年一月，設立無錫縣法院，二十三年五月，改爲吳縣地方法院無錫分院，兼管轄江陰宜興溧陽等縣初級民刑上訴案件。置院長首席檢察官各一，推事一，候補推事四，學習推事一，候補檢察官三，書記官稱是。此外尚設有書記官長一，主任書記官一，錄事及執達員司法警察等若干人。茲將二十三年各職員及民刑案件列表於後。

江蘇吳縣地方法院無錫分院工作人員一覽表

職別	姓名	別號	籍貫	分掌事務
院長	徐體乾	愚庵	浙江青田	綜理院務兼辦民刑事第二審案件
推事	劉榮善	楚仁	江蘇泰興	辦理民刑事第二審及第一審地方案件
	陳士桃	超孝	廣東東莞	辦理民事第一審初級案件全部及調解案件
	來嗣鵠	志飛	浙江蕭山	辦理民刑事第二審及第一審地方案件

	劉炳珍	一方	河北武清	辦理刑事第一審初級案件全部
	李錫榮	仁川	廣東三水	辦理民刑事第二審及第一審地方案件
	胡鍨	劍南	河北定縣	辦理民事執行事件全部
書記官長	吳栻	希敬	江蘇江陰	襄理全院行政事宜兼辦文牘統計各科主任會計
書記官	鄧再予	遂初	江蘇上海	辦理執行處紀錄及擬稿事務
	吳器新	桂叢	安徽桐城	辦理不動產登記
	金藹康	采初	浙江杭縣	出庭記錄
	盧恆銘	東侯	江蘇淮安	出庭記錄
	凌石泉	昌渠	江西九江	出庭記錄
	傅正群	正華	浙江義烏	出庭記錄
	吳人俊		江蘇吳縣	辦理民事執行
	魏銓	照南	湖北	出庭記錄
錄事	李鎮藩	靜山	浙江東陽	保管贓物
	徐巍		浙江青田	收發文件
	趙斆莊		浙江義烏	丈繪土地兼繕寫文件
	駱純可		浙江義烏	庶務兼會計員
	王寶良		江蘇江陰	繕寫文件

江蘇吳縣地方法院無錫分院檢察處工作人員一覽表

職別	姓名	別號	籍貫	分掌事務
	顧寅官		江蘇吳縣	繕寫文件
	徐登藩		浙江青田	分案及出庭記錄
	吳成新		江蘇江陰	繕寫傳票及開背等事
	吳春卿		安徽桐城	繕寫文件
	邱山		浙江衢縣	出庭記錄
	鄭鉅爲		浙江天台	繕寫文件
	胡鴻飛		浙江瑞安	繕寫文件
執達員	杜少卿		江蘇江寧	
	俞倬雯		浙江諸暨	
	華友蘭		浙江青田	
	劉潤書		江蘇江都	
	何濟寬		浙江青田	
	璩鳳璋		浙江浦江	
	朱呂庭		浙江義烏	
	楊伯康		浙江臨海	

首席檢察官	錢承鈞	和鄴	浙江嘉善	監督指揮本處一切進行事項及辦理偵查暨執行案件
檢察官	沈兆銘	新吾	江蘇鹽城	辦理本處偵查案件執行相驗及其他事件
	任光海	寅齋	浙江紹興	辦理本處偵查案件執行相驗及其他事件
	連震邦		江蘇南通	辦理本處偵查案件執行相驗及其他事件
主任書記官	毛德溥	淵若	江蘇太倉	辦理文牘統計會計及監印等事務
書記官	張寶第	百泉	江蘇鎮江	辦理出庭紀錄及執行事項
	余中翰	慎安	湖南長沙	辦理出庭紀錄及執行事項
	王承平	伯均	江蘇南通	辦理出庭紀錄及執行事項
	錢以鋁	樂貽	浙江嘉善	辦理出庭紀錄及執行事項
法醫	吳逢強		江蘇啓東	
錄事	馬方焜	煥然	安徽巢縣	辦理本處內收發文件及分案事務
	楊寶琨	仲珸	江蘇淮安	辦理會計庶務及繕寫等事務
	楊文業	乃青	浙江嘉善	繕寫呈函等事務
	韓章型	天範	浙江嘉善	幫同各書記官辦理執行事項及管理刑事已結卷宗
	楊卓人		江蘇宜興	辦理外收發文件及代售刑狀等事項
	許寶義	子讓	安徽懷寧	繕寫文件等事務
	俞世泉		安徽巢縣	繕寫油印各項文件事務

檢驗吏	
王成易	劉自新
象伯	天培
江蘇淮安	湖南長沙

江蘇吳縣地方法院無錫分院二十三年各月民事訴訟案件統計表

月別	受理總數			已結	未結	備考
	舊受	新收	計			
一月	二九七	一四四	四四一	一四六	二九五	
二月	二九五	八八	三八三	一三一	二五二	
三月	二五二	一三五	三八七	一四二	二四五	
四月	二四五	一二七	三七二	一四六	二二六	
五月	二二六	一九九	四二五	一五八	二六七	
六月	二六七	一五七	四二四	一八七	二三七	
七月	二三七	一一九	三五六	一一〇	二四六	
八月	二四六	一五七	四〇三	一五九	二四四	
九月	二四四	一六七	四一一	一三三	二七八	
十月	二七八	一八七	四六五	一八八	二七七	
十一月	二七七	一八二	四五九	一八六	二七三	
十二月	二七三	二三三	五〇六	二四一	二六五	

江蘇吳縣地方法院無錫分院二十三年各月刑事訴訟案件統計表

月別	受理總數			已結	未結	備考
	舊受	新收	計			
一月	三九	八九	一二八	八一	四七	
二月	四七	九一	一三八	八四	五四	
三月	五四	八九	一四三	一〇四	三九	
四月	三九	九四	一三三	九一	四二	
五月	四二	一二七	一六九	一〇〇	六九	
六月	六九	一四四	二一三	一五一	六二	
七月	六二	一二二	一八四	一一四	七〇	
八月	七〇	一一〇	一八〇	一一八	六二	
九月	六二	一〇二	一六四	八三	八一	
十月	八一	一〇三	一八四	一一一	七三	
十一月	七三	七六	一四九	一一五	三四	
十二月	三四	八四	一一八	八七	三一	

江蘇吳縣地方法院無錫分院檢察處二十三年各月刑事訴訟案件統計表

月別	受理件數			已結							未結
	舊受	新收	計	起訴	不起訴	上訴	再議	其他	其他事件	計	
一月	五七	一二〇	一七七	五五	三二			一四	三五	一三六	四一
二月	四一	一一九	一六〇	四九	二三			一九	二〇	一一一	四九
三月	四九	二〇四	二五三	七六	六九			二一	三八	二〇四	四九
四月	四九	一五〇	一九九	六〇	四三			二一	三二	一五六	四三
五月	四三	二四九	二九二	八七	七七	五		二六	四九	二四四	四八
六月	四八	二七四	三二二	一一三	八六	一〇		三九	三四	二八二	四〇
七月	四〇	一九六	二三六	六五	七八	七		一三	三二	一九五	四一
八月	四一	二五五	二九六	一〇八	九〇	七		二一	二八	二五四	四二
九月	四二	一九七	二三九	六四	六六	五	二	一四	五〇	二〇一	三八
十月	三八	二三〇	二六八	六六	九二	三		二三	五二	二三六	三二
十一月	三二	二〇四	二三六	四〇	七六	一		一七	七三	二〇七	二九
十二月	二九	二三〇	二五九	六九	八二	七	一	一九	四九	二二七	三二

監獄

無錫縣監獄改建新監概況

無錫縣監獄

，位於城內太平巷，原有監舍，以木為柵，明以來皆然。前清咸豐間，燬於洪楊之役。光緒元年，知縣顧綸所重建也。迄今六十年，破陋狹窄，號舍東西凡十五，禁犯四百餘，擁擠不堪。前司法行政部長羅文幹，鑒於戒護衛生均不適宜，遂有改建新監之議。上年春，監獄司司長王元增，偕周技士元甫，蒞錫會同本縣縣長嚴愼予地方分院長徐體乾及管獄員邢源堂實地籌劃，勘定法院西面空地，不敷幷價置市款產公地至河邊止，併為新監基地。地廣十餘畝另，預計建築費需銀五萬元。部帑撥半數，地方籌半數，改建樓屋辦公室一幢，平屋辦公室一間，監房樓屋六幢，平屋監舍一所，周以圍牆，容額五百人，經監所協進會伏議，成立新監建築委員會。推本邑建設局長張福霖暨地方人士陳湛如程敬堂籌劃改建事宜。幷成立募捐委員會，由縣款產處主任錢孫卿商會主席楊翰西常委蔡緘三主其事。地方各界人士，暨旅京旅滬紳商，咸慷慨募捐，計得銀二萬三千餘金。同時監獄方面，將原有人犯或移禁分所或寄押鄰縣，騰空房屋，登報招標。由王壽記承包，八月中旬，乃開始動工。九月間，法部復擬擴充容額一百廿名，備收江陰長期人犯，其建築費用則全由法部担任，仍歸原承包人比價承造，將舊有監舍全部拆卸，添建樓房二幢，平屋一所，增費為萬五千餘元。逾四閱月，至念三年年終，全部竣工。念四年三月十七日，舉行落成典禮，總計建築費銀六萬六千餘元。按新監大門為城堡式，水泥甬道約丈餘，進為樓屋辦公室四幢，下層為第一科第三科教務所醫務所等，上層為會議室成品室材料室宿舍等等。瞭望台在其上，高倍之。再進，水泥甬道約二丈餘。計平屋五間，為第二科辦公室，詢問室教誨室接見室等等。再由川堂朝北至天井轉西，為總監門，水泥鋼骨製，方框鐵柵，堅固異常。進鐵門，走石片路，第一進，為五人雜居監，對照式樓房兩幢，中間天井極大，即為犯人運動之所。監房上下三十二間，可容一百六十人至二百廿四人，地敷水泥，而樓面則用水泥鋼骨。欄杆凡三面，有廊可通，似醫院式，每號內有二尺方水泥地窖一，備置便桶，犯人臥以鐵床。再進為平屋獨居監，對照式二十四間，每間長英尺六尺濶五尺四寸，前後有窗，中置鐵床一，便窖一，門包鐵皮，髹油作灰色，均加自來鎖一具，走廊亦可溝通。再進即為病監，凡十二間，構造情形，與獨居監同。惟房間之寬度，倍於獨居間，前後闢窗，再進，東首為樓房五人雜居監在焉。上下十六間，可容八十至一百十二。構造與前同，天井長八十四英尺，闊二十七英尺，空氣充足，犯人運動之所也，後進亦係五人什居間，情形與上同，五十人大雜居統間在其後，如醫院之大病房，中置雙層鐵床，可容五十人至一百人。前端鐵門內為看守室，有水泥樓梯，樓上統間，為工場及材料室。後端有小樓梯，下通厠所及淨面室。五十八大什居監一式共四幢，中間各有大天井，亦人犯運動之所也。最北面爲浴室屍室及太平門等。西南角另有平房七間，內係炊場，老虎灶，洗衣間，看守廚房等。四週圍牆堅固高大，水泥黃石實砌，上頂加裝電網，戒護實已週密。全監房屋，作日字形，建築堅固，空氣充足，佔地約十畝另，可容六百人至千人。內部有工場，使囚徒有習藝之機會，有教誨室，以爲勸感誘化之所，至如衛生設備，有浴室病室屍室運動場等等，人犯健康，可以無虞。房屋落成之後，原擬改組新監，以經常費未能核定，一時尚難實現，須至二十四年度新監預算確定，方可改組依次爲江蘇第五監獄，目前則仍以無錫縣監獄名義，開用新監一部份，暫維現狀。

新建無錫縣監獄記

邑人錢基博撰文
許國鳳寫石

吳縣地方法院無錫分院，舊爲無錫縣知縣署，環玉帶河，而以西南隅地爲獄室，而室爲之柵，自明以來皆然，前清咸豐十年，嘗爲太平軍所燬，而光緒元年知縣廖綸之所繕建者也。訖今六十歲，圮壞勿修，又湫隘地下，雜居氣惡，繫者多死，不死於法而死於病，非病死之，室使之也。於戲，囚不必盡人當死辜，而卒不能無死於繫，而勢又不能不繫，此宜仁人君子之所哀矜者也！管獄員韓毓文，既以告今縣長嚴君愼予，君則以力任，邑人周君寄湄首贊厥成，而今分院院長徐君體乾首席檢察官錢君承鈞一德同心，實主其事。程工度地，因舊址拓而北，三倍之不啻，地廣以爽，室高而明，計建五十人居監樓四幢，幢九室，五人居監樓四幢，幢八室，一人居監房一幢前後二十四室，築以水泥，植以鋼骨，既固既安，以利攸居，此外又營浴室以除不潔，建病室以休弗康，置屍室以辟不若，教誨室以化不德，而治事有辦公室，守衛有瞭望台，繚如邸如，宏規大起，於民國二十三年九月率作興事，至十二月落成，所費國幣都七萬六千九百枚有奇，其中請發帑五萬三千餘枚，不足則以資於邑之好義急公者，而上海陸君伯鴻，獨以異地而未嘗自外，募金襄事，如不及焉，豈惟陸君之一視同仁爲不可及，亦周君寄湄善與人同，有以牖啓之也。其工程則邑人張君德載以縣建設局長與陳君湛如程君敬堂親其役，捐款則予季孫卿以縣款產主任與楊君翰西蔡君緘三蕆其成，而今管獄員邢君源堂，稟命嚴親，以奔走率職，尤與有勞焉。然微嚴君上說下教，徐君錢君協於厥志，烏能相與有以成功也？既已集事而屬基博爲之記，伏念昔王猷定有浙江按察司獄記，方苞有獄中雜記，備記慘苦，讀之未嘗不太息，謂誰則囚也，而非民胞，罹法而猶欲之死而致生之，而罹於獄乃之生而致死之乎？是可忍也，孰不可忍也！吾邑秦小峴侍郎爲浙江按察使，海寧吳騫特寫王猷定司獄記以獻，謂此地之陰燐毒霧，何必不爲和靄春風。惟在公有以加之意耳。侍郎以是治獄有仁恕名，而繫浙人之思不衰。基博生長玆土，安敢不以小峴侍郎之仁恕頌於有司，而敬獻吳氏之說以自媲於瞍賦矇誦，所不計云。其邑人之捐金以相成功者，例得備書姓名於石。

江蘇無錫縣監獄民國二十三年入監出監人數表

罪名		留監男	留監女	入監男	入監女	出監男	出監女	在監男	在監女
刑法	妨害公務	一		五		五		一	
	妨害秩序			三				三	
	脫逃	三		三		六			
	藏匿犯人及湮滅證據	一	二			一	二		
	僞證及誣告	一		四		五			
	僞造貨幣			二		二			
	僞造文書印文	三		四		五		二	
	妨害風化	八	四	六	三	九	四	五	三
	妨害婚姻及家庭	一八	九	四五	二四	三四	一八	二九	一五
	褻瀆祀典及侵害坟墓屍體			三		二		一	
	鴉片	九四	一五	三八〇	四四	三七四	四一	一〇〇	一八
	賭博			二六		二二		四	
	殺人	一五	一	七		三		一九	一
	傷害	一七	二	六一	四	六五	六	一三	

犯								特別法犯			合
墮胎	妨害自由	竊盜	搶奪強盜及海盜	侵占	詐欺及背信	贓物	毀棄損壞	違警	懲治盜匪	危害民國	計
	一二	七六	一四六	二	一七	四			七	三	四二八
	四		五		二	一			一		四六
一	三	一四一	三七	八	二五	八	一			一	七七四
	一	一			四			一			八二
一	一一	一五七	三九	九	三四	一一	一		七	一	八〇四
	五	一	二		五	一		一	一		八七
	四	六〇	一四四	一	八	一				三	三九八
			三		一						四一

禁烟法與江蘇省禁烟治罪暫行條例之科刑比較表

本省自省禁烟委員會成立後，處理烟案，係由有軍法職權之機關，依據禁烟會及普通刑法判罪。現江蘇省禁烟治罪暫行條例業由軍委會委員長核准公布，省令於四月一日起全省一律施行。自四月一日以後，處理烟案，即將由有軍法職權之機關，依照此項條例判罪矣。茲以兩者之比較，列表於下：

罪名	以前引用的禁烟法	以後引用的禁烟治罪條例
製造或運輸鴉片	處一年以上五年以下有期徒刑得併科五千元以下罰金	處死刑或無期徒刑
栽種罌粟	處五年以下有期徒刑得併科三千元以下罰金	處死刑或無期徒刑
運輸罌粟種子	處三年以下有期徒刑得併科一千元以下罰金	處死刑或無期徒刑
販賣鴉片	處一年以上五年以下有期徒刑得併科五千元以下罰金	處死刑無期徒刑或十年以上有期徒刑
設所供人吸食鴉片	處五年以下有期徒刑得併科千元以下罰金	處無期徒刑或七年以上有期徒刑
吸食鴉片	處六個月以下有期徒刑拘役或三百元以下罰金有癮者勒令戒絕	處五年以下有期徒刑有癮者交醫勒戒
戒絕後重吸	無規定	處五年以上有期徒刑

圖表七十：此處原爲《警衛》及《無錫縣公安局組織系統表》，見書後。

無錫縣公安局暨各分局所隊編制表

局所隊別	局長	科長	科員	督察長	督察員	衛生專員	衛生稽查	拘留所員	偵緝隊長	探長	探警	分局長	巡官	局員	書記	警長	警士	公役	伙夫	水關夫	柵夫	男看守	女看守	附記
縣公安局	一	三	八	一	二	一	一	一							一二			一〇	二			一	一	
守衛車巡隊													一			一二	三〇		一					
偵緝隊									一	二	一五				一				一					
第一分局												一		一	一	九	一〇六		六	四			一	
第二分局												一		一	一	五	五四		三				一	
第三分局												一		一	一	五	四七		四					
第四分局												一		一	一	五	五〇		五					
第五分局												一		一	一	六	七三		五		一〇			
第六分局												一		一	一	六	五四		六					
第七分局												一		一	一	四	四四		四					
第八分局												一		一	一	四	五一		五					
第九分局												一		一	一	五	五五		六					
直轄第一分駐所													一		一	二	二一		二					
直轄第二分駐所													一		一	一	一九		一					
直轄第三分駐所													一		一	一	一九		一					
直轄第四分駐所													一		一	二	二五		二					

直轄第五分駐所	直轄第六分駐所	直轄第七分駐所	直轄第八分駐所	合計
—	—	—	—	一
—	—	—	—	三
—	—	—	—	八
—	—	—	—	一
—	—	—	—	二
—	—	—	—	一
—	—	—	—	一
—	—	—	—	一
—	—	—	—	一
—	—	—	—	二
—	—	—	—	一五
				九
一	一	一	一	一〇
				九
一	一	一	一	三〇
一	一	一	一	六二
一九	一九	一九	一九	七二四
—	—	—	—	一〇
一	一	一	一	五八
—	—	—	—	四
—	—	—		一〇
—	—	—		一
—	—	—	—	三

無錫縣公安局暨各分局所隊工作人員一覽表

局所隊別	職別	姓名	年齡	籍貫	備考
縣公安局	局長	陳育初	三八	浙江新登	
	第一科長	鍾原吉	三五	浙江新登	
	第二科長	馮笑青	三〇	浙江紹興	
	第三科長	易維藩	四八	浙江長興	
	督察長	王基	三六	浙江寧海	
	第一科科員	袁本端	三六	浙江杭縣	
	第一科科員	張濟倫	三八	江蘇無錫	
	第一科科員	袁承棫	二六	浙江新登	
	第一科科員	丁學詩	三一	浙江新登	
	第二科科員	吳鈺	二九	浙江新登	
	第二科科員	金秉春	三一	浙江寧海	
	衛生專員	章志明	三〇	浙江杭縣	
	第三科科員	張平	三六	江蘇武進	
	第三科科員	吳銓	三六	浙江新登	
	督察員	葛心德	三五	浙江寧海	
		王吉雄	三六	浙江[illegible]縣	
	衛生稽查	方志浩	二二	浙江新登	
	書記	華嘯琴	二四	江蘇無錫	
		蔣立中	二三	浙江縉雲	
		陳舜韶	三二	浙江新登	
		施嘯熊	二七	浙江蕭山	
		錢慕賢	三四	浙江嘉善	
		張希奎	二〇	浙江義烏	
		張浚五	四〇	浙江吳興	
		何國柱	二八	浙江義烏	
		袁承楧	二八	浙江新登	
		張晉陞	三二	浙江湖州	
		陳宗壽	三二	江蘇無錫	
		沈正倫	四二	浙江新登	
長警補習所	教務主任	程序	三七	浙江仙居	
拘留所	所員	陳模	三六	浙江新登	

單位	職別	姓名	年齡	籍貫
偵緝隊	隊長	鍾季鶴	四二	江蘇無錫
	書記	孫伯純	二八	江蘇淮陰
車巡隊	巡官	袁益陶	三五	浙江嵊縣
守衛隊	隊長	章榮星	三〇	浙江麗水
水巡隊	隊員	沈江芹	三〇	浙江杭縣
	書記	黃炎	三一	江蘇江都
第一分局	分局長	章裕	三五	安徽懷寧
	局員	樊壽慈	三八	浙江蘭谿
	書記	周廷輔	三一	浙江新登
第二分局	分局長	高濂	四九	江蘇無錫
	局員	嵇亞屏	三八	江蘇無錫
	書記	許毓基	二五	江蘇無錫
第三分局	分局長	童中嶽	三三	浙江寧海
	局員	閔君重	三四	江蘇武進
	書記	楊先聰	三三	浙江寧海
第四分局	分局長	范櫄	三七	江蘇無錫
	局員	謝幹臣	三八	江蘇銅山
	書記	陳建平	四二	江蘇無錫
第五分局	分局長	洪厚昌	三〇	浙江新登
	局員	顧頌勛	二八	江蘇無錫
	書記	秦彥文	三二	江蘇宜興
第六分局	分局長	段起山	四三	江蘇鎮江
	局員	趙廉	四三	河北天津
	書記	顧定夏	四二	江蘇無錫
第七分局	分局長	王吉甫	三九	浙江嵊縣
	局員	賈輿	三五	浙江紹興
	書記	裘亦贇	三三	浙江嵊縣
第八分局	分局長	高士純	四八	江蘇武進
	局員	貝柏年	二五	湖南瀏陽
	書記	陳貫之	五五	江蘇無錫
第九分局	分局長	姚嶽	二七	江蘇南通
	局員	程塞樵	三〇	江蘇江陰

直第一分駐所轄　直第二分駐所轄　直第三分駐所轄　直第四分駐所轄　直第五分駐所轄　直第六分駐所轄　直第七分駐所轄　直第八分駐所轄

職別	姓名	年齡	籍貫
巡官	蘇士龍	四九	浙江杭縣
書記	朱克昌	四九	安徽休寧
巡官	虞樹銘	四七	江蘇無錫
書記	嵇葆安	五〇	安徽懷寧
巡官	馬澤民	二七	江蘇鹽城
書記	華明	二七	江蘇無錫
巡官	郁葆瑩	五〇	浙江嘉興
書記	王榮輝	二五	江蘇淮陰
巡官	嚴任	二七	江蘇鎮江
書記	顧寶樾	三九	江蘇無錫
巡官	李君堅	二三	江蘇無錫
書記	沈堯年	二七	浙江紹興
巡官	李珍	四六	浙江於潛
書記	童珍	二五	浙江寧海
巡官	林光遠	二五	浙江溫嶺
書記	徐潤生	三六	浙江紹興
巡官	黃德賢	二八	江蘇泗陽
書記	趙雲翔	二四	南京

江蘇省保安第六大隊組織系統表

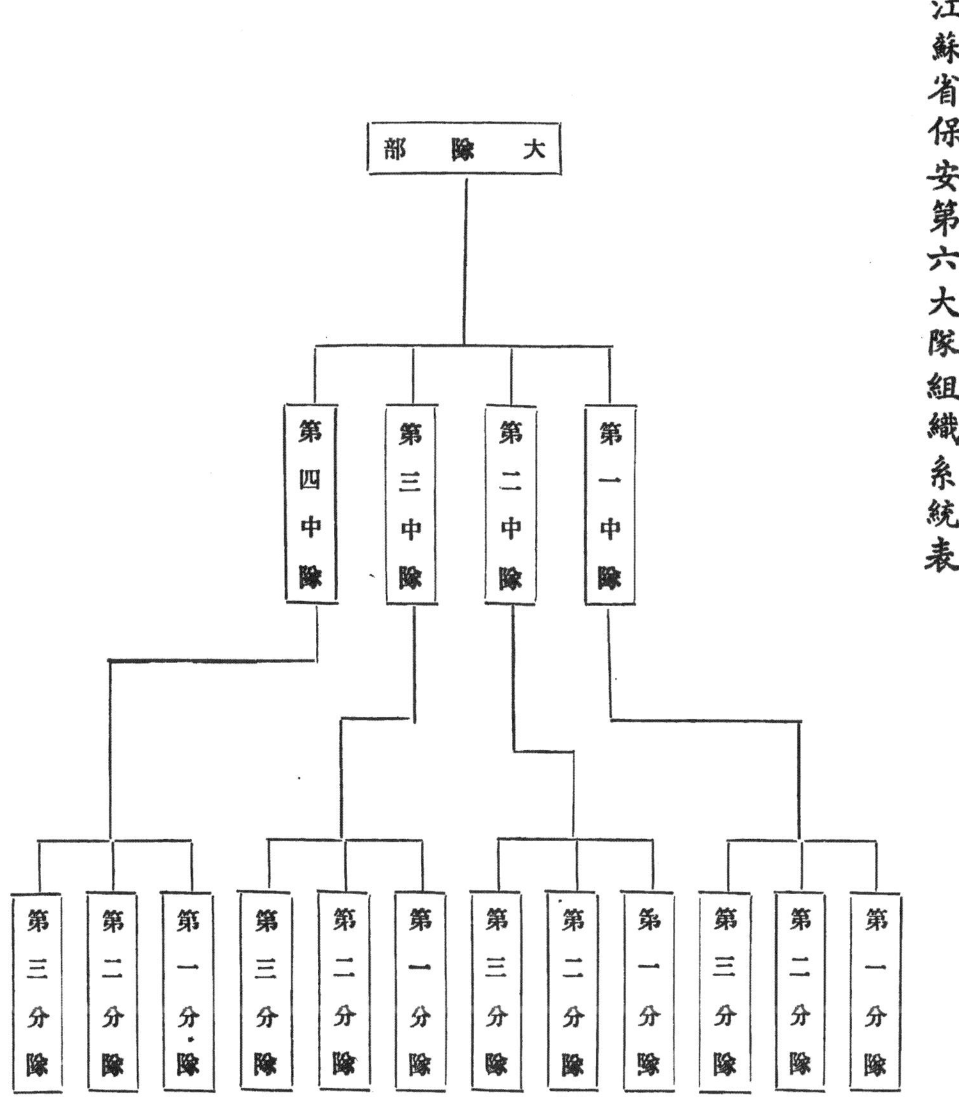

江蘇省保安第六大隊各級隊部編制表

職別		人數 隊別	大隊部	第一中隊	第二中隊	第三中隊	第四中隊	合計	附記
官佐	中校	大隊長	一					一	官佐三〇
	少校	大隊附	一					一	
	上尉	中隊長		一	一	一	一	四	
	中尉	副官	一					一	
		軍需	一					一	
		分隊長		一	一	一	一	四	
	少尉	軍醫	一					一	
		書記	一					一	
		國術教官		一	一	一	一	四	
		分隊長		二	二	二	二	八	
	准尉	特務長		一	一	一	一	四	
合計			六	六	六	六	六	三〇	
士兵		上士	二	一	一	一	一	六	士兵三九三
		中士	二	九	九	九	九	三八	
		下士	二					二	
		上等兵	七	二〇	二〇	二〇	二〇	八七	
		一等兵	四	三〇	三〇	三〇	三〇	一二四	
		二等兵	四	三三	三三	三三	三三	一三六	
合計			二一	九三	九三	三九	九三	三九三	

江蘇省保安第六大隊部現在工作人員一覽表

階級	職別	姓名	年齡	籍貫	出身	略歷	到差日期	備攷
中校	大隊長	嚴愼予	三五	浙江海寧	銓叙部甄審合格縣長	上海縣縣長現任無錫縣縣長	二十三年三月一日	
少校	大隊附	許毅	三五	江蘇江甯	福建陸軍將校教育團畢業	曾任排連長營副督察長團務主任參謀等職	仝上	
中尉	副官	陳國楨	四五	江蘇江都	北洋巡警學堂畢業	曾充縣警察所警佐督察長副官營副等職	二十三年十一月二日	
中尉	軍需	梅樹人	四六	江蘇吳江	浙江農業專門學校畢業	曾任江蘇省油紙類專稅青浦徵收所主任無錫縣農場技術員	二十四年二月一日	
少尉	書記	梅子馨	三七	浙江吳興	浙江公立法政專門學校畢業	曾充蘇州市黨部幹事市政府工務局科員江蘇省政府通志編纂委員會幹事等職	二十三年三月一日	
	服務員	強學曾	三〇	江蘇無錫	江蘇省保安隊幹部訓練所畢業	曾任區團長分隊長聯防主任等職	二十四年二月十日	
上尉	一中隊長	鄧厥勳	四二	江蘇江陰	南洋陸軍講武學堂畢業	曾任排連長營副隊官等職	二十一年五月	
中尉	一分隊長	王雲士	二二	江蘇武進	江蘇軍警幹部訓練所畢業	曾任太倉縣保衛團教官	二十三年四月十五日	
少尉	二分隊長	孫宗棣	二七	江蘇無錫	江蘇省軍警幹部訓練所畢業	曾任無錫縣省派教官暨保衛團特務訓練班訓練員等職	二十三年四月二十日	
少尉	三分隊長	李乃文	四三	江蘇江都	江蘇陸軍警察所教練所畢業	曾任隊長視察員司務長特務員等職	十七年十月	
少尉	國術教官	高源	三八	安徽阜陽	安徽陸軍隨營學校畢業	歷充嘉定翔商保衛團教官宜興警察大刀隊隊長等職	二十三年十月	
准尉	特務長	周鳳元	三八	江蘇淮陰	陸軍十九師隨營學校畢業	曾充少尉差遣排長監獄警備主任及辦事員特務長等職	二十三年九月一日	
上尉	二中隊長	李澂敷	四二	浙江臨海	浙江陸軍弁目隊畢業	曾任排長連長隊長特務員隊附等職	二十一年五月	

中尉	一分隊長	狄受和	三二	江蘇溧陽	江蘇省軍警幹部訓練所畢業	曾任溧陽省派教官保衛團特訓班隊長指導員訓練員等職	二十三年四月十五日
少尉	二分隊長	盧肇明	二五	江蘇宜興	江蘇省保安隊第二期幹部訓練所畢業	曾任排連長代理營長交通隊隊附等職	二十四年一月二十日
少尉	三分隊長	梁漢英	二七	江蘇上海	江蘇省軍警幹部訓練所畢業	曾任排長副官特務員等職	十八年九月
准尉	特務長	李吉陞	三七	山東濟南	吳淞軍官學校肄業	曾任連長巡長等職	二十三年六月
上尉	三中隊長	馮子謙	四四	河北天津	吳淞陸軍軍官教育團畢業	曾任排連長營副參謀等職	十八年八月
中尉	一分隊長	孫文元	四二	河北天津	北洋陸軍第三鎮工程營隨營學校畢業	曾任排長隊長巡官等職	十八年八月
少尉	二分隊長	喬啓凡	二九	江蘇鹽城	江蘇省軍警幹部訓練所畢業	曾充靖江縣省派教官	二十三年七月
少尉	三分隊長	王錫恩	四三	河北天津	天津警察教練所畢業	曾任巡官隊長署員特務員等職	十八年十月
准尉	特務長	秦鈞	四一	江蘇無錫	無錫縣巡警講習所畢業	曾任巡官局員等職	二十四年三月廿一日
上尉	四中隊長	朱文英	四〇	江蘇漣水	南洋陸軍第九鎮輜重隨營學校畢業	曾任排長連長警副隊長副官等職	二十二年八月一日
中尉	一分隊長	田明昇	三一	山東滕縣	近畿陸軍第一師教導隊畢業	曾任司務長排長特務長等職	二十三年六月一日
少尉	二分隊長	黃孝明	三八	浙江樂浦	行伍	曾任特務員隊長等職	二十二年三月廿九日
少尉	三分隊長	陳策	二三	江蘇丹陽	江蘇省保安隊幹部訓練所畢業	曾任僱員巡官等職	二十四年二月一日
准尉	特務長	韓惠甫	二九	江蘇南通	南通中學畢業	曾任事務員局員等職	二十三年四月一日

無錫縣公安局二十三年處理違警案件統計表

月別 \ 案別 件數	妨害安寧罪	妨害秩序罪	妨害公務罪	誣告偽證及湮沒證據罪	妨害交通罪	妨害風化罪	妨害衛生罪	妨害他人身體財產罪	合計
一月份 件數		四八		二	六	一三二	五	八一	二七四
二月份 件數	一	二五	二	二	四	一五四	七	七六	二七一
三月份 件數	四	三〇		四	一一	一八二	七	六四	三〇二
四月份 件數	五	一二			三	一六二	二	三一	二一五
五月份 件數	一	四六	二	六	一八	二〇六	一二	一五四	四四五
六月份 件數	一	六一	二	五	三〇	一六二	二二	二〇二	四八五
七月份 件數	四	四九	五	四	二九	一五二	二二	二四六	五五一
八月份 件數	四	六五	一〇	四	四三	二九二	三一	一八六	六三五
九月份 件數		四六	三	一九	二一	一五九	一八	一四六	四一二
十月份 件數	四	五七	六	四	三九	二八三	四〇	一二五	五五八
十一月份 件數	一	五二	五	五	三一	二六二	二五	一〇一	四八二
十二月份 件數		六一	三	四	一二	一八八	一九	一三一	四一八
總計 件數	二五	五五二	三八	五九	二四七	二三三四	二一〇	一五四三	五〇〇八

無錫縣公安局民國二十三年度盜案一覽表

被盜月日	事主姓名	事主住址	損失財物估算價額	已否破獲	備考
一月一日	陸福榮	第五區白吐橋	約百餘元	未獲	
四日	馬文義	第七區蠡瀾鄉北顧莊	約二百餘元	未獲	
十日	陸富仁	第九區黃南鄉高俞巷	約百餘元	未獲	
十二日	王榮寶	第十二區曹王涇南首	約二十餘元	未獲	
十六日	鄒增榮 鄒湧潮 薛福泉	第五區周龍岸鄉運勤港	約三百餘元	未獲	
十六日	陸有明	第五區及十五區毗連澄境交界之白蕩圩	約百餘元	未獲	
二十三日	鄒仁慶	第十二區桐橋鄉桐橋頭	約四十餘元	未獲	
二十五日	盧如寬	第五區張涇上	約四五十元	未獲	
二月二日	黃含芳	第七區十八港鄉教化莊	約五百餘元	未獲	
三日	羅桂泉	第七區羅家岩	約四五十元	未獲	
三日	龔阿二	第十四區橫山橋	約七八十元	未獲	
八日	夏發林	第二十兩區交界之席祁浜口	約七八十元	未獲	
十日	章十寶	第二區學十橋	約十餘元	未獲	
三月七日	干阿榮	第五區倉橋鄉前漳涇	約百餘元	未獲	
八日	陳培金	第八十兩區交界之顧巷口	約六元	未獲	
九日	尚士傑	第四區溪山鄉南巷上	約百餘元	未獲	
十四日	王金盤	第十三區麵長崗橋運河內	約百五六十元	未獲	
十七日	蔣河培	第十六區蔣巷	約百餘元	未獲	
二十五日	李川桂	第五區觀前頭鄉河頭上	約五元餘	未獲	
四月十四日	華金芳	第十一區湖橋鄉后倉村	約二十餘元	已獲	獲次犯杜阿二黃根虎（即林根虎）二名

日期	被害人	地點	損失	破獲	備考
五月十七日	過張氏	第一區北門外王道人弄二十一號	約四五十元	已獲	獲盜犯朱祥春一名嫌疑犯張長富黃賜麟二名
二日	張彥卿	第十一區茅莊鄉沙上村	約四五十元	未獲	
十一日	許勇產 符阿桂 魏健泉 謝產培	第十六區吳逮涇橋	約五六十元	未獲	
十六日	許增順	西暘橋八蕩里		未獲	
十七日	嚴振山	景雲市及天下市交界地點白蕩圩放馬灘鳳浦墩	約二百元	未獲	
二十六日	周金和	第十一區蘇舍蕩	約三十餘元	未獲	
二十九日	李煥才	周三浜錦豐里五十三號	約百餘元	未獲	
六月五日	蔡月英	光復門外通運路啓泰棧弄		已獲	獲盜犯高清倫吳培喜兩名
十一日	沈李氏	第十四區港西鄉	約百二十元	未獲	
十八日	許阿生 陳喚慶	大箕山麓湖傍	約三四十元	未獲	
十八日	方正榮 方更生 方金寶 趙炳仁 趙正榮 趙其祥	第十三區南龍里趙家橋	約四五百元	未獲	
二十一日	僧人菊明	青龍山眞武殿	約十餘元	已獲	獲盜犯許金美吳阿二吳阿昭三名
七月八日	曹生泉 陶志尚	第四區浜樹頭	約三百餘元	未獲	
九日	蔣士興	鄭巷鄉	約三四百元	未獲	
十二日	王學裕	第三區楊名大橋附近	約百五十元	已獲	獲史鴻培一名續獲陳殿元錢國寶潘老二陸壽卿等四名
八月一日	陸梅春 陸榮根	第十四區九里鄉陸港口	約十五元	未獲	

日期	事主	地點	損失	已獲未獲	備考
十五日	顧仲華	北柵口後街六號	約百餘元	未獲	
二十一日	章寶榮 金濟南	白蕩圩中張涇口	約三十八元	未獲	
二十八日	葉金海	石塘灣繆家岸	約二十元	已獲	獲盜犯繆盤泉一名
九月三日	任世昌	第五區周龍岸鄉西村頭鄒巷上	約八百元	未獲	
十日	沈星華 沈鶴年	第三區港西鄉	約百八十元	未獲	
十月三日	徐王氏	第三區三八一圖王匠八巷	約七八十元	已獲	獲盜犯毛菩根毛阿毛蔡希隆榮阿水陳金章等五名
四日	惠阿二	前華巷	約二百元	已獲	獲嫌疑犯華榮初一名
五日	江乃麟	通惠路惠工橋路中	無	未獲	
六日	華乾吉	第七區老西莊	約六百餘元	已獲	獲盜犯高志卿姜鴻如王雲士三名
七日	鄭庭獻 鄭庭昌	第三區落霞橋鄭灣里	約六百餘元	已獲	獲盜犯王阿富王子卿二名
八日	高增培 顧巧福	長問鄉四造頭	約五十元	已獲	獲盜犯張義昌胡錫奎華阿三三名
九日	朱錦春	大成巷	約三元	未獲	
十二日	俞和尚	第八區三讓鄉金鄉裏秧田內	約一百元	未獲	
十二日	姚雙保	第六區下莊鄉殷家巷	約三十元	未獲	
十三日	吉銀寶	第五區寺頭鎮張唐河	約十餘元	未獲	
十六日	張坤金 張坤林	新塘橋東大灣里	約四百餘元	未獲	
二十日	顧運生 張海大	稍塘營馬家橋河內	約二百元	未獲	
十一月二日	薛明初 王仁根 薛居氏 顧振桐	第五區百子橋河中	約百餘元	已獲	獲盜犯李兆明潘發奎楊阿二顧得勝顧戴氏五名
三日	吳和福	第十一區吳棣涇橋	約五六百元	未獲	

三日	許祥根	第三區屠戶浜	約三百餘元	未獲
五日	王金盤	蔡王村附近麵長埄橋	約百元	未獲
六日	鄒天才、鄒竹庭、陳桂二、陳大阿根、鄒興寶、鄒章珠、陳阿寶、陳金福	第八區北莊鄉安橋頭	約百五十元	未獲
六日	汪湘帆、萬興寶、庚金大、陳壽根、陳富寶、張鳳祥、萬阿榮	第八區省口鄉浜口巷	約八百元	未獲
十八日	范小英	廣勤第五支路十八號工房	約二十元	未獲
十八日	王開成	第三區塘前橋	約百二十元	未獲
二十日	錢許氏	壇頭街	約二十元	未獲
二十日	顧銀生、顧周氏	第六區楊橋下	約四十元	未獲
十二月一日	華仁發	東鄉包家橋河西港	約百五十元	未獲
三日	吳培清	第四區大支鄉小天墩頭	約八九十元	未獲
五日	李梅雲	第二區柏中鄉陳家塘	約二十元	未獲
五日	陳宗岐	第二區利新鄉下莊橋	約百元	未獲
十五日	范天福	第七區石寶山鄉底壩上	約九十元	未獲
十六日	周壬榮	第二區新籐鄉樓下周巷		未獲
十八日	孫桂生	第八區香平鄉坟堂裏	約二十元	未獲
三十日	華浦氏	第八區劉潭鄉小橋頭	約五百元	未獲

警衛經費

無錫縣公安局經費之來源 查本局二十三年度預算，經常費歲收共計銀十五萬六千五百十六元，除城區店屋捐及各廠捐助銀六萬六千元，鄉區店屋捐銀四千三百五十二元，第四區公所補助費銀三千八百二十元，其餘銀八萬二千三百四十四元，均由忙漕帶征田畝捐補足。臨時費歲收共計銀三千九百八十二元，除忙漕帶征田畝捐銀一千三百八十二元外，不敷數二千六百元，由違警罰金項下撥支。長警補習所經費歲收計九百六十元，均由縣款產處撥給。前項經費自二十三年度實行金庫制後，概歸縣金庫管理，由本局請領支給。

江蘇省保安第六大隊經費來源簡明表

隊別	來源	數目	
第六大隊	畝捐	七五〇五六元	〇〇〇
	糧串捐	一七〇〇〇元	〇〇〇
	公安餘款	四〇〇〇元	〇〇〇
合計		九六〇五六元	〇〇〇

無錫縣公安局分局所官警薪餉公費一覽表

局、別	薪俸		餉項		房租		公費	
縣公安局	一四一〇〇	〇〇〇	一五六〇	〇〇〇			三六〇〇	〇〇〇
偵緝隊	九三六	〇〇〇	二〇六四	〇〇〇			一二〇	〇〇〇
車巡守衛隊	三六〇	〇〇〇	四三五六	〇〇〇				
第一分局	一四五二	〇〇〇	一五六七二	〇〇〇			七二〇	〇〇〇
第二分局	一四五二	〇〇〇	八一二四	〇〇〇			六〇〇	〇〇〇
第三分局	一四五二	〇〇〇	七一二八	〇〇〇	二二八	〇〇〇	六六〇	〇〇〇
第四分局	一四五二	〇〇〇	七五八四	〇〇〇	九六	〇〇〇	七二〇	〇〇〇

第五分局	一四五二	○○○	一○八四八	○○○	六○○	○○○	六○○	○○○
第六分局	一四五二	○○○	八四三六	○○○	六三六	○○○	七八○	○○○
第七分局	一一二八	○○○	六五五二	○○○	三○○	○○○	三六○	○○○
第八分局	一一二八	○○○	七五三六	○○○			四二○	○○○
第九分局	一三六八	○○○	八二九二	○○○			四八○	○○○
直一分駐所	六七二	○○○	三一八○	○○○			二四○	○○○
直二分駐所	六四八	○○○	二六一六	○○○			二四○	○○○
直三分駐所	六四八	○○○	二六一六	○○○			二四○	○○○
直四分駐所	六四八	○○○	三六四八	○○○			三○○	○○○
直五分駐所	六四八	○○○	二六一六	○○○			二四○	○○○
直六分駐所	六四八	○○○	二六一六	○○○			二四○	○○○
直七分駐所	六四八	○○○	二六一六	○○○			二四○	○○○
直八分駐所	六四八	○○○	二六一六	○○○			二四○	○○○
合計	三二九四○	○○○	一一○六七六	○○○	一八六○	○○○	一一○四○	○○○

江蘇省保安第六大隊部編制薪餉公費表

職別	階級	員額	薪餉	公費
大隊長	中校	一	縣長兼不支薪	
大隊附	少校	一	一三五·○○○	
副官	中尉	一	六○·○○○	
軍需	中尉	一	六○·○○○	
書記	少尉	一	四二·○○○	

江蘇省保安第六大隊中隊編制薪餉公費洗擦費表

職別	階級	員額	薪餉公費洗擦費
中隊長	上尉	一	八〇・〇〇〇
分隊長	中尉	一	六〇・〇〇〇
分隊長	少尉	二	八四・〇〇〇
國術教官	少尉	一	四二・〇〇〇
特務長	准尉	一	三三・〇〇〇
司書	上士	一	二〇・〇〇〇
班長	中士	九	一四四・〇〇〇
隊兵	上等兵	一八	二一六・〇〇〇
隊兵	一等兵	二七	二八三・五〇〇
隊兵	二等兵	二七	二七〇・〇〇〇
傳達兵	一等兵	三	三一・五〇〇
號兵	上等兵	二	二四・〇〇〇
炊事兵	二等兵	六	六〇・〇〇〇
辦公費			二五・〇〇〇
擦槍費			八・一〇〇
總計	官佐士兵	九三六	一三八〇・一〇〇
軍醫	少尉	一	四二・〇〇〇
司書	上士	二	四〇・〇〇〇
修械軍士	中士	一	一六・〇〇〇
醫兵	上等兵	二	二四・〇〇〇
司號軍士	中士	一	一六・〇〇〇
傳達軍士	下士	一	一四・〇〇〇
傳達兵	上等兵	三	三六・〇〇〇
通訊軍士	下士	一	一四・〇〇〇
通訊兵	上等兵	二	二四・〇〇〇
勤務兵	一等兵	四	四二・〇〇〇
炊事兵	二等兵	二	二〇・〇〇〇
飼養兵	二等兵	二	二〇・〇〇〇
公費			八〇・〇〇〇
總計	官佐士兵	二一六	六八五・〇〇〇

警衛槍彈

無錫縣公安局暨各分局所隊現有槍械子彈表

局所隊別	槍械名稱	數目	子彈數目
總局	老毛瑟槍	一	二九一三
	白郎林手槍	一二	一〇九三
	左輪手槍	四	三四四七

	自來得子彈		三一八八
守衛車巡隊	木壳槍	二二	七二二
	左輪手槍	八	三四
	白郎林手槍	二	二
	三十年式步槍	五	
	老毛瑟槍	五	三〇
	三十一年式步槍	一	一〇〇〇
第一分局	俄造步槍	一〇	三六八
	木壳槍	四	五七四
	白郎林手槍	一五	二一二
	左輪手槍	八	三八九
	蓮蓬手槍	一	
第二分局	俄造步槍	九	一〇七六
	木壳槍	三	四五七
	白郎林手槍	一二	二六五
	左輪手槍	五	二五〇
第三分局	俄造步槍	七	三八八
	白郎林手槍	八	一一〇
	木壳槍	二	一七〇
	左輪手槍	一二	四八二
	林明登槍	四	一〇〇
第四分局	俄造步槍	一三	六三〇
	老毛瑟槍	二	
	套筒步槍	一	
	白郎林手槍	八	二四九
	木壳槍	二	六五
	左輪手槍	四	二〇〇
第五分局	俄式步槍	一四	一一七〇
	白郎林手槍	二〇	三〇六
	木壳槍	四	四四〇
	左輪手槍	四	二二〇
第六分局	老毛式槍	一〇	一二四一
	白郎林手槍	七	一九五
	木壳槍	四	三〇〇

	左輪手槍	六	三〇〇
第七分局	俄式步槍	七	七三
	林明敦步槍	四	五〇
	木壳槍	一	二〇
	左輪手槍	一	一七
	三八式步槍	一	
	三十年式步槍	三	三〇〇
	白郎林手槍子彈		五〇
第八分局	俄造步槍	七	二三八
	林明登步槍	四	一〇〇
	老毛瑟槍	二	二〇〇
	木壳槍	一	九五
	左輪手槍	一	五〇
	三十年式步槍	四	二〇〇
第九分局	林明登步槍	一六	六五八
	套筒步槍	一	四〇
	九響毛瑟槍	六	六〇〇

	俄式步槍	一	六〇
	木壳槍	二	一四〇
	左輪手槍	七	一九八
	白郎林手槍	五	一二七
直轄第一分駐所	俄造步槍	五	四七〇
	白郎林手槍	五	九二
	木壳槍	一	一三八
	左輪手槍	二	一〇〇
直轄第二分駐所	村田步槍	四	三九一
	俄造步槍	九	五三六
	三十年式步槍	一	四四
	木壳槍	一	七〇
	左輪手槍	一	二八
直轄第三分駐所	俄造步槍	七	二〇七
	村田步槍	三	一九
	白郎林手槍	三	一二二
	木壳槍	一	六六

	老毛瑟子彈		一四五
直轄第四分駐所	俄造步槍	六	二五〇
	左輪手槍	二	六五
	套筒步槍	二	
	老毛瑟槍	一	
	林登明槍	一	
	三十年式步槍	二	一〇〇
直轄第五分駐所	白郎林手槍	二	五六
	左輪手槍	二	九八
	毛瑟步槍	四	四〇〇
	俄式步槍	一	二八
直轄第六分駐所	俄造步槍	八	三二九
	林明登步槍	二	三〇
	左輪手槍	一	五〇
	白郎林手槍		一五

直轄第七分駐所	林明登步槍	三	一〇四
	左輪手槍	五	一二〇
	俄造步槍	七	三六七
直轄第八分駐所	白郎林手槍	一	二〇
	木壳槍	一	一五〇
	左輪手槍	一	二〇
	套筒步槍	一	一六〇
	俄造步槍	二	一六〇
	老毛瑟槍	四	
合計		四三五	三〇七五二
水巡隊	自來得手槍	一	一五
	俄造步槍	二四	一八五八
	輪門掛馬槍	一	一二四
合計		三七	三二九二
共計		四七二	三四〇四四

江蘇省保安隊第六大隊各級部隊武力調查表

部隊＼種類口徑名稱	步槍 德造套筒	步槍 德造單筒	步槍 漢造	步槍 七六俄造	步槍 六五日造三〇年式	步槍 九九毛瑟	步槍 合計	馬槍 七九馬槍	馬槍 六五馬槍	馬槍 雜式馬槍	馬槍 合計	機槍 手提機槍	機槍 合計	刺刀 七九雜式	刺刀 七六俄造	刺刀 合計
大隊部														三一	二〇	五二
第一中隊		八		一七		三	二八					八	八			
第二中隊	六		一		二一	一五	四三	三	一	一	五					
第三中隊		二五		一三		三四	七二									
第四中隊		二五		一三		三四	七二									
合計	六	五八	一	四三	二一	八六	二一五	三	一	一	五	八	八	三一	二〇	五二
備考																

手槍				步馬彈						機槍彈		手槍彈			
白來得	奥造	白朗林	合計	七九步馬彈	七六步彈	六五步馬彈	九九步彈	雜式馬彈	合計	手提彈	合計	自來得彈	奥國造彈	白朗林彈	合計
				一三二一七	一一五	三〇九一	四一三二	一	二〇四五六	二八	二八	六七〇〇		一八五	六八八五
四〇	一	四	四五	五〇八	八五〇		一五〇		一五〇八	四一九	四一九	一七〇二	一二	四〇	一七五四
一九		一四	三三	五六八		一五六八	七五〇	二四	二九一〇			一四七一		二七七	一七四八
九			九	一四〇九	八一〇		一四一〇		三六二九			五三五			五三五
九			九	二一七五	五六四		一一九四		三九三三			八六七			八六七
七七	一	一八	九六	一七七七七	二三三九	四六五九	七六三六	二五	三二四三六	四四七	四四七	一一二七五	一二	五〇二	一一七八九

附記

一、全隊步槍二一五枝馬槍五枝手提機八枝手槍九六枝合計三二四枝

二、全隊步馬彈三二四三六粒手提機彈四四七粒手槍彈一一七八九粒合計四四六七二粒

三、全隊俄造刺刀二〇把七九雜式刺刀三二把合計五二把

中華民國廿四年二月　日

警衛區域

無錫縣公安局暨各分局所管轄區域一覽表

局所別	自治區別	鎮別	鄉別	管轄四址	附記
第一分局	第一區	中區一鎮 中區二鎮 中區三鎮 中區四鎮	無	以城牆爲四址	
第二分局	第一區	通漢 中倉 大安	無	西至露華街中段二十四號及外黃埕橋東堍及通匯橋東堍止南至光復門口止北至工運橋南堍止東至延壽司殿止	上列三鎮原分爲通漢中東倉埠大橋四鎮現改爲中倉通漢大安三鎮
第三分局	第一區	長街鎮 黃泥鎮 清名鎮 下濵鎮	大窰鄉	東至后暘南至周涇巷西至小橋下北至南城門口	
	第二區	坊前鎮	江波鄉 下甸鄉 后暘鄉 潮音鄉 陶機鄉		
第四分局	第一區	西興鎮 迎龍鎮 惠山鎮	無	東至北水關橋南至倉橋西至管巷北至丁埄裏東至梁溪河南至青石橋西至迎龍橋北至倉橋東至陸右豐醬園南至黃公瀾西至惠山北至惠北鄉界	
第五分局	第一區	北塘鎮 大安鎮 北栅鎮 惠河鎮	無	東至通匯橋南至吳橋西至南徐橋北至顧橋埄	
第六分局	第一二兩區	惠勤鎮 梨莊鎮	柏莊鄉 廣一鄉	東至黃草渡南至運河西至惠工橋北至錫澄路一號橋	

局所	區	鎮	鄉	四至	備考
第七分局	第八區	蕩口鎮 甘露鎮 茅塘橋鎮 鴻聲鎮 南前鎮	老巷鄉 張馬鄉 沙涇鄉 楊安鄉 黃塘鄉 福華鄉 蘇舍鄉 界涇鄉 荻澤鄉 中村鄉 黃家巷鄉 聖祥鄉 汶上鄉 南巷鄉 小橋鄉 夏蓮鄉 馬橋鄉 雙河鄉 廟安鄉 繆家弄鄉 張塘鄉 茅莊鄉 城南鄉 蔡橋鄉 湖橋鄉 容灣鄉 甘西鄉	東至湖橋容灣與常熟縣交界 西至茅塘橋鎮與第三分駐所交界 南至鵝眞蕩界涇鄉與吳縣交界 北至小橋頭鄉與第二分駐所交界	管轄區域計五鎮二十七鄉茅塘橋鎮現改為三讓鄉
第八分局	第三區	周新鎮 華大房鎮 南橋鎮 南方泉鎮	青祁鄉 蠡河鄉 揚西鄉 四河鄉 溪南鄉 方湖鄉 揚東鄉 吳塘鄉 揚北鄉 南揚墅鄉 淨慧鄉 許舍鄉 新安鄉 石塘鄉 太平鄉 方陶鄉 嘉禾鄉	東至運河 南至太湖 西至五里湖 北至梁清溪	與第四區為界 與第一區為界
第九分局	第四區	榮巷鎮 錢橋鎮 徐巷鎮 藕塘橋鎮	仙蠡鄉 大池鄉 溪北鄉 河埒口鄉 惠北鄉	東至仙蠡鄉西溪河 南至梁溪河 西至徐巷鎮雞坑 北至沿運河	運河北係歸直轄第七分駐所管轄 上塘鄉梅涇鄉歸直轄第七分駐所管轄
	第十區	洛社鎮	雙錢鄉 新合鄉 西漳鄉 重仁鄉 榮豐鄉 帝讓鄉	東至雙錢鄉雙河尖 南至帝讓鄉皋青上橋尹強巷 西至榮豐鄉香花橋薛家街 北至沿運河	
直轄第一分駐所	第一區之一部份	倉埠鎮 井亭鎮 熙春鎮	尤渡鄉	東至東亭鎮 南至興隆橋 西至東城門口 北至廟埒橋	
	第二區之一部份	東亭鎮	陶典鄉 柏中鄉 珠璣鄉		
直轄第二分駐所	第七區	后橋鎮	安龍山鄉 曹樂鄉 謝東鄉 大蓉鄉 東橋鄉	東至謝埭橋 南至南上 西至嵩山奚山 北至錫常路	
	第二區	西倉鎮 梅村鎮			
直轄第三分駐所	第八區	后宅鎮 坊橋鎮 大牆門鎮 薛典鎮	省向鄉 碩住鄉 葛家鄉 觀泗鄉 北渡鄉 金橋鄉 金娥鄉 荊福鄉 南家鄉 香平鄉 塔西鄉	東界吳縣 南邊蠡湖 西界景雲市 北界鴻聲里梅村	本所轄境為第八自治區一部分即舊十二區泰伯市全市

分駐所	區	鎮	鄉	管轄區域	附記
直轄第四分駐所	第五區	劉潭橋鎮 塘頭鎮 東埭鎮 長安橋鎮 八十橋西鎮	高莊鄉 石舍鄉 斗西鄉 平梓鄉 斗東鄉	本分駐所管轄區域以第五區暨第六區之一部東至陳家橋止南至萬安橋平古渡止西至毛巷街楊木橋止北至西河頭止	
	第六區	八十橋東鎮 張涇橋鎮 寨門鎮	三墩橋鄉 雙涇橋鄉		
直轄第五分駐所	第五區	堰橋鎮 寺頭鎮 張村鎮 久安鎮 陳家橋鎮 北西漳鎮	泰安鄉 膠南鄉 劉倉鄉 觀惠鄉	徐巷 南山下 村前 丁塔 里東 天柱巷 小陸巷 陳 巷 盛巷 澄塘 前姑里 小利市 龍舌尖 長安橋 長岡 新塘橋 西莊 張巷 陳家橋 吳巷 龍潭岸 小圜里 橫街上 許巷 上 陸門鎮 候村里 顧巷 北 莊 戴郝 莊前 胡家 渡 西莊 朝東巷 後 劉巷漳 涇上 倉橋 尤涇上 大松坟 頭 西村頭 大陳巷 後唐灣	
直轄第六分駐所	第四區	張舍鎮 胡埭鎮 陸區鎮 新瀆鎮	劉塀鄉 稍塀鄉 興隆鄉 閭江鄉 鴻橋鄉 崇仁鄉 盛店鄉 福山鄉 修浦鄉	東至稍塀鄉與第九分局交界 南至太湖 西至崇仁鄉與武進縣境交界 北至楊墅園與直轄第七分駐所交界	帶管第十區楊墅園一鎮
	第十區	楊墅園			
直轄第七分駐所	第九區	玉祁鎮 禮社鎮 南雙廟鎮 秦巷鎮 前洲鎮 北七房鎮	慕環鄉 鳳皐鄉 魏齊鄉 北新橋鄉 慕三鄉 劉莊鄉 七寶鄉	東至第五區 南至第十區 西至武進縣 北至江陰縣	
	第十區	石塘灣鎮 洛社鎮	唐平鄉 陸門鄉 新建鄉 萬壽鄉 新合鄉 洧馬鄉		
直轄第八分駐所	第七區	安鎮 鄔下 羊尖 嚴家橋	喬柳鄉·長大廈 吼山 楊亭 關涇 興塘 倉下	東至常熟 北至江陰及第六自治區 西至第二第十兩自治區 南至第七自治區	
	第六區	東湖塘 陳墅 黃土塘 王莊	讀村 張繆舍 蠡園 港下 下莊 賣西巷		

江蘇省保安第六大隊駐防地點支配一覽表

部別（區別）	主管姓名	兵力	駐紮地點	備考
第六大隊	嚴慎予	官佐六員 軍士六名 雜兵一五名	無錫縣政府	
第一中隊	鄧厥勳	官佐三員 上士一名 雜士五名	同上	該隊担任縣府及縣戒烟所督練員辦事處班長訓練班等警衛
第一分隊	王雲士	官長一員 士兵二七名 雜兵二名	同上	同上
第二分隊	孫宗棣	官長一員 士兵二七名 雜兵二名	同上	同上
第三分隊	李乃文	官長一員 士兵二七名 雜兵二名	地方分院	該隊担任縣監獄及縣看守所警衛
第二中隊	李激敷	官佐三員 士兵二八名 雜兵五名	張涇橋	該隊担任東湖塘黃土塘蕩門一帶防務
第一分隊	狄受和	官長一員 士兵一八名 雜兵二名	石埭橋	該隊担任九里橋東園鄉一帶防務
第二分隊	盧肇明	官長一員 士兵一八名 雜兵二名	三壩橋	該隊担任鴨蕩圩楊埠圩一帶防務
第三分隊	梁漢英	官長一員 士兵一八名 雜兵二名	二房廊下	該隊担任羊尖安鎮東八士橋一帶防務
第三中隊	馮子謙	官佐三員 上士一名 雜兵二名	延壽司殿	該隊集中訓練並担任城區治安
第一分隊	孫文元	官長一員 士兵二七名 雜兵三名	同上	同上

隊別	隊長	人數	駐地	任務
第二分隊	喬啓凡	官長一員 士兵二七名 雜兵三名	同上	同上
第三分隊	王錫恩	官長一員 士兵二七名 雜兵三名	同上	同上
第四中隊	朱文英	官佐三員 上士一名 雜兵二名	平民習藝所	該隊担任南區一帶防務
第一分隊	田明昇	官長一員 士兵二七名 雜兵三名	同上	同上
第二分隊	黄孝明	官長一員 士兵二七名 雜兵三名	上馬墩	該隊担任東門亭子橋起至東亭一帶防務
第三分隊	陳策	官長一員 士兵二七名 雜兵三名	茅塘橋	該隊担任西倉白担山梅村一帶防務

特種警衛

無錫商團概況

商團組織，以支會爲單位，每一支會組織一支隊，由支隊長督率管帶，以春秋季爲操練時間，凡遇地方有警，臨時召集出防協助軍警。每屆冬防，即出任防務，保衛商市。其經費籌集，槍械保管服裝添置，則由各支會總理其事。由城鄉各支會組織商團公會，統率全縣商團，操練出防，均由公會命令召集指揮之。每屆冬防時，各支會以商市較盛，團員有職務關係，須至夜間出防，臨時召募游巡隊士，日間分佈崗哨，夜間與團員分班梭巡，以維商市。此其組織及任務之大概也。現由商會會議，以後商團，擬即附屬商會，刻正在改組中。

無錫商團組織系統表

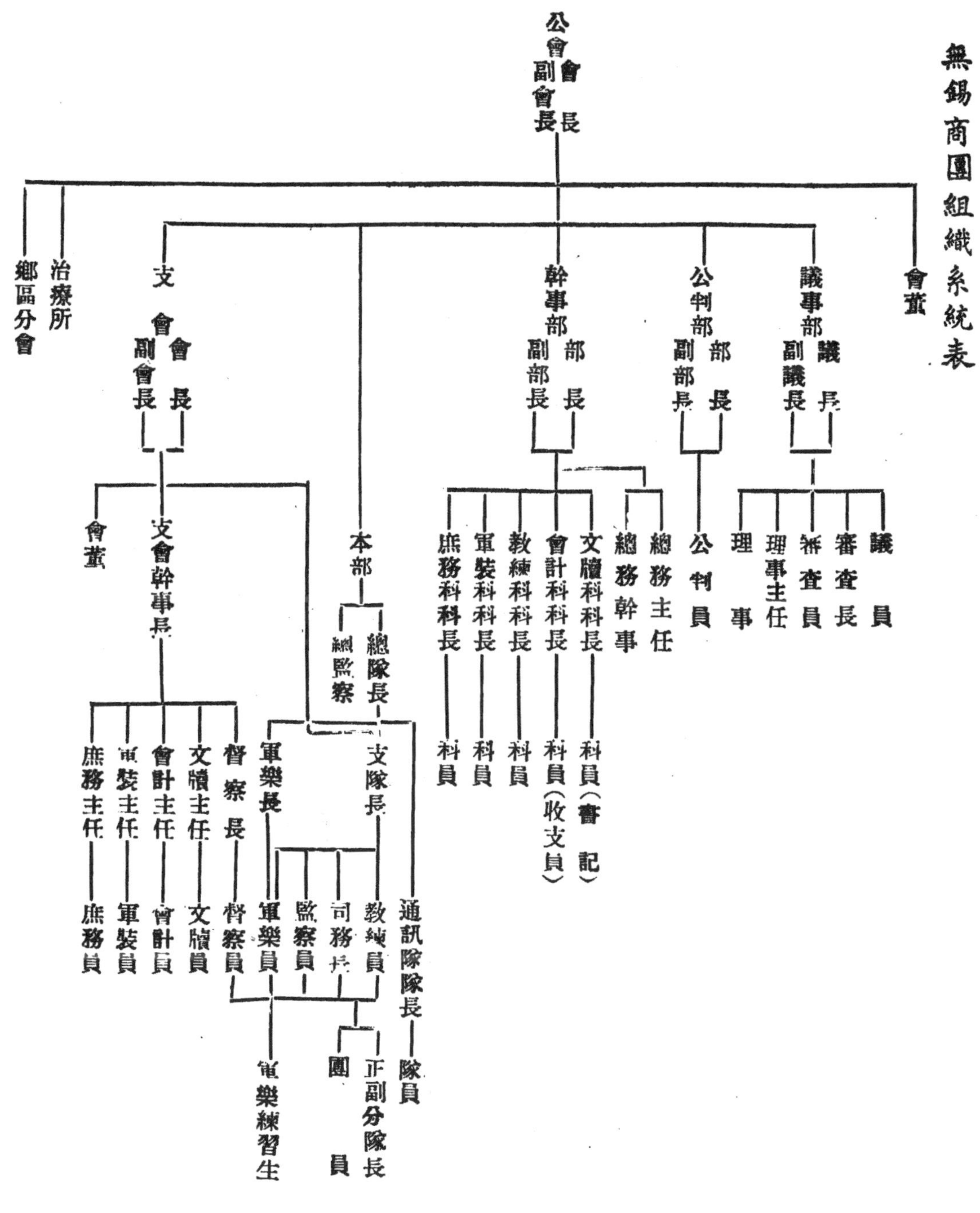
公會會長
副會長
會董
議事部議長
副議長
議員
審查長
審查員
理事主任
理事
公判部部長
副部長
公判員
幹事部部長
副部長
總務主任
總務幹事
文牘科科長
科員(書記)
會計科科長
科員(收支員)
教練科科長
科員
軍裝科科長
科員
庶務科科長
科員
本部
總隊長
總監察
支隊長
軍樂長
通訊隊隊長
隊員
教練員
司務長
監察員
軍樂員
正副分隊長
團員
軍樂練習生
支會會長
副會長
會董
支會幹事長
督察長
督察員
文牘主任
文牘員
會計主任
會計員
軍裝主任
軍裝員
庶務主任
庶務員
治療所
鄉區分會

無錫商團警衛力量及區域調查表

隊別	官長姓名	階級	兵力	駐紮地點	電話號數	警備區域	備考
第一支隊	馬浩生	支隊長	四二	竹場巷	六八	大橋下前後竹場巷江陰巷	
第二支隊	陳顯清	支隊長	四二	小泗房弄	七二五	北塘三里橋一帶	
第三支隊	吳仲炳	支隊長	四二	映山河南陽里	八二三	城區	
第四支隊	沈煥章	支隊長	四二	南長康里	一一一〇	馬路一帶	
第五支隊	許受善 陳九田	支隊長 教練	四二	南門	七五七	南區	
第六支隊	龔耀良 塗廣瀛	支隊長 教練	四二	西門	六三五	西區	
第七支隊	楊敬威	支隊長	二〇	東門		東區	
第八支隊	段起山 田中仁	支隊長 教練	四二	廣勤路	四〇六	廣勤區	
第九支隊	倪植滋 朱鑑珊	支隊長 教練	三〇	布巷街	六一〇	大橋街一帶	
第十支隊	鄭粟良 周子英	支隊長 教練	四二	後蔡家街	二六六	北塘後街新三里橋	
第十一支隊	惠浩乾	支隊長	四二	蕩口		蕩口	
第十二支隊				周新鎮			暫行停辦
第十三支隊	楊祥榮 吳愼思	支隊長 教練	二〇	大牆門			
第十四支隊	孔憶春 何有志	支隊長 教練	四〇	嚴家橋		嚴家橋	
第十五支隊	唐詠鑫	支隊長	三〇	前洲		前洲	

第十六支隊	周震球	支隊長	二〇	西倉		西倉	
第十七支隊				后宅			暫行停辦
第十八支隊				南橋			暫行停辦
第十九支隊				鴻聲里			停辦
第二十支隊	顧稷臣	支隊長	三〇	張涇橋		張涇橋	
第二十一支隊	過學倫	支隊長	二〇	八士橋		八士橋	
第二十二支隊				甘露			停辦
第二十三支隊	劉邦彥	支隊長	四二	洛社		洛社	
第二十四支隊	邵芝珊 張守全	支隊長 教練	二〇	安鎮		安鎮	
第二十五支隊	薛隆吉	支隊長	二〇	禮社		禮社	
第二十六支隊	楊汝錫	支隊長	二〇	葑莊		葑莊	
第二十七支隊	楊榮樂 宋文光	支隊長 教練	二〇	長安橋		長安橋	
第二十八支隊	鄭文光 蔣學鉌	支隊長 教練	四二	羊尖		羊尖	
第二十九支隊	強學曾 周厚山	支隊長 教練	二〇	梅村		梅村	
第三十支隊				六區橋			停辦
第三十一支隊	吳維安 吳天佑	支隊長 教練	二〇	東湖塘		東湖塘	
第三十二支隊							暫行停辦

第三十三支隊	陳怡安 莊振英	支隊長 教練	二〇	胡埭		胡埭
第三十四支隊	張其銘 孫鵬仁	支隊長 教練	二〇	石塘灣		石塘灣
第三十五支隊	錢保康 張友慶	支隊長 教練	二〇	新瀆橋		新瀆橋
第三十六支隊	錢君石 何守義	支隊長 教練	四二	楊墅園		楊墅園
第三十七支隊	嚴重儒 嚴蔚如	支隊長 教練	二〇	寨門		寨門

二十三年冬防概況

本縣居京滬路之中心，屬地遼濶，五方雜處，本年又值旱荒而後，各工場相繼停頓，地方防務，尤關重要，是以提早成立冬防辦事處，就地方原有之公安局，保安隊，商團，及各鄉鎮守望所，分別編配任務，辦理冬防，設冬防總辦事處於保安第六大隊部，縣長兼總辦事處正主任，大隊附兼副主任，以自治區爲單位，劃分五個聯防區，各設一分辦事處，合第一二兩自治區，爲第一聯防區，設辦事處於縣公安局，以局長陳育初爲主任，督察長王基爲副主任，合第三四兩自治區，爲第二聯防區，設辦事處於南橋第三區公所，以區長虞愿爲主任，第四區區長朱鑣，第一聯合守望所主任之陸滌凡，第二聯合守望所主任朱伯麟，爲副主任，合第五六兩自治區，爲第三聯防聯，設辦事處於張涇橋區公所，以區長趙鴻賓爲主任，以第三四聯合守望所主任蔣嘉猷顧蔚鈞副之，合七八兩區，爲第四聯防區，設辦事處於安鎮第七區公所，區長杜錫楨爲主任，第五聯合守望所主任強學增副之，合九十兩自治區，爲第五聯防區，設辦事處於洛社第十區公所，區長馮俊彥爲主任，九區區長許裕松副之，各聯防區內，駐防之保安隊，警，團，及守望所，在冬防期間，悉受聯防主任指揮調遣，各辦事處，承總辦事處之命，統一編配防區內所有軍，警，團，及守望所員丁，於阨要地點防守，並參酌地形，劃定巡邏線，於每日下午六時起，至翌日上午六時止，分飭所屬各部，輪流巡緝，一面查明水道要口，設置木柵，按時起放，其各部隊之性能，指定保安隊官，及公安局所長警，爲游擊性質，可以隨時調動，商團，爲半游擊性質，必要時得調動，守望所員丁，除萬不得已時，會同聯合守望所主任集中調用外，平時僅負其駐在地之鄉鎮區域內巡守責任而已，各辦事處，應編製兵力配備表，交通綱，通信網，分別呈報總辦事處備查，至防務情形，則按旬具報，並規定會哨辦法，每屆月終，由各辦事處，將會哨證呈送，以資考核，所有需用之口令，燈，信，旗，號，均由總辦事處製訂，審發，總辦事處，鑒於本年各區保衛團裁撤，地方武力，略有減少，故集中兩個中隊以上之兵力於城區，以備遇事，斷然處置，並分組游擊隊，巡邏四鄉，爲各聯防區之策應，此廿三年冬防之概況也。

消防

無錫消防事業概略

無錫消防事業，向係地方人士自行組織；一切消防器具，亦係地方自行募捐購置；所有消防人員，及一切經常費用，純係義務性質，不另支薪。一遇火警，傳鑼警報；市區要道，即開閉紅綠警燈。各消防人員，立時攜帶消防器，奮勇救護，至撲滅而後已，全城消防區域，分為「中」「東」「南」「西」「北」「廣勤」「惠山」七區，各分地段駐防。聯合會設在火車站通黑路口；現以駐軍借用，遷移城內公園路三十三號辦公。每年春秋兩季，舉行演習，成績蔚然。至鄉區一切設備，較城區為遜，蓋經費不逮城區之充裕也。茲將無錫縣救火聯合會常務委員暨監察委員主席姓名表，並市區各段地址，及會員人數，消防器具等，分別列下。

無錫縣救火聯合會主要職員姓名表

姓名	別號	職別
趙燮	子新	常務委員主席
蔡容	有容	常務委員
江祖岷	導山	常務委員
程祖慶	敬堂	常務委員
陳可權	進立	常務委員
江耀文	煥卿	監察委員主席

無錫市區各段救火會消防狀況表

會名	地址	常務委員姓名	會員人數	消防器具			
				機力幫浦車	人力幫浦車	線帶	橡皮帶
中區一段	書院弄	吳襄卿 徐厚基 張叔藩	三十	一具	一具	一百五十丈	一百丈
中區二段	裏黃泥橋	吳玉書 秦蕭備 王爾臣	三十	一具	一具	一百丈	
中區三段	寺巷口	章拯 李葆光 楊映潭	三十	一具	一具	二百五十丈	十丈
中區四段	大市橋	張樹森 錢葆稚 吳瀚卿	四十		一具	一百丈	
中區五段	駁岸上	李石安 陳進立 杜樸臣	三十	一具	一具	二百丈	三十丈
中區六段	斜橋下	陶冠時 唐驤庭 孫春圃	四十		一具	五十丈	
中區七段	青果巷	楊仞千 韓樂愚 俞兆年	四十		一具	一百丈	
中區八段	中市橋	許彝定 錢孫卿 袁麗庭	四十		一具	同上	
中區九段	南市橋	李伯森 王郡安 尤鴻初	四十		一具	同上	
中區十段	老縣前	錢鄉侯 高立新 嚴翰卿	三十	一具	一具	一百五十丈	十丈

中區十一段	西水關堰橋下	陳品山陸輔臣	四十		一具	一百丈
東區	東門亭子橋	陳子寬華純安	三十	一具	一具	同上	一百丈
南區一段	南門清名橋	邱子馨黃卓儒黃浩卿	四十		二具	同上	
南區二段	南長街	邵琴舫陳麒良邵蔭珊	四十		三具	同上	
南區三段	清名橋下塘	殷祝君華惕陸建章	三十	一具	一具	同上	
南區四段	黃泥埄	江導山陶鑑衡陳士錦	四十		二具	同上	
南區五段	老窰頭	劉鴻坤馮錦山黃仲明	四十		二具	同上	
南區六段	跨塘橋下埒	王頌魯周松石陳一新	三十	一具	一具	同上	一百丈
南區七段	老窰	劉叔良殷光照黃晉卿	四十		一具	同上	
西區一段	西吊橋	李仲丙張菊庭蘇養齋	四十		一具	同上	
西區二段	西倉橋	錢念萱錢少卿許少南	四十		一具	同上	
西區三段	迎隆橋	程錦清陳念祺張樵生	四十		一具	同上	
北區一段	北大街	繆棟臣方孟樓宋少雲	三十	二具	一具	二百丈	十丈
北區二段	壇頭街	陳進立丁亮祖龐躍渾	三十	一具	二具	同上	同上
北區三段	接官亭	朱晉卿張仲英陸庠生	三十	一具	一具	同上	同上
北區四段	三里橋	謝維翰尤子馴張兆昌	三十	一具	一具	同上	同上
北區五段	北塘東街	蔡有容胡燮臣江煥卿	四十		二具	二百丈	
北區六段	小泗房街	趙子新鄧雲翔段友儉	三十	二具	一具	二百丈	十丈
北區七段	泗堡橋	蔣仲良徐漢臣尤幹臣	四十		二具	一百丈	
北區八段	江尖上	鄒頌範蔣東孚周蔭庭	四十		一具	同上	
北區九段	北柵口	任志善張潤伯徐子佩	三十	一具	一具	一百五十丈	五十丈
北區十段	江陰巷	周鳳翔袁利軒邵任鴻	三十	一具	一具		
北區十一段	吉祥橋	程敬堂石清麟龔海琴	三十	二具	一具	二百丈	十丈
北區十二段	黃泥橋	陳仲英周翼臣蘇養齋	三十	一具	一具	一百丈	十丈
北區十三段	東新路	姚幹石姚永長孫定海	四十		一具	同上	
廣勤區一段	廣勤路	江歲山喬劍銘朱德齊	四十		一具	同上	
廣勤區二段	同上	歸維賢蔣仲良盧炳揚	三十	一具	一具	同上	
惠山區	惠山新馬路口	陳紹琴周織棠馮榮梅	四十		一具	一百丈	

無錫縣救火聯合會二十三年份火警次數統計表

月份	火警起數	死傷	起火原因	備考
一	二十二起	死兩名壓傷救火會員一名	遺火二十一起洋燈失火一起	
二	十九起	無	遺火十九起	
三	十二起	死九人傷六人	遺火十起冒穿火房屋頂一起洋燈失火一起	
四	十一起	死一人	遺火十一起	
五	十九起	傷救火會員三人	遺火十九起	
六	十二起	無	皮線走電一起遺火十一起	
七	九起	無	遺火九起	
八	二起	無	遺火二起	
九	二起	無	燈籠失火一起遺火一起	
十	五起	無	遺火五起	
十一	十一起	無	小孩嬉火一起跌翻洋燈一起遺火九起	
十二	十六起	無	潑翻洋燈一起偷兒縱火一起遺火十四起	

財務

無錫縣田賦征收情形

考縣志：無錫金匱，向分兩縣。迄民元，廢金匱，併無錫，因兩縣征收習慣互有異同，故縣治雖合，而糧櫃未併，僅改錫櫃爲易字櫃，匱櫃爲青字櫃，以示區別也。田賦征收大概情形，已載第一回無錫年鑑，不再贅述，惟所可稱者，則自小票廢除，厲行現串以後，當年田賦，在年度以內，完數可達百分之七十，以後歷年續征，可達百分之二十五，總計每歲田賦，結果達百分之九十五，其餘或屬零星小戶，或係逃亡戶絕，更有田去糧存，一時無法清理者，遂致留此百分之五之舊欠，無掃完之希望。此種事實，在表面上驟視之，一若仍有缺點，然觀察過去一年度中之征收狀況，按額試以比例，省稅有盈，其他亦達九五以上。茲分田賦省稅，田賦縣稅兩種，列成簡表，以供參攷。

(甲)無錫縣政府二十二年度征獲田賦省稅比較表

稅別／年	額征		獲數		比較（增）		比較（減）	
省稅	三六五一・九四三元	〇〇	三七九・七四一元	三六	一三・七九八	三六		
省教育專款	一八八・六七四	〇〇	一六九・〇六八	三六			一九・六〇五	六四
省建設專款	三一・四九一	〇〇	二九・三一一	六〇			二・一七九	四〇
合計	五八六・一〇八	〇〇	五七八・一二〇	〇〇	一三・七九八	三六	二一七八五	〇四

（乙）無錫縣政府二十二年度征獲田賦縣稅比較表

款別	年額	征獲數	比較 增	比較 減	備註
縣稅	一一八・九一〇元 〇〇	一一一・七五六元 七八		七・一五三 二二	十六年十七年漕留五八六・四九 十六年庫券一二〇二・四四併入本項
地方費	二五・四四五 〇〇	二三・七二七 八四		一・七一七 一六	
警察捐	一五一・一五六 〇〇	一三八・四四三 一八		一二・七一二 八二	
普教畝捐	一〇〇・七七一 〇〇	九二・九六六 三五		七・八〇四 六五	
教育畝捐	二九・四七五 〇〇	二六・一二〇 一八		三・三五四 八二	
民政畝捐	三二・七五〇 〇〇	三〇・六四一 〇九		二・一〇八 九一	
地方畝捐	七五・五七八 〇〇	六七・九九五 九二		七・五八二 〇八	
積穀費	六・二九八 〇〇	四・一九〇 二四		二・一〇七 七六	
築路畝捐半數	三一・四九一 〇〇	二九・三一一 六〇		二一七九 四〇	
農業改良捐	二五・一九三 〇〇	二三・五七〇 四一		一六二二 五九	
清丈費	一二五・九六三 〇〇	九三・八七四 六二		三二・〇八八 三八	
保衛串捐	二〇・〇〇〇 〇〇	一一・五九五 九〇		八・四〇四 一〇	原征十七十八年串捐九九・八六二併入本項
征收費	三三・六三〇 〇〇	三一・二九二 六五		二・三三七 三五	
滯納金		三八・九八一 二三	三八・九八一 二三		
附加滯納金		二・二三六 〇二	二・二三六 〇二		
合計	七七六・六六〇 〇〇	七二五・七〇五 〇〇	四一・二一七 二五	三七・一五七 六三	

無錫縣田賦科則項目表

易字漕米	
平田每畝應完漕米	六升二撮六圭一粟零
高田	四升七合六勺九抄四撮三圭八粟零
低田	四升四合四勺六抄三撮四圭七粟零
坂灘蕩	二升三合二勺九抄三撮三圭二粟零
山峰墩	六合一勺五抄四撮一圭一粟零
忙銀（上下忙數目）	
平田每畝應完忙銀	五分七厘三毫一絲零
高田	四分五厘五毫五絲零
低田	四分二厘四毫六絲零
坂灘蕩	二分二厘二毫四絲零
山峰墩	五厘八毫七絲零

貴字漕米	
平田每畝應完漕米	六升二撮六圭八粟七稞
高田	四升七合六勺九抄四撮四圭四粟零
低田	四升四合四勺六抄三撮五圭二粟零
坂灘蕩	三升三合二勺九抄三撮三圭五粟零
山峰墩	六合一勺五抄四撮一圭二粟零
忙銀（上下忙數目）	
平田每畝應完忙銀	五分七厘一毫二絲零
高田	四分五厘四毫零
低田	四分二厘三毫三絲零
坂灘蕩	二分二厘一毫七絲零
山峰墩	五釐八毫五絲零

附無錫縣各則田畝折成平田科則 易貴字同

高田每畝折平田	七分九四八七零
低田	七分四一〇二零
坂灘蕩	三分八八二〇零
山峰墩	一分〇二五六零

無錫縣實征成熟平田數目表

田別	畝數
農田	一百二十五萬四千三百三十七畝
學田	九百八十畝
義田	一千三百二十一畝
灘田	三千一百二十五畝
荒田	一萬三千二百六十八畝
合計	一百二十七萬三千三十一畝
備考	本邑二十三年原額平田除荒田外實征熟田一百二十五萬九千七百六十三畝本年秋勘全荒蠲免田十四萬八千七十一畝次荒普減一成田十一萬一千一百六十九畝實應啓征田一百萬五百二十三畝

無錫縣十八年至二十三年額荒調查表

十八年一百三十八頃九十九畝六分六釐八毫三絲

十九年一百三十五頃七十一畝七分五毫三絲二忽

二十年一百三十三頃七十畝三分七釐二毫二絲二忽

二十一年一百三十頃三十一畝九分九釐四毫五絲二忽

二十二年一百三十三頃三畝七分五釐一毫五絲二忽

二十三年一百三十二頃六十八畝四分三釐六毫一絲四忽

無錫縣近五年忙漕地價稅征收省縣附加各項名目表

年別	款別	正稅	省(教專)稅	解省加漕	縣稅	征收費	義務教育捐	普通教育捐	公安費	築路費	農業費
十九年	上忙	一元二角八分	四角七分		三角	一角〇二厘五毫		三角五分	六角九分九厘	四角三分七厘	三角五分
	下忙	一元二角八分	四角七分		三角	一角〇二厘五毫		三角五分	六角九分九厘		
	漕米	二元六角	一元四角	二元	一元	二角五分	三角八分九釐	六角六分七厘	六角六分七厘		
二十年	一期	一角二分一厘〇〇七忽	五分五厘一毫一絲三忽		三分七厘七毫六絲	一分〇六毫八絲	九釐三毫六絲	三分二厘	四分八厘	一分	八厘
	二期	一角八分一厘五毫一絲	八分二厘六毫七絲	一角二分	五分六厘六毫四絲	一分六厘〇二絲	一分四釐〇四絲	四分八釐	七分二厘	一分五厘	一分二厘
二十一年	一期	一角二分一厘〇〇七忽	五分五厘一毫一絲三忽		三分七厘七毫六絲	一分〇六毫八絲	九厘三毫六絲	三分二釐	四分八厘	一分	八厘
	二期	一角八分一厘五毫一絲	八分二厘六毫七絲		五分六厘六毫四絲	一分六厘〇二絲	一分四釐〇四絲	四分八釐	七分二厘	一分五厘	一分二厘
二十二年	一期	一分二分一厘〇〇七忽	五分五厘一毫一絲三忽		三分七厘七毫六絲	一分〇六毫八絲	九釐三毫六絲	三分二釐	四分八厘	一分	八厘
	二期	一角六分九厘五毫一絲	九分四厘六毫七絲		五分六厘六毫四絲	一分六釐〇二絲	一分四釐〇四絲	四分八厘	七分二厘	一分五厘	一分二厘
二十三年	一期	一角二分一厘〇〇七忽	五分五厘一毫一絲三忽		三分七厘六毫六絲	一分〇六毫八絲	九厘三毫六絲	三分二厘	四分八厘	一分	八厘
	二期	一角二分九厘五毫一絲	九分四厘六毫七絲		五分六厘六毫四絲	一分六釐〇二絲	一分四釐〇四絲	四分八厘	七分二厘	一分五厘	一分二厘

六分地方費	抵預費	地方捐	合計
/	/	一角五分	四元一角三分八厘五毫
/	四角五分四厘	一角五分	三元八角〇五厘五毫
一元	八分三厘	五分	十元〇一角〇六厘
二分四厘	一分二厘四毫	八厘〇八絲	三角七分六厘四毫
三分六厘	一分八厘六毫	一分二厘一毫二絲	六角八分四厘六毫
二分四厘	一分二厘四毫	八厘〇八絲	三角七分六厘四毫
三分六厘	一分八厘六毫	一分二厘一毫二絲	五角六分四厘六毫
二分四厘	一分二厘四毫	八厘〇八絲	三角七分六厘四毫
三分六厘	一分八厘六毫	一分二厘一毫二絲	五角六分四厘六毫
二分四厘	一分二厘四毫	八厘〇八絲	三角七分六厘四毫
三分六厘	一分八厘六毫	一分二厘一毫二絲	五角六分四厘六毫

說明：按本表十九年份兩忙一漕帶征各款係按兩石征收二十年起改征地價稅一律按畝帶征又滯納罰金因係臨時收款故未列

無錫縣賦稅與田地價值比例表

額田數	各則田地統計	每畝地價	全縣額田總價值	應征賦稅正附總數	賦稅與地價百分比例
實征平田一百二十五萬九千七百六十三畝三分八厘三絲九忽	上田約計二千八百七頃 中田約計六千二百四十八頃 下田約計三千五百四十二頃	上則田一百一十元 中則田一百元 下則田八十元 平均每畝九十六元六角	一萬二千一百六十九萬三千一百四十二元五角四分五釐	地價稅正附共應征銀一百二十一萬六千九百三十一元四角二分五厘	百分之一

說明：本表係照二十三年應征成熟平田核計

二十三年帶徵保衛串捐約二萬元，清丈費十二萬五千九百七十六元係屬臨時性質（地價百分之一限制之外）不列計。

無錫縣土地習慣

一、緒言　錫邑在前清本爲無錫金匱兩縣，民國成立，金匱併歸無錫縣，惟徵稅仍分易貴兩櫃辦理。全境土地，除官河公路以及其他官產不計外，民間所有者，計共一百四十四萬餘畝。茲分土地產權，土地使用，土地徵稅三項，略述其習慣如次。

二、關於土地產權之習慣

1.所有權之憑證

(A)執業田單　前清同治六年發給

(B)承糧執據　民國十九年以前發給

(C)印單　民國十九年以後發給

上述三種憑證，統稱田單，亦稱印單，均係政府發給，具有同等效力，惟此外尚有

(D)區條　由區書發給，原係因土地所有人將原單遺失，或因賣買析產關係，一單數分，權由區書根據

事實，出給區條，以資證明，初無憑證效力可言。惟因民間執有區條者，往往不再向政府請領印單，歷久日積，區條亦遂為一般民衆視同正式憑證，迨民國十六年，政府曾令禁區書發給區條，但積習相沿，仍未能完全取消也。

又查錫邑習慣，有所謂劈單者，即將原田單裁割為數份，各註明管業畝分，各人分執管業，此於憑「執業田單」管業者，往往有此辦法，是分割後之田單，亦與完整之田單，同具憑證效力矣。

2.所有權之移轉

(A)立契　由讓與人出立契據，連同田單，移轉於讓受人。

(B)推收　由讓受人持同契據田單，向政府過戶。惟錫邑土地賣買，有將產權耕種權併賣者，則所立契據，名曰「京糧田文契」，有僅賣產權者，(即田底)則所立契據，名曰「糧田文契」，上兩種賣買，均連同田單移轉，並向政府過戶，又有僅賣耕種權者，(俗名田面，即永佃權)則所立契據，名曰「灰肥田文契」，祇須將原「灰肥田文契」一併移轉，手續已盡，毋庸向政府過戶。

3.其他權利之設定

(A)典權之設定　甲出典人出立典契，連同田單，移轉於典權人。

(B)抵押權之設定　由抵押人出立絕賣文契，連同田單，移轉於抵押權人，惟於契末加批註明回贖字樣，以示與絕賣區別。

(C)永佃權之設定　由土地所有人出立灰肥田文契，交與永佃權人。

(D)租賃　由承租人出立承租契據交與土地所有人

三、關於土地使用之習慣　錫邑土地，分為平田，山墩埄，灘蕩數類。而平田之中，又因其高低之不同，分為高田，平田，低田三種，茲分述如下：

1.平田之使用　平田中之較高者，夏麥秋稻，歲可兩熟，較低者種水稻，年計一熟。近四十年來，農民競事蠶桑，高田多改植湖桑。據民國十六年之調查，水田約占十之六，桑田約占十之三，園藝約占十之一。惟近年因蠶絲事業，一落千丈，農民又多伐去桑樹，改種稻麥，桑田又逐漸減少，但與十六年調查所得之比例，相差當不甚多也。

2.山墩埄之使用　錫邑本非多山之區，綜其面積，亦僅占全境三十分之一有奇。民間使用山地，因亦不甚注意，除間有少數樹木外，餘皆童山濯濯，採柴之外，別無收益可言，墩埄亦然。

3.灘蕩之使用　灘本產蘆，而因灘成田者，為數亦已不少。蕩宜水產，並資灌溉之用，惟尚有一種漁戶，於官河蕩內劃段捕魚，並向政府完納漁課，雖無土地所有權，實已取得收益權，因之於官河蕩內，播植菱秧者，亦屬習見之事。

四、關於土地征稅之習慣

1.科則項目　全縣土地，原分平田，高田、低田，山墩埄，灘蕩五類，科則各不相等。惟爲征稅便利計，一律折成平田計算。除平田按實有畝分征稅外，其餘各則田，實有畝分均較征稅畝分爲多，總計全境民有土地一百四十四萬餘畝，而征稅畝分，則折作一百二十餘萬畝計也，其詳另附田賦科則項目表。

2.每田稅額　合省縣正附各稅，每畝年征九角六分六釐，適合地價百一比例。(另附正附各稅數目表)

3.征收手續

(A)造串　造串以戶爲單位，照各戶所有田畝，計算應征稅額，載明串上。串爲三聯式，一聯爲通知，於每期開征前截發各戶，一聯爲完納執照，業戶憑通知完清稅款後，即截交以爲收據，一聯爲存根。

(B)征收　通常由各戶自行投櫃完納。惟易字櫃向爲義圖制，每圖選十人爲甲主，每年輪一甲主負責，將圖內各戶應完地稅，收集彙送，一卯掃清，其各戶未完之數，甲主先行墊繳，再向各戶追還，此爲征稅良規，惜近年受農村經濟衰落影響，甲主墊繳之款，往往難期追還，致不勝賠累之苦，而義圖良規，不免稍稍破壞矣。

附錄一　無錫縣政府征收處辦事規則

第一條　本規則係爲統一職權起見，就財政局原有狀況，酌量改訂之。

第二條　以舊址財政局，改爲征收處。

第三條　本處隸屬第二科，下分三股。

(一)稽察股

(二)田賦股

(三)雜稅股

第四條　稽察股設主任一人，副主任一人，負田賦雜稅兩部分稽察之責。

田賦股設主任一人，負田賦部分一切責任。雜稅股設主任一人，負雜稅部分一切責任。

第五條　田賦股辦事人員，仍照舊制，分處辦事。各負其所負之責，由主任統轄指揮，但每處必須舉一負責代表。

(一)糧櫃經征處

(二)册串處

(三)推收所

(四)糧吏辦事處

第六條　雜稅股辦事人員，分處辦事，由主任指揮辦理。

(一)契稅經征處

(二)牙稅經征處

(三)稅警辦事處

第七條　稽察股正副主任，應輪流於以上各處實行視察，其注意各點如下。

(一)糧櫃有浮收行爲者。

(二)串書指串不給，致令農民久候，或不憑印簿私行盜掣者。

(三)糧吏有需索行爲者。

(四)辦公不力，或不按時間到處工作者。

(五)其他違背章則者。

如發覺有上項情事，隨時報告核辦，不得徇隱。

第八條　稽察股應逐日於晚間核其征收及掣串簿據是否相符，於簿上分別蓋章，並得隨時抽查存串。

第九條　凡各處辦事員吏，發現違法行爲，除依法辦理外，其主管股及負責代表，應連帶同負責任，按情節輕重，併予懲處。

第十條　本規則如有未盡事宜，隨時增改之。

附錄一　無錫縣租警辦事簡則

第一條　租警受田賦股之指揮，執行追租事務。

第二條　租警額定五十名，就舊有租警中辦事認眞者編入，如不足額，得招募補充。

第三條　租警設班長一人，擇勤愼幹練者充之。

第四條　班長負有監督全體租警之責，如租警有違犯本簡則情事者，該班長應據實報告，若徇情不報，查出議處。

第五條　租警除下鄉追租外，須輪流到處簽名值日。

第六條　租警於輪值人適有事故，應先期請假，否則以規避論。

第七條　按照分區辦法派定租警若干名，專負該區範圍內追租之責，但由各倉廳請求指派者，不在此限。

第八條　租警持票下鄉，所有川資由本府規定路程遠近，向倉廳領取。（每五里給川資五角十里外每五里遞加三角）不准額外需索。

第九條　租警下鄉，已向倉廳領取川資，不准向佃戶再索小費。

第十條　如佃戶允繳租款，應伴同至倉廳繳納，租警不得代收。

第十一條　租警奉公下鄉，不得以佃戶稍有親故或其他情事，庇縱不追。

第十二條　租警須潔己奉公，不准佔染嗜好，及恃勢招搖情事。

第十三條　租警如違犯本則第八條至第十二條，一經舉發或查明，分別依法懲處。

第十四條　租警領票後，至多限一月將公事辦畢。如到期尚未辦竣，須陳明緣由，聲請轉票。

第十五條　租警辦事認眞確有勞績者，當擇尤獎勵。

第十六條　本簡則自公佈日施行。

無錫縣契稅牙稅徵收情形

無錫縣政府二十二年度經征契稅一覽表

年月	額定數	收入數	比較 增	比較 減	備註
二十二年七月	二•七〇〇元 〇〇	二•一一〇元 〇四		五八九 九六	
八月	一•七三五 〇〇	四•三一一 三三	二•五七六 三三		
九月	五•四〇〇 〇〇	一•五一八 四八		三•八八一 五二	
十月	二•七〇〇 〇〇	一九•五九七 九七	一六•八九七 九七		本月奉令照稅額減半徵收
十一月	三•二〇〇 〇〇	五三二 五四		二•六六七 四六	
十二月	四•五〇〇 〇〇	九九七 〇四		三•五〇二 九六	
二十三年一月	二•七〇〇 〇〇	二•四八五 二八		二一四 七二	
二月	二•七〇〇 〇〇	一•七二七 八九		九七二 一一	
三月	四•五〇〇 〇〇	五•三三四 二七	八三四 二七		
四月	三•六〇〇 〇〇	三•一七六 四二		四二三 五八	
五月	二•一六〇 〇〇	五•〇一九 六〇	二•八五九 六〇		本月起奉令減收三分之一
六月	二•七〇〇 〇〇	三•五八二 九二	八八二 九二		
總計	三八•五九五 〇〇	五〇•三九三 七八	一一•七九八 七八		

附錄 契稅帶征地方附稅收入數

帶徵稅目	全年度收入數	帶徵稅目	全年度收入數
附稅	六·六〇一元八四	地方費	六·四七〇六二
中資捐	一二·五二九五四	建設費	六·二六四七七
合計	三一·八六六七七		

無錫縣政府二十二年度經征牙稅一覽表

年月	額定數	收入數	比較 增	比較 減	備註
二十二年七月	二·〇〇〇〇〇	一·三七〇四〇		六二九六〇	本年度自八月起至二月止改由包商認
二十三年三月	一·〇〇〇〇〇	七五〇六二		二四九三八	辦後自三月起收歸縣辦
四月	一·二〇〇〇〇	一·四五五五一	二五五五一		
五月	一·五〇〇〇〇	一·四六六八六		三三一四	
六月	二·六五八〇〇	二·三四五一六		三一二八四	
合計	八·三五八〇〇	七·三八八五五		九六九四五	

附錄 牙稅帶征地方附稅收入數

帶徵稅目	本年度收入數	帶徵稅目	本年度收入數
地方費	三三四〇〇	建設特捐	三二九〇〇
合計	六六三〇〇		

無錫縣屠宰稅筵席捐徵收情形

屠宰稅

查本縣征收屠宰稅，係包商制。自民國二十三年九月起，至二十四年八月止，由邑人毛鶴章得標，認辦一年，每年認繳正稅銀四萬五千六百四十五元六角。並在正稅項下，帶征教育附稅四分之一，建設特捐八分之一，茲將江蘇教育經費管理處修正章則，與屠宰稅征收所整頓征稅辦法，開列於后。

修正屠宰稅簡章

第一條　屠宰稅以猪羊兩種為限，應征稅額如左，但各省向征之數，有超過左額者，仍依其舊。

一猪每頭大洋四角

一羊每頭大洋三角

前項稅額，由屠戶完納，不分牝牡大小，及冠婚喪祭年節殺猪者，一律照收，如有附收地方公益捐，不得超過應征稅額之數。

第二條　應征之猪羊，不問曾否完納統捐，及通過等捐，一律照征屠宰稅。

第三條　凡屠宰猪羊，均須先期赴征收所完納屠宰稅，領取執照方准宰殺。

第四條　凡屠宰猪羊，逐日清晨由征收所查驗，查驗之後，方准出售。查驗之法，由各省自定之。

第五條　違犯本章程第三條之規定者，一經查出或告發，每猪一頭照稅額以二十倍處罰，征收經手人，如有扶同舞弊及浮收侵蝕者，照所得之數，以百倍處罰，稅收官如有前項情弊，照征收釐稅考成條例第十六條處罰。

第六條　告發漏納屠宰稅者，查實後，准於所收罰金內，提十分之五作獎賞費。

第七條　屠宰稅執照用三聯制，一付宰戶收執，一留征收官署存案，一繳財政廳查照。

第八條　屠宰稅執照，由財政廳照部頒式樣刊刷用印，發往各征收官署應用。

第九條　征收所由各縣縣長委托相當人員代辦。不限定額，其一切辦公經費，准由屠宰稅項下提百分之五開支，不另支薪。

第十條　屠宰稅施行手續，由各省財政廳自訂之。

附註一　本省屠宰稅從民國十四年起，劃為省教育專款，前項簡章內，凡載明呈報或呈繳財政廳者，均應改呈教育經費管理處辦理。

附註二　前奉部令冠婚喪祭年節，宰殺猪隻，無交易行為者，准免征收。

附註三根據本省教育經費委員會議決案，擬定低額，招商投標。

修正屠宰稅施行細則

第一條 本細則係根據部頒屠宰稅簡章，為剔除弊端征收簡易起見，參酌本省情形，重加修訂。

第二條 屠宰稅根據部訂簡章，每猪征稅四角，每羊征稅三角，無論鮮賣醃臘，凡屬宰殺而有交易行為者，一律照征。

第三條 縣教育附稅，及建設特捐等稅，應按照成案帶征，其款用作地方公益實在不能廢止者，得暫仍其舊，統名為屠宰地方附稅，惟附稅總額，不得超過正稅應征之數。附稅實收數目，應於稅照上蓋戳，或核實填註。

第四條 各縣屠宰稅，為促進稅收起見，擬定低額，招商投標，其章程另訂之。

第五條 各縣稅收所，應按照定章，向各屠戶照實稅數及規定稅率，按日按隻填給執照核實征收，不得任意苛派，尤不得輾轉包繳，致滋流弊。

第六條 征收所征收屠宰稅，必須填給應頒三聯執照，交由屠戶收執，不得私給收據，或以籤籌暫代，以杜流弊。

第七條 屠宰稅執照，由財政廳刊刷，交由管理處轉發征收所填給，務須一牲一照。

第八條 征收所經手人於屠宰稅執照，應加蓋經手人某某戳記，所有照內應填屠宰稅人姓名住址牲畜種類及年月日，征收正稅數目各事項，必須分晰詳填，毋得遺漏，凡屬一二三四等數目字須大寫，如壹貳叁肆等字樣。

第九條 屠戶屠宰猪羊，非經領照納稅不准宰賣，違則經人告發或查覺，照章以二十倍處罰，其有甲地所宰之猪，分售乙地，無論零片整塊，均應先由納稅征收所或征收人，蓋有某處征收員某某查驗戳記，並隨帶所領執照運售，否則一經他處征收員查出，仍應照章補稅。

第十條 屠戶漏稅抗不服查，應由征收員將屠戶姓名及匿稅事由，報請縣政府或公安局查明罰辦，填給罰金執照，不得私自議罰，致涉苛擾。

第十一條 各縣征收所，按月將收稅執照，截送呈處查核，甲月稅款限乙月二十日前清繳，逾則委員守提，如逾期兩月未解，即分別情節輕重押追撤換。

第十二條 各縣征收屠宰稅，均以大洋計算，其有以銅元或小銀元完納者，應按照各地方市價折合核收，不得抑勒任意漲縮，仍於執照內分別填明。

第十三條 各縣認商，按月稅款如照章清繳，辦有成績者，本處得察核情形，准予續辦一年，以資鼓勵

第十四條 各縣認商，於按月實征稅額內，扣支八釐公費，以三釐解縣政府，三釐留征收所備辦公之用

，其餘二釐以三分之二歸財政廳，三分之一歸本處，按月隨同正稅併解金庫，其財政廳公費，應交銀行，掣取寄庫單送處，以憑轉送。

第十五條 教育金庫，指定中國交通及江蘇等三銀行，認商務須遵照繳納，不得錯誤，致費周折。

第十六條 本細則如有未盡事宜。得由本處隨時修正。

筵席捐

無錫縣征收筵席捐修正簡章

第一條 本簡章悉依原規則為根據

第二條 凡在無錫縣境內開設或舉辦下列各種店鋪及宴會者，均應征收筵席捐。

(一)中西葷菜各菜館

(二)兼售中西葷素各菜館

(三)承辦筵席之包廚

(四)承辦筵席之船戶

(五)婚喪喜慶及宴會招廚代辦或雇廚自辦筵席者

第三條 征收稅率，仍為百分之五，即每元征收五分。

第四條 凡在各館店或船舫零星顧客，其每桌席價在二元以上者，照前條捐率征收，不及兩元者免征

第五條 凡因婚喪喜慶向各館店或招廚代辦，或僱廚自辦筵席，其每桌席價不及二元者，應按席數多寡併計，如仍不及兩元者免征。

第六條 非因婚喪喜慶私宅宴會並非僱廚代辦者，不得征收。

第七條 各館店包廚船戶，及僱辦筵席之民戶，如有隱漏或取巧，一經查出，除照章補繳應納捐銀外，並按捐額處以一倍罰金。

第八條 捐款收據，遵照廳頒式樣翻印，加蓋縣印，以昭鄭重。

第九條 經收捐款之征收員，如有不給收據，或按定章苛收，准納捐人隨時呈明就近公安局查究。

第十條 本簡章如有未盡事宜，隨時提出修正之。

無錫縣財務行政改進概況

回復義圖制

查義圖制之緣起，蓋因當時官廳追呼甚厳，人民慮有擾累，而自動組織。錫邑自民元以來，逐漸破壞，所存者甚少，且常在飄搖之中，自二十二年起，縣府一方召集會議，責由各區長積極辦理，一方遇有甲主不就職者，傳案勸導，不負責者，提案押追，茲將設法回復及維持原有各義圖，列表於后：

無錫各市鄉義圖冊

市鄉	都 圖	甲長姓名	備攷
天上市	三都一圖		尚未選出
青城市	八都一圖	鄭春和	
	十四都一圖	錢光照	
	八都二圖	張永根	已破壞正在設法整頓中
	八都四圖	沈金釗	
	八都五圖	宋桂芳	
	西都二圖	吳子海	
	十二都二圖	劉松泉	
	十三都一圖	強梅春	
	十三都三圖	周升達	
	十三都四圖	馬增榮	
萬安市	九都三圖	鄧敦睦	
	九都四圖	陳洪法	
	九都五圖	陳叙昌	已破壞正在設法整頓中
	十都一圖	蔣尙志	
	十一都一圖	錢洪昇	
	十一都二圖	盛積慶	
	十一都三圖	張仲康	
	十一都四圖	楊銘山	
	十二都一圖	陸丙章	
	十二都三圖	俞煥生	
	十二都四圖	顧壬善	
	十二都五圖	劉應和	
	二都三圖	李秉鈞	
	十都三圖		尚未選出
	十都四圖	宋煥記	
	十都五圖	孫秀德	
	十三都二圖	吳柏青	
	十四都二圖	錢錫培	
	十四都三圖	強耀青	
	十四都四圖	戈東屏	
	十四都五圖	嚴選青	
	十四都六圖	許鳳錦	
富安鄉	十五都一圖	馮永德	已破壞正在設法整頓中
	十五都二圖	鄭三公	同上
	十五都四圖	戴仁富	
	十五都五圖	唐叙根	此圖分上下二節下節向例攤數上節在整頓中
	十六都一圖	戚林榮	
	十六都二圖	賈煥庭	
	十六都三圖	姚靜珊	此圖分上下二節上節攤數下節在整頓中
	十六都四圖	張渭濱	同上
	十六都五圖	許子芳	
	十七都二圖	孫煥泉	
	十七都四圖	許海大	
	十七都五圖	丁海根	

	十八都一圖	閔啓明	
	十八都五圖	張覺明	
	二十一都二圖	呂覲生	
	二十一都四圖	臧金庚	
	十七都一圖	吳讓德	
	十七都三圖	倪根泉	
	十八都二圖	周福全	
	十八都三圖	周士生	
	十八都四圖	馬盤榮	
	十八都六圖	姚光照	
	十八都七圖	曹仁生	
	十九都一圖	吳秀峯	
	十九都二圖	王華甲	
	十九都三圖	蘇東申	
	十九都四圖	沈榮興	
	十九都五圖	虞錫珍	
	二十都一圖	石怡生	
	二十都二圖	邊丕成	
	二十都三圖	王根卿	
	二十都四圖	包成記	
	二十都五圖	陳大狗	
開原鄉	二十二都三圖	許士英	已破壞正在設法整頓中
	二十二都九圖	強持正	
	二十三都三圖		尚未選出
	二十三都五圖	蔣友俊	
	二十三都六圖		尚未選出
	二十一都一圖		尚未選出此圖分上下二節上節掃數下節在整頓中
	二十二都一圖	周煥齋	
	二十二都二圖	凌坤泉	
	二十二都五圖		尚未選出
	二十二都八圖		尚未選出
	二十二都十圖	厲炳生	
	二十三都四圖	尤泰生	
揚名鄉	二十五都八圖		尚未選出
	二十五都十一圖	丁阿仁	
	二十六都五圖		尚未選出
	二十六都八圖	朱雲鶴	已破壞現正在設法整頓中
	二十五都四圖	戴清華	
	二十五都十二圖	王洪福	已破壞現正在設法整頓中
	二十五都十三圖	倪鳳梧	同上
	二十六都三圖		尚未選出
	二十六都四圖		同上
開化鄉	二十四都六圖	張才根	
	二十九都二圖	皮玠	第一期掃數第二期已破壞正在設法整頓中
	二十九都三圖	邵子和	
新安鄉	三十一都二圖	秦伯泉	
	三十一都三圖	杜厚栽	

三十一都四圖　何文奎　已破壞現正在設法整頓中
三十一都六圖　王世德
三十一都七圖　談駿昌
三十一都九圖　趙鳳瑞
三十一都十圖　高鳳章
三十一都十一圖　吳子珍
三十二都五圖　鄒元良
三十二都六圖　韓紹新
三都一圖　丁根榮
三都二圖　朱殿英
三都三圖　宋禮康　已破壞現正在設法整頓中
三都五圖　黃義齋
三都六圖　倪翔記
三都七圖　徐源甫
三都八圖　浦瑞禎
三都九圖　華中益
三都十圖　張祥林
三十都一圖　宋子昌
三十都二圖　莊子怡
三十一都一圖　杜佩之
三十二都三圖　尚未選出已破壞現正在設法整頓中
三十二都七圖　張煥文

取消雜捐

查本邑雜捐，有縣市之分，名目繁多，間有未經省令核准及未入預算者，習慣相沿，遂亦循例征收。嗣於統一收支案內，詳加整理，除經懺捐遵照　中央明令廢除外，另又於縣市款內擇其涉及苛細而有重複性質者，於二十三年度一併取消，茲將取消各捐科目及收數，列表於后：

無錫縣取消雜捐一覽表

科目	歲收數	用途
經懺捐	五•九五〇元	教育
輪船汽車捐	五•〇〇〇	保衛
紳富志願捐	一六•七一五	保衛
小猪捐	二八八	民政
船照捐	一四四	民政
馬照捐	一二	民政
旅棧捐	一•六八〇	民政
戲院執照捐	一•五六〇	民政
堆棧捐	一〇八	民政
鹽棧捐	八四	民政

(註)以上各捐取消後，均就總預算內統籌抵補。

整理粮册

查整頓田賦應行注意事項案內，奉 財政廳令開：各縣每年度編造册串，概依上年征粮册，及本年征收底册，或册書底册等爲標準。對於推過戶粮，其原由册書私自推收者，限於本年度內擬具切實整頓辦法，設法改革完竣。又奉財政廳令開：各縣設立推收所，辦理推收過戶，爲整頓契稅，及釐正征粮戶名扼要工作，經頒發規程，電令實行辦理，並隨時派員分途調查，據報各縣對於前項任務，大都僅於稅契時，塡發推收官印單，照收單費，多不實行推過粮名，任聽册書在外私過，因仍舊習，視爲牢不可破，似此有名無實，殊失整頓稅收之本意，須知整頓田賦，非將推收過戶辦到徹底不可，欲整頓契稅，亦非實行官收官除不爲功，蓋田房轉移，無時蔑有，卽無時不應過戶，旣過戶卽應稅契，二者有連帶關係，倘推收所與稅契處不能互相稽查，刻刻注意，致移轉產權者，仍向册書私過，稅契與否，無從根查，征粮册籍，亦聽册書更戶，推收所形同虛設，則田賦永無整理希望。各等因，按本縣征粮，僅有科銷册一種，每年係由區書造送兩期，惟其中祇有完粮戶名，及應征銀元數目，他如畝分銀米等項，均略而不詳。全縣五十餘萬粮戶，而征收機關，迄無一種完全册籍，雖屬區書負有專責，究爲絕大缺點。若將各區書管有區册，悉數遵令收回自管，則區書生計，頓告斷絕，亦似非絕對妥善。因卽上下兼籌，除將區書選爲造串員按年予以薪金，其區册仍由區書經管，以維生計外，但須按照區册照錄一份，送府備查，庶幾雙方有所根據，不致漫無稽考，而將來官收官除，亦可無礙區書生計，玆將整理粮册辦法暨册式塡册須知附載於后。

無錫縣整理征粮册辦法

一 征粮册責成區書按照規定册式，自二十四年三月二日起開始查造，扣至四月二日止爲一個月限期。

二 依限造送者，每圖實發鈔寫費五元。

三 册紙統由本府印刷，各該區書儘三月二日以前，預算需用若干張，向田賦處具領，不取分文。

四 届限如不及造齊，得聲請展期十日至十五日。

五 如逾例限或展限，本府則派員吏親赴該册書家中調取圖册到府，代爲塡造，除不給鈔寫費外，並取消其區書位置。

六 經調取而逾匿或揩册不交者。得將該區書本人及家屬傳縣押交，一面按照原有科銷册派員到田實地查詢塡入册內，以資救濟。

七 本府設專員一人，助理二人，專司查催指導之責，其薪金旅費另訂之。

八 整理完竣後，此册永歸推收所保存，以備稽考。

無錫縣二十三年度歲計概況表

科目		歲入數	歲出數：省稅（解財政廳）	歲出數：省教育款（解省管理處）	歲出數：縣地方款	歲出數：解省協助費	備註
舊賦	地價稅	一·三六二·七三〇.〇〇元	三六五·九四二.〇〇元	一八八·六七四.〇〇元	七六〇·六二三.〇〇元	四七·四九一.〇〇元	解省協助費計築路畝捐半數及建設工程師薪旅費高淳工程費解省實業費
	蘆課	六九二.〇〇	四一三.〇〇	一五一.〇〇	一二八.〇〇		
	漁課	五八四.〇〇	四九九.〇〇		八五.〇〇		
	小計	一·三六四·〇〇六.〇〇	三六六·八五四.〇〇	一八八·八二五.〇〇	七六〇·八三六.〇〇	四七·四九一.〇〇	
雜稅	契稅	六七·五六八.〇〇	三九·一九五.〇〇		二八·三七三.〇〇		契紙價一二〇〇·〇〇併入本項內
	牙稅	一六·八〇八.〇〇		一四·八五八.〇〇	一·九五〇.〇〇		
	印單費	一·三八〇.〇〇	一·三八〇.〇〇				
	補糧繳價	八四〇.〇〇	八四〇.〇〇				
	屠宰附稅	一三·六〇〇.〇〇			一三·六〇〇.〇〇		
	繭稅	三·二九九.〇〇		三·二九九.〇〇			
	小計	一〇三·四九五.〇〇	四一·四一五.〇〇	一八·一五七.〇〇	四三·九二三.〇〇		
雜捐	車捐	三七·一五六.〇〇			二五·二七二.〇〇	一一·八八四.〇〇	本項計劃列人力車捐汽車季捐及專營費養路捐
	房捐	七八·九三三.〇〇			七八·九三三.〇〇		

筵席捐	執照費	輪船公益捐	寄附金	捐 小計	總計
一〇・二六〇〇〇	一・一四〇〇〇	七三八〇〇	三・六〇〇〇〇	一三・八六一〇〇	一・五九八・三六二〇〇
					四〇・八二六九〇〇
					二〇六・九八二〇〇
一〇・二六〇〇〇	一・一四〇〇〇	七三八〇〇	三・六〇〇〇〇	一九・九七七〇〇	九三三・七三六〇〇
				一一・八八四〇〇	五九・三七五〇〇

附註：本表所列歲入數，以縣政府直接收入爲限。市款歲入，不列本表內。

無錫縣二十三年度歲入歲出概算書

歲入經常門

科目	概算數	備攷
第一款 縣歲入經常費	一・〇三五・一六三	民政佔百分之三五六四八七 教育佔百分之三七一八〇四 建設佔百分之〇九八二二五 實業佔百分之〇三七七三三 保衛佔百分之〇一八六〇二 清丈佔百分之一一七一四九
第一項 田賦縣稅	七七四・六六三	民政佔百分之三六三三〇〇 教育佔百分之三〇五五六六 建設佔百分之〇九二三八四 實業佔百分之〇五〇三四〇 保衛佔百分之〇二五八一五 清文佔百分之一六二五九五
第一目 縣地價稅	七七四・四八一	查全縣境額徵平田一百二十五萬九千五百七十一畝每畝徵原有縣稅九分四釐四毫又奉准帶徵二分二毫警察畝捐一角二分民政捐二分六釐地方畝捐六分積穀五釐築路畝捐五分普教畝捐八分教育畝捐二分三釐四毫農業改良捐二分清丈費一角保衛串捐合一分五釐八毫七絲七忽合計每平田一畝徵銀六角一分四釐八毫七絲七忽共計徵銀七十七萬四千四百八十一元 民政佔百分之三六三三四六

教育估百分之三〇五四五〇
建設估百分之〇九二四〇六
實業估百分之〇五〇三四三
保衞估百分之〇二五八二一
清文估百分之一六二六三四

第二目蘆課縣稅　九六
額徵蘆課三百二十二兩每兩三角合如上數
民政估百分之十
教育估百分之十八
實業估百分之二

第三目雜課縣稅　八七
額徵漁課二百九十兩每兩三角合如上數
民政估百分之二十
教育估百分之八十

第二項　契稅縣稅　二八·三三三
民政估百分之二一九九二七
教育估百分之五六四三七四
建設估百分之二一一四六九
實業估百分之〇〇四二三〇

第一目契稅縣稅　一八·〇〇〇
上項內賣契項下留縣一分又帶徵地方費一分建設捐一分全年按六十萬契價核如上數
民政估百分之三四六六六七
教育估百分之三一三三三三
建設估百分之三三三三三四
實業估百分之〇〇六六六六

第二目契紙價　六〇〇
全年約二千張每張三角合如上數全歸教育

第三目契中資捐　九·七三三
上項賣契每百元收二元典契每百元收一元合如上數全歸教育

第三項　牙屠縣稅　一四·五五〇
民政估百分之〇〇二四七四
教育估百分之六三五四六四
建設估百分之三六〇八二五
實業估百分之〇〇一二三七

第一目屠稅捐　一二·六〇〇
上項由包商月繳教育捐七百元建設捐三百五十元合如上數
教育估百分之六六六六六七
建設估百分之三三三三三三

第二目牙稅捐　一·九五〇
上項內牙行營業附稅九百元建設特捐一千五十元合如上數
民政估百分之〇一八四六二
教育估百分之四三三八四六
實業估百分之〇〇九二三〇
建設估百分之五三八四六二

第四項　雜捐　一三五·九〇九
民政估百分之六九一八九七
建設估百分之一六七七〇〇
教育估百分之一四〇四〇三

第一目車捐　三七·一五六
上項人力車捐每輛每月原收一元七角上屆暫以一元五角五分列收本屆經縣政會議議決每輛恢復一角共徵收一元六角五分計建設方面年得三千六百元各區公所年得一萬三千九百八十元（每月照案支出車照印刷費二十七元六角以上保扣除車照費實收之數）又營業汽車六十輛自用汽車一輛每輛每季四十四元自用車減半年得一萬六百四十八元又　途汽車十二輛內八輛每季四十二元三輛每季六十六元小汽車四輛每季十五元年得二千五百四十四元又汽車專營發六千元汽車養路捐三百八十四元
民政估百分之三八六五八六
建設估百分之六一三四一四

科目	本年度概算數	備攷
第二目房捐	六八·九一三	上項由市管理委員會於城區房捐年撥公安經費六萬六千元鄉區房捐年徵約一萬三百二十元又各區自收繭行房捐二千三百四十八元又各區自收房租二百六十五元以上均屬民政
第三目鹽斤加價	六·三九六	每月由鹽務署撥教育專款五百三十三元
第四目箔類特捐	二·四二六	由教育廳撥給
第五目經懺捐		本屆呈奉廳令剔除免徵
第六目筵席捐	一〇·二六〇	每月約收九百元除五釐公費合如上數
第七目輪船汽車捐		本屆經縣審核有停徵之必要
第八目紳富志願捐		同上
第九目輪船公益捐	七三八	上項係各區各所收入屬民政
第十目小猪捐		本屆經廳審核剔除免徵
第十一目船照捐		同上
第十二目馬照捐		同上
第五項地方財產收入	四·七五二	
第一目田租	四·七五二	上項內洒掃公田租息二百元教育公田租息四千三百元各區公田租息二百五十二元合如上數 民政佔百分之〇五三〇三 教育佔百分之九四六九七
第六項地方事業收入	一·四二五	
第一目農業推廣所收入	一·四二五	上項係實業經費
第七項補助款收入		
第一目蠶種絲廠補助		此項補助款奉令歸蠶業改進模範區支配但上屆補助甚少本屆無更屬無從徵收
第八項其他收入	一一五·四八三	民政佔百分之〇一一一二 教育佔百分之九八八八八
第一目執照費	一·一七四	屬民政
第二目息金	一·五八〇	屬教育
第三目學宿費	一〇七·七〇七	屬教育
第四目寄附金	四·九二三	屬教育
第五目電話費	一一〇	屬民政
第六目臨時補助費		本屆無補助

歲入臨時門

科目	本年度概算數	備攷
第一款縣臨時收入	一六·八〇〇	
第一項地方行政收入	一六·八〇〇	
第一目田賦縣稅滯納金		本屆奉令免征
第二目違警罰金	一六·八〇〇	係照實收狀況減列
歲入經常臨時合計	一·〇九一·九六五	

歲出經常門

科目	概算數	備攷
第一款　歲出經常	九五六·二八六	
第一項　黨務費	二一·〇〇〇	
第一目　縣黨部經費	一九·二〇〇	
第二目　黨報補助費	無	本屆經廳審核删除
第三目　特務員調查費	一·八〇〇	本屆奉令編入預算
第二項　行政費	四七·三九九	
第一目　區公所行政費	三二·〇四七	
第二目　區公所事業費	一四·三五二	上項除撥補公安分局三千八百二十元尙餘上數作爲事業之用
第三目　戶籍費	一·〇〇〇	
第四目　防空監視哨通信電話費	六〇〇	
第三項　公安費	二四九·八一六	
第一目　公安局經費	一五六·五四〇	遵照民廳規定數目重編
第二目　縣警隊經費	七二·七三二	遵照民廳改編辦法重編
第三目　水巡隊經費	無	併入縣警察隊經費編造
第四目　保衛經費	二〇·五四四	就本屆狀况核實編造
第四項　財務費	五·三九八	
第一目　縣款產管理處經費	三·九六〇	
第二目　雜捐征收費	一·四三八	
第五項　教育文化費	三七三·一五四	
第一目　教育行政費	二七·八三九	
第二目　普通教育費	六四·四一〇	
第三目　義務教育費	二二三·〇七一	
第四目　社會教育費	三九·六七一	
第五目　教育總基金	一八·一六三	
第六項　衛生費	一·二〇〇	
第一目　平民產院補助經費	一·二〇〇	
第七項　建設費	七二·三〇一	
第一目　建設局行政費	一三·六七二	自二十三年三月奉令改技術室爲建設局另編行政費預算呈奉建設廳核准在案
第二目　建設事業費	三一·二一七	
第三目　區公所養路捐撥補市委會	二·四九六	上屆於收款項下支除本屆列作一收一支
第四目　農業推廣經費	九·四一二	
第五目　改良蠶桑經費	一三·七〇四	奉建設廳令提出百分之七十爲改良蠶桑用途
第六目　度量衡檢定費	九〇〇	
第七目　合作指導員經費	九〇〇	
第八目　實業設備費	無	

科目	概算數	備攷
第八項 救濟費	八.四四〇	
第一目 救濟院補助費	三.二四〇	
第二目 游民習藝所補助費	一.八〇〇	
第三目 資遣難民費	四〇〇	
第九項 協助費	五一.九六四	
第一目 解省築路畝捐	二四.〇九〇	
第二目 解省建設工程司薪旅費	一.二〇〇	

歲出臨時門

科目	概算數	備攷
第一款 縣歲出臨時	一三五.六六九	
第一項 行政費	一〇七.九〇四	
第一目 清丈費	一〇七.〇六四	
第二目 撫恤費	三六〇	
第三目 縣行政會議費	四八〇	
第四目 酒捐公田租息	無	
第五目 防空監視哨電話費	無	
第二項 公安費	三三.四三三	

科目	概算數	備攷
第三目 解省汽車公司專營費	三.〇〇〇	
第四目 解省汽車季捐	八.八八四	
第五目 解省補助高淳工程費	四.〇〇〇	
第六目 解省實業經費	一〇.八〇〇	
第十項 總預備費	一三五.六〇四	
第一目 總預備金	一三五.六〇四	上項內有地價縣稅項下銀十一萬六千一百九十九元以備徵不足數之抵補其餘九千四百零五元即係預備金

科目	概算數	備攷
第一目 公安局臨時費	三.九六二	此項臨時支出細目詳見該局分冊斷難刪減
第二目 警補習所經費	九六〇	此款等於經常支款斷難刪減
第三目 長警服裝費	一三.〇〇〇	
第四目 警察隊臨時費	二.三三四	此項臨時費支出細目詳見該隊分冊
第五目 水巡隊臨時費	無	併入前目支配
第六目 保衛團臨時費	四五六	
第七目 冬防費	七〇〇	

科目	概算數	附註
第八目緝補費	一·〇〇〇	
第九目軍用草鞋費	無	
第三項救濟費	五·三五三	
第一目積穀費	五·三五三	
歲出經常臨時合計	一·〇九一·九六五	

江蘇省無錫縣民國二十三年度市款歲入概算書

歲入經常門

科目	概算數	附註
第一款 市歲入經常	一三六·〇三七	
第一項 雜捐	一一二·三八五	
第一目 房捐	六八·六四〇	
第二目 旅館捐	四·五八二	上項本係取自旅館自二十四年一月由旅館代向旅客征收合如上數
第三目 茶館捐	三·〇〇〇	公園茶捐一千五百六十元各茶館茶捐一千四百四十元
第四目 車捐	三三·三四八	上項人力車按一千七百五十九輛每輛一元歸市有又月撥二百四十元歸第一區共年撥二萬三千九百八十八元又包車每輛一元五角統歸市有計二千一百元又自由車捐每輛一元統歸市有計五百四十元又汽車捐撥市養路工程費一千三百四十四元又清道捐每輛二角共五千一百六十元又輛行捐每年二百十六元
第五目 廣告捐	九六〇	
第六目 船埠捐	一二〇	按輪船征收
第七目 娛樂捐	一·七三五	上項原係取自戲院自二十四年一月由戲院代向游客征收合如上數
第二項 財產收入	二〇·四七二	
第一目 房租	一四·四〇〇	
第二目 地租	一·三二〇	
第三目 田租	六七二	
第四目 菜場租	三·六〇〇	上項菜場租一千六百八十元菜場捐一千九百二十元
第五目 自流井	四八〇	
第三項 其他收入	三·一八〇	
第一目 航渡船執照費	一·六二〇	上項航船一千三百二十元渡船三百元
第二目 建築執照	一·五六〇	

歲入臨時門

科目	概算數	附註
第二款 歲入臨時	三八四	
第一項 其他收入	三八四	
第一目 電燈廠貼補路燈費	一九二	
第二目 庫券本息	一四四	
第三目 存款息金	四八	
歲入經常臨時合計	一三六·四二二	

歲出經常門

科目	概算數	附註
第一款 歲出經常	一三〇·三六一	
第一項 行政費	八·七六〇	
第一目 第一區公所行政費	二·八八〇	該公所除在縣款內撥九十元外月由市款撥三百四十元
第二目 第一區鄉鎮公所經費	一·四四〇	以茶館捐撥給
第三目 公園管理費	一·九二〇	
第四目 菜場管理費	八四〇	
第五目 自流井管理費	一·一四〇	
第六目 常年廣告費	五四〇	此款由國民導報具領依照財政廳第二二三一號訓令辦理
第二項 公安費	六六·六一三	
第一目 補助公安經費	六六·六一三	上項城區六分局及一分駐所每月警餉五千五百元又分駐所房租每月二十元又東北西三門警衛所每處月租二元又指定醫師代診每月二十五元合如上數
第三項 財務費	六·六六二	
第一目 地方捐款征收處經費	五·七六〇	
第二目 市產廳納捐稅	四六〇	
第三目 旅館捐娛樂捐手續費	四三二	在代向旅游客捐內准扣百分之五手續費
第四項 教育費	五·六八〇	
第一目 補助教育費	三·六〇〇	此款由學田項下撥出補助市區小學之用
第二目 補助社會教育事業費	一·八〇〇	由社會教育促進會具領補助民衆茶園閱報室等事業之用
第三目 補助城西社會服務處	一八〇	
第四目 補助第一區教育會	一〇〇	

科目	概算數	附註
第五項 衛生費	六·七〇〇	
第一目 公安局衛生經費	六·一〇〇	每月五百八元三角
第二目 補助平民產院經費	六〇〇	
第六項 建設費	一二·六四〇	
第一目 市政工程管理費	三·二四〇	原有市政工程處經費現由建設局具領已奉建設廳核准
第二目 道路工程費	八·四〇〇	上項經縣政會議議決上年未完工程依案繼續支此後不滿百元之工程先行施工其餘非經核准不得動撥
第七項 救濟費	一四·八三〇	
第一目 補助游民習藝所經費	一·二〇〇	
第二目 救火聯合會經費	五·七四〇	
第三目 補助公益及慈善經費	三一〇	
第四目 路燈費	七·六八〇	
第八項 總預備費	九·三七七	
第一目 總預備金	九·三七七	上項內有第一區公所事業費三千四百八十元遵令歸入總預備費留待辦理保甲之用惟前奉民政廳民字第一四一五號指令內開各區事業費除有繼續性質得由縣酌撥外應一律停發留充保甲經費等因應俟該區查明繼續性質之事業再行專案呈請以免偏廢

歲出臨時門

科目	概算數	附註
第一款 歲出臨時	六·一六〇	
第一項 行政費	四·〇八〇	
第一目 修理費	三·七八〇	上項公園修理費一千六百八十元垃圾箱修理費三百六十元廣告欄修理費三百六十元自流井修理費一百八十元市產房屋修理費一千二百元
第二目 保險費	三〇〇	
第二項 公安費	四二〇	
第一目 冬防費	四二〇	
第三項 衛生費	一·六六〇	
第一目 公安局臨時衛生費	一·二〇〇	夏令增加三個月每月四百元
第二目 臨時防疫經費	四六〇	內夏令防疫經費三百元施種牛痘經費一百六十元
歲出經常臨時合計	一三六·四一二	

無錫縣地方捐款徵收處紀要

查本縣地方雜捐，奉令由縣政府直接統一征收，並派員組織地方捐款征收處，直隸縣府，以便管理。茲將組織及辦事規則列后。

無錫縣地方捐款征收處組織及辦事規則

第一條　依據江蘇省財政廳雜字第一九二七號訓令之組織，定名地方捐款征收處，(以下簡稱征收處)

第二條　征收處直隸縣政府，並頒給圖記，以資信守，

第三條　本處設置左列人員，均由縣政府委派，主任一人。

會計員二人，(一司銀錢及各種捐據一司賬册及填寫書表等事)

收捐員若干，(視捐務繁簡爲定)

事務員二人。

第四條　主任綜理一切事務，會計員收捐員事務員均主任之指揮監督，分別辦理各項事務。

第五條　征收處自二十三年度開始實行。

第六條　除契牙屠附捐保衛串捐汽車捐向係隨正帶征外，其餘一切地方捐欵，皆屬之。

第七條　征收處所收捐款，應塡用財政廳所頒訂之三聯收據。

第八條　征收處應將逐日收款塡具五聯繳款書繳送縣金庫，(照縣款收支存放辦法及書式辦理)

第九條　征收處於月終應將收解各款造具四柱清册，呈報縣政府及款產處，其册式另訂之。

第十條　凡各局各區公所自行征收之捐款，應自七月一日起，一律劃歸征收處，如因特別障礙，或爲便利起見，得委託原機關代收，但仍用征收處名義及捐據，暨由處負一切責任。

第十一條　各項捐款，務須月清月欵，不得積壓。

第十二條　征收處概算及獎懲規則另訂之。

第十三條　本規則如有未盡事宜，得隨時補修正。

第十四條　本規則經政務會議議決施行，並呈報財政廳備案。

無錫縣金庫制辦理情形

本縣金庫制度，奉令自二十三年七月開始實行，先後指定江蘇，農民，中國，交通，爲無錫縣代理金庫。迭經

召集會議，磋商允洽，決定縣庫款存江蘇，建設及積穀款存農民，教育款存交通，清丈款存中國，並因市款有特別情形，呈奉核准暫緩依照金庫手續辦理，以半年爲限，此奉行金庫制之概況也。其他因事實誤會，及記賬困難，發生種種障礙，均經隨時隨事斟酌情形，極力排除。市款亦已二十四年一月起實行金庫制度，統一辦理。茲將收支存放辦法及縣金庫暫行規程附錄於后。

江蘇省各縣縣款收支存放辦法

二十三年三月九日江蘇省政府委員會第六三九次會議通過

第一條　江蘇省各縣縣款之收支存放均依照本辦法辦理

第二條　凡由縣政府經征之縣稅應依照江蘇省各廳所屬各機關及各縣繳解欵款辦法之規定由縣劃交公款公產管理處存放金庫縣政府所屬機關之生產收益及其他收入亦應繳解金庫

第三條　縣金庫由財政廳指定銀行代理之

第四條　縣地方機關所收縣欵應備具五聯繳欵書（書式附後）書內須分別塡明科目年月份並數目暨征獲年月份以第一聯爲存根截留備查以第二聯通知第三聯報告第四聯回證第五聯報查連同現金解交金庫核收金庫收款後即於每聯上加蓋收訖戳記截留通知一聯存查其餘三聯由繳欵機關送交公欵公產管理處分別處理之

第五條　金庫收到現金備具三聯收款書以一聯爲存根一聯給繳欵機關一聯送公款公產管理處不得稍有延擱

第六條　公款公產管理處接到金庫送來一聯收款書後與繳款機關送來繳款書三聯核對相符除截留報告一聯外即將回證一聯加蓋鈐記送還繳款機關報查一聯送縣會計主任

第七條　各機關繳款如有數款同時報解者必須每款塡一繳欵書以清眉目而便登記

第八條　縣地方一切支出統有金庫支付之若有未經金庫支付者縣長或機關主管人員不得列入交代

第九條　領支經費應先具請款書送縣政府審核是否與預算或支出法案相符經核定後由縣政府塡就三聯支付命令（支付命令式附後）由縣長會同會計主任及公欵公產管理處主任簽名蓋章截留存一聯備案外以第二聯送交金庫第三聯通知交領欵機關領款機關收到支付命令後備具四聯總收據（總收據式附後）以一聯存根其餘三聯聯同支付命令通知持向金庫領款金款接到上項支付命令通知聯與縣政府所發支付命令核對相符即以現金交付並將總收據三紙中之一聯存庫備查其餘二聯送縣政府留存報告一聯備查其報查一聯送會計主任

第十條　縣政府對於符合預算或支出法案之請款書不得拒絕塡發支付命令

第十一條　金庫核對領款人持來之支付命令通知與付命令不符或有汚損模糊之處得拒絕支付

第十二條　金庫對於合法之支付命令不得遲緩付欵

第十三條 凡縣款之收支存放之舊有手續自本辦法施行日起一律廢止

第十四 本辦法經省政府委員會議決公佈施行

江蘇省各縣縣金庫暫行規程

第一條 江蘇省政府爲統一縣地方欵項收支起見設立縣金庫掌理縣地方款項之出納事務由財政廳指揮監督之

第二條 全縣收入統由縣金庫收納存儲全縣支出統由金庫支付之

第三條 以江蘇銀行及農民銀行代理縣金庫中國銀行交通銀行臨時代理縣金庫

第四條 各縣縣金庫除由江蘇銀行及農民銀行代理外財政廳視各縣財務情形得酌加中國銀行或交通銀行代理之

第五條 各縣代理縣金庫指定兩行或兩行以上時爲使款項收支之簡捷及統一起見得互推代表庫以處理之

上項代表庫設立後其金庫應負之責任仍應由各代理縣金庫分擔之

第六條 縣金庫應設之賬簿種類出納細則及金庫檢查規程由財政廳規定之

第七條 縣金庫應依款項之性質劃分爲縣稅縣教育稅縣建設稅縣積穀稅及臨時稅款五戶

如須添設專戶應由縣長呈請財政廳核准

第八條 縣金庫支付款項除按照縣款收支存放辦法外教育款項其領款書應由教育局長蓋章建設款項其領款書應由建設局長蓋章凡未設立教育局或建設局者不在此限

第九條 各縣所收稅欵暫時不能劃分者應隨時存入代理縣金庫之銀行俟劃分後轉入金庫不得預先濫撥支付現欵

第十條 金庫款項得依其性質之久暫酌提一部份作爲存欵利率及時期由縣政府與代理縣金庫之銀行商定惟須呈報財政廳備案

第十一條 縣金庫應以戶爲單位作成日報表二份一份送縣政府一份送公欵公產管理處

第十二條 縣金庫應將縣教育稅戶當日收付狀況作成日報表送教育局備核未設教育局之各縣得免送

第十三條 縣金庫應將縣建設稅戶當日收付狀況作成日報表送建設局備核未設建設局之各縣得免送

第十四條 縣金庫應於每月終了一星期內彙編收支總表送交總行由總行彙編各縣縣地方款收支總表送財政廳備核

第十五條 代理縣金庫不能稱職時財政廳得命令取消之

第十六條 財政廳長得隨時派員檢查縣金庫賬簿

第十七條 代理縣金庫之銀行對於縣地方財政應盡輔助之責

第十八條 縣金庫收支欵項手續另定之

第十九條 本規程經省政府會議議決施行

修正江蘇省各縣公款公產管理處組織規程

（二十三、五、十一、江蘇省政府委員會第六五七次會議通過）

第一條　江蘇省各縣公款公產管理處「以下簡稱管理處」之組織悉照本規程辦理

第二條　各縣之公款公產應由管理處管理之

第三條　管理處受縣政府暨財政廳所派縣會計主任之監督

第四條　各縣管理處依公款數額分為甲乙丙三等其編制如下

甲等　主任一人　副主任一人主計員四人

乙等　主任一人　副主任一人主計員三人

丙等　主任一人　主計員二人

管理處依事務之繁簡得酌設事務員甲等不得超過三人乙丙等均不得超過二人管理處之經費數額另行核定之

第五條　主任綜理處內一切事務副主任協助之

主計員掌理款項之出納財產之調查報表之編造及其他會計事宜

事務員承主任副主任或主計員之命分任處內各項事務

第六條　主任及副主任由縣長就本縣公正人士信用素著者聘任之主計員由縣長就本縣可靠人士而具會計學識與經驗者聘任之但現在本縣之公務員不得兼任事務員由主任副主任遴委並報縣政府備案

第七條　前項職員之任用均由縣政府呈報民政財政廳備案

主任副主任主計員均為名譽職但得就地方財政之狀況酌支伕馬費事務員之薪額另定之

第八條　主任及副主任任期一年主計員任期二年均得連任一次如因事撤職其後任以補足前任未滿之期為止

第九條　管理處理縣款之手續依江蘇省各縣縣款收支存放辦法辦理縣地方各機關之請款書由管理處轉送縣政府

第十條　管理處應依照江蘇省省縣地方款項稽核規程之規定會簽縣地方款之支付命令

第十一條　管理處之會計制度由財政廳訂定頒行

第十二條　管理處於每年度開始前應依本規程所定等次在額定經費數額內編造概算呈送縣政府轉呈財政廳

第十三條　管理處應依照江蘇省各廳處所屬機關及各縣編製收支計算書辦法之規定將公款公產產生之收入編收入計算書本機關經費部分編支出計算書連同憑證單據送交會計主任轉呈財政廳審核

第十四條　管理處除依照上條規定編造收支計算書外並須按年按月將財政情形分別刊登報章或印刷品公佈之

第十五條　地方於管理處有關係之各法團對於前條之公

布有疑義時得隨時請求檢查其賬册要求主任限期答復

第十六條 縣屬各機關所編之年度概算書及分配表由管理處彙轉縣政府

第十七條 管理處職員經收各種款項未曾遵照法令解交金庫而有挪用或侵蝕情事對於所管公產不遵法令而有變賣侵蝕情事經地方團體之糾勁或民衆之告發查有實據者除由縣政府撤職追償並依法懲處外縣長及廳派會計主任連帶負賠償之責

第十八條 管理處關于出納款項之收支書類非經主任署名對外不生效力

第十九條 管理處辦事細則由各縣自行訂定由縣政府呈報財政廳核准行之

第二十條 管理處應備圖記文曰某縣公款公產管理處圖記呈請縣政府頒發應用

第二十一條 本規程如有未盡事宜得由縣政府呈請省政府修正之

第二十二條 本規程經 省政府委員會議決公布施行

無錫縣公款公產管理處概況

在昔無錫地方款產處有二，一曰無錫縣公款公產管理處，一曰無錫縣市款市產管理委員會，權限雖極明瞭，但性質不無抵觸。曾於二十三年六月間經江蘇省政府委員會第六六五次會議，以無錫係屬縣制，並非市區，原有無錫市款產委員會章程，與現行之各縣縣款收支存放辦法，及修正各縣公款公產管理處組織規程，抵觸之處甚多，議決應予廢止。由民政財政廳先後令縣接收，前市款產委員會主席顧倬遵令移交，縣府於接收後，即轉交縣公款公產管理處管理。同月並奉 財政廳頒廢修正江蘇省各縣公款公產管理處組織規程，本縣公款公產管理處應在改組之列，旋於九月一日改組完竣，新任正副主任及主計員同時就職。茲將奉頒修正江蘇省組織規程，及主任副主任主計員履歷，暨職員姓名，開列於后：

無錫縣公款公產管理處職員錄

主任 錢基厚

副主任 陳作霖

主計員 楊壽楣 吳士枚 李惕平 倪家鳳

事務員 龔耀孫 陸鴻聲 蓋紫蟾

無錫四門謠

南。門。荳。腐。北。門。蝦。
西。門。柴。担。密。如。蔴。
只。有。東。門。嘸。啥。賣。
葫。蘆。茄。子。搭。生。瓜。

註

此謠爲民間歌詠錫城四門物產之作。南門多豆腐店，出品細嫩，豆腐乾及百葉亦著聞遐邇；北門沿運河，近太湖五里湖，爲魚蝦之市集；西門外山巒屏峙，故多柴；東門外遍地菜圃，全城蔬菜，均仰於此。故云云也。「嘸啥」，俗語「無甚」之意，「搭」即「及」也。

交通

路政

京滬鐵路無錫站

京滬鐵路本稱滬甯鐵路，無錫車站建前清光緒三十二年（西歷一九〇六年），同時通車。民國十三年齊盧搆釁，堆棧等曾被燬壞，旋即於同年修復，十八年十月三十日起，奉令改稱今名。二十三年，站旁添建小花園，二十四年，地方人士以錫宜錫澄汽車公路通車以後，該站搭客陡增，故有提請路局改建車站擴充地位之議，路局亦以爲然，現正在計劃進行中，茲將自錫站至本路各站之里程表，價目表，時間表列陳於後：

自錫站至京滬路各站之里程及價目表

（一）自無錫至南京段

站名	公里數	三等車價目
石塘灣	一〇・六九	二角
洛社	一三・四五	二角五分
橫林	二一・七二	三角
戚墅堰	二七・七二	三角五分
常州	三・八八三	五角
新閘鎮	四七・六八	六角
奔牛	五六・五四	七角
呂城	六四・〇六	八角五分
陵口	七四・一五	九角五分
丹陽	八三・五六	一元〇五分
新豐	九一・五一	一元一角五分
渣澤	一〇四・三四	一元二角
鎮江旗站	一〇九・四二	一元二角五分
鎮江	一一三・四八	一元三角
高資	一二六・二一	一元四角五分
下蜀	一三七・九二	一元五角五分
龍潭	一四九・〇一	一元七角
棲霞山	一五九・〇〇	一元八角
堯化門	一六七・八四	一元九角
太平門	一七五・〇四	二元
神策門	一七七・九〇	二元
南京	一八二・五〇	二元〇五分

（二）由無錫至上海段

站名	公里數	三等車價目
無錫旗站	四・八七	一角
周涇巷	一〇・七二	二角
望亭	二一・二一	三角
滸墅關	二九・八九	四角
蘇州	四二・二一	五角五分
官瀆里	四五・〇九	六角
外跨塘	五〇・八二	六角五分
唯亭	五九・六八	七角五分
正儀	六六・一六	八角五分
崐山	七六・八六	一元
青暘巷	八〇・三〇	一元另五分
陸家浜	八六・一八	一元一角
安亭	九七・五五	一元二角
黃渡	一〇五・一三	一元二角五分
南翔	一一一・二九	一元三角
眞茹	一二〇・九八	一元四角
上海	一二八・五四	一元四角五分

京滬鐵路最近火車時刻表

上行車

上海北站開

- 上午〇點五十滬常三四等混
- 上午五點正滬京三四等混
- 上午八點正滬京特快車
- 上午九點正滬京快客車
- 上午十一點正嘉錫混區間車
- 下午一點十閘京聯運特快車
- 下午四點正滬平聯運特快車
- 下午四點三十滬常二三四等
- 下午六點〇五滬錫二三等混
- 下午十一點正滬京夜特快車
- 下午十二點正滬京三四等

崑山開

- 上午二點〇二滬常三四等混
- 上午七點〇九滬京三四等
- 上午九點〇八滬京特快車
- 上午十點二八滬京快車
- 下午十二點四十嘉錫混區間
- 下午二點二十二閘京聯運特快
- 下午六點三十六滬常二三四等
- 下午八點〇九滬錫二三等混

蘇州開

- 上午一點十滬京夜特快
- 上午二點正滬京三四等
- 上午二點五十六滬常三四等混
- 上午八點三五滬京三四等混
- 上午九點五十四滬京特快
- 上午十一點二十三滬京快
- 下午一點四七嘉錫混區間
- 下午三點〇六閘京聯運特快
- 下午六點正滬平聯運特快
- 下午八點〇一滬常二三四等
- 下午九點四一滬錫二三等混

無錫開

- 上午二點〇八滬京夜特快
- 上午二點五十八滬京三四等
- 上午四點正滬常三四等混
- 上午六點三十錫京二三四等混
- 上午十點〇九錫京三四等混客
- 上午十一點四十滬京特快
- 下午十二點三九滬京快車
- 下午三點〇六嘉錫混區間
- 下午三點五六閘京聯運特快
- 下午六點五十五滬平聯運特快
- 下午九點三十六滬常二三四等到
- 下午十一點正滬錫二三等車到

常州開

- 上午三點〇五滬京夜特快車
- 上午四點三十滬京三四等車
- 上午五點十五滬常三四等車到
- 上午八點〇七錫京二三四等混
- 上午十一點四十八滬京特快
- 下午十二點〇八滬京三四等
- 下午一點四十八滬京快車
- 下午五點二十嘉錫混區間
- 下午四點五十閘京聯運特快
- 下午七點五十三滬平聯運特快車
- 下午十點四五滬常二三四等到

丹陽開

- 上午四點十七滬京夜特快
- 上午五點五十八滬京三四等
- 上午九點四十二錫京二三四等
- 上午十一點四十滬京特快
- 下午一點四十四滬京三四等混
- 下午二點五四滬京快車
- 下午五點四一閘京聯運特快
- 下午六點三九嘉錫混區間
- 下午八點四十七滬平聯運特快

鎮江開

- 上午五點十滬京夜特快
- 上午七點二十滬京三四等混
- 上午十點五一錫京二三四等混
- 下午一點二十六滬京特快
- 下午三點正滬京三四等混
- 下午三點五十三滬京快車
- 下午六點二十四閘京聯運特快
- 下午七點四十嘉錫混區車到
- 下午九點三十三滬平聯運特快

南京到

- 上午七點正滬京夜特快
- 上午十點〇五滬京三四等
- 下午一點十五錫京二三四等
- 下午二點四五滬京特快
- 下午五點二五滬京三四等混
- 下午六點正滬京快車
- 下午七點四五閘京聯運特快
- 下午十點五五滬平聯運特快

下行車

南京開

- 上午八點正京閘聯運特快
- 上午八點十五京滬三四等混
- 上午九點三十京滬快車
- 上午十二點正京滬二三四等
- 下午五點正京滬特快
- 下午五點三十京錫二三四等混
- 下午十一點正京滬夜特快
- 下午十二點正平滬聯運夜特快

鎮江開

- 上午一點正京滬夜特快車
- 上午一點四八平滬聯運夜特快
- 上午六點二十錫嘉混區間
- 上午九點三十京閘聯運特快
- 上午十點四三京滬三四等混
- 上午十一點四十京滬快車
- 下午二點五二京滬三四等
- 下午六點二九京滬特快
- 下午八點十五京錫二三四等混

丹陽開

- 上午一點五一京滬夜特快
- 上午二點三五平滬聯運夜特快
- 上午七點十九錫嘉混區間車
- 上午十點十二京閘聯運特快
- 上午十一點四四京滬三四等車
- 下午十二點三八京滬快車
- 下午四點〇三京滬三四等
- 下午七點〇七京滬特快車
- 下午九點二十京錫二三四等

常州開

- 上午三點〇二京滬夜特快
- 上午三點四一滬平聯運夜特快
- 上午六點正常滬二三四等
- 上午八點四六錫嘉混區間
- 上午十一點〇六京閘聯運特快
- 上午十二點正常滬三四等車
- 下午一點五六京滬快車
- 下午二點二十京滬三四等車
- 下午五點二六京滬三四等
- 下午八點〇一京滬特快車
- 下午十點四六京錫二三四混

無錫開

- 上午四點〇五京滬夜特快
- 上午四點三八平滬聯運夜特快
- 上午五點四十五錫滬二三等混
- 上午七點十三常滬二三四等
- 上午十點〇七錫嘉混區間
- 上午十一點五七京閘聯運特快
- 下午一點三十常滬三四等混
- 下午三點十五京滬快車
- 下午三點五十二京滬三四等混
- 下午六點四十九京滬三四等車
- 下午八點五十二京滬特快車
- 下午十一點五五京錫二三四等到

蘇州開

- 上午五點十京滬夜特快
- 上午五點四一平滬聯運夜特快
- 上午七點五錫滬二三等
- 上午八點三一常滬二三四等
- 上午十一點二六鎮嘉混區間
- 下午十二點五〇京閘聯運特快
- 下午三點〇二常滬三四等混
- 下午四點二七京滬快車
- 下午五點十六京滬四等混
- 下午八點〇七京滬三四等
- 下午九點四六京滬特快

崑山開

- 上午八點十四錫滬二三等混
- 上午九點四五常滬二三四等
- 下午十二點四二嘉混區間
- 下午[illegible]點[illegible]十京閘聯運特快
- 下午四點十五常滬四等混
- 下午五點十二京滬快車
- 下午六點[illegible]二京滬四等混
- 下午九點十[illegible]滬四等混

北站到

- 上午七點十五京滬夜特快
- 上午七點四十滬平聯運特快
- 上午十點五錫滬二等混客
- 上午十一點五滬滬二四等
- 下午二點一〇嘉混區間
- 下午二點二十京閘聯運特快
- 下午六點十滬四客
- 下午八點二五京滬三四等車
- 下午六點三五京滬快車
- 下午十點四五京滬三四等
- 下午十一點一十京滬特快車

無錫縣已成未成公路一覽表

路名	路別	起迄地點	經過市鎮	路面種類	路幅寬度（公尺）	全長（公里）	交通狀況	備考
宜錫路無錫段	省道	起無錫車站迄閶江口	惠山鎮榮巷鎮梅園	碎石澆漿	九·〇〇	二五·〇〇	由江南汽車公司專營直通宜興接京杭國道	民國廿一年通車
錫滬路錫虞段	省道	起無錫車站迄常熟交界之羊尖鎮	東亭鎮查家橋鎮安鎮	路面在招標鋪築中擬定碎石路面本[illegible]六月中可鋪就	九·〇〇	二六·〇〇	由錫滬汽車公司專營預定六月中通車經常熟太倉嘉定而達上海	即將工竣
錫澄路南段	縣道	起無錫車站迄澄錫界橋	塘頭鎮陳家橋鎮堰橋鎮	黃石彈街路面	八·〇〇	一五·〇〇	由錫澄汽車公司專營北通江陰	民國二十年通車
湖山路	縣道	起蠡園環五里湖一周回至蠡園	黿頭渚大渲口	尚未鋪就	七·〇〇	一二·〇〇		此路爲風景線聯絡蠡園黿頭渚小箕山梅園諸勝橋樑路面在進行中預定九月中可通車
揚西路	縣道	起西門外迎龍橋迄蠡園	夏家邊	金山石彈街	六·〇〇	六·五〇	現可通行	此路爲城區通湖山路唯一車道正在進行改善工作
開原路	鄉道	起西門外迎龍橋迄梅園	榮巷鎮	金山石彈街	九·〇〇	六·五〇	由開原汽車公司行駛公共汽車	
揚化路	鄉道	起南門外帶鈎橋迄南方泉鎮	南橋鎮周新鎮方橋鎮板橋鎮葛埭橋鎮	金山石黃石彈街路面	五·五〇	二〇·〇〇	此路爲西南鄉主要鄉道現可通行人力車	
錫涇路	鄉道	起錫澄路塘頭站迄張涇橋	嚴埭鎮東北塘鎮八十橋鎮	煤屑路面	三·〇〇	一〇·〇〇	通行人力車	
開原路北	鄉道	起忠山鋪迄壽萬橋鎮	錢橋鎮	足六磚及砌石路面	四·〇〇	六·〇〇	通行人力車	

錫安路	鄉道	起東門訖安鎮	經過東亭長大廈查家橋	煤屑路面	四·〇〇	六·〇〇	通行人力車
新安路	鄉道	起周新鎮訖華大房莊	無	煤屑及彈街路面	三·五〇	五·〇〇	通行人力車
富安路	鄉道	起妳灣訖陸區橋	張舍胡埭	煤屑路面	三·〇〇	一〇·〇〇	通行人力車
錫景路	鄉道	起南門訖江溪橋	無	煤屑路面	三·〇〇	六·〇〇	通行人力車

無錫縣汽車公司調查表

公司名稱	組織及股本	創辦年月	經理姓名	公司地址	車輛設備	行駛路線	路線起訖點及公里數	備註
宜錫路江南汽車股份有限公司	股份有限公司	民國二十三年三月	吳琢之	南京西華門	大客車廿輛	錫宜路	自無錫火車站至宜興西門計六三·二九公里	
錫澄長途汽車股份有限公司	股份有限公司	民國十九年八月	朱馨山	無錫火車站	大客車廿貳輛連小包車四輛貨車二輛	錫澄路	自無錫火車站至江陰西門計三七·七五公里	

無錫縣汽車行調查表

車行名稱	創辦年月	行主姓名	資本總數	行址	車輛設備	備註
雲飛	民國二十二年十月	王義臣	一千五百元	通惠路上	小汽車二輛	經理楊榮林
山明	民國二十一年四月	沈靜遠	一千八百元	同上	小汽車三輛	經理楊珠光
有利德記	民國二十一年八月	鄧阿菊	四百元	同上	小汽車一輛	
林記	民國二十年六月	胡毓林	一千元	同上	小汽車二輛	經理楊肇卿
中央	民國二十二年二月	曹雪梅	六百元	同上	小汽車一輛	
新昌	民國二十二年二月	張乾坤	五百元	同上	小汽車一輛	

榮泰劉記	民國十七年十月	劉順榮	一千元	車站路	小汽車二輛	
開通	民國十六年二月	洪永福	一千八百元	同上	小汽車三輛	
興昌	民國十七年二月	王寶和	一千元	同上	小汽車二輛	
上海源記有利	民國二十二年三月	過庭樑	九百元	同上	小汽車二輛	經理過志源
有利聖記	民國二十二年二月	陳聖賢	一千二百元	同上	小汽車二輛	
達昌	民國廿二年十一月	尹仲仁	三千五百元	同上	小汽車四輛	經理陳夢星
袁世開	民國十四年五月	袁世開	一千元	同上	小汽車二輛	經理李阿根

附錄一　錫澄長途汽車客票價目表

站名	無錫	北栅口	塘頭	陳家橋	旺莊	胡家渡	堰橋	塘頭橋	青暘	戴莊	南閘	江陰
無錫												
北栅口	五分											
塘頭	一角	一角										
陳家橋	一角	一角	一角									
旺莊	一角	一角	一角	五分								
胡家渡	二角	二角	二角	一角	一角							
堰橋	二角	二角	二角	一角	一角	一角						
塘頭橋	三角	三角	三角	二角	二角	二角	一角					
青暘	四角	四角	四角	四角	三角	三角	二角	一角				
戴莊	四角	四角	四角	四角	四角	三角	三角	三角	一角五分			
南閘	五角	五角	五角	五角	四角	四角	三角	三角	三角	一角五分		
江陰	五角	五角	五角	五角	五角	五角	四角	四角	三角	二角五分	一角五分	

專雇該公司小汽車單程價目

價目 站名 \ 站名	青暘	江陰
無錫	三元	五元

附錄二　錫宜長途汽車客票價目表

（一）本表客票價目在減價期內概以五折計算

（二）在減價期內軍警孩童不再減半

站名	無錫	梅園	楊灣	閭江灣	雪堰橋	潘家橋	黃堰橋	漕橋	萬石橋	和橋	屺亭橋	天主堂
無錫												
梅園	四角											
楊灣	六角二分	二角二分										
閭江灣	八角二分	四角二分	二角									
雪堰橋	九角四分	五角四分	三角二分	一角二分								
潘家橋	一元一角二分	七角二分	五角	三角	一角八分							
黃堰橋	一元二角	八角	五角八分	三角八分	二角六分	八分						
漕橋	一元三角四分	九角四分	七角二分	五角二分	四角	二角二分	一角四分					
萬石橋	一元五角六分	一元一角六分	九角四分	七角四分	六角二分	四角四分	三角六分	二角二分				
和橋	一元七角	一元三角	一元零八分	八角八分	七角六分	五角八分	五角	三角六分	一角四分			
屺亭橋	一元八角六分	一元四角六分	一元二角四分	一元零四分	九角二分	七角四分	六角六分	五角二分	三角	一角六分		
天主堂	二元零四分	一元六角四分	一元四角二分	一元二角二分	一元一角	九角二分	八角四分	七角	四角八分	三角四分	一角八分	
宜興	二元二角	一元八角	一元五角八分	一元三角八分	一元二角六分	一元零八分	一元	八角六分	六角四分	五角	三角四分	一角六分

無錫縣人力車行調查表

車行名稱	地址	車輛數目
兆豐	東新路	四二
順泰	漢昌路	七二
瑞豐	後太平巷	四二
王永興	南門黃泥橋	三九
興記	中正路	三一
李鳳山	中正路	一一
華鏡清	又	一一
過永發	又	三二
姚幹石	中正路	一一
益利	又	二七
永泰	光復橋	三六
翔清	後中正路	二〇
雲程	西河頭	六〇
昇泰	東新路	二〇
朱潤萬	小粉橋	一七
泰記	東新路	二〇
慶記	前太平巷	三九
王海記	西門	二二
利程	圖書館路	二二
華文魁	東新路	二五
興利	後太平巷	二一
義成	小南海	四五
雲飛	小南海	三五
競新	東門外	三八
協成	西新路	三一
寶成	上牌樓	三
捷成	帶鈎橋	一五
禹記	公園路	一七
芳記	公園路	一六
朱華記	觀前街	二〇
寶記	西橫街	六八
德新	公園路	一二
徐乾泰	迎龍橋	二〇
何薫春	迎龍橋	一六
代步	迎龍橋	一〇
高炎記	灣頭上	一二
益興	通匯橋	二五
益新	又	二五
協興	圖書館路	四三
德記	公園路	三九
沈仁記	東新路	二一
過廷記	挑水弄	一四
恆記	圓通路	九
協程	中正路	九七
合盛	觀前街	四〇
馮五記	沿堺口	二八
勤益	西門橋	三二
蘇廣記	東月城	二六
徐立明	德新橋	二九
濤保記	河堺口	一五
韓順興	小南海	一五
協盛	迎龍橋	二〇
寶綸	西門	一六
捷安	中正路	二六
合記	西門小木橋	一五
鴻昌	前橋頭	一七
德成	上牌樓	三一
永成	帶鈎橋	二〇
寶利	上牌樓	一一
飛星	迎龍橋	三五
湖記	帶鈎橋	九
民豐	南橋	二八
民益	東峰	一二
柯峻記	北柵口	二〇
孫義記	南新橋	一〇
孫鑫記	南新橋	九
孫華記	後中正路	九
陳爲學		六
美利	挑水弄	二
福利	後太平巷	二一
何金祥	迎龍橋	一六
王明記		一〇
惠民	廣勤路口	一八
丁如法		一〇
競飛	河堺口	六
祁文聚	南城脚	二
郭步瞻	北城脚	一
李成本	東門	二
徐德城	東門	四
袁龍寶	東新路	五
李同昌	西門石舖頭	五
李春記	周山浜	一二
沈立記	北倉門	一五
岳阿四	小南海	二
高儉初	中正路	二
傅兆先	東新路	一
長興	東月城	三八
孫學洪	田基浜	二
寶興	新西外城脚	二
凌聚川	鐵樹橋	三

黃月盛	小婁巷	三
阮道甲	希道院巷	三
蔣元記	公園路	一
王宜貴	田基浜	四
祁公興	南城脚	二
新記	東新路	四
馮東泰	又	四
郭鳳記	圓通路	三
姚興記	東新路	二
王志記	又	四
大日生	公園路	一〇
曹德奎	東門陸昌工房	六
厚記	中正路	六
振興	王道人弄	二
徐海記	歡喜巷	一
吳韜記	東門	二
韓寶林	前橋頭	六
全記	映山河	六
震記	又	一二
曹洪聲	中正路	六
王廷記	大婁巷	五
嚴慶記	上牌樓	六
顧元記	東新路	三
顧益記	又	四
徐阿大	馬路上	一
馮錦山	東門	六
徐昌記	南門	三
李金記	東門	二
徐德懷	小粉橋	一
何金芝	前橋頭	六
管錫記	南新橋	五
劉文友	又	三
倪子純	張元巷	三
仇鴻記	南門	二
施定記		二
丁阿二		一
吳章		一
陶阿林		一
錢子芳		一
張掌生		一
沈金寶		一
袁泉華		一
劉阿泉		一
包和林		一
張阿其		一
張泉根		一
張蘭記		一
何定安		一
張寶棠		一
王阿林		一
高子亭		一
王子龍		一
孔阿正		一
潘福棠		一
張友成	迎龍橋	三
姚伯安		二
過逸廷		六
鄒根記		六
張世和		一
陳玉仁		一
劉樹平		二
顧培記		一
過根記		一
徐壽仁		四
吳盛記		二
俞記		二
劉谷記		三
王開記		一
華金祺		四
郭鳳記		四
永興		三
王萬生		一
徐子棠		一
韓登寶		二
劉登良		二
徐士興		二
孫記		四
孫福記		二
湯樹堯		二
陳永占		一
過榮福		一
談達章		一
王鑑記		一
張學清		三
黃萬海		二
金魏記		一
石集雲		二
朱步東		一
鮑阿二		三
得利		五
蘇阿大		四
過立三		一
過勝根		一
徐福裕		七
顧香林		一
張記		一
李步才		一
周湘楚		一
張耀三		一
王在江		二

名稱	數
茂記	三
姜魁	二
陳同恭	一
陸成發	一
毛榮才	二
薛德太	四
喬文錦	二
章榮喜	四
談桂榮	一
高仲記	二
阮阿寶	一
林金發	一
孫海記	二
姚竹記	二
又新	四
李萬福	二
丁錦記	一
順記	二
王國安	一
甫記	二
財記	二
徐必先	二

以上共計二千二百十四輛

航政

無錫縣航運略說

錫邑濱湖控江，四鄉河港密佈，交通之利，以水而不以陸。自京滬鐵路貫通南北，鄰近各縣之貨運均以無錫爲樞紐，無論米，麥，糧食，絲繭，棉紗等物，皆以無錫爲集中之區，航運亦因之日益發達，由民船快船而改用汽輪。自民十六年航政開放以來，航運一業，數量驟增，四鄉交通，益見便利。近以各公路次第完成，航運前途，大受影響，加之農村經濟衰落，百業蕭條，航運一業，自不能例外，過剩船隻，比比皆是，昔日繁榮，已成陳跡，令人不勝今昔之感焉。

無錫縣內河小輪一覽表

公司或輪局名稱	開設地點	船名	噸數	拖船	班次	現行航綫 起	現行航綫 訖	現行航綫 經過地點	單程里數	本埠停泊地點	備攷
永固	無錫工運橋	永固	六·八〇	一	分早中班間日兩次	無錫	溧陽	洛社，戴溪橋，華渡橋，運村，和橋，宜興，徐舍		工運橋堍永固碼頭	客班
永固	同上	永興	八·四〇	一	逐日來回	同	宜興	同上		工運橋堍新商碼頭	同上

招商	同上	建元	九·八〇	一	分早中班間日兩次	無錫	溧陽	同上		工運橋堍招商碼頭	同上
招商	同上	泰昌		一	每日與利澄嚴東兩公司合開往來各三班	同	江陰	石幢，青暘，月城橋，南閘，		工運橋堍利澄碼頭	同上
招商	蕩口	瑞順	九·四一	一	每日來回	蕩口	蘇州	直達		蕩口	同上
招商	無錫工運橋堍	新飛馬	五·〇三	一	同上	無錫	南雙廟			永固碼頭	同上
新商	無錫工運橋	新江南	五·七二	一	分早中班間日兩次	同	溧陽	洛社，戴溪橋，華渡橋，運村，和橋，宜興，徐舍		工運橋堍新商碼頭	同上
中華恆裕	同上	華新	六·〇〇	一	逐日來回	同	宜興	同上		工運橋堍中華恆裕碼頭	同上
中華恆裕	同上	華恆	二·五〇	一	每日來回	同	武進之芳橋	錢橋，藕塘橋，稍塘橋，張舍，胡埭，		工運橋太湖碼頭	同上
中華恆裕	同上	恆發	二五·〇八	無定	無定	同	上海	直達		協興碼頭	貨船
中華恆裕	無錫工運橋	恆順	三·九九	一	每日來回	同	武進之雪堰橋	錢橋，藕塘橋，稍塘橋，張舍，胡埭，		工運橋太湖碼頭	客班
中華恆裕	同上	華裕	四·〇〇	一	同上	同	宜興之漕橋	錢橋，藕塘橋，陸區橋，新瀆橋，大鴻橋，		同上	同上
陽羨	同上	銅峯		一	逐日來回	同	宜興	洛社，戴溪橋，華渡橋，運村，和橋，宜興，徐舍		工運橋堍陽羨碼頭	同上
利澄	同上	飛鯨	四·五〇	一	每日與招商嚴東兩公司合開往來三班	同	江陰	石幢，青暘，月城橋，南閘，		工運橋堍利澄碼頭	同上
利澄	同上	飛鵬	三·〇〇	一	每日與東北公司分早晚班來回四次	同	江陰之周莊	張涇橋，陳家橋，晃山橋		同上	同上
利澄	同上	新飛龍	二·五〇	一	同上	同	江陰之華墅	同上		工運橋堍東北碼頭	同上
利澄	同上	飛虎	二·五〇	一	每日來回	同	江陰之雲亭	嚴埭，胡家渡，堰橋，		工運橋堍太湖碼頭	同上
利澄	工運橋堍	利澄	六·〇〇	一	同上	同	江陰之北漍	長涇橋，晃山橋，陳家橋，		同右	同上
利澄	同上	飛鴻	二·五〇	一	同上	同	江陰之河塘橋	八士橋，西暘橋，		利澄碼頭	同上

利澄	同上	飛鳳	一〇·六六	一	同上	同	武進之鄒六橋	呈采橋，雙廟，惠濟橋，石埝，三河口，		工運橋堍	同上
東北	無錫工運橋	祥裕	一〇·五〇	一	每日與東北公司分早晚班來回四次	同	江陰之周莊	張涇橋，陳家橋，晃山橋		工運橋堍東北碼頭	同上
東北	同上	祥源	二·〇〇	一	間日來回	同	常熟之東萊鎮	同上		同上	同上
東北	同上	新東北	五·五〇	一	每日與東北公司分早晚班來回四次	同	江陰之華墅	同上		同上	同上
新濟	同上	新康	五·五〇	一	間日來回	同	常熟之東萊鎮	同上		工運橋堍新濟碼頭	同上
新濟	工運橋堍	新濟	五·五〇	一	每日來回	同	江陰之顧山	張涇橋		利澄碼頭	同上
新濟	同上	新永利	二·七五	一	同上	同	前洲	吳橋，秦巷，		同上	同上
太湖	無錫工運橋	新太湖	一〇七·〇一	無	同上	同	湖州	大渲，西山，大錢，		大渲	同上
太湖	同上	飛雲	四·二八	一	同上	同	同	由工運橋至大渲		工運橋太湖碼頭	同上
惠商	設附利澄局內	惠源	二·四七	一	同上	同	江陰之雲亭	嚴埭，胡家渡，堰橋，		利澄碼頭	同上
嚴東	工運橋堍	茂安	一〇·一六	一	同上	同	羊尖	張涇橋、東湖塘，北窰，嚴家橋，		同上	同上
嚴東	同上	永利	九·〇〇	一	同上	同	江陰之祝塘	八士橋，方村橋．聚龍橋，白塢橋，		同上	同上
錫南	同上	惠風	三·五〇	一	每日來回兩班	同	吳塘門	北橋，中橋，南橋，石塘丁石橋，葛埭橋，南方泉		永固碼頭	同上
通達	同上	利民	四·〇三	一	同上	同	南方泉	同上		通達碼頭	同上
通達	甘露	瑞興		一	每日來回	甘露	蘇州	蕩口		甘露	同上
便民	工運橋堍	鴻雲	三·〇〇	一	同上	無錫	周潭橋	北橋，中橋，南橋，東埄，長旺橋，廟橋，巡塘鎮，楊橋，塘干渡，		便民碼頭	同上
濟商	同上	永壽	二·九四	一	同上	同	玉祁	洛社，五牧，封莊，禮社，		大有棧碼頭	同上
鴻勝	西門棚下	鴻勝	一二·八八		每日來回兩次	同	石塘	北橋，中橋，南橋，蠡園，黿頭渚，		大有棧碼頭	同上

大通	工運橋堍	鴻飛一號	三・五五	一	每日來回	同	鹿苑	本縣境內不停泊		工運橋堍大通碼頭	同上
大通	同上	利潤	三・二一	一	同上	同	同	同上		同上	同上
協記	同上	永昌	一三・〇〇	一	同上	同	玉祁	洛社，五牧，葑莊，禮社		工運橋堍協記輪局	同上
華新		華飛	四・〇〇	一	同上	同	蕩口	江波橋，坊前，梅村，芳塘橋，張塘橋，新造橋，蕩口，		永固碼頭	同上
華新		華新	二・〇〇	一	同上	同	同	同上		同上	同上
華新	梅村	華麗	五・七四	一	同上	梅村	常熟	西倉，馬塘橋，馬橋，鴻聲里，廟庵，瞻橋，甘露，蕩口，		梅村	同上
源益	東北公司內	源益一號	二・〇九	一	同上	無錫	安鎮	新塘橋，鴨城橋，石埭橋，九里橋，		東北碼頭	同上
普益	工運橋堍	永盛	九・四六	一	間日來回	同	常熟	新塘橋，鴨城橋，安鎮，太平橋，馬口，郞下，羊尖，		工運橋堍普益橋頭	同上
普益	同上	永新	九・四六	一	同上	同	同	同上		同上	同上
普益	梅村鎮	長風	二・〇〇	一	每月一班	梅村	蘇州	直達		梅村	同上
蘇錫	工運橋堍	福泰		一	每日來回	無錫	蘇州	直達		普益碼頭	同上
新新	郞下鎮	新新	二・八五	一	間日一班	郞下	同	馬口里，安鎮，后橋，		郞下	同上
新新	同上	華發	三・〇〇	一	同上	同	同	同上		同上	同上
衡利信記	蕩口	華利	九・二九	一	每日來回	蕩口	同	甘露		蕩口	同上
衡利協記	甘露	振新		一	同上	甘露	同	蕩口		甘露	同上
泰安	同上	泰康		一	間日來回	甘露	崐山	蕩口		甘露	同上
永隆	梅村	鴻南	二二・六三	一	每日一班	梅村	上海			梅村	同上
衡泰	江陰之北漍	惠振	八・八〇	一	間日來回	北漍	蘇州	甘露，蕩口		江陰之北漍	同上

衡泰	同上	永泰	七•九〇	一	同上	同	同	同上		同上	同上
衡泰	同上	雲龍	八•五八	一	同上	同	同	同上		同上	同上
泰利		恆錩	三•〇〇	一	每日來回	無錫	后宅	大牆門，雙板橋，		東北碼頭	同上
公商	工運橋堍	公商	一•八四	一	每日來回兩班	同	楊墅園	洛社，高明橋，		永固碼頭	同上
利、益	同上	安航	七•五〇	一	每日來回	同	玉莊	新塘橋，鴨城橋，安鎮，馬口里，郾下，蠡橋，潘市，窰上，蠡瀆，戴典，港下，廟橋，		普益碼頭	同上
泰豐	通匯橋	利商	三•五〇	一	同上	同	南橋頭	興塘，張維橋，東八士橋		通匯橋	同上
志新商號	工運橋堍	行遠	五•一一	一	同上	同	武進之鄭六橋	呈采橋，雙廟，惠濟橋，石埝，三河口，		工運橋堍	同上
公茂	同上	福星	二五•九八	無定	無定	同	上海	直達		工運橋瑞生祥碼頭	貨船
公茂	同上	匯利	一四•六五	同	同上	同	同	直達		同上	同上
公茂	同上	振新		同	同上	同	同	直達		協興碼頭	同上
公茂	同上	大吉	七•三三	同	同上	同	同	直達		同上	同上
公茂	同上	大利	一八•〇一	同	同上	同	同	直達		同上	同上
公茂	同上	春申	二一•九四	同	同上	同	同	直達		同上	同上
泰昌惠記	同上	新大興	一六•四二	同	同上	同	同	直達		泰昌碼頭	同上
泰昌惠記	同上	永元	一一•七四	同	同上	同	同	直達		同上	同上
協興	同上	協豐	一三•二四	同	同上	同	同	直達		同上	同上
協興	同上	協盛	八•四四	同	同上	同	同	直達		同上	同上
協興	同上	協裕	一四•二〇	同	同上	同	同	直達		同上	同上

協興	同上	協茂	九•	九〇	同	同上	同	同	直達		同上	同上
利達	同上	新裕福	五•	二六	同	間日開班	同	溧陽	直達		工運橋挽	同上

郵電

無錫縣郵政局概況

局所　自吾國創辦郵政之始，無錫縣治卽設有二等郵局一所，後以營業增進，事務日繁，於民國八年改升一等郵局，歸蘇皖郵政管理局管轄。一等局之外，設有寺後門，跨塘橋，江陰巷，棚下街，支局四所。又於四鄉各鎭，分別設立郵寄代辦所七十所，村鎭信櫃二十所。本城各繁盛街道，又設有代售郵票處二十七所，安置信筒二十四座，無錫之郵政設施，可謂普遍。本縣附近之繁盛鄉鎭，如蕩口，洛社石塘灣，榮巷等處，則各設有三等郵局，以應地方人士之需求。民信局爲商辦運輸信件之企業，對於郵政國營之原則，違背殊甚，且其規模狹小，手續疏略，自郵政發展以來，早呈慽慽不振之象，實無繼續存在之可者，業於二十四年一月一日起，本縣各民信局已一律停歇，各類郵件，統歸郵局寄遞。

郵路　本縣居京滬中樞，輪軌絡繹，地位衝要，近自錫澄宜，錫澄，錫滬各公路相繼完成，交通益形便利，郵路之添闢，與時俱進，非特各線火車輪船汽車之時，均運載郵件，卽窮鄉僻壤輪軌不通之處，亦組有跑差郵路，以聯絡之。茲特略舉於后：

(一)火車郵路——京滬線

(二)汽車郵路——錫澄線，宜興溧陽無錫線，無錫梅園線，錫滬線，(此線一俟汽車開駛卽實行)

(三)輪船郵路——錫澄線，錫宜線，錫溧線，周莊線，

(四)汽船郵路——聯絡無錫與附近各鄉鎭者，計二十三條，

(五)航船郵路——聯絡無錫與附近各鄉鎭者，計十七條，

(六)跑差郵路——東鄉線，南鄉線，北鄉線，

業務種類　本縣一等郵局，經辦業務，種類繁多，除普通郵件，挂號郵件，快遞郵件外，尙有左列多種，以供公衆之需求：

(一)匯票　國內外設有郵局之處，無不可以通匯，但在蘇皖兩省境內，除郵局之外，即設有郵寄代辦所之地方，與無錫之間，大半可以通匯小款，名爲小款匯票。設有急需，則可用電匯航空匯種種方法。

(二)郵政儲金　計分郵票儲金，存簿儲金，定期儲金三種。保障穩固，手續簡便，前二項尤合於集少成多之本旨，對於中產階級以下者，最稱適宜。果人人從而利用之，家給戶足，可立而待也。

(三)代訂定期刊及書籍　委託本地郵局代訂刊物或書籍者，除納出版人規定之刊物或書籍價值及寄費外，郵局不取任何手續費。此種業務，對於文化之推進，助力實屬不少。

(四)包裹　除普通包裹外，兼辦保險包裹，代收貨價包裹，此兩種包裹，凡發往國內外較大地方者，均可收寄。所課代收貨價，即係代寄包裹之人負責收取貨價之意，對於商家最稱便利。

以前凡在郵局交寄之國內包裹之國內包裹，經海關驗明認爲須納稅者，必應納稅。嗣經郵局與海關商洽，一律免稅，已於去年十一月十六日起實行。此後投寄裹之人，減少一層担負矣。

(五)保險信函箱匣及代收貨價挂號郵件　凡寄往國內外各大埠之重要文件，或具有銀錢價值之物品，可保險交寄之。其欲郵局代收物價者，亦可照辦。

(六)航空郵件　凡寄往國內外各處之普通挂號快遞各種郵件，意圖更加迅速，欲經由航空寄遞者，本縣郵局亦可收寄。

(七)快遞郵件　除一向經辦之快遞郵件外，新近復創辦一種普通快遞郵件。其性質雖與普通郵件相同，但用快遞方法轉運投送。

其他　九一八事變發生後，自二十一年起，東北郵件，即告斷絕，關內外通信，極感不便。自本年一月間起，於不承認僞組織原則之下，恢復通郵。二月一日起，又恢復互換包裹與匯票。本縣郵局，均已奉令次第實行。又郵電合設，已於去年冬間實行。現在凡拍發電報，均可由本縣郵局及支局收發。並可在本縣一等郵局接用長途電話，此本縣郵政之大略狀況也。

省有長途電話概況

江蘇省建設廳長途電話省交換所，於本縣通匯橋堍設有分所，派有高級話務員一名，話務員六人，綫工三人，機匠一人。直達長途電話線有吳縣，常熟，江陰，武進四縣，其他省線所經各縣，亦均可轉接通話。茲將通話地點列表於後：

江蘇省有長途電話通話處所

(一)各處交換所

鎮江交換所，京畿嶺代辦所，江寧交換所，丹陽交換所，金壇交換所，溧陽交換所，句容交換所，溧水交換所，宜興交換所，武進交換所，無錫交換所，吳縣交換所，城內施相公弄另售處，舊建設局另售處，滸墅關分交換所，蠡口分交換所，木瀆分交換所，常熟交換所，常熟恬莊分交換所，江陰交換所，吳江交換所，江都交換所，泰縣交換所，泰興交換所，靖江交換所，南通交換所，如臯交換所，東台交換所，鹽城交換所，阜寧交換所，灌雲交換所，新浦交換所，東海代辦所，青口交換所，贛榆交換所。

(二)已設鄉線之鄉鎮

鎮江縣　炭渚、高資、四擺渡。

丹陽縣　呂城、珥陵、

宜興縣　鼎山、蜀山、和橋、徐舍、張渚、湖汊、高塍、

武進縣　奔牛、新閘、

無錫縣　蕩塘橋、張舍、新瀆橋、南方泉、大牆門、后宅、蕩口、安鎮、后橋、嚴家橋、査家橋、興塘、張涇橋、秦門、東湖塘、黃土塘、陳墅、王莊、羊尖、胡埭、楊墅園、雪堰橋、梅村、

句容縣　天王寺。

常熟縣　橫涇、西港、恬莊、港口、塘橋、西塘市、鹿苑、東萊鎮、西張市、練塘、翁家莊、羊尖、福山、福山港、西洋、王市、鄧市、妙橋、金村、西徐市、東張市，老吳市、東周市、大義橋、莫城、東始莊、辛莊、張港涇、呂舍、楊樹園、洞港涇、小吳市、黃家橋、楊倉、店岸、中興鎮、合興鎮、周家碼頭、太和、王莊、

(附註)常熟縣城鄉各處暫不接通長途電話

(三)吳縣吳江兩縣城鄉電話各處

(四)浙江省電話局通話各處

(五)南京電話局及武進溧陽無錫江陰泰縣泰興南通等處電話公司各用戶

無錫縣電話公司概況

無錫電話公司，爲邑人楊君翰西發起，創辦於前清宣統三年，坐落北門內裏城脚興隆橋，呈准　交通部立案，經理楊君仞千。初裝磁石式交換總機七百門，後以不敷應用，於民國十一年添加股本，改換共電式，十八年又增加資本，擴充容量，現有席次十四座，計一千五百門，並有長途電話檯二座，石塘灣鎮分交換所一處，挂空線一九五·六七二公里，鉛纜四一二·六三公里，股本已達國幣四十五萬元，用戶約一千三百八十戶，每日平均呼數一萬九千三百二十次。已通鄉線地點，計東路有東亭，江溪橋，北坊前，長大廈，楊亭，八士橋，張涇橋。南路有南橋，周新鎮，巡塘鎮，廟橋鎮，青祁，方橋，華大房莊，石塘。西路有仙蠡墩，河埒口，陸莊，丁巷，榮巷，梅園，徐巷，黿頭渚，錢橋。北路有毛巷街，劉潭橋，塘頭，寺頭，張村，旺莊，尤家坦，陳家橋，胡家渡，堰橋，長安橋，秦

巷，石塘灣，北七房，前洲，玉祁，禮社，洛社等處。均由該公司專線，可以直達。其餘各鄉，凡江蘇省長途電話交換所裝有鄉線之處，亦可代爲轉接。至各縣長途電話，均可由該公司長途㯉接通。

無錫人力車車力價目表

一、本表以銅元爲單位。

二、本表所列價目，爲普通情形下之規定，近日洋價飛漲，所給銅元數，亦應依照下表略爲增多矣。

終點＼價目＼起點	火車站至	運工橋至	吉祥橋至	南城門至	大河池至	斜橋至	書院弄至	東門城至	西門城至	迎龍橋至	黃泥橋至	清明橋至	惠農橋至	黎花莊至
大洋橋	10		12	30	16	22	15	18	22	30	42	60	16	30
吉祥橋	16	12		24	16	20	12	18	18	25	25	45	22	28
崇安寺	26	20	16	20	20	10	12	14	15	23	30	50	20	25
大河池	22	20	18	32		24	18	24	30	32	35	50	16	20
惠山	50			50	40									
梅園	100				100									
西水關	40													
東門	22	18	18	24	24	16	20			40	40	50	18	24
吳橋	35				22									
書院弄	20	18	14	22	18			20	16	28	28	40	25	30
棉花巷									12					
東亭	70				70	14	22							
南城門	38		24		32			24	20	38	10	25	38	45
斜橋	30	26	20	14	24			16	18	24	19	28	22	26
南市橋	35	30												
新縣前	22	15												
西城門	24	20	16	20	30	18	16	35		14	25	49	32	38
迎龍橋	32	30	25	38	36	24	28	40	14					
南黃泥橋	45	40	35	10	40	19	28	32	25					
清明橋	60	54	42	25	50	28	40	44	47					
廣勤路	14	12	18	38	20	30	22	20	36	36	32	48	12	18
惠農橋	20	16	22	38	16	22	25	18	32					
黎花莊	36	30	28	45	20	26	30	24	28					
火車站		10	16	38	22	30	22	20	26	32	45	65	20	36
塘頭	30	30	32											20	18

建設

建設行政

無錫縣建設局組織系統表

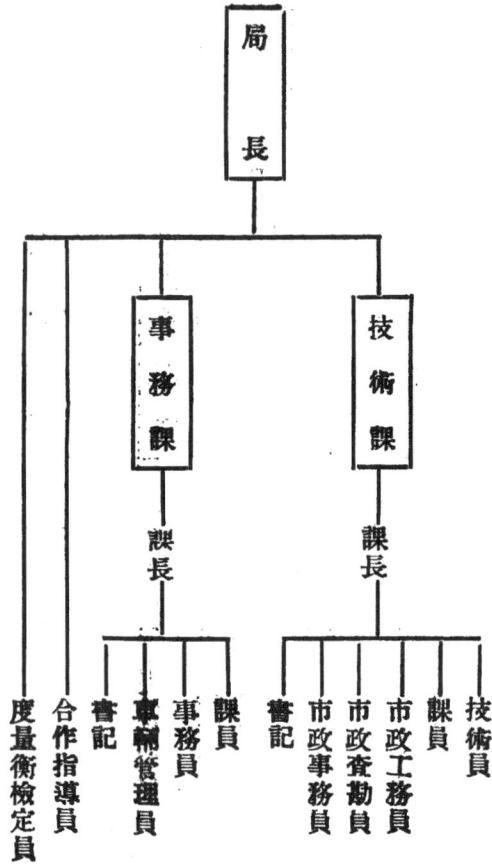

- 局長
  - 技術課
    - 課長
      - 技術員
      - 課員
      - 市政工務員
      - 市政查勘員
      - 市政事務員
      - 書記
  - 事務課
    - 課長
      - 課員
      - 事務員
      - 車輛管理員
      - 書記
  - 合作指導員
  - 度量衡檢定員

無錫縣建設局工作人員一覽表

職別	姓名	年齡	籍貫	經歷
局長	張福霖	四六	無錫	南洋大學土木科畢業江蘇省建設廳第一屆考取建設局長歷任太倉嘉定等縣建設局局長無錫縣政府技術室主任等職
技術課長	黃德純	三八	無錫	前南京河海工程專門學校畢業歷任前建設局技術科長公路處主任等職
技術員	許楚珍	二八	無錫	實業學校土木科畢業歷任蕪湖市工務局技術員太倉嘉定等縣建設局技術科長江蘇省建設廳京滬路鎮高段佐理工程師無錫縣政府技術室技術員
技術員	徐傳烈	二八	無錫	實業學校土木科畢業歷充前建設局工務員隴海鐵路潼西段監工員浙江清丈隊檢查員
課員	孫復培	四三	無錫	南洋大學電機科畢業曾充無錫輔仁中學教員
課員	陳鴻惠	二二	江陰	省立無錫中學高中部普通科畢業
事務課長	祝映先	三五	浙江海寧	歷任浙江嘉興縣黨部宣傳部部長兼祕書縣款產會文牘杭縣縣政府科員公安局第一科長江蘇無錫嘉定淮陰上海等縣縣政府科員第五區行政督察專員公署調查員等職銓敍部甄別審查委任職合格
課員	范雲鵬	二五	無錫	江蘇省建設廳簿記人員訓練班畢業歷充太倉嘉定等縣建設局事務員嘉定縣政府事務員
課員	楊同昭	二三	無錫	私立競志女學高中部畢業曾充嘉定縣建設局事務員
事務員	顧惟遠	三〇	無錫	南京工業專門學校理工科畢業歷充上海持志大學典籍課主任上海市社會局技佐
事務員	樓子芹	四四	浙江蕭山	舊制高小畢業歷充上海無錫等縣縣政府事務員
書記	馬耀堂	二六	武進	常州中學畢業歷充漢口市財政局稽徵員松江縣營業稅局徵收員
書記	唐英	四七	武進	常州中學肄業曾充廣勤學校教員
市政工務員	秦向陶	三四	無錫	上海南洋路鑛中學肄業歷任無錫縣政府雜稅主任市行政局捐務主任前建局市政工程處主任等職
市政工務員	張明歐	三三	江陰	東南大學肄業歷任福建上杭縣第一科科長高等檢察分廳書記官思明地方檢察廳書記官長福州市禁煙局總務課長前建設局及縣政府技術室工務員
市政查勘員	王行之	三五	無錫	浙江省立工業職業學校肄業歷充小學教員浙江省政府保安隊書記青田縣公安局會計員杭州市政府科員前建設局及縣政府技術室工務員
市政查勘員	諸耿耀	三四	無錫	蘇州公學肄業歷充交通大學圖書館管理員杭州醫院庶務科助理員
市政事務員	于鳳儀	二九	無錫	膠南舊制高小畢業歷充前建設局及縣政府技術室事務員
車輛管理員	孫義倬	三三	崑山	舊制中學肄業歷任上海縣政府公安科督察員無錫縣政府車輛管理處主任

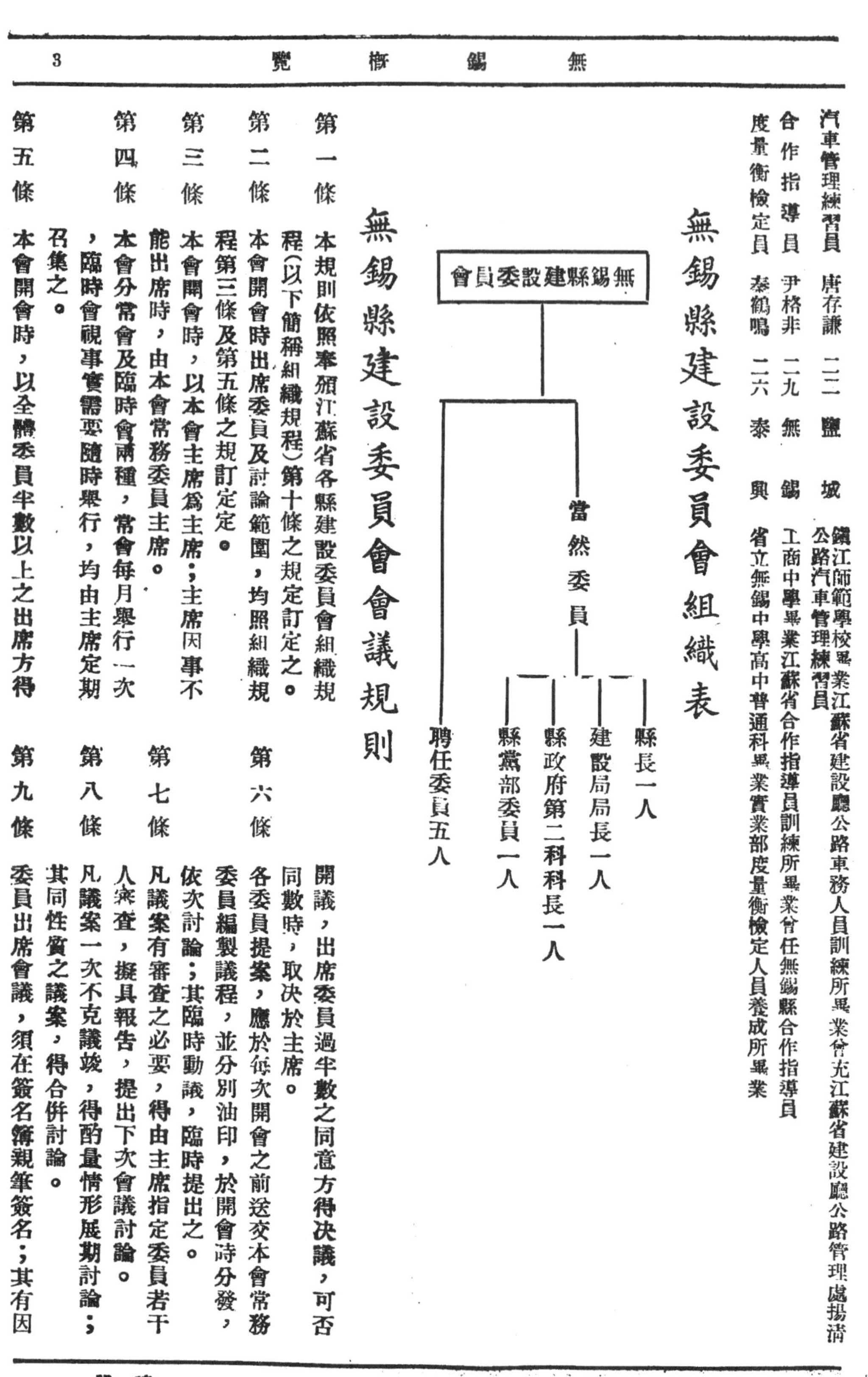

汽車管理練習員 唐存謙 二二 鹽城 鎮江師範學校畢業江蘇省建設廳公路車務人員訓練所畢業曾充江蘇省建設廳公路管理處揚清公路汽車管理練習員

合作指導員 尹格非 二九 無錫 工商中學畢業江蘇省合作指導員訓練所畢業曾任無錫縣合作指導員

度量衡檢定員 秦鶴鳴 二六 泰興 省立無錫中學高中普通科畢業實業部度量衡檢定人員養成所畢業

無錫縣建設委員會組織表

無錫縣建設委員會會議規則

第一條 本規則依照奉頒江蘇省各縣建設委員會組織規程(以下簡稱組織規程)第十條之規定訂定之。

第二條 本會開會時出席委員及討論範圍，均照組織規程第三條及第五條之規訂定定。

第三條 本會開會時，以本會主席為主席；主席因事不能出席時，由本會常務委員主席。

第四條 本會分常會及臨時會兩種，常會每月舉行一次，臨時會視事實需要隨時舉行，均由主席定期召集之。

第五條 本會開會時，以全體委員半數以上之出席方得開議，出席委員過半數之同意方得決議，可否同數時，取決於主席。

第六條 各委員提案，應於每次開會之前送交本會常務委員編製議程，並分別油印，於開會時分發，依次討論；其臨時動議，臨時提出之。

第七條 凡議案有審查之必要，得由主席指定委員若干人審查，擬具報告，提出下次會議討論。

第八條 凡議案一次不克議竣，得酌量情形展期討論；其同性質之議案，得合併討論。

第九條 委員出席會議，須在簽名簿親筆簽名；其有因故不能出席，須先通知本會。

第十條 本會議決事項，送請縣政府轉呈建設廳核准施行。

第十一條 會議地點，暫假縣政府會議室。

第十二條 本規則由委員會通過後送縣轉呈建設廳核准施行，修改時亦同。

建設經費

無錫縣建設經費之來源及分配

本縣建設經費之來源，計有田賦帶征，屠宰契牙建設特捐、交通捐、市款補助等四項。全年收入額及用途分配約如左表：

款	別	全年額征數	用途分配	備考
田賦帶征	築路畝捐	二八三四〇•〇〇元	築路	每畝帶征五分本縣預征成熟田一二五九五七一畝計額征銀六二九七八元奉令以半數解省又提一成作水利經費計留縣築路畝捐額收如上數
	水利經費	六二九八•〇〇	浚河	在解省及留縣築路畝捐內提一成全年計額收如上數
	六分畝捐	八五八八•〇〇	築路行政費	每畝帶征六分內建設占二十二分之二•五計全年額收如上數
建設特捐	屠宰稅	四三三二•〇〇	行政費	由包商月繳三六一元全年計如上數
	契稅	六〇〇〇•〇〇	同前	買典契項下按價帶征百分之一全年契價以六十萬元計算約如上數
	牙稅	一〇五〇•〇〇	同前	短期帖每張征捐一元長期帖除每張徵捐一元外又另於營業稅項下帶徵一元此項收入無定額統扯全年約如上數
交通	長途汽車專營費	五〇〇〇•〇〇	築路	在錫澄長途汽車公司每月營業收入總額內抽取百分之十全年營業收入以十萬元計算應提一萬元奉令以半數解省外計留縣如上數
	汽車季捐	一〇〇八•〇〇	同前	營業乘人小汽車二十四輛每輛每季繳捐四二元內建設得一〇•五〇元全年四季應收如上數

捐	人力車捐	四五二七●〇〇	其他工程	全縣人力車捐收入項下月撥建設費三七七●三〇元全年計如上數
市政經費	市款撥補	一一六四〇●〇〇	工程及管理費	市款項下年撥如上數
合計		七六七八三●〇〇		

附註：(一)表列各款收數大都出自約計，其實收銀數當視秋勘成色及徵收情形而增減。

(二)表列各款之用途，係就其性質約略分配；事實上如有鉅大工程舉辦時，除水利經費及市款補助不變更用途外，其餘仍得酌量情形統盤支配。

道路建設

無錫縣道路建設之現狀

本縣自民國十六年建設局成立以來，即以興築公路爲中心工作，並酌社會需要情形，詳細計劃，分爲省道縣道，填具表格，呈准建廳分年實施。四鄉道路，亦已會同各區公所督促修築辦理。茲將各路名稱起訖地點及里程長短，列表如左：

甲、無錫縣已築省縣道路線表

路名	起點	終點	經過地點	約計里數	類別	附註
錫宜路	無錫	宜興界	惠山榮巷梅園閭江	二五	省道	二十三年通車
錫滬路錫虞段	無錫	羊尖	東亭查家橋安鎮	二六	省道	本年內可通車
錫澄路	無錫	江陰界	塘頭堰橋	一五	縣	二十年通車
總計	省道	五一公里已成				
	縣道	一五公里已成				

乙、已成各公路之情形

(一)錫澄路南段

先總理於民國元年巡閱江陰要塞時，首先倡議建築錫澄公路，良以此路北通長江，南接京滬鐵路，對於國防民生，關係至巨。惟以當時人民，對於道路之利益，尚無深切之研究，且以籌款非易，因之議而未行。迨國府奠都南京，本縣建設局成立，乃於民國十七年呈准建設廳興築。經派員測量、編造預算，繪製圖說，於十八年四月三日，舉行破土開工典禮。該路起自錫邑北門之北柵口、經塘頭、堰橋、青暘、南閘、而達澄邑之西門，無錫段計長十四・六公里。路面闊八公尺，初舖煤屑，鋼骨水泥橋樑十一座，十二寸水管二千呎，十八寸水管一千呎，全部建築費，計銀十五萬五千元。於十九年七月完成，二十年二月，由錫澄長途汽車公司正式通行汽車。十數年來錫澄兩邑人士熱望之錫澄公路，於焉告成，行旅稱便，現該路由錫澄長途汽車公司舖築彈街路面，預期本年四月底，即可竣工。江北靖如通泰一帶商旅往來京滬各地者，咸取道於此焉。

(二)錫宜路無錫段

錫宜路係屬省道，路寬九公尺，為構通京杭錫滬等要道。該路土基，於民國十九年十二月一日開始徵工興築，石方及土方整理工程，由建設局呈准建設廳招工承包。嗣奉廳令，以該路跨錫武宜三縣，工程繁劇，為劃一事權起見，改由省公路局環湖路錫宜段工程處集中辦理，設工程處於邑之梅園，主辦其事。後以節省經費，計於二十一年一月間，將工程處裁撤。未完工程以及橋樑涵洞等各工程，奉令仍由各縣建設局繼續辦理。不久即值滬戰發生，轉奉蔣委員長電令限期完成，以利戎機，經派員漏夜督造，於二十一年六月十日，全部完竣。該路由江南汽車公司呈准專利行駛，路面先舖三公尺，係碎石澆漿，經費由該公司負担，於二十三年三月舖築完成。同月十日，通行車輛。宜溧一帶商旅，往來京滬各地者，咸取道於此，商業方面，亦捨武進而以無錫為中心。且該路沿山臨湖，風景天然，嵐影湖光，美不勝收，春秋佳日，外埠人士，來遊斯地者，眞有車水龍馬絡繹不絕之概。

(三)錫滬路錫虞段

錫滬路亦屬省道之一，起無錫，經常熟、太倉、嘉定、而達上海。初由建設局於民國十九年奉令將錫虞段征工興築，嗣以農忙迫屆，由農民推派代表赴省請願，改於二十年春季興築。當將路基徵築，具有雛形。二十三年春，後奉建設廳令飭徵工修築，當以徵工困難，呈准改由雇工辦理。嗣奉建設廳令發修正路線圖樣，重行測量，經於四月十八日招工承包，二十五日開工興築，六月六日建築工竣。所有該路橋樑涵洞路面等工程，由建設廳錫滬路工程處主持辦理。現橋樑涵洞工程，業已全部工竣，路面工程，正在進行舖築中，預計本年六月工竣。該路已由錫滬長途汽車公司取得專營權，一俟路面完竣，即可通車，此後錫滬交通，益形便利矣。

(四)湖山路

本邑五里湖，西通震澤，北接梁溪，勝跡名園，鼎峙羅列，山明水秀，景色天然。惟風景之與道路，關係至為密切，本縣曾將整理環湖風景，建築公路，列入施政大綱，呈奉建設廳准予興築。路線分為南北兩線，自蠡園起，越湖經寶界山、充山、鹿頂山、而達南犢山之黿頭渚，為南線。北線起自東笈社，經大渲口、小渲口、接通蠡園。該路路基土石方工程，由第三區公所向建設局訂約承辦，於去年七月一日開工、十二月完竣。該路橋樑，除跨湖工程最大之寶界長橋，已由邑人榮德生君捐資建築完竣。其他各橋及涵洞路面等工程，尙待繼續舉辦。現該路南線已可通行車輛，全線通車，爲期當不遠矣。

(五)揚西路

揚西路起自邑城西門之迎龍橋，經過北橋、中橋、而達蠡園。該路係由當地人士捐資興築，路寬約四公尺，鋪有彈街路面。茲以該路爲接通湖山路必經之要道，原有路基，闊狹不一。爲便於行車起見，呈准建設廳拓寬至七公尺，並改鋪路面，預計本年九月前可告完成。

(六)開原路

開原路起自邑城西門之迎龍橋，經過榮巷鎭而達梅園。於民國三年，由邑人榮德生蔣遇春兩先生發起籌募興築。路寬九公尺，鋪有彈街路面，由利民公共汽車公司專營，現該路自梅園至河埒口一段，已劃入錫宜路線。

(七)人力車道

已詳交通篇公路調查表內茲不複列

拓寬新生路紀略

本縣城內，舊三下塘街道，自南盛巷口起，至南城門口止，長凡一公里有半。兩旁支路分歧，居戶櫛比，爲南北交通幹道，車輛輻輳，頗爲擁擠。惟街道狹隘，路面崎嶇，(最狹處僅二公尺)交通時遭阻塞，行旅苦之。地方民衆暨黨政機關，一再倡議拓寬，以利交通。惟因拆讓房屋，不免損失，以致屢議屢輟，延不見諸實行。嗣於民國二十二年，由縣政府技術員室會同廳委指導工程師，編定全部工程設計，圖樣預算，呈奉 建設廳核准備案。同年十一月間，即派員依照計劃路線，勘釘中心樁，所有沿街應行拆讓房屋，限令該處居民自二十二年一月一日起至二月底止自行拆除。多數居民，均能明瞭拓寬街道便利交通之重要，陸續拆讓改建。惟間有少數貧戶，以拆屋重建，費用不貲，一時籌措維艱，延未實行。乃由縣政府發起慈善演劇，籌款救濟。并組織拓寬三下塘街道貧戶協濟委員會，主持調查確係貧寒無告者，分別發給津貼，限令如期拆讓。二十三年三月一日，縣建設局恢復成立，仍由建設局負責進行。迄三月初旬，全街房屋均已收讓改建完竣，所有拓寬後路面工程，原計劃係用石片鋪砌，當有地方人士吳敬恆秦毓鎏等主張改鋪足六磚以惠行人。經建設局召集該處各鎭長及地方人士等會商決定，呈奉 建設廳修正，兩傍一、二二公尺寬之人行道，改鋪足六磚，中間車行道，仍用石塊砌築。五月間，即遵照核定計劃，登報招工投標。二十五日，在縣府當衆開標，當將標單提交市政工程處工務審核委員會第七次會議審核，審核結果，路面溝渠分四段承包，第一段自南盛巷口起至斜橋北堍止，暨第四段自致和橋西堍起至南城門口止，由泰記承包。第二段自斜橋南堍起至冉涇橋北堍止，由土錫富承包，第三段自冉涇橋南堍起至致和橋東堍止，由王阿二承包。斜橋冉涇橋，由嚴順泰承包。駁岸碼頭，由王錦富承包。查該全部標價，並未溢出預算。卅日，即行簽訂合同，六月一日起，正式開工，原定工程，以二月爲期，惟七月間，以天旱水淺，材料運輸困難，工程進行略緩。直至八月二十日，全部告竣。又路面改建後，地形略高，各橫街口啣接街面溝渠等工程，亦同時添築完成。當經呈奉　建設廳派委於九月十四日蒞錫驗收，計全部工程經費銀一七四三三●〇九元，辦公費銀三六八●六四元，合計一七八〇一●七三元。除市款項下支撥六千元外，餘數係在二十二年度縣建設經費項下開支。工程告竣之日，即恢復通行車輛，並經政務會議議決，定名新生路。從此城區南北交通便利，市容觀瞻，亦生色不少矣。

附錄一　無錫縣城區拓寬街道章程

第一條　本縣城區街道應行拓寬時，悉照本章程辦理之。

第二條　本章程規定之尺度，以公尺計算。

第三條　本縣城區街道，除另有規定者外，分左列六級寬度拓寬之。

甲等　十八公尺

乙等　十六公尺

丙等　十二公尺

丁等　十公尺

戊等　八公尺

己等　六公尺

第四條　本縣城區各街道之寬度等級，依照附表所列，其未經列入者，除隨時調查酌量規定外，其偏僻里巷寬度，得以四公尺計算，絕巷及水街寬度，以二公尺至三公尺爲度。

第五條　凡街道之現有寬度，其有超過本章程之規定者，應保持其現狀。

第六條　街道寬度於規定之外，遇街道交叉口及房屋參差不齊之處，如縣建設局認爲必要時，得酌量增加其寬度，或另定中心線。

第七條　交叉口之轉角圓弧半徑，應爲較狹一面寬度之三分之一，（例一）如丙等路與丙等路（寬十二公）尺之交叉口圓角半徑應爲四公尺，（例二）如丙等與己等路（寬六公尺）之交叉口圓角半徑應爲二公尺。

第八條　建築駁岸或碼頭，以高岸爲標準，但於永久保留之幹河，兩旁建築，如河面不滿十二公尺者，應得放寬，若修理原有駁岸或碼頭有僭佔情形或不合規定者，應須收進，河面較寬之固有天然形勢，亦應保留之。

第九條　凡原有街道不足規定寬度者，除依照第十一條辦理外，於建築房屋時，須一律照規定之寬度退讓。

第十條　凡修理臨街建築物，具有下列二項情形者，均應按照規定寬度退讓。

（甲）臨街房屋，添換樑柱添裝柱撐者。

(乙)圍牆及圍牆同性質之物，拆至自地面起一公尺以內者。

第十一條　本縣城區原有街道，應由縣建設局酌量需要緩急，分期實行拓寬，其在拓寬界線以內，由縣建設局指定日期，通知拆讓，藉故拖延者，縣建設局得直接雇工執行，其費用歸業主負担。

第十二條　凡十二公尺以上之街道建築時，同時須做人行道，其高闊斜度，依照左表之規定，建築費由業主負担，其材料做法鋪面等，在建築執照內指定之。

人行道高闊斜度表

路寬	闊度	高度	斜度
十二公尺	四英尺	三英寸	百分之五
十六公尺	五英尺	三英寸	百分之五
十八公尺	六英尺	三英寸	百分之五

第十三條　街道中心線，由縣建設局規定之，其未經規定者，暫以現有街心爲標準。

第十四條　凡一面靠河之街道，其寬度應照河邊高岸計算，如河岸曲屈不齊者，由縣建設局酌量劃直規定標準岸線。

第十五條　沿河街道原有寬度，不及本章程所規定者，下岸房屋不准建築。

第十六條　凡沿河靠街里巷之基地，其深度或寬度不滿二公尺者，不得建築。

第十七條　凡街道兩旁房屋之陰溝管，須與市設總陰溝連接者，其在街道界內之工作，須由縣建設局派人施工，其工資由業主負担。

第十八條　凡建修臨街建築物，違反下列各款者，除勒令拆讓外，並交由該管公安局處以一元以上十五元以下之罰金。

(一)避匿不報圖免拆讓者。

(二)未經呈報擅自興工者。

(三)經主管機關勘丈給照後不依規定尺度收讓者。

第十九條　本章程經縣政會議通過施行並呈報主管廳備案。

附錄二　無錫城區街道寬度等級一覽表

(一)甲等街道，寬十八公尺。

(1)自火車站起，西折通惠路，慧山公園路。

(二)乙等街道，寬十六公尺。

(1)工運橋，通運路，至吉祥橋，接環城路。

(三)丙等街道，寬十二公尺。

(1)環城路，在城牆未拆除以前，城內外各照六公尺拓寬之，其沿城脚向無道路或空地者，得於靠城一面，暫照原址修建，俟拆城時一次收讓。

(2)自通運路起，經漢昌路光復路，進光復門，過圓通路，公園路，至崇安寺。

(3)自通惠路起，經通勤路，跨京滬鐵道，過廣勤路，至于胥樂公園。

(四)丁等街道，寬十公尺。

(1)自西門橋經新馬路，德新橋，梓樹巷，公共體育場後背，跨興隆橋，接五里街。

(2)自亮壩橋起，向東沿河，經大有棧，工運橋堍，廟埄橋，亭子橋堍，長坟上，興隆橋，至羊腰灣路。

(3)自西新路，越迎龍橋，向西沿河直達興隆橋，接五里街。

(4)自通匯橋東經梁溪西路，大洋橋堍，梁溪東路，至北倉門。

(5)自南城門起，西越帶鈎橋，經南新路，通揚路，接揚名路。

(6)圖書館路，麗新路，顧橋港，社橋港，業勤路，槐古橋路，塔塘下，吳橋兩沿河廣勤第一二三四支路。

(五)戊等街道，寬八公尺。

(1)自城中公園路起，經南盛巷，斜橋直街，三下塘，接環城路。

(2)自三里橋街，北塘街，跨大橋，經北大街，進老北門，過打鐵橋直街，倉橋直街，大市橋直街，鳳光橋直街，稅務前，二下塘，出南門過北長街，南長街，南棉花巷，日暉橋街，至南水仙廟。

(3)自大市橋直街起，曲折經東大街，西大街，接環城路。

(4)自大市橋直街起，東折經寺巷，觀前街，殿岸上，越環城路，經城外熙春街，亭子橋直街，通東亭。

(5)自崇安寺，經眞應道巷，駐蹕橋下，四鄉公所沿河，會龍橋南接環城路。

(6)自光復路，經清眞寺路，南倉門，接亭子橋直街。

(7)自交際路，經通匯路，後竹場巷，生茅柴街，周師弄，大河池沿頭，積餘街，後蔡家弄，通濟橋，北四路，大田岸，後祁街，馬街前社橋路，接通惠路。

(8)自西大街起，經周巷，毛竹橋巷，堰橋直街，接環城路。

(9)大河上上岸，小河上上岸，三皇街，後西溪，新街巷，七尺場，前西溪，大婁巷，學佛路，育才弄，南市橋巷，學前街，湯巷，萬前路，萬巷上，頭頂浜，前張巷，廟巷，新市場，淘沙巷，寶善橋沿河，北倉門，中正路，前太平巷，後太平巷，蓉湖路，東鼓樓巷，前書院弄，黃泥埄，大鹽場，金鈎橋沿河，伯瀆港，保安寺前街，沈果巷，東新路，西門外直街，棉花巷，惠山鎮，西門外倉橋街，棚下。

(六)己等路，寬六公尺。

(1)自北水關橋起經留郎橋直街，棋杆下，太平橋直街，迎迓亭，青菓巷，水獺橋，中市橋上塘，虹橋直街，南市橋上塘，至致和橋。

(2)自塔橋東堍起經船廠沿河，陽春巷，南下塘，老窰頭沿河，跨錢塘浜橋，六親橋，至外揚方橋。

(3)自西門外興龍橋起，經溫巷，老廠裏，至擺渡口。

(4)江尖，張成弄，牛師弄，泗堡橋沿河，荷葉村，亮壩橋向北兩旁沿河，道場巷，西河頭，大成巷，連元街，黃石弄，石皮巷，石皮橋沿河，營橋巷，天官街，西門太平巷，西鼓樓巷，西門橫街，靈官廟弄，藥皇廟弄，北禪寺巷，睦親坊巷，紅霓橋路，虹橋灣，升平巷，時郎中巷，沙坟井，捕衙弄，縣前街，縣下塘，北盛巷，映山河，城內熙春街，八兒巷，花園弄，顧家弄，蘇家弄，小婁巷，田雞浜，神仙橋街，將軍橋沿河，進士坊巷，東河頭巷，鎮巷，中市橋巷，歡喜巷，岸橋弄，留芳聲巷，槐樹巷，新開河，百歲坊巷，沙巷，孤老院巷，希道院巷，顧橋直街，石灰巷，北柵口沿河，王巷，外黃泥橋北街，芋頭沿河，桃棗沿河，壇頭弄，長安橋，後橫街，菁園弄，布行弄，笆斗街，黃泥橋沿河，灣巷，前竹場巷，豆腐浜，煙筒頭浜，淡渡橋街，鴨子灘，棚下，大倉街，小倉街，簑衣浜，小三里橋，全昌路，有惠里，王道人弄，恆德里，天主堂街，四倉廳街，龍嘴，丁港里，廟橋街，華盛街，梨花莊直街，裏黃泥橋沿河，錦樹里，所巷，清寧巷。

(附註)城區街道，如有未經列入以上各項者，得隨時酌量情形規定之，其偏僻里巷，寬度得以四公尺計算，絕巷及水街寬度，以二公尺至三公尺為度。

水利建設

二十三年度工賑濬河工程概述

水利為農田命脈，是以浚河鑿池，調整蓄洩，實為增加農田生產，恢復社會經濟之首要建設。二十三年夏，旱魃為災，四鄉河道絕流，田禾乏水灌溉，農產收獲奇減。此固由於天時之變化無常，而疏導工作之未能盡善，亦為主因，故開浚河道，改良水利，實屬刻不容緩，本縣於八月間，奉令調查全縣河流淤淺情形，以為實施開浚參攷。

遵經印發各項調查表，先行飭由各區實地調查，九月間即彙集各區報告，詳細審核，擇其河身較長，關係較深者，連同廳方令測各主要幹河，由建設局派技術員分組出發，實施測量長度及縱橫剖面。計實測北興塘河等十四條，總長七十七公里餘，十月間，即着手編製圖表，挖土以低水位以下三公尺為標準，共計開挖土方七十四萬八千四百二十公方，當提交縣建設委員會第二次會議，決擬參酌工賑辦法，每一立方公尺土方，給工資銀一角，計需土方費銀七萬四千八百四十二元，連同築壩戽水設備等費，共預費需銀十萬一千二百八十四元九角。除由留縣水利經費項下撥支四千元，再停止不切要建設事業，就留縣建設經費項下撥支六千元外，其餘不足之數，呈請　財政建設兩廳在本省水利公債內准予如數撥助。十二月初，接奉　指令，准予補助銀一萬五千元，本縣自籌經費，最低限度應與省方補助數相等，並飭就省縣經費擇實測十四條河中之最急要者，以工賑辦理浚河。乃再提請縣建設委員會第三次會議討論，決議將第六七兩區之北興塘河，第四區之閭江，第二七兩區之犂尖河，第三區之長廣溪南馬蠡港及第五區咸塘河之西漳段六處河道，先行工振開浚，其經費除呈省請領准撥之一萬五千元外，再就留縣水利經費項下撥支銀四千元，並停止不切要建設事業，就留縣建設經費項下撥支銀六千元，不足之數，在二十二年度實業經費餘款項下支用。所有各項圖表，除咸塘河西漳段築壩道數地點及土水方數應有更改，經派員複測設計重製外，其餘五處河道，仍照原定計劃開浚。土水方數暨築啓壩土方單價亦遵照廳令修正，共計工振開浚六處河道之土方共十九萬九千九百零八公方，全部預算需銀三萬零四百零八元六角九分。即編具圖表，再請　核示。二十四年一月間，接奉　指令，以前列預算築壩戽水暨管理費三項，應分別核減，總預算改為二萬七千八百零九元八角二分，將咸塘河西漳段展長開浚，增加土方，以符三萬元之數，奉經遵照核減。惟以將來實施工程時，事實上或恐不敷，因添列預備費一項，重編預算共計三萬元呈奉　核准。一面擬訂規程細則，及築壩，戽水土工等三項實施細則，並聘定地方人士楊翰西榮德生徐赤子錢孫卿顧述之蔡緘三先生等為監察委員暨委任各該河區長為辦事所主任。二月間即成立工賑工程處，由縣長建設局長任正副主任，積極籌備。十二日開第一次會議，議決各河道最遲於三月一日開工，築壩戽水工程由各河工賑辦事所依照核定預算範圍，負責辦理。三月一日起，各河先後動工築壩戽水，一面徵募工伕，編組工隊，建設局派技術員監工員常駐工作地點，分別指示督促，規划進行。惟因各河工伕，鉅細不同，築壩戽水，費時各異，更以各區民情有殊，工伕征募，亦有難易，致各河實施挖土日期，略有參差，但規定以二十晴天為限，大約四月中旬，全部工程，即可結束也。

取締建築

無錫城區取締建築章程

第一章 總綱

第一條 本章程以限制建築預防危險便利交通適合衛生保持公共安全增進市區市美觀爲宗旨

第二條 本章程對於在本市區內起造改造增築修理拆卸公私建築物均適用之

第三條 本章程所用尺度以公尺爲標準英尺爲輔助（以下各條凡用英尺者省稱尺）

第二章 取締建築物

第四條 城區內左列各種建築物不准建造

一、草屋（除由主管機關指定棚戶區域）

二、過街（內弄例外）及妨礙河道之建築物

三、其他侵佔公路妨礙交通之一切建築物

第五條 凡屋頂表面鋪蓋材料除主管機關特許外不得用木板稻草及其他易於惹火之物

第六條 凡房屋鄰接處不得借用他人之牆壁

第七條 檐口或其他伸出物不得挑出至他人基地上

第八條 檐口須設落水管於建築線內直通至地面不得滴水於街面

第九條 沿街道之門窗最低部份離路不及二、五公尺者不得向外開關（公共場所之大平門不在此例）

第十條 沿街道之樓面洋檯及其同性質之物凡係通長者一律不准挑出凡挑出街道非通長之樓面洋檯須離地三、五公尺寬度在四尺以內並依照第十一條（甲）（乙）兩項規定方准建造前項兩個洋檯間之距離至少爲寬度之兩倍

第十一條 沿街雨搭不得用披水板可用鐵絲玻璃之罩棚其高度在距地面十尺以內者不得伸出建築線以外十尺以上者須照下列兩種規定

（甲）街闊六公尺以上者挑出二尺半

（乙）街闊六公尺以下者挑出一尺半

前項罩棚上雨滴應照第八條之規定辦理

第十二條 沿街設置之招牌涼棚遮陽等應照前條之規定辦理

第十三條 階石牆身以及一切任何裝修一概不准突出建築線外

第十四條 凡違背以上各款之規定者除強制拆除外並處以五元以上二十元以下之罰金

第十五條 凡建築物之一部或全部有傾斜編裂腐朽等危險情形經主管機關查勘認爲危及公衆或居

住人之安全者主管機關得照下列辦法通知業主限期照辦違者由主管機關僱工執行所有費用仍向業主追繳或以該屋舊料充公折價抵償

(甲)圍築籬笆出空房屋臨時設法支撑以防不測

(乙)危險部份如有礙路線及河道不堪脩理者限期拆卸

(丙)危險部份如無礙路線尙堪修理者限期修理

第十六條　主管機關職員得隨時憑證驗查工程及危險建築物等任何人不得加以阻撓

第十七條　凡下列之建築物如遇頽壞祇許拆除不得藉口舊有重行建築或修理

(甲)侵佔公路塡築河道或竪樁跨入河面等之建築物

(乙)過街棚過街樓以及與上列同性質之建築物

(丙)未經政府明令明令規定之寺廟及與寺廟同性質之建築

(丁)違反本章程之一切建築物

第十八條　凡危險建築物如主管機關認爲其危險之程度甚爲迫切而不及通知業主拆除者主管機關得隨時拆除之

第三章　建築執照

第十九條　凡在城區內無論建造改造增築修理一切公私建築物須先將建築物之數量地點用途等須報主管機關經核准發給建築執照後方可興工除第五十五條所列各項建築物須附送圖樣說明書等外其手續規定如次

(一)報領建築執照人先領用主管機關所製報領建築執照書須逐項塡寫後送主管機關聽候查勘

(二)主管機關派員查勘後如認有查閱契據之必要時業主須將有關係之契據一併呈驗以憑查勘

(三)主管機關查勘後如有調查及校正之必要時建造人須盡量陳述並遵照辦理

(四)主管機關查勘核准後即由領照人繳納執照費領取建築執照

(五)既給執照後如查有不遵規定丈尺收讓以及其他違背章則妨礙法令等情事主管機關得吊取執照制止建築或勒令拆除如發生私人產權糾葛必要時亦得暫行制止建築或吊取執照

(六)主管機關核准發給之執照不得爲產業所有權之證明

第二十條　繳納執照規定如左

(甲)住宅平屋每間納費五角

樓房每間納費七角

(乙)市房平屋每間納費六角

樓房每間納費一元

（丙）紡紗麵粉等廠廠屋不論多寡一次建造一律納費一百元（工房在外）繅絲織布榨油等廠廠屋不論多寡一次建造一律納費五十元（工房在外）礪米滯頭織襪等廠廠屋不論多寡一次建造一律納費二十元（工房在外）戲院及係營業性質之遊戲場所不論多寡一次建造一律納費五十元凡原有工廠戲院以營業性質之遊戲場所添造房屋時依照市房繳納照費其造費間者以面積計算（作二百方尺爲一間不足二百方尺者以一間計）西式房屋以面積計算照費依照市房繳納

（丁）圍牆駁岸每十五公尺（約合五十尺）納費五角不滿十五公尺者照十五公尺計算

（戊）房屋𦘕直或修理五間以內納費一元五間以外每間加二角

（己）門面改建及裝修每間納費五角

（庚）碼頭每座納費五角

第二十一條　免除繳納執照費規定如左

（甲）在室內隔板粉飾補壁補漏等輕微修改由業主聲明理由經主管機關之認可者

（乙）學校及公有建築物

（丙）關於公共衛生及交通者

第二十二條　凡建築執照已過規定之完工日期即歸無效

第二十三條　凡領照後增加建築物應先投報主管機關聽候查勘補繳照費加給憑照

第二十四條　凡過期或遺失建築執照得聲明理由經主管機關調查屬實准予繳納手續費一元補發執照如不報請補領作無照動工論

第二十五條　承造人領照後應將該照張掛建築地點以便隨時稽查

第二十六條　主管機關查勘員得憑證隨時到建築地點查勘工程業主或匠目應予以檢查上之便利

第二十七條　凡未經繳費領照擅自建造或以多報少者按應繳照費十倍罰繳仍勒令遵章辦理

第二十八條　以賄賂欺詐及其他不正當方法領得執照者一經查實除吊銷執照將承造人送交法庭按律懲處外得令拆除已成建造物之一部或全部

第四章　興工建造

第二十九條　凡臨街建築物街濶在八公尺以上者建築物之高度不得超過街濶之一倍半街闊不及八公尺者不得超過街濶之二倍但業主願將房居自行退後之數加入該街原有之寬度內計算

第三十條　凡建造臨街房屋應於臨街部份圍以籬笆防止磚瓦等物墜落以免發生危險

第三十一條　建造所用之臨時小屋料房間柵欄支架或所用之物料磚瓦砂石等均不得搭蓋或堆置於街面其有特殊情形經主管機關之許可者得在建築線外一公尺範圍內使用但夜間須懸紅燈使行人注意

第三十二條　新建築之地基較行人道面（未有行人者以路

冠爲準）至少高出三吋

第三十三條　屋內所鋪之地板至少高出人行道六六吋

第三十四條　因建造房屋損及道路橋梁及附近房屋等情事應由承造人負責賠償之

第三十五條　營造時期中如發生事故有坍塌崩潰之危險時主管機關得隨勒令業主或承造人拆除建築物之一部或全部

第五章　材料

第三十六條　凡營造人運送材料或拆卸舊料時均不得阻礙交通如有零落路上者應隨時清掃之

第三十七條　磚瓦須用燒透堅實者如用舊磚須將舊灰刮淨

第三十八條　經潮溼或結團塊之水泥不得使用

第三十九條　未燒透或小塊不能水化之石灰不得使用

第四十條　水泥混凝土所用之砂石不得含有泥質貝殼及其他植物性等質料

第四十一條　枯朽木材不得用以建造

第四十二條　材料如因品質不良認爲有發生危險者主管機關得禁止其使用

第六章　構造

第四十三條　建築基礎掘土深度至少三尺如三尺以下仍非實土須加打木樁或其他有效物料

第四十四條　基礎寬度不得少於該建築物下層牆厚之二倍深度不得少於下層牆厚之三倍但用鉄筋混凝土得根據計算而規定之

第四十五條　磚石牆壁高八尺以上十五尺以下及二層以上之最高層牆壁厚不得少過九吋但鉄筋混凝土或鋼鉄爲骨架之牆不在此限

第四十六條　藏於牆內之水管或烟突不得大於牆厚三分之一否則將該部份之牆加厚

第四十七條　以磚石砌作柱用者須用水泥灰砂漿砌實該柱之徑不得小過柱高十二分之一

第四十八條　磚牆直長三十尺以上而無橫牆協助者又高度在二層以上者均須增加牆之厚度或用鐵板鐵夾鐵牽條等防制之

第四十九條　室內採光面積連天窗在內須有該室地板面積十分之一以上

第五十條　窗門均須可以開關但其面積多過前條比例者不在此限

第五十一條　凡十公尺以上之街道其臨街房屋每房高度規定如左

（一）樓下層　十四尺

（二）二層樓　十二尺

（三）三層樓　十二尺

（四）四層樓　十一尺

第五十二條　露台或窗口或屋頂上之欄杆高不得少於三尺空隙至多不得過六吋

第五十三條　建築物之煙突應照次列諸條規定

（一）煙突不得與木造部份接觸

（二）煙突須垂直煙道不得有一百二十度以下之彎曲

(二)煙突高出屋頂面以三尺爲最少限度

第五十四條　開鑿新井應照下列規定

(一)凡鑿井不得使鄰屋基礎發生危險

(二)鄰近五十尺以內有溝渠及污水池者不得鑿井但祇供灌溉用者不在此例

(三)井之周圍應設圈欄以免危險又井口須有凸緣及小溝以免污水流入

第七章　特種建築

第五十五條　次列各種建築物應依照第十九條之規定先繳呈設計圖詳細圖計算書說明書及附近房屋配置圖各二份經主管機關審定給照後一份存主管機關一份懸掛工場後始得興工

(一)三層及三層以上之房屋或西式房屋

(二)學校寄宿舍商場百貨店及各種公衆集會所

(三)醫院戲院影戲院游戲場旅館飲食店浴室及公衆便所等

(四)工廠及堆棧

(五)木造建築物樑之闊度在二十四尺以上者

(六)建築物設有地下室者

(七)鉄骨及鋼骨混凝土構造物

(八)圍牆長四十五尺高二十尺以上者

(九)橋樑水池等

(十)其他主管機關認爲重要之建築物

第五十六條　關於前項特種建築所呈圖樣須一律用白曬或藍曬印紙

第五十七條　呈繳圖樣及說明書如有不合格式或不完全或錯誤時得發還更正或補充後再行呈請核辦

第五十八條　凡核准之圖樣須懸掛建築工場以備主管機關稽查員查驗

第五十九條　距市房一百公尺內不得設置坟墓距鬧市一千公尺內不得設火油池及同樣危險建築物城內及繁盛區域不得建設染坊肥綠廠滯頭廠等其靜僻處而准建造者其污水不得直接排洩河道內

第六十條　凡妨礙公共衛生或危及公共建築物主管機關得限定其建築地點

第八章　營業廚房

第六十一條　凡酒樓飯館以及其他一切營業廚房所佔地位應用防火材料建築樓地板

第六十二條　營業廚房之地面或樓面板面須鋪水泥膠漿或磁磚四面牆脚須塗至少半英寸厚之水泥膠漿高一尺六寸

第六十三條　營業廚房之窗戶至少須有二個並可向屋外開闢

第六十四條　營業廚房之煙突內徑至少八寸通出屋面高至少三尺倘左右建築物有較高者應酌量增高之

第六十五條　營業廚房地面須做斜坡設陰溝管向外出水

第九章　公廁便池

第六十六條　凡在城區內不得沿街臨河建築公厠或便池同

一地點不得建築廁所或便池如在後街僻巷寬曠之處建築廁所便池應由主管機關酌定距離指地點其舊有坑廁便池建築不合規則有礙衛生及觀瞻者應加取締

建六十七條　建築公廁便池均應遵照本章規定並須繪具詳圖呈准主管機關方得建造

第六十八條　公廁便池之周圍須有一尺以上厚之牆高少須二公尺

第六十九條　公廁便池內之地面踏板糞窖等處須用不透水材料

第七十條　公廁便池之採光面積照第四十九條之規定窗之下口距面至少須二公尺

第七十一條　公廁便池之屋頂須裝設換氣窗至二個

第七十二條　公廁便池內之楞角線脚均須圓形以不易積聚垃圾而便於洗滌者為合式牆脚須塗至少半寸厚之水泥膠漿高二尺

第七十三條　劇場工廠學校旅館茶館飲食店浴室商場公共集會所等應擇相當地點分別添設公廁便池

第七十四條　浴室之廁所不得附設於浴室內但水冲式者不在此例

第十章　樓梯及走廊

第七十五條　凡樓房能居住二十人以上者須設太平梯

第七十六條　公共建築物之樓梯及梯上走廊均須用防火材料構造

第七十七條　公共建築物之樓梯其踏步不能高於七寸踏面不能狹十寸又十五步以上之樓梯應於中央設四尺長之平台一處

第七十八條　公共建築物之太平梯寬至少三尺六寸其踏步不能高於八寸踏面不能狹於九寸又十五以上者於中央應設三尺三寸長之平台一處并註明太平梯字樣

第七十九條　公用樓梯及太平梯口不准堆置器物或設座容人停留

第八十條　凡太平梯之位置須直接可通至屋外大路或接近出入口

第八十一條　公共用之走廊其寬度須在四尺以上並須充分之光線

第十一章　劇場（遊藝場）

第八十二條　凡以人或獸類演唱技藝歌劇或電影以供人娛樂為營業之場所概稱為劇場或遊藝場均須先行呈准帶機關立案

第八十三條　劇場之周圍須闢三公尺以上之空地或通路

第八十四條　劇場外牆窗戶之總面積不得少於外牆總積七分之一

第八十五條　建築物容納人數在五十人以上者應設太平門其規定如次

五十人至一百五十人設四尺寬太平門一處

百五十人至三百人設四尺寬太平門二處

三百人至五百人設五尺寬太平門二處

五百人以上每增二百五十人增設五尺寬太門

一處

第八十六條　太平門裝自動鉸鏈須能外開附近不得堆積物件妨礙交通上裝紅底白字之太平燈字體不能小於六寸見方

第八十七條　凡劇場每層容納人數在一百人以上者應設太平梯其規定如左

一百人至二百人設四尺闊樓梯一座三尺半闊太平梯一座

二百人至四百人設四尺闊樓梯二座三尺半闊太平梯二座

四百人至六百人設四尺半闊樓梯二座三尺半闊太平梯二座

六百人以上每增二百人設太平梯一座

第八十八條　樓梯及太平梯之取締辦法除依照第十章規定外並呈繳詳細圖樣以備察核

第八十九條　座位每位寬不得少於一尺五寸深不得少於二尺四寸座位旁所留通路不得少於四尺

第九十條　劇場游藝場消防設備規定如左

(一)容納人數在四百人以下者須有消防水桶二十四個常貯清水分置四隅四百人以上者類推增置並常備水龍一具或鑿井一口

(二)電影院映片室內須備溼毛毯一張水桶四個

(三)配影之劇場須另於戲台設人力噴水管或化學滅火機二具水桶八個

第九十一條　映片室應用防火材料構造不得直接與觀覽席交通

第九十二條　屋內須設適當之換氣孔或其他換氣裝置

第九十三條　廁所須分男女依照第十章之定規各別設置並須每日掃除之

第九十四條　凡違背本章之規定除勒令照章修改或設置外得處以十元以上一百元以下之罰金

第十三章　旅館茶館及公共集會所

第九十五條　凡樓梯太平門太平梯之設備照第八十五條至八十七條辦理

第九十六條　走廊照第八十一條辦理

第九十七條　室內採光面積須有該室地板面積八分之一以上

第九十八條　便所照第九章辦理

第九十九條　凡容納一百人以上之旅館二百人以上之茶館須於適當地點闢自流井一所

第十三章　工場

第一百條　建築物之周圍須闢二公尺以上之空地或通路

第一〇一條　外牆窗戶之面積不得少於地面或樓面面積六分之一如外牆不能開闢窗戶者得以天窗代之

第一〇二條　工人在三百人以下之工廠除正面外須另闢寬四尺以上之太平門一處三百人以上至六百人設二處以下類推太平門之裝置本章程八十六條辦理

第一〇三條　二層以上之工場須照前條比例每層分設太平

門窗太平梯直接通至地面太平梯之構造照本章程第十三章規定辦理

第一〇四條　凡關於工場消防之設備應照本章程第九十條第一款辦理並應添設噴水管或化學滅火機

第一〇五條　鍋鑪間之烟突高出地面至少五十尺須繪具圖樣連同計算書呈繳主管機關以憑審核

第一〇六條　工作物料或製造品其容易燃燒或爲引火媒介如石油自來火酒精及其他危險品之工場及堆棧應照下列二款規定

（一）建築物之周圍須闢八公尺以上之空地或通路

（二）建築物任何部份須用防火材料構造

第一〇七條　本章罰則照本章程第九十四條辦理

第十四章　學校

第一〇八條　教室之窗戶面積不得少於地面或樓面七分之一窗戶高度應設於離地面或樓面三尺左右但教師座位後方牆壁上不得開闢窗洞

第一〇九條　教室內高度不得小於十三尺

第一〇十條　學生坐位每人闊不得少於二尺九寸長不得少於三尺但小學校得酌減之

第一一一條　小學校舍不得過二層

第一一二條　學校廁所照本章程第九章規定辦法

第一一三條　樓梯照第十章規定建造

第十五章　附則

第一一四條　建築物改換用途時（如以住屋改換遊戲場旅館或製造廠等）應先報告主管機關查勘核准後始得使用

第一一五條　凡違反本章程規定經主管機關通知後不依限遵辦者除勒令停止工作以待修正或拆除外併科以罰金

第一一六條　本章程呈經江蘇省建設廳核准公佈日施行

度量衡

無錫縣新制度量衡推行概況

查推行新制度量衡，爲現行要政，且爲一切庶政之基礎，本縣自奉令舉辦以來，業近三載，省令本限於二十二年底前，完成劃一。惟因本縣係工商區域，行號林立，督促匪易，致原定實施計劃，不能及時完成。茲將本縣三年來新制度量衡推行概況，分期簡叙於左：

（一）宣傳及調查期

（1）印發宣傳品並逐日出發宣傳劃一新制度量衡要義

（2）舉辦營業登記

（3）購領標本器及檢定用器

（4）調查並編造新舊制度量衡器折合表（表附後）

（二）新器之製造及檢定

查以製造販賣及修理度量衡器具爲業者；依法非經登記領照，不得營業，茲查本縣自推行度量衡新制以來，計已經登記並領有營業許可執照之製造及販賣度量衡器具店爲數甚多，特分類列表於後。

（甲）無錫縣新制度量衡器具製造廠店一覽表

店名	製造種類	地址	備攷
無錫度量衡器具製造廠	度衡器	周師街二號	已自動解散
談源盛度量衡器具製造店	度衡器	北大橋南堍	
楊永陞度量衡器具製造店	度衡器	北塘東街	
逸記談源盛度量衡器具製造店	度衡器	北大橋北堍	
上海東新衡器製造分廠	專製天平台稱	露華街	
東新鑫記衡器製造廠	專製天平台稱	露華街	
楊永陞曉記度量衡器具製造店	度衡器	南門外清明橋	
張源生度量衡器具製造店	度衡器	北塘西街	
合興度量衡器具製造店	度衡器	露華街	
協興度量衡器具製造店	度衡器	露華街	
余聚茂量器製造店	五斗量器	道長巷口	
惠正裕量器製造店	斗升量器	盛巷橋南	
逸記談源盛度量衡器具製造分店	度衡器	露華街口	
楊永昌衡器製造分店	度衡器	北柵口	

（乙）無錫縣販賣度量衡器具店一覽表

店名	販賣種類	地址	備攷
楊永陞坪記度量衡器店	衡器	南門外黃坭橋	
談復盛度量衡器店	衡器	北塘西街	
大同書局	度器	寺後門街	
文華書局	度器	倉橋北堍	
樂羣書局	度器	寺巷	
教育書局	度器	寺後門街	
新新書局	度器	公園路	
新聲書局	度器	公園路	
日升山房書局	度器		
日新山房書局	度器		
千鍾書局	度器	寺巷	已停止營業

世界書局	度器	書院弄南	已停止營業

各度量衡器具製造廠店所製新器，須經依法檢定，蓋有省縣等圖印，方准販賣使用，本縣三年來檢定新制度量衡器具概數，列表如左：

無錫縣新制度量衡器檢定數額表

年別	度器檢定數額 合格數	度器檢定數額 不合格數	量器檢定數額 合格數	量器檢定數額 不合格數	衡器檢定數額 合格數	衡器檢定數額 不合格數	備攷
二十一年	一七〇六	六九	八一	四	五〇三〇	五三	衡器包括台秤砝碼等在內
二十二年	九九九四	一七八	一八三〇	五六	九三四三	一〇四	量器包括油酒醬提等在內
二十三年	四六四四	一一五	一二六八	七八	六六一三	一二五	
總計	一六三四四	三六二	三一七九	一三八	二〇九八六	二八二	

（三）促督各業改用新器及檢查

本縣各業改用新器係用分業分區實施辦法，先就城區各業督促實行，次及鄉鎮其實行步驟由檢定員擬定改用順序表分別召集各業領袖談話，討論各該業等改用新器辦法及日期，並在一業改用之前，飭將物價按照新舊制比例折合公佈，以昭公允，歷經指導督促，已將度量衡三器，大體完成劃一，其概況如下表

種類	度器	量器	衡器	備註
劃一日期	民國二十三年四月	民國二十四年一月	民國二十三年二月	
附註	本縣建築木行木作等業，使用舊度器積習最深，迄未切實遵改，現在加緊勸導督促中。			

各業商號改用新制伊始，難免有無知小商，因循積習，混用舊器，歷經督飭公安局暨度量衡檢定員認真取締，先後沒收銷燬舊器甚夥，統計如下表。

無錫縣舊制度量衡器檢查數額表

年別	度器	量器	衡器	備攷
二十一年	二一〇	無	七四九	度器包括裁尺木尺
二十二年	四五二	二二六	二五三一	量器包括油酒醬提
二十三年	三八九	二四三	一七〇四	衡器包括稱桿及錘，盤篩等件在內
總計	一〇五一	四六九	四九八四	

教育

教育行政

無錫縣教育局組織系統表

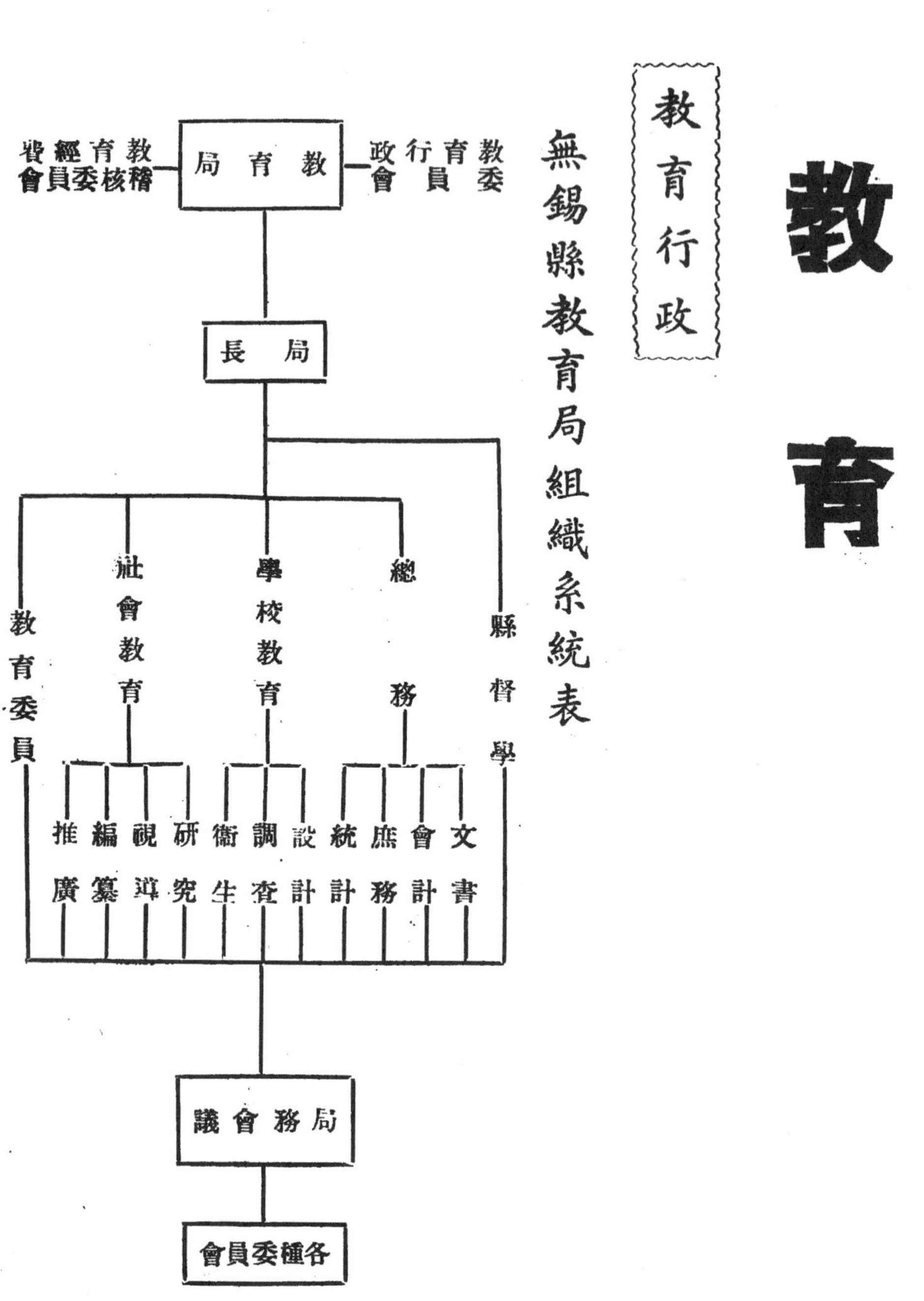

無錫縣教育局工作人員一覽表

職別	姓名	號	年歲	籍貫	資歷	任職年月
局長	臧祜	佛根	五三	江都	前清官立兩江師範學堂畢業歷任江蘇省視學江蘇省公署秘書等職	廿一年八月
督學兼學校教育主任	宋泳蓀		三七	無錫	前江蘇第三師範本科畢業上海倉聖大學文科畢業國府銓敘部甄審合格曾任倉聖大學助教及無錫女子師範工商中學教員無錫縣教育行政委員	十七年八月
督學兼第七學區教委	沈翀芝		三六	無錫	前省立第三師範本科畢業中央大學區督教暑期講習會畢業江蘇省縣政佐治合肖訓練所教育人員班畢業曾任縣立第二小學委員長教務主任算術自然教員曾任歷史博物館館長曾任局學校教育科科長社會教育科科長第七學區教育委員	二十年八月
總務主任	嚴仰斗		四一	無錫	前常州中學畢業曾任無錫市立第一第二初級小學省立翼中女子中學蘇省第三師範附屬小學無錫縣立商業初中等校教員無錫市立第一小學校崇安寺小學等校校長	十八年一月
社會教育主任	華尊	晉吉	二九	無錫	前無錫實業學校畢業曾任無錫建設局總務科科長縣立民衆教育促進團主任無錫縣民衆教育委員江蘇省立南京民衆教育館指導省立鎮江民衆教育館幹事無錫縣立廟庵農民教育館館長縣民衆教育視導員洛社農村改進實驗區副主任無錫縣保衛團訓練班政治教官教育通訊社社長	廿一年八月
中心小學校長兼中心小學區教育委員	顧涇邨		三四	無錫	前江蘇省立第三師範本科畢業曾任無錫縣立第五小學校長省立無錫中學實驗小學教員無錫縣教育局學校教育科科長豐縣師範教導主任	二十一年十二月
第二學區教育委員	華達善		二九	無錫	江蘇省立第三師範畢業曾任無錫縣立第二小學上海商務同人子弟學校教員	二十年五月
第三學區教育委員	任寶銓		三六	宜興	工業畢業曾任宜興潤北小學城北小學環里小學隔南小學教員共十二年無錫齊塾小學校長四年	十九年十月
第四學區教育委員	周鏐	潤生	三七	無錫	江蘇公立南菁中學畢業曾任華氏私立鴻模小學總務主任縣立甘露小學校校長	二十年八月

第五學區教育委員	嚴桐孫		三六	無錫	南菁中學畢業南洋大學肄業曾任無錫縣立五小教職	十九年二月
第六學區教育委員	俞宗振	鶴寥	四九	無錫	兩江優級師範博專科畢業曾任青浦縣立農業教員武進縣立師範學監省立五中訓育主任上海中華書局理科部編輯第三學區教委	廿三年八月
第八學區教育委員	須馨桂	小山	三五	無錫	前江蘇省立第三師範本科畢業曾任各省市立教職八年浙江省教育廳科員三年	廿三年八月
文牘員	張鑑	杏邨	六八	無錫	歷任錫金公立東林兩等小學省立第三師範公立專門商學私立工商中學競志女學等校教職員無錫縣政府第一第三科科長科員無錫縣視學銓敍部甄審合格公務員	廿四年二月
文牘員	張照南	潮象	五六	無錫	前清官立兩江師範學堂畢業歷任淮北蘗梅中學常州府中學上海神州女學武進縣師範校無錫工商中學等監學及教員浙江錢塘道道視學餘姚紹興桐鄉等縣署教育科兼實業科科長南田海寧平湖南匯淮陰等縣署第一科科主江蘇水上省公安隊第二區第一科科長等職現任本局局員	廿四年三月
總務科管卷收發	嚴樹人	穀孫	四〇	無錫	上海省教育會附設體育傳習所畢業	十六年六月
總務科會計	臧鶴山		四〇	揚州	揚州督材學堂畢業	廿一年八月
總務科會計	吳松筠		三二	無錫	上海國民大學肄業曾任財政部南京造幣廠總務科科員工務科科員靖江縣建設局技術員江蘇政府江北運河工程善後委員會修復西堤工程事務所辦事員	廿二年三月
學校教育科助理	葉昇	濟卿	三七	福建壽寧	福建法政專門學校法律本科畢業教育部國語講習所畢業歷充福建教育廳科員省立第一中學女子師範福州高級中學教員省黨部編書幹事省立圖書館館員	廿三年八月
社會教育科助理	陳明遠		二七	無錫	無錫縣社會教育訓練班畢業曾任縣立大孫巷仙蠡墩等小學校級任教師新瀆橋農民教育館教導部主任厚橋渦胡巷農民教育館館長	廿三年九月
衛生專員	顧祖瑛	子靜	五七	無錫	內政部衛生署登記合格醫師歷任本邑小學校長教員十年	十六年八月
事務員	孫鍾俊		二五	無錫	無錫中學肄業無錫縣教育局事務員五年	十九年七月
事務員	沈宸恩		二一	浙江紹興	蕪湖私立廣益中學畢業曾任蕪湖航業公會文書股助理	廿三年九月

無錫縣教育行政委員會委員姓名

當然委員

李惕平（縣黨部） 嚴慎予（縣長） 臧　祜（縣教育局長） 宋泳蓀（縣督學） 秦毓鈞（縣教育會）

聘任委員

陳谷岑 王引民 葛鯉庭 江應麟 陳湛如 顧述之 高踐四 錢孫卿

教育經費

無錫縣教育經費來源一覽表

名稱	全年教育經費收入總數	徵收方法
地價附稅	八五六一〇	本年度地價附稅，應征十一萬八千九百另三元，教育費占有百分之八十，額征數九五一二二，以九折計算，合如上數。
蘆課附稅	七〇	本年度蘆課附稅，應征九十七元，教育費占百分之八十，額征數七十七元以九折計算合如上數。
漁課附稅	六二	本年度漁課附稅，應征八十六元，教育費占百分之八十，額征數六十九元以九折計算，合如上數。
地價六分	七七二九	本年度六分畝捐，應征七萬五千五百七十四元，五成中教育費占十一成之二五，額征應八五八八元，以九折計算，合如上數。
地價帶征	二三五四	本年度忙漕帶征五分地方費，應征一萬八百九十五元，教育費占百分之二十四，額征應二六一五元以九折計算，合如上數。

項目	金額	說明
地價教育	二六五二七	本年度教育畝捐，按照成熟平田，均攤作每田一畝，帶征二分三厘四毫，全年收入照額應二九四七四元以九折計算，合計如上數。
地價普教	九〇六八九	本年度普教畝捐，按照成熟平田計算，每田一畝，征上下忙各二分，漕米四分。全年收入照額應一〇〇七六五元，以九折計算，合如上數。
牙行營業附稅	八四六	分長期短期兩種，本年度牙行營業附稅，應征九百元，教育占百分之九十四，合如上數。
屠宰附稅	八四〇〇	每猪一頭，附稅一角，包商認繳，合如上數。
契稅附稅	五六四〇	契稅百元，附稅一元，本年度契稅附稅應征六千元，教育費占百分之九十四，合如上數。
中資捐	九七七三	契價每百元提中資二元，按照上年預算，全年收入合如上數。
契紙捐	六〇〇	契紙每張特價三角，按照上年度預算，全年收入合如上數。
鹽斤加價	六三九六	鹽斤加價項下提撥一厘，此款自二十年三月起，改歸中央撥放，每月預定五三三元。
箔類特稅	二四二六	江浙箔類特稅，蘇省應得地方教育經費之一部份，本縣全年應得合如上數。
民政項下撥補	三〇〇〇	民政經費項下撥補原有滯納罰金不敷數，全年合計如上數。
經懺捐	五九五〇	以每月五二二元計，除去五厘費用，全年合計如上數。
筵席捐	一〇二六〇	以每月九百元除去五厘費用，全年合計如上數。
田地租	四五〇〇	義田一三二一畝，學田八八〇畝，賓興一〇九畝，額租一四五一石餘，折租金全年四三〇〇元，又洒掃田租二〇〇元，合計如上數。
教員遺族扶助金利息	一五八〇	全年利息合計如上數。
學費	一〇七六六二	縣立學校全年學費收入合如上數。
券資	四五	縣立民衆教育館券資收入全年約計如上數。
寄附金	四九一二	各團體機關補助費，全年收入約計如上數。
合計	三八五〇三一元	

學校教育

無錫全縣學校統計總表

性質		學校數	學級數					學生數											教職員數			全年經費		
			高中	初中	高級	初級	合計	高中		初中		高級		初級		合計			男	女	合計	經常費	臨時費	合計
								男	女	男	女	男	女	男	女	男	女	總						
中等學校	縣立	2		16			16			590	309					590	309	899	46	8	54	26570		26570
	私立	11	15	47			62	427	80	1666	548					2093	628	2721	191	16	207	140660	9044	149704
	合計	13	15	63			78	427	80	2256	857					2683	937	3620	237	24	261	167230	9044	176274
完全小學	縣立	7			29	28	57					1144	417	990	437	2134	849	2983	81	19	100	38676		38676
	各區縣立	20			27	85	112					958	292	2966	975	3974	1267	5241	112	48	160	46063		46063
	已立案私立	28			55	98	153					1388	641	4114	1776	5502	2417	7919	195	76	271	84360		84360
	未立案私立	8			11	18	29					129	255	362	618	491	873	1364	28	23	51	18158		18158
	合計	63			122	229	351					3619	1600	8432	3806	12101	5406	17507	416	166	582	187257	9044	196301
初級小學	縣立	284				48	448							17288	3993	17288	3993	21281	574	133	707	156141		156141
	已立案私立	24				49	49							2024	838	2024	638	2662	64	13	77	21943		21943
	未立案私立	31				41	41							1549	444	1549	444	1993	60	19	79	12717		12747
	合計	339				538	538							20861	5075	20861	5075	25936	698	165	863	190801		205837
總計		415	15	63	122	852	967	927	80	2256	857	3619	1600	29293	8881	35645	11418	47060	1351	355	1706	545288	9044	554332

無錫全縣學校教室數一覽表

性質 ＼ 校數 ＼ 教室數		一教室		二教室		三教室		四教室		五教室		六教室		六教室以上者		學校數			備註
		公	私	公	私	公	私	公	私	公	私	公	私	公	私	公	私	總	
中學校							4		3		1	1		1	4	2	11	13	
小學校	中心小學區		10	6	4	4	5	2	6	1	6		1	4	5	19	38	57	
	第二學區	21	1	12	2	5	1	1		1			2	1		42	4	46	內協作學校五處 內協作學級四處 內協作分校一處
	第三學區	17		10		7		2	1	1		2			1	41	2	43	內協作學校三處 內協作學級三處 內協作分校一處
	第四學區	23	3	8	2	1		2		2	1	1				36	7	43	內協作學校三處 內協作分校五處 內協作學級一處
	第五學區	22	5	6	1	4		5	1	1		1				37	7	44	內協作學校四處 內協作學級四處 內協作分校一處
	第六學區	25	3	6	2	7	2	1	3	1		1			1	39	11	50	內協作學校八處 內協作學級一處
	第七學區	36	12	12	2	7	2	1	1	1						57	16	74	內協作學校三處 內協作學級五處
	第八學區	26	3	12		1		1	1	1				1		42	4	46	內協作學校五處 內協作分校二處 內協作學級一處
合計		170	36	72	14	36	13	15	15	9	8	6	3	7	11	315	100	415	內協作學校卅一處 內協作分校十處 內協作學級廿六處

無錫全縣學校概況統計表

（一）中等學校

校	名	學級數 高中	學級數 初中	學級數 合計	學生數 高中 男	學生數 高中 女	學生數 高中 共	學生數 初中 男	學生數 初中 女	學生數 初中 共	學生數 合計 男	學生數 合計 女	學生數 合計 總	教職員數 男	教職員數 女	教職員數 合計	全年經費 經常費	全年經費 臨時費	全年經費 合計	備註
縣立	初級中學		10	10				590		590	590		590	30		30	15990		15990	
	女子初中		6	6					309	309		309	309	16	8	24	10580		10580	
	合計		16	16				590	309	899	590	309	899	46	8	54	26570		26570	
私立	無錫中學	4	5	9	161		161	233		233	394		394	21		21	26740		26740	
	輔仁中學	5	9	14	181		181	394		394	575		575	26	1	27	17850		17850	
	錫鐘高商職	3		3	85	9	94				85	9	94	19		19	14375		14375	
	競志女中	3	4	7		71	71		180	180		251	251	23	5	28	10671		10671	
	江南初中		8	8				266	171	437	266	171	437	25	3	28	12000	7000	19000	
	啓明商職		4	4				220		220	220		220	11		11	8000		8000	
	錫光商職		4	4				213	38	251	213	38	251	16	1	17	17056	2044	19100	
	胡氏初中		3	3				89	13	102	89	13	102	15		15	5700		5700	
	匡村初中		4	4				160	20	180	160	20	180	14	2	16	14308		14308	
	毓雪女商職		3	3					126	126		126	126	10	3	13	7112		7112	
	弘達職中		3	3				91		91	91		91	11	1	12	6848		6848	
	合計	15	47	62	427	80	507	1666	548	2214	2093	628	2721	191	16	207	140660	9044	149704	
	總計	15	63	78	427	80	507	2256	857	3113	2683	937	3620	287	24	261	167230	9044	176274	

（二）完全小學校

校名		學級數 高	學級數 初	學級數 共	學生數 高級 男	學生數 高級 女	學生數 高級 共	學生數 初級 男	學生數 初級 女	學生數 初級 共	學生數 合計 男	學生數 合計 女	學生數 合計 共	教職員數 男	教職員數 女	教職員數 共	全年經費 經常費 高級	全年經費 經常費 初級	全年經費 臨時費	全年經費 添級協作費	全年經費 合計	備註
縣立學校	女初中附小	4	5	9	4	272	276	72	151	228	76	423	499	12	9	21	3690	2746			6436	
	連元街	7	4	11	440	39	479	208	72	280	648	111	759	17	7	19	5662	1728			7390	
	將軍橋	6	3	9	309	12	321	180	34	214	489	46	535	12	5	17	5430	1728			7158	
	周新鎮	2	3	5	65	9	74	100	23	123	165	32	197	8		8	2715	1152			3867	
	梅村	4	4	8	148	14	162	129	30	160	277	44	321	9	2	11	2795	1728			4523	
	張涇橋	3	5	8	74	41	115	161	68	229	235	109	344	12		12	2715	2076			4791	
	石塘灣	3	4	7	104	25	129	140	59	199	244	84	328	11	1	12	3126	1285		100	4511	
	合計	29	28	57	1144	412	1556	990	437	1428	2134	849	2983	81	19	100	26133	12443		100	38676	
各區	中心小學區中心小學校	5	14	19	219	101	320	508	279	787	727	380	1107	18	13	31	2763	8818			11581	
二	北西漳	1	1	2	47	9	56	52	15	67	99	24	123	2	1	3	676	471			1147	
二	八士橋	1	6	7	36	25	61	228	79	307	264	104	368	7	3	10	755	1466		200	2421	
二	長安橋	1	4	4	30	7	37	132	37	169	162	44	206	3	2	5	58	738		128	924	高級經費由地方負責
二	劉潭橋	1	3	4	24	3	27	107	20	127	131	23	154	4	1	5	140	774		25	939	添級高級經費由地方負責
三	玉祁	2	4	6	76	29	105	91	29	118	167	56	223	5	4	9	1406	1440			2846	

																							備註
縣立	區	洛社	1	4	5	50	8	58	187	69	256	287	77	364	5	7	2		1500		100	1600	高級經費由地方負責
	四區	蕩口	2	4	6	69		69	199		199	268		268	9		9	128	1155			1283	高級經費由地方負責
		甘露	1	4	5	20	9	29	88	45	133	108	54	162		9	9	720	1596			2316	高級經費由地方負責
		大牆門	2	4	6	45	15	60	139	31	170	184	46	230	6	3	9	500	1596		318	2414	協作學級高級經費由地方負責
		后宅	1	3	4	30	10	40	141	31	172	171	41	212	5	1	6	700	1146			1846	高級經費由地方負責
	五區	黃土塘	1	3	4	28	6	34	98	23	121	126	29	155	5		5	700	768		136	1604	添級高級經費由地方負責
		塞門	1	3	4	34	10	44	41	40	81	75	50	125	5		5	800	756		100	1656	高級經費由地方負責
		張繆舍	1	2	3	19	4	23	77	12	89	96	16	112	3		3		750		100	850	高級經費由地方負責
		安鎮	1	6	7	44	19	63	159	43	202	203	62	265	6	2	8	700	1092			1792	
		嚴家橋	1	3	4	25	3	28	113	43	156	138	46	184	6		6	700	1692			1792	
	六區	河埒口	1	4	5	46		46	101	32	133	147	32	179	5	2	7	700	1440			2140	
		新瀆	1	5	6	35	13	48	151	44	195	186	57	243	6	2	8	730	1884			2614	
	八區	北坊前	1	2	3				112	26	138	112	26	138	5		5	420	1170		36	1626	高級經費由地方負責係協作學級
		東亭	2	5	7	81	21	102	242	79	321	323	100	423	7	3	10	700	1872		100	2672	添級
合計			27	85	112	958	292	1250	2966	975	3941	3974	1267	541	112	48	160	13296	31524		1243	46063	
中		競志小	4	4	8		152	152	57	148	205	57	300	357	3	13	16	4739	合上			4739	
		明德	2	4	6	107		107	252	17	269	359	19	365	9	2	11	2150	合上			2150	

已立案之私																						
心小學區	蔡氏	2	6	8	30	83	113	156	296	452	186	379	565	8	4	12	5164	合上			5164	
	積餘	4	8	12	222		222	463		463	685		685	21		21	10222	合上			10222	
	唐氏	1	2	3	47	11	58	92	42	134	139	53	192	5	2	7	1961	合上			1961	
	廣勤	1	4	5	39	7	46	243	61	304	282	68	350	8		8	1773	合上			1773	
	榮氏	2	5	7		58	58	105	162	267	105	220	325	4	8	12	4490	合上			4490	
	楊氏	2	3	5	90	11	101	138	68	201	223	79	302	6	1	7	1500	合上			1500	
	振秀	2	4	6		43	43	35	154	187	35	197	232	5	6	11	2996	合上			2996	
	滌新	3	1	4	1	37	38	29	34	63	29	62	91	4	3	7	1756	合上			1756	
	城區	2	2	4	56	16	72	132	62	194	188	78	266	4	3	7	965	合上			965	
	續成	2	3	5	85	2	87	36	16	152	221	18	239	8		8	2500	合上			2500	
	崇文	1	2	3	21	3	24	47	11	59	68	14	82	2	2	4	1310	合上			1310	
	正業	2	3	5	67	7	74	184	37	221	251	44	295	10	2	12	2528	合上			2528	
	寧紹旅錫	1	2	3	16	8	24	79	33	112	95	41	136	5	1	6	1928	合上			1928	
	頌思	3	5	8	44	28	72	64	64	128	108	92	200	10	4	14	5250	合上			5250	
	志成	2	2	4	1	63	64	27	106	133	28	169	197	2	5	7	2200	合上			2200	
	競成	2	2	4	45	7	52	168	52	220	213	59	272	4	2	6	3250	合上			3250	
二區	胡氏小	2	4	6	93	21	114	333	55	388	426	76	502	17		17	4500	合上			4500	

立學校	三區	匡村小	2	8	10	75	17	92	408	81	489	483	98	581	17	7	20						
		樹德	2	3	5	38	13	51	101	18	119	139	31	170	6		6	2200	合上			2200	
	四區	懷芬	2	4	6		27	27	43	141	184	43	168	211	1	8	9	2500	合上			2500	
	五區	保滋	2	2	4	25	14	39	80	9	89	105	23	128	6		6	1010	合上			1018	
	六區	公益一校	3	5	8	164		164	253		253	417		417	13		13	5872	合上			5872	
	七區	尚德	1	3	4	32	3	35	138	16	154	170	19	189	6		6	1416	合上			1416	
		志海	1	2	3	20	5	25	120	43	163	140	48	188	5		5	1700	合上			1700	
		培本	1	2	3	33		33	75	7	82	108	7	115	6		6	572	合上			1526	
	八區	江陂	1	3	4	37	5	42	161	43	204	198	48	246	4	3	7	2900	合上			2260	
	合計		55	98	176	1388	641	2029	4114	1776	5890	5502	2417	7919	195	76	291	84360	合上			84360	
未立案之私校	一區	學藝	3	2	5		138	138	9	77	86	9	215	224	8	3	11	4174	合上			4174	
		德慧	2	4	6	1	49	50	25	139	164	26	188	214		9	9	3662	合上			3662	
	二區	蓉陽	1	2	3	18	4	22	92	34	126	110	38	148	4		4	900	合上			900	
	六區	作新	1	2	3	34	5	39	115	25	140	149	30	179	5		5	1800	合上			1800	
		丁氏	1	2	3	30	2	32	85	21	106	115	23	138	5		5	2192	合上			2192	
		化新	1	3	4	1	19	20	28	121	155	29	146	175		7	7	2348	合上			2348	
		競化	1	3	4		33	33	8	195	203	8	228	236	3	4	7	2582	合上			2582	
	七區	敦睦	1		1	45	5	50				45	5	50	3		3	500	合上			500	
	合計		11	18	29	129	255	384	362	618	980	491	873	1364	28	23	51	18158				18158	
總計			122	229	351	3619	1600	6219	8432	8806	12238	12101	5406	17507	416	166	582	131947	43967		1343	177257	

(三) 初級小學

(1) 中小學區

校名	學級數	學生數 男	學生數 女	學生數 共	教職員數 男	教職員數 女	教職員數 共	全年經常費	備註
三皇街	4	140	66	206	4	3	7	1740	
棉花巷	3	113	45	158		4	4	1513	
通匯橋	5	212	74	286		6	6	2574	
冶坊場	4	161	103	264	4	3	7	2172	
冉涇橋	2	59	32	91	1	2	3	888	
亭子橋	2	79	39	118	1	2	3	888	
尤渡里	2	105	4	109	2	1	3	610	內包涵添級100元
玉帶橋	2	72	4	76		3	3	923	
清明橋	2	97	20	117	2	1	3	900	
梨　莊	2	79	11	90	3		3	634	內包涵添級費100元
南　尖	3	97	47	144	4		4	1132	內包涵添級費100元
惠　山	3	112	30	142	3	1	4	988	內包涵添級費100元
黃　巷	1	35	5	40		1	1	599	
合　計	35	1361	480	1841	25	26	51	15561	本區臨時費核定800元

(2) 第二學區

尤家坦	3	116	19	135	3	1	4	792	協作36元在外
陳家橋	3	142	32	174	4		4	1182	協作36元在外
龍塘岸	1	79	6	85	1	1	2	462	
瓦屑壩	1	38	3	41	2		2	430	
胡家渡	2	81	24	105	3		3	710	
官前頭	2	70	17	87	2		2	548	內添級費100元
新塘裏	1	36	6	42	2		2	474	
胡　巷	1	45	6	51	2		2	450	
戴　圻	1	54	3	57	2		2	450	
麻　鼓	2	75	13	88	2		3	720	
堰　橋	3	84	39	123	3	1	4	732	協作分校36元在外
倉　橋	2	90	6	96	2		2	756	

楊　巷	2	87	10	97	2		2	744	
北高田	1	41	4	45	1	1	2	450	
旺　莊	1	48	5	53		2	2	474	
寺　頭	3	100	21	121	1	3	4	914	內添級100元
張　村	3	94	14	108	3		3	756	協作分校36元在外
唐　巷	1	55	4	59	2		2	450	
南水渠	1	39	2	41	1	1	2	462	
大馬巷	1	38	2	40	2		2	474	
東北塘	2	74	8	82	2	1	3	780	
岸底裏	2	88	15	103	2		2	792	
平家渡	1	37	3	40	1	1	2	462	
石家浜	1	57	12	69	2		2	474	
東房橋	3	96	16	112	4		4	749	內添級100元
高樹下	2	60	15	75	2	1	3	486	協作學校36元在外
辛　巷	2	82	25	107	3		3	754	
古　莊	2	71	14	85	3		3	578	內添級100元
嚴　埭	1	44	9	53	2		2	462	
朱　巷	1	48	9	57		2	2	486	
塘　頭	2	106	27	133	3		3	735	
任　巷	1	48	8	56		2	2	450	
普　靜	1	48	2	50	2		2	60	協作學校
陸北莊	1	37	16	53	1		1	60	協作學校
大利市	1	(學期終了時恢復)						60	同　上
長　閘	1	36	5	41	2		2	60	同　上
華　巷	1	33	5	38	1		1	60	同　上
高涇橋	1	41	10	51	1		1	60	同　上
合　計	61	2385	433	2843	72	17	89	19938	本區臨時費核准500元

(以上協作學級5級經費180元未併入計算)

(3)第三學區

楊家圩	1	42	4	46	2		2	454
蠖塘橋	1	84	9	93	2		2	448
北七房	2	73	34	107		3	3	718
浮舟村	1	53	10	63	2		2	436
莊巷橋	1	41	10	51	2		2	448

齊家社	1	47	8	55	2		2	460	
吳家港	1	44	11	55	2		2	449	
任環圩	1	39	17	56	2		2	422	
黃泥壩	1							391	
南覺廟	2	79	21	100	3		3	664	
北新橋	1	58	16	74	2		2	448	
禮　社	3	88	42	130	4		4	1096	
新　橋	2	54	35	89	3		3	742	
蔣　巷	1	44	8	52	1	1	2	450	
前　洲	4	120	26	146	1	5	6	1617	
西　塘	1	49	8	57	2		2	486	
秦　巷	3	115	24	139	4		4	1104	
石　幢	2	75	11	86	3		3	718	
高家尖	1	43	8	51		2	2	447	
魏家宕	1	48	6	54	1	1	2	460	
胡椒巷	3	107	20	127	2		2	708	
施家宕	2	76	15	91	3		3	732	
鵝子岸	2	79	12	91	2		2	756	協作學級36元在外
高明橋	2	66	21	87	1	2	3	780	
周徐巷	1	67	9	76	2		2	486	
楊墅園	2	101	27	128	3		3	816	
張鎮橋	3	123	39	162	3		3	786	協作分校48元在外
新開河	3	94	16	110	2	3	5	1120	
南西漳	3	104	39	143	1	2	3	873	內添級費100元
會龍橋	2	81	10	91	2	1	3	564	內添級費100元
印　橋	1	60	6	66	2		2	444	
青　墩	3	117	21	138	4		4	868	內添級費100元
梅　涇	2	102	5	107	3		3	579	內添級費100元
潘　葑	3	80	17	97	2	1	3	816	協作學級36元在外
浜　口	1	40	9	49	2		2	426	
馬盤里	1	36	4	40	1		1	60	協作學校
葑　莊	2	52	28	80	3		3	320	(一教室列入預算)
合　計	69	2664	646	3310	80	24	104	23604	本區臨時費核准500元

(以上協作分校協作學級級經費120元未幷入計算)

(4) 第四學區

茅塘橋	1	53	13	66	2		2	498	
新浦巷	1	34	9	43		3	3	498	
王宅衖	1	41	11	52	2		2	486	
繆家衖	1	40	10	50	2		2	498	
汶　上	1	34	6	40		2	2	498	
湖　橋	1	32	8	40	1		1	466	
南　巷	1	54	4	58	2		2	498	
南　前	1	61	20	81	2	1	3	483	
鴻　聲	2	76	33	109	3		3	816	
馬　橋	1	39	6	45		2	2	498	
荷　村	1	27	7	34		2	2	474	
碩望橋	3	69	19	88	5		5	670	內添級費100元 協作分校48元
畢家橋	2	74	12	86	3		3	769	
強家橋	2	89	18	107	3		3	772	
何家里	1	51	9	60	2		2	498	
雙板橋	1	43	13	56		2	2	498	協作分校48在外
大方橋	2	69	20	89	2		2	498	
桐　橋	1	36	7	43	1	1	2	496	
瞻　橋	2	69	22	91	1	2	3	502	
金　娍	1	38	3	41	1		1	444	
薛　典	2	68	14	82	3		3	498	協作分校48在外
竹　橋	1	36	11	47	2		2	474	
觀　莊	1	58	9	67	2		2	414	
荆　村	1	58	5	63	2		2	434	
北　張	4	172	42	215	5		5	1002	
高　田	2	55	23	78	3		3	432	內添級費200
西　宅	2	37	13	70	5		5	646	內添級費100元 協作分校48元
西　典	1	61	12	73	2		2	554	
宜　橋	1	35	7	42	2		2	438	協作分校48元在外
廟　庵	1	24	8	32	1		1	60	協作學校
六步橋	1	31	3	34		1	1	60	同　上
福　墈	1	40	5	45	1		1	60	同　上
合　計	45	1724	402	2126	60	16	76	15752	本區臨時費核准500元

(以上協作分校協作學級3級經費144元未併入計算)

(5) 第五學區

陳墅	3	90	32	128	3	1	4	850	內添級費100元
巷裏	1	33	19	52	2		2	490	
高田上	1	34	7	41	1	1	2	556	內添級費100元
戴巷	1	29	12	41	2		2	468	
北莊	1	31	11	42	2		2	432	
東廟橋	2	28	13	41	2		2	548	內添級費100元
五房莊	1	31	11	42	1		1	438	
東莊	1	27	3	30	1	1	2	430	
下莊	2	33	10	43	2		2	490	協作學級360元在外
趙巷	1	42	3	45	2		2	486	
周家閣	1	37	5	42	1		1	414	
陳湖塘	3	68	21	89	3		3	758	內添級費100元
蠡瀆	1	31	9	40	2		2	469	
方村	1	32	4	36	2		2	468	
朱村	1	40	3	43	2		2	446	
大通橋	1	32	8	40	2		2	447	
羊尖	2	67	33	100	3		3	744	
楊亭	3	102	33	135	2	2	4	1134	
廊下	1	35	10	45	2		2	464	
倉下	1	36	4	40	1		1	452	
談村	1	37	4	41	2		2	466	
長大廈	2	79	23	102	2		2	744	
喬巷	1	36	9	45	1	1	2	454	
興塘	2	105	25	130	3		3	747	
席祁	1	42	3	45	2		2	474	
鳴城橋	1	34	43	47	1	1	2	474	
楊家莊	2	63	12	75	3		3	497	
蔣巷	1	34	6	40	1		1	60	協作學校
旺巷	1	41	5	46	2		2	60	同上
柳家橋	1	37	9	46	2		2	60	同上
嚴家鄉	1	40	5	45	1		1	181	同上
合計	43	1372	365	1737	58	7	65	14832	本區臨時費核准500元

(以上協作學級1級經費36元未併入計算)

(6) 第六學區

大孫巷	1	45	12	75		2	2	516	
仙蠡墩	3	109	19	128	4		4	780	
嚴家棚	1	44	9	53	2		2	306	
藕塘橋	1	44	9	53	3	1	4	1151	
錢　橋	3	116	36	152	2	2	4	1092	
蘇　廟	1	53	11	64	2		2	474	
青　蓮	1	54	7	61	1	1	2	476	
水　渠	1	50	10	60	2		2	484	
石　埠	1	35	5	40	2		2	498	
西廟橋	2	50	6	56	2		2	457	
磁店橋	2	52	18	70	3		3	744	
徐城頭	(本學期十月份起停辦)								
大鴻橋	1	33	9	42	1	1	2	470	
楊家村	1	36	5	41	2		2	470	
陸區橋	4	131	35	166	4	1	5	4248	內添級費100元
修　浦	1	34	8	42	2		2	470	
尹　城	2	50	6	56	2		2	470	
劉　莊	1	35	9	44	2		2	470	
夏　瀆	3	94	19	113	4		4	1110	
龍　爪	2	70	13	83	3		3	714	
胡　埭	3	116	35	151	4		4	880	內添級費100元
岸　前	1	40	2	42	2		2	470	
沙　灘	1	40	2	42	2		2	470	
閭　江	2	69	14	83	3		3	485	
邵　巷	1	32	6	38		2	2	470	
楊　灣	1	28	12	40	2		2	470	
劉　塘	1	47	5	52	2		2	482	
歸　山								104	(本學期十月份起停辦)
張　舍	3	101	26	127	3	1	4	742	協作學級36元在外
蓮　杆	2	79	13	92	4		4	473	
福　山	3	136	27	163	4	1	5	791	
后　莊	1	37	6	43	2		2	482	
龔唐巷	1	41	17	58	2		2	60	協作學校

花　園	1	60	6	66	2		2	60	同　上
萬　善	1	60	6	66	2		2	60	同　上
西　溪	1	42	2	44	2		2	60	同　上
縶亭橋	1	51	4	55	3		3	60	同　上
張華橋	1	37	8	45	2		2	60	同　上
楊茅岸	1	31	13	46	1		1	60	同　上
合　計	60	2242	474	2716	80	12	92	19036	本區臨時費核准400元

(以上協作學級1級經費36元未併入計算)

(7) 第七學區

礁新橋	2	92	12	104	3		3	762	
徐來橋	1	45	2	47	2		2	474	
盧村橋	2	81	21	102	3		3	482	
金城灣	1	52	31	83	4		3	720	
東邵巷	2	82	11	93	3		3	756	
西邵巷	1	33	14	47		2	2	474	
陸典橋	1	32	14	46	2		2	474	
北　橋	1	40	11	51	1	1	2	474	
南　橋	3	113	40	153		4	4	1104	
章　村	1	55	10	65	2		2	474	
施　灣	1	62	4	66		2	2	494	
浦章橋	1	26	8	34	2		2	394	
南方泉	1	53	31	84	4	2	6	477	
王村莊	2	61	16	77	2		2	426	
鮑家莊	1	66	11	77	2		2	426	
裕村庵	1	38	14	52	2		2	426	
方湖寺	1	76	12	91	3		3	526	內添級費100元
周潭橋	2	77	15	92	3		3	696	
董家弄	2	102	23	125	3		3	423	協作學級36元在外
仙河頭	1	31	7	38		2	2	426	
燒香浜	3	140	36	176	5		5	696	同　上
黃泥田	1	34	9	43	2		2	426	
吳　塘	1	68	13	81	2		2	461	
嶂　嶂	1	34	11	45	2		2	496	

堯歌	1	45	5	50	2		2	391	
許舍	2	83	10	93	3		3	778	
石塘	2	60	27	87	3		3	726	
陶巷	1	61	12	73		2	2	720	
方橋	1	38	11	49	2		2	432	
前章	3	115	32	147	4		4	1092	
釣橋	1	39	11	50	2		2	423	
石巷	1	42	7	49	2		2	402	
西林	1	43	4	47	2		2	426	
毛文橋	1	57	12	69	2		2	438	
南廟橋	2	89	18	107	3		3	538	內添級費100元
杜家里	1	43	11	54	2		2	438	
郁家里	1	42	8	50	2		2	444	
惠灣里	1	36	10	46	2		2	438	
惠家里	1	35	6	41	2		2	438	
車上橋	1	38	4	42	2		2	450	
西橋灣	2	73	18	91	2	1	3	562	內添級費100元
張巷	2	87	9	96	3		3	438	
南張	1	49	11	60	2		2	479	
過巷	2	58	26	84	2		2	738	
嘉禾	2	78	15	93	6		6	574	內添級費100元
元塘	1	41	9	50	2		2	462	
石基	1	50	3	53	2		2	450	
華莊	4	159	51	210	5	2	7	747	協作學級36元在外
陸莊	2	125	16	141	4		4	728	
新安	2	77	17	94	3		3	562	內添級費100元
曹墩	1	35	6	41		2	2	414	
東宋	1	46	5	51	2		2	414	
白旄	1	33	7	40	2		2	395	
善念橋	1	43	11	54	1		1	60	
西塘甘	1	39	7	46	2		2	36	協作學校
西杜巷	1	46	11	57	2		2	60	協作學校
合計	80	3401	786	4187	122	20	142	28908	本區臨時費核准500元

（以上協作學級7級經費252元未併入計算）

(8) 第八學區

潮音菴	3	113	10	123	4		4	780	
黃土涇	1	45	4	49	2		2	486	
吳蔣巷	2	89	15	104	1	2	3	766	
下甸橋	1	37	6	43	2	1	3	498	協作分校48元在外
周涇巷	1	33	8	41	2		2	434	
白吐橋	3	105	25	130	4		4	892	內添級費100元
章家橋	2	83	23	106		2	2	756	
欽家里	1	41	4	45	2		2	502	
普福菴	1	38	8	46	2		2	474	
柏木橋	1	53	6	59	2		2	474	
馬家橋	1	71	2	73	2		2	474	
前　旺	1	31	8	39	2		2	486	
陶　典	1	37	11	48	2		2	486	
后　陽	2	110	18	128	1	2	3	756	
莫　巷	1	38	6	44	1		1	449	
漏湖巷	2	38	6	44	1		1	762	
曹慕塘	1	81	8	89	2		2	468	
小西莊	1	34	5	39	2		2	474	
礆家橋	1	34	5	39	2		2	500	
門樓下	1	33	8	41	1	1	2	439	
厚　橋	2	110	14	124	4		4	792	
盤　龍	1	35	5	40	1		1	468	
芙　南	1	41	7	48	2		2	479	
嵩　山	1	34	6	40	2		2	478	
陳四房	2	69	13	82	2		2	554	內添級費100元
東周巷	1	39	5	44	2		2	442	內添級費100元
查家橋	2	56	16	72	1	1	2	590	
新塘橋	1	28	12	40	2		2	466	
南　錢	1	49	13	62	2		2	510	內添級費100元
西　園	2	62	8	70	2		2	671	協作分校48元在外
華　愼	2	49	23	72	3		3	744	
西　倉	2	67	32	99	3		3	744	
塘　西	1	40	6	46	2		2	498	

牌樓下	1	29	5	31		1	1	60	協作學校
東 浜	1	38	9	47	1		1	60	同 上
夏家橋	1	31	4	35	1		1	60	同 上
篠 昌	1	40	4	44	2		2	60	同 上
秦水渠	1	28	4	32	2		2	60	同 上
合 計	55	2139	407	2546	77	11	88	18810	本區臨時費核准500元
	(以上協作分校2級經費96元未併入計算)								
八個學區共計	448	17288	3993	21281	574	133	707	166947	八個學區核准臨時費4200元
	(此外協作分校協作學級經費未併入計算)								

(9) 已立案之私立學校

培新初小	5	225	88	313	5	2	7	3905
秦氏初小	3	108	58	166	4		4	1447
工職初小	1	16	10	26	3		3	852
崇實初小	3	104	44	184	4	1	5	1390
雅言初小	5	332	92	424	6		6	2060
大椿初小	1	48	8	56	2		2	640
侯氏初小	2	68	46	114	3		3	400
業勤初小	1	23	12	35	1	1	2	399
菁莪初小	3	121	40	161	2	3	5	720
培西初小	5	212	75	287	3	4	7	1520
惠風初小	1	51	5	56	2		2	710
履德初小	1	43	1	44	1		1	710
	以上中心小學區							
顧氏初小	1	44	16	60	1	1	2	588
端初初小	2	89	13	102	3		3	470
又新初小	2	77	17	94	3		3	1000
	以上第四學區							
公益二校	4	113	29	142	6		6	1886
公益四校	2	56	12	68	3		3	800
止園培本	1	53	18	71	2		2	700
	以上第六學區							

慈南初小	1	53	9	62	3		3	
迪智初小	1	47	11	58	1	1	2	504
慕光初小	1	39	13	52	2		2	420
周城初小	1	15	3	18	1		1	54
以上第七學區								
景華初小	1	29	8	37	1		1	304
集成初小	1	58	10	65	2		2	460
以上第八學區								
合計	49	2024	638	2662	64	13	77	21943

(10)未立案之私立學校

培工初小	3	90	49	129		6	6	1500
崇正初小	2	72	17	89	2	2	4	600
勉強初小	1	43	30	73	2		2	500
陳氏初小	1	30	30	60	1	2	3	300
利民初小	1	53	26	79	2		2	500
聖馬可初小	1	15		15	3		3	840
聖嬰初小	3	27	53	80	2	3	5	
正風初小	1	59	6	65	3		3	640
以上中心小學區								
蓉陽初小	3	109	21	130	4		4	
中山初小	1	34	3	37	1		1	
以上第二學區								
三樂初小	1	63	12	75	1	1	2	500
倘文初小	1	31	3	34	1		1	
以上第四學區								
公揚初小	1	39	20	59	4		4	292
成志初小	1	21	9	30	1	1	2	280
濟仁初小	1	112	20	132	3		3	660
興祖初小	1	35	12	47	2		2	516
貽穀初小	1	36	5	41	2		2	400
膠山初小	1	28	8	36	1	2	3	252
以上第五學區								

文秀初小	1	23	10	33	1	1	2	300
華利初小	1	28	5	33	1		1	333
公益第三初小	2	65	10	75	3		3	696
以上第六學區								
裕成初小	2	83	13	96	3		3	850
振湖初小	1	84	23	107	3	1	4	780
利民第二初小	1	85	9	94	2		2	270
尙志初小	1	34	6	40	2		2	540
及時初小	1	52	10	62	3		3	
振新初小	1	34	4	38	2		2	264
思敬初小	1	47	4	51	1		1	
惠南初小	1	51	2	53	1		1	454
溪西初小	1	41	5	46	1		1	
以上第七學區								
熙春初小	1	25	19	44	2		2	
以上第八學區								
共計	41	1549	444	1993	60	19	79	12747

無錫縣公私立學校教職員資格統計表

一 縣立學校

（一）初級中學

資格	人數
大學畢業	19
大學肄業	3
高中師範科或本科師範畢業	11
舊制中學畢業	2
專門學校畢業	7
其他	12
共計	54

（二）完全小學

資格	人數
高等師範學校畢業	1
師範本科或高中師範科畢業	94
師範本科或高中師範科肄業	4
前期師範鄉村師範農村師範師範講習科畢業	43
前期師範鄉村師範農村師範師範講習科肄業	9
大學畢業	5
大學肄業	2
專門學校畢業	24
舊制中學或高級中學畢業	33
舊制中學或高級中學肄業	6
各種職業學校畢業	18
初級中學畢業	6
檢定合格	5
其他	10
共計	260

(三)初級小學

資格	人數
師範本科或高中師範科畢業	25
師範本科或高中師範科肄業	10
前期師範農村師範鄉村師範師範講習科畢業	70
前期師範農村師範鄉村師範師範講習科肄業	20
大學畢業	2
大學肄業	25
專門學校畢業	49
專門學校肄業	14
舊制中學或高級中學畢業	109
舊制中學或高級中學肄業	54
各種職業學校畢業	64
各種職業學校肄業	24
初級中學畢業	78
初級中學肄業	35
檢定合格	59
小學畢業	12
其他	61
共計	707

私立學校

(一)高級中學

資格	人數
國外大學專門學校或師範畢業	3
大學畢業	33
大學肄業	6
專門學校畢業	9
高等師範畢業	2
本科師範或高中師範科畢業	16
舊制中學或高級中學畢業	
其他	17
共計	95

(二)初級中學

資格	人數
國外大學畢業	1
大學畢業	28
大學肄業	2
專門學校畢業	29
專科師範畢業	6
本科師範或高中師範科畢業	21
縣立師範畢業	5
舊制中學或高級中學畢業	7
各種職業學校畢業	3
其他	10
共計	112

(三)完全小學

資格	人數
師範本科或高中師範科畢業	23
師範本科或高中師範科肄業	17
前期師範鄉村師範農村師範師範講習科畢業	23
大學畢業	16
大學肄業	9
專門學校畢業	38
專門學校肄業	8
舊制中學或高級中學畢業	80
舊制中學或高級中學肄業	25
各種職業學校畢業	15
各種職業學校肄業	2
初級中學畢業	21
初級中學肄業	2
前小畢業	5
檢定合格	4
其他	34
共計	322

(四)初級小學

資格	人數
師範本科或高中師範科畢業	9
師範本科或高中師範科肄業	1
前期師範農村師範鄉村師範師範講習科畢業	18
前期師範農村師範鄉村師範師範講習科肄業	7
大學畢業	5
大學肄業	4
專門學校畢業	23
專門學校肄業	7
舊制中學或高級中學畢業	26
各種職業學校畢業	15
各種職業學校肄業	1
初級中學畢業	16
初級中學肄業	3
小學畢業	3
其他	18
共計	156

無錫縣縣立學校教職員待遇統計表

(一)初級中學

月薪	人數
18	5
20	3
22	1
25	2
27	2
30	1
32	1
34	1
37	1
42	1
45	2
46	1
48	1
49	1
50	1
51	1
52	1
53	1
55	2
56	1
57	3
58	2
65	1
68	1
75	1
78	1
83	1
86	1
88	1
100	1
103	1
不滿十六元者	10
共計	54

註：不滿十六元者多係兼任職

(二)完全小學

月薪	人數
16	15
17	5
18	27
19	10
20	27
21	12
22	12
23	16
24	20
25	11
26	6
27	11
28	3
29	2
30	17
31	6
32	9
33	3
34	1
35	2
36	9
37	1
38	1
40	3
41	4
42	5
45	2
46	1
55	2
56	1
60	1
不滿十六元及義務職者	15
共計	260

(三)初級小學

月薪	人數
11	123
13	6
15	15
17	22
18	193
19	12
20	188
21	74
22	47
23	16
24	2
25	2
27	2
29	1
不滿十元者	4
共計	707

無錫縣學齡兒童就學失學比較圖

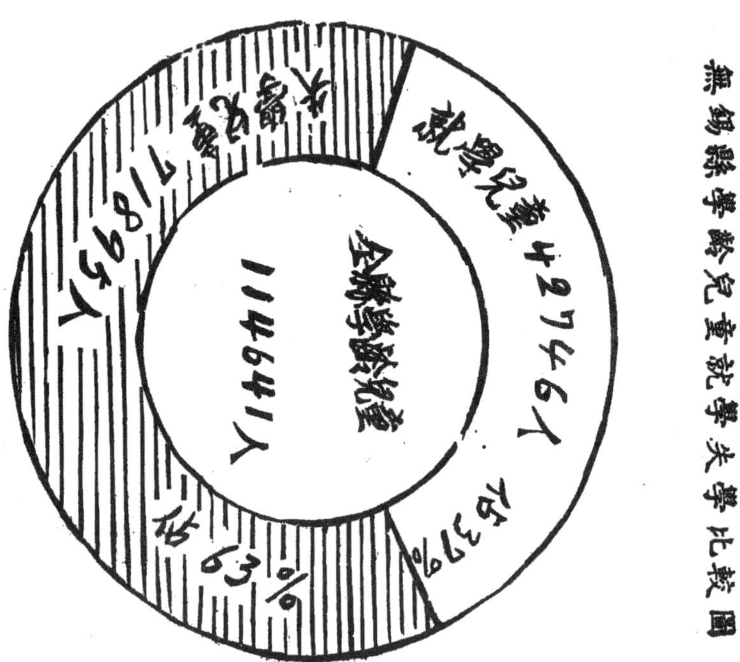

城廂內外學校一覽表

校名	校長	校址
省立教育學院	高陽	社橋
省立無錫師範學校	周毓莘	學前街
省立無錫師範附屬小學	潘仁	學前街
縣立初級中學校	李冠傑	學前街
縣立女子初級中學校	顧穀嘉	小婁巷底
縣立女子初中附設小學校	薛鴻坤	同右
縣立第一小學校	程恩九	連元街
縣立第二小學校	嚴少陵	蘇家弄
中心小學區縣立中心小學校	顧溁村	崇安寺
中心小學區縣立三皇街初級小學校	顧堅	三皇街
中心小學區縣立棉花巷初級小學校	孫曼石	西門棉花巷
中心小學區縣立通匯橋初級小學校	林銳	北門通匯橋
中心小學區縣立冶坊場初級小學校	蘇渭濱	北門通匯橋
中心小學區縣立冉涇橋初級小學校	華耕畬	南門冉涇橋
中心小學區縣立亭子橋初級小學校	王道南	東門外亭子橋
中心小學區縣立尤渡里初級小學校	周冠雄	東門外尤渡里
中心小學區縣立玉帶橋初級小學校	劉毓英	南門外虹橋
中心小學區縣立清明橋初級小學校	高一生	南門外清明橋
中心小學區縣立梨花莊初級小學校	顧召棠	梨花莊
中心小學區縣立南尖初級小學校	高棟	北門外長安橋
中心小學區縣立惠山初級小學校	王冕英	惠山
中心小學區縣立黃巷初級小學校	高梅芳	黃巷
私立無錫國學專門學院	唐文治	學前街
私立無錫中學校	黃選青	南門灣羊腰灣
私立輔仁中學校	楊四箴	東門將軍橋
私立競志女子中學暨附設小學校	侯鴻鑑	北禪寺巷
私立江南初級中學校	錢殷之	南上塘
私立啓明商科職業初級中學校	趙章吉	東門外南倉門九十三號
私立錫光職業初級中學校	蔡培熙	春街
私立錫鐘中學校	孫祖宏	南門外通揚路
私立弘達職業初級中學校	吳邦傑	東門外酒仙殿
私立疏雪女子初級中學校	過廷勳	城內映山河
私立明德小學校	岳錫光	南門跨塘橋

校名	校長	地址
私立蔡氏小學校	張爾嘉	北門外蔡家弄
私立積餘小學校	莫善樂	大河池沿
私立唐氏小學校	秦　權	大婁巷
私立廣勤小學校	唐　泳	廣勤路
私立榮氏女子小學校	江應麟	旗杆下
私立楊氏小學校	謝澤人	永定橋
私立振秀女子小學校	吳秦英	北門外貝巷上
私立滌新女子小學校	陸雲叢	營橋巷
私立城區小學校	秦　銳	三皇街
私立績成小學校	林錫榮	北門外貝巷上
私立崇文小學校	姚詢芻	三皇街
私立正業小學校	劉彥威	清名橋
私立培新小學校	曹　銓	崇安寺
私立秦氏小學校	秦振鍔	大河上
私立工職小學校	沈鶴鍔	旱橋弄
私立崇實小學校	陳臬頤	顧橋下
私立培西小學校	李國章	太保墩
私立雅言小學校	瞿相成	東新路
私立大椿小學校	郁寶鐘	伯瀆港
私立侯氏小學校	鄭庭昌	駁岸上
私立業勤小學校	楊鼎炎	長安橋祝棧弄
私立培工小學校	陳織雲	南門外清名橋
私立學藝女學校		映山河南陽里
私立菁莪小學校	張光霖	西門倉浜裏
私立志成小學校	王獨醒	南門外定勝橋
私立崇正小學校	徐文表	北門後祁路
私立德慧女子小學校	周　權	南門外虹橋堍
私立勉強小學校	孫春圃	駁岸上
私立陳氏小學校	陳作霖	東河頭橋
私立利民第一小學校	楊念農	東門外南倉橋
私立類思小學校	張維齊	小三里橋天主堂
私立寧紹旅錫初級小學校	周天鈞	光復門外寧紹公所
私立履德初級小學校	薛秉章	清名橋上塘
私立惠風初級小學校	周元濟	江陰巷
私立競成小學校	汪軼千	體育場路

社會教育

無錫縣立社會教育機關概況統計表

名稱	數量	職員數 男	職員數 女	職員數 合計	全年經費	主辦重要事業
民衆教育館	1	6		6人	$3000	書報室，娛樂室，陳列室，科學室，民衆學校，識字班，小本貸款，動植物園，社會調查，動植物標本，各種演講，各種展覽，各種運動，宣傳文比賽，其他。
農民教育館	7	26	2	28人	$14000	鄉村改進會，模範農田，民衆學校，民衆茶園，合作社，醫藥處，讀書會，蠶事指導，農本放款，書報娛樂室，生計調查，模範家庭，各種宣傳，各種展覽。
圖書館	3	8	1	9人	$3680	普通閱覽，兒童閱覽，各種讀書會，巡迴文庫，各種演講，各種展覽會
工人教育館	1	3	1	4人	$1750	工人學校，閱書報處，工人子弟小學，壁報，俱樂部，工友消費合作社，問訊代筆處，宣傳演講，國術團，工房戶口調查，小販貸款部，職業指導。
洛社農村改進實驗區	1	3		3人	$1700	農事試驗場、特約農田，運銷養魚養蠶合作，農村小學，民衆學校，村民醫院、民衆茶園，農村改進會，模範家庭，閱報處，娛樂處，流動演講，農產品展覽，各種運動，各種比賽，改良畜牧。
公共體育場	1	2		2人	$1549	指導各項球類，田徑賽，及器械婦女等運動，舉行各種競技比賽，及民衆運動會，組織民衆體育委員會，裁判委員會，器械訓練班。
歷史博物館	1	1		1人	$740	徵集古物，調查古蹟，陳列室，展覽室，民衆閱報處。

無錫縣立社會教育機關概況

名稱	崇安寺民衆教育館	地址	城中崇安寺
創辦年月	民國六年一月		
環境 地位	第一區之中心		
環境 戶口	共計25523戶　170431口		
環境 職業	工商　80%　其他　20%		

現任職員 姓名	籍貫	性別	年齡	略歷	職務
張志良	無錫	男	二四	江蘇省立教育學院畢業	館長
華晉奎	無錫	男	二六	無錫縣立商業學校畢業	教導
華律梁	無錫	男	二五	私立胡氏公學畢業	生計
周靜遠	溧陽	男	二四	江蘇省立教育學院畢業	推廣
王實恨	無錫	男	四六	歷任本館演講員	演講員
顧子靜	無錫	男	六一	上海丁氏醫院畢業內政部衛生署登記	醫師

組織	分生計，教導，推廣三部	開放時間	上午9時起11時半止　下午1時起5時止　晚7時起9時止
館舍	房舍11間　場地	設備	用具883件　圖書364冊
經費	經常3000元　臨時	百分比	薪工　50%　事業　50%

舉辦事業	
固定的	1 書報室 2 娛樂室 3 陳列 4 科學室 5 民衆學校 6 閱報處牌 7 壁報 8 民衆法律顧問 9 兩量處 10 民衆工藝傳習班 11 貧民借貸所 12 補習學校 13 識字班 14 社會調查 15 職業指導 16 民衆儲蓄會 17 民衆讀書會 18 小本借貸所 19 動植物園 20 其他
活動的	1 各種演講 2 科學公開試驗 2 時事報告 4 各種展覽會及讀養會 5 紀念日集會及宣傳 6 佈種牛痘 7 注射防疫 8 各種運動宣傳（新生活、保甲、識字、衛生、造林、滅蠅） 9 民衆遊覽團 10 流動教育 11 民衆音樂會 12 公共娛樂之提倡 13 其他
推廣的	1 特約民衆茶園 2 特約改良私塾 3 特約模範商店 4 特約模範家庭 5 協助地方自治 6 家庭訪問 7 副業提倡 8 其他

名稱	縣圖書館	地址	城中圖書館路
創辦年月	民國四年一月		
環境 地位	第一區之中心		
環境 戶口	共計25523戶　170431口		
環境 職業	工商　80%　其他　20%		

現任職員 姓名	籍貫	性別	年齡	略歷	職務
陳　然	無錫	男	六〇	無錫縣立師範畢業	館長
范　放	無錫	男	二八	東大圖書館學暑期講習所畢業	編校兼管理
繆　球	靖江	男	三六	靖江縣立甲種師範畢業	事務員
過懿瑾	無錫	女	四〇	無錫縣女中畢業	兒童部指導員
錫燮和	無錫	男	二六	輔仁中學肄業	助理員
范慕先	無錫	男	三〇	曾任鄉公所書記	助理員

組織	分購置，推廣，文牘，編目，典藏，出納，會計，事務，指導九部	開放時間	上午8時半起12時止　下午1時半起5時止　晚7時起9時止
館舍	屋舍15間　場地	設備	圖書60015冊　用具216件
經費	經常3000元　臨時	百分比	薪工　50%　事業　50%

舉辦事業	
固定的	1 圖書閱覽室 2 閱報室 3 兒童閱覽室 4 演講 5 統計 6 分析叢書
活動的	1 徵集本縣世族譜牒 2 出版本縣圖書館協會會報 3 開四庫全書珍本展覽會 4 搜羅鄉賢著作
推廣的	1 巡迴文庫 2 組織讀書會 3 充實流通部內容

名稱	公共體育場	地址	西門外棉花巷
創辦年月	民國七年八月		
環境 地位	偏於城西地位不適中		
環境 戶口			
環境 職業			

現任職員 姓名	籍貫	性別	年齡	略歷	職務
沈濟之	無錫	男	三五	中國體操學校畢業	場長
沈育才	江陰	男	二四	東亞體專畢業	指導員

組織	分指導，場務二部	開放時間	上午8時起11時止	下午2時起6時止	晚上　時起　時止
館舍	屋舍 5間	場地 16畝	設備 運動20餘種		
經費	經常 1549元	臨時	百分比	薪工 50%	事業 50%

舉辦事業	固定的	活動的	推廣的
	婦孺等運動 指導各項球類田徑賽及器械	舉行各種錦標比賽及民衆運動	組織民衆體育委員會裁判委員會，器械訓練班。

名稱	歷史博物館	地址	城中學前街
創辦年月	民國十九年二月		
環境 地位	城區學校中心		
環境 戶口			
環境 職業			

現任職員 姓名	籍貫	性別	年齡	略歷	職務
秦毓鈞	無錫	男	六二	日本宏文師範畢業	館長

組織	分總務，徵集，陳列三部	開放時間	上午9時起12時止	下午1時起5時止	晚上　時起　時止
館舍	屋舍 32間	場地	設備 用具152件	陳列品2346件	
經費	經常 408元	臨時 135元	百分比	薪工　%	事業　%

舉辦事業	固定的	活動的	推廣的
	開放游覽 陳列 徵集 調查	調查古蹟 搜訪碑碣搥搨攝影	注音符號問字處 下棋處 閱報處

名稱	工人教育館	地址	西門外小木橋
創辦年月	民國二十年十一月		
環境：地位	在開泉開鑫路交點，工廠之中心區		
環境：戶口	五六[illegible]八		
環境：職業	工		

現任職員

姓名	籍貫	性別	年齡	略歷	職務
徐祖謀	江陰	男	二七	省立第一農業學校畢業	館長
朱頌岩	崑山	男	三九	崑青嘉公立川書院畢業	生計部主任
陸翠玉	丹陽	女	二〇	丹陽私立正則女中畢業	教導部主任
許鳳華	無錫	男			特約醫師
周興保	江陰	男	三一		合作社理事
胡九成	無錫	男	三四		合作社監事
夏文超	無錫	男	二四		合作社營業部
徐昆生	江陰	男			學習生

組織	分總務教導二部	開放時間	上午6時起10時止	下午2時起4時止	晚上6時起10時止
館舍	屋舍 9	場地 1	設備	木具150件	圖書500冊
經費	經常 1700元	臨時	百分比	薪工 50%	事業 50%

舉辦事業

固定的	活動的	推廣的
工人學校、工人子弟小校、壁報、圖書出納部、工友消費合作社、閱書報處、詢問代筆處、診療部、俱樂部	工房訪問、各項宣傳運動、工友生計識字調查、戶口調查、各項比賽、各項球隊、國術團	校友會、識業指導部、小販貸款部

名稱	鮑家莊農民教育館	地址	南方泉鮑家莊
創辦年月	民國十九年十月（方橋農教館）		
環境：地位	第十四區中南鄉，純農館		
環境：戶口	358戶　1552人（基本施教區）		
環境：職業	農90%　其他10%		

現任職員

姓名	籍貫	性別	年齡	略歷	職務
倪錫坤	無錫	男	三〇	江蘇省立教育學院農科畢業	館長
范景文	丹陽	男	二〇	蘇州萃英中學肄業	教導
俞中行	無錫	男	二九	大夏大學預科畢業	生計
李寶臻	無錫	男	二〇	中華職業學校肄業	幹事

組織	分教導生計兩部	開放時間	上午9時起11.5時止	下午1時起5時止	晚上7時起9時止
館舍	屋舍 9間	場地	設備	館具100件	圖書500冊
經費	經常 2000元	臨時	百分比	薪工 50%	事業 50%

舉辦事業

固定的	活動的	推廣的
民眾學校、書報室、壁報、問字代筆處、示範農田、婦女班、農事指導、民眾茶園、診療處、生計調查、文盲調查、分辦事處	紀念週、巡迴演講、拒毒運動、衛生運動、保甲運動、紀念日宣傳及活動、識字宣傳、新生活運動、合作運動、造林運動	[illegible]師指導、特約農田、推廣優良種籽、指導幼蠶共育、指導組織合作、指導組織音樂社團

名稱	滸村農民教育館	地址	塞門滸村
創辦年月	民國十九年八月		
環境 地位	地居第七區離城三十里純粹農村		
戶口	12794戶　56671人		
職業	農80%　工6%　商10%　學3.5%　兵.5%		

現任職員 姓名	籍貫	性別	年齡	略歷	職務
韋瑞墀	江陰	男	二六	江蘇省立教育學院畢業	館長
徐南賓	無錫	男	二六	蘇州公學畢業	總幹事
士寶道	上海	男	二一	上海園藝學校畢業	幹事
安鍾靈	無錫	男	二〇	私錫中初中畢業	幹事

組織	分生計教導二部	開放時間	上午8時起12時止　下午1時起6時止　晚上7時起10時止
館舍	屋舍 12間　場地 1	設備	用具104件　圖書600册
經費	經常 2000元　臨時	百分比	薪工 50，事業 50，

舉辦事業	固定的	活動的	推廣的
	模範農田 婦女職訓班 農事改進會 讀書會 壁報 鄉村改進會 合作社 流動教育 青年修養團 儉婚會 衛生指導 民衆診療	團築路　民衆運動會 種展覽及比賽會　桑圃合作 特約農田　選種指導　各 之講解　家庭訪問　同樂會 藝會　息爭會　科學機械 生活運動宣傳　音樂會　遊 社會調査　各種演講會　新	推廣新生活運動 推廣衛生事業 推廣民衆學校 推廣生產事業 推廣合作社 設立下莊分辦事處

名稱	馮胡巷農民教育館	地址	馮胡巷
創辦年月	民國二十年十一月		
環境 地址	錫邑東鄉農村中		
戶口	507戶　（基本施教區）		
職業	大多農業工商次之		

現任職員 姓名	籍貫	性別	年齡	略歷	職務
田漢高	漣水	男	二三	江蘇省立教育學院畢業	館長
汪賓之	吳縣	男	二三	同上	幹事
殷國良	無錫	男	三〇	蘇州公學畢業	幹事
陳復康	無錫	男	二五	無錫縣初中畢業	練習生

組織	分總務，教導兩部	開放時間	上午8時起12時止　下午1時起5時止　晚上7時起10時止
館舍	屋舍 8　場地	設備	用具　件　圖書　册
經費	經常 2000元　臨時	百分比	薪工 60%　事業 40%

舉辦事業	固定的	活動的	推廣的
	特約農田 農業購買產銷 簡報 代筆處 娛樂室 民衆茶園 合作社 民衆醫藥處 壁報 民衆學校 書報室	擴大紀念週 育蠶指導　農事指導 推行新生活 識字種痘等各項運動 校友會　各種比賽 各種紀念日活動	推廣民校 增加區內合作社數量 介紹國內農業機關優良種籽

名稱	廟庵農民教育館	地址	鴻聲里廟庵
創辦年月	民國十九年八月		
環境・地位	農村上面		
環境・戶口	9720戶 55687人		
環境・職業	農81.6% 工4.6% 學3.5% 其他3.5%		

現任職員 姓名	籍貫	性別	年齡	略歷	職務
周文蘘	宜興	女	二三	江蘇省立教育學院畢業	館長
宋成德	六台	男	二六	同上	總幹事
華志達	無錫	男	二九	上海南光中學文科畢業	幹事
顧伯顏	無錫	男	二四	上海國立勞動大學肄業	幹事

組織	分生計教導二部	開放時間	上午8.5時起11.5止 下午1.5時起5時止 晚7時起9時止
館舍	屋舍11間 場地	設備	用具50件 圖書1000册
經費	經常2000元 臨時	百分比	薪工50% 事業50%

舉辦事業	固定的	活動的	推廣的
	民衆學校 職業補習班 民衆閱覽室 醫樂處 書報室 民衆茶園 問事代筆處 娛樂室 壁報 民衆體育場 民衆識字處 陳列室	議事指導 各種展覽比賽會 農本貸款 儲金處 消費合作社 農事蠶習會 特約示範農田 示範桑田 養蠶合作社 乒乓隊 藍球隊 音樂會 戲劇社 各種比賽會 生計調查 選種指導	巡迴演講 擴大紀念週 視導分辦事處 鄉村改進會 民校同學會 流動讀書會 私塾改良會 鄉村教育改進會 衛生運動 地方領袖談話會 推廣改良種子 除螟運動 保甲運動 識字及拒毒運動

名稱	齊家社農民教育館	地址	玉祁齊家社
創辦年月	民國十九年八月		
環境・地位	第十五區距玉祁鎮約二里		
環境・戶口	13520戶 64401人		
環境・職業	以農爲最多		

現任職員 姓名	籍貫	性別	年齡	略歷	職務
謝伯明	無錫	男	三〇	江蘇省立教育學院畢業	館長
朱覺成	金壇	男	二九	金壇縣立師範畢業	幹事
濮映蟾	常熟	女	二二	武進縣立女子師範畢業	幹事
萬錫榮	無錫	男	二三	崑山縣立初中畢業	幹事

組織	分教導生計二部	開放時間	上午9時起11.5時止 下午1時起4時止 晚7時起9時止
館舍	屋舍7間 場地	設備	用具95件 書籍781册
經費	經常2000元 臨時	百分比	薪工50% 事業50%

舉辦事業	固定的	活動的	推廣的
	民衆學校 書報室 模範家庭 民衆茶園 鄉村改進會 壁報	各種紀念日集會 各種社會調查 合作指導	信用合作社 造林運動 種痘運動 協助區公所鄉公所辦理各種地方自治事業

名稱	毛村農民教育館	地址	蕩塘鄉毛村
創辦年月	民國十九年十月(二十三年九月由暘莊遷至毛村)		
環境 地位	蕩塘橋之東南		
環境 戶口	352戶　2000人		
環境 職業	農88%　工2%　商4%　其他6%		

現任職員

姓名	籍貫	性別	年齡	略歷	職務
殷邦傑	泰興	男	二五	江蘇省立教育學院畢業	館長
王家棟	江陰	男	四一	江陰縣師畢業	幹事
華學曾	淮陰	男	三一	江陰省立第三農業學校畢業	幹事
楊有潤	武進	男	二五	常州中學畢業	練習幹事

組織	分生計，教導，總務三部		
開放時間	上午8時起11.5時止	下午1時起5時止	晚上7時起9時止
館舍	宅舍12間	場地	4
設備	用具699件	圖書1309冊	
經費	經常2000元	臨時	
百分比	薪工50%	事業50%	

舉辦事業

固定的	活動的	推廣的
民衆學校	保甲宣傳	介紹改良麥種
民衆茶園	識字宣傳	協助區公所舉辦各種自治事業
民衆閱書報處	各種紀念日宣傳	
民衆療診所		
壁報		

名稱	劉潭橋農民教育館	地址	塘頭劉潭橋
創辦年月	民國十八年十一月		
環境 地位	偏於第六區民教區西南，地位極不適中		
環境 戶口	1394戶　(服務區域內)		
環境 職業	農47%　工23%　商19%　其他11%		

現任職員

姓名	籍貫	性別	年齡	略歷	職務
陳　陳	無錫	男	六二	江蘇省立教育學院畢業	館長
魏秋芳	無錫	男	三六	上海中法書院畢業社教訓練班畢業	幹事
朱宗元	無錫	男	二四	私立南光中學高中畢業	幹事
沈宗英	無錫	女	一八	疏雪女中畢業	

組織	分生計教導兩部		
開放時間	上午8時起11.5時止	下午1時起5時止	晚上7時起9時止
館舍	屋舍9間	場地	
設備	用具171件	圖書521冊	
經費	經常2000元	臨時	
百分比	薪工50%	事業50%	

舉辦事業

固定的	活動的	推廣的
1 民衆學校	1 紀念週	1 合作社
2 書報室	2 紀念宣傳	2 儲蓄會
3 壁報	3 競賽會	3 鄉村改進會
4 問事代筆處	4 巡迴演講團	4 國術團
5 娛樂室	5 佈種牛痘	5 育蠶指導所
6 陳列室	6 生計調查	6 戲劇研究社
7 醫藥室	7 信用合作社	7 冬防團
8 動植物園	8 鄉村改進會	8 模範家庭
9 民衆茶園	9 儲蓄會	
10 示範農田	10 家庭訪問	

名稱	洛社農村改進實驗區					地址	京滬路洛社
創辦年月	民國二十三年二月						
環境	地位	第十六區中心					
	戶口	1600戶（基本施教區）					
	職業	農66%　工16%　商12%　其他6%					
現任職員	姓名	籍貫	性別	年齡	略歷		職務
	張仲友	吳江	男	三八	國立南京高等師範學校畢業		主任
	華　粵	無錫	男	二八	現任教育局社會教育主任		副主任
	丁我安	無錫	男	二九	上海正風中學高中普通科畢業		常任幹事

組織	委員會	開放時間	上午8時起12時止	下午1時起5時止	晚上7時起9時止
館舍	屋舍7間	場地9畝	設備	用具200件	圖書400册
經費	經常1700元	臨時	百分比	薪工28.23%	事業71.77%

舉辦事業	固定的	活動的	推廣的
	農田　　　　村處體模園 事　各養農氏　育範 試農防蠶事醫問場家農 驗村團合詢院字　庭村 場改養作問　代武　娛 　進魚　處治筆術音樂 壁會合政　療問團樂處 報　作治農處事　會 　運　常村　處主 特銷消識小閱　婦民 約合防講學書簡會衆 農作隊堂　報易　茶	合識語活念講　比 作字文運集競音賽 運運比動會賽樂 動動賽　　　比家 　　　築家同養事 農農寫路庭樂　講 事產字運訪會消演 流品比動問　塞 動展賽　　清隊弈 演覽　各黨潔　棋 講會新種義運家比 　　生紀演動庭賽	育灌科所 蠶溉份 指宣　新 導傳巡劇 　　迴社 改小種 良先痘平 雞生　劇 種制農研 　　忙究 電調托會 力解兒

名稱	村前圖書館					地址	錫澄路堰橋村前
創辦年月	民國五年十月						
環境	地位	農村離鎮半里					
	戶口	693戶　3410人（基本區）					
	職業	務農者最多商業次之					
現任職員	姓名	籍貫	性別	年齡	略歷		職務
	華梅軒	無錫	男	三五	上海商業補習學校畢業		館長

組織	分管理編目指導推廣四股	開放時間	上午9時起12時止	下午1時起5時止	晚上　時起　時止
館舍	屋舍12間	場地4方	設備	館具　件	圖書18950册
經費	經常500元	臨時	百分比	薪工42%	事業58%

舉辦事業	固定的	活動的	推廣的
	兒閱閱流露圖 報童書通天書 室閱室借閱登 　覽　書報記 　室　　處及 　　　　　編 　　　　　目	巡紀小徵指 迴念規求導 文集模定兒 庫會模期童 　　覽刊讀 　　會物書	刊徵增編 行集設輯 分本新民 類區書衆 書作揭讀 目者示物 　圖牌 　書

名稱	后宅圖書館	地址	后宅
創辦年月	民國十一年一月一日		
環境 地位	后宅鎮市上		
戶口	600戶 3000人(基本區)		
職業	農74% 商12% 工6% 學8%		

現任職員 姓名	籍貫	性別	年齡	略歷	職務
陳維翰	江陰	男	二八	京南曉莊師範畢業	兼館長
李燦章	江陰	男	二六	上海私立建國中學高師科畢業	助理

組織		開放時間	上午8時起11.5時止	下午1時起5時止	晚上時起時止

館舍	屋舍	11間	場地	2畝	設備	計具40件	圖書	11000册
經費	經常	180元	臨時		百分比	薪工	事業	

舉辦事業	固定的	活動的	推廣的
	圖書出納處 閱書報處 兒童閱覽室 弈棋處 代筆處 問詢處	閱讀指導 棋類比賽 球類比賽	壁報 民衆識字課文 通俗演講

備註：本學期因緊縮預算本館月領維持費銀十五元（館長助理由后宅小學職教員兼任）

名稱	縣黨部城西社會服務處	地址	西門外八埭頭
創辦年月	民國二十一年九月		
環境 地位	工廠區域		
戶口	基本區內二千戶以上六千口有強		
職業	工87% 商13%		

現任職員 姓名	籍貫	性別	年齡	略歷	職務
桂沃臣	江寧	男	三〇	金陵大學文學科畢業	主任
唐燮安	無錫	男	二八	勵實中學畢業曾任無錫工整會幹事	幹事
臧文達	無錫	男	二四	曾任無錫禰塘橋簡易農民教育館主任	助理幹事

組織	分總務研究指導三部	開放時間	上午8時起11.5時止	下午2時起5.5時止	晚上7時起9時止

館舍	屋舍	4間	場地		設備			
經費	經常		臨時		百分比	薪工 %	事業	%

舉辦事業	固定的	活動的	推廣的
	書報室 民衆學校 壁報 民衆茶園 時事報告 問字處 娛樂室	識字運動 衛生運動 電影會 紡織演講 各種紀念會 擴大紀念週 通俗演講 家庭訪問 游歷團	指導申新分事務所舉辦戲劇會等 促成中新職工醫院及消費合作社

名稱	堰橋民衆茶社	地址	堰橋
創辦年月	民國十八年三月		
環境 地位	鎮市中心		
環境 戶口	693戶　3410人		
環境 職業	務農最多　工商次之		

現任職員 姓名	籍貫	性別	年齡	略歷	職務
華梅軒	無錫	男	三五	現任無錫縣立村前圖書館館長	主任
葉懋吉	無錫	男	二一	胡氏公學畢業	助理

組織	總務圖書娛樂演講四部	開放時間	上午7時起12時止　下午12時起6時止　晚上6時起9時止
館舍	屋舍13間　場地	設備	用具120件　圖書2500冊
經費	經常　元　臨時	百分比	薪工　%　事業　%

舉辦事業 固定的	活動的	推廣的
民衆閱書報室、民衆娛樂、合作商店、民衆飲茶、每日簡報、民衆送診	音樂會、書社、公開演講、民衆旅行團	民衆標語牌、擴大紀念週

名稱	秦巷民衆茶園	地址	秦巷鎮
創辦年月	民國十八年十二月		
環境 地位	在鎮之中市		
環境 戶口	600戶		
環境 職業	大半農商		

現任職員 姓名	籍貫	性別	年齡	略歷	職務
李　榕	無錫	男	四三	浙江金華師範講習所畢業	主任
梁　溪	無錫	男	二四	上海育才初中畢業	幹事
秦　勤	無錫	男	三〇	上海承天初中畢業	幹事

組織	分總務宣傳二部	開放時間	上午7時起　時止　下午　時起　時止　晚上　時起9時止
館舍	屋舍5間　場地	設備	
經費	經常420元　臨時　元	百分比	薪工　%　事業　%

舉辦事業 固定的	活動的	推廣的
民衆問字處、說書、娛樂、閱書報、壁報、演講	舉行各種紀念會、民衆遊藝團、佈種牛痘	組織民衆運動場

名稱	禮社民衆茶園	地址	禮社鎮
創辦年月	民國二十年一月		
環境 地位	西市		
環境 戶口	1500戶		
環境 職業	農80%		

現任職員

姓名	籍貫	性別	年齡	略歷	職務
薛桂泉	無錫	男	四一	私立開明學校畢業	主任
薛夢鳴	無錫	男	三九		管理
薛柏生	無錫	男	三四	私立羣智學校畢業	幹事
薛浚泉	無錫	男	四五	私立開明學校畢業	幹事

組織	總務圖書宣傳三部	開放時間	上午6時起 時止	下午 時起 時止	晚上 時起 8時止
館舍	屋舍 5間	場地		設備	
經費	經常 127元	臨時 元	百分比	薪工 %	事業 %

舉辦事業	固定的	活動的	推廣的
	國術 蒔花 娛樂 講演 書報	比賽 紀念宣傳	無線電宣傳 各村演講 民衆問字處

名稱	下莊民衆茶園	地址	下莊鄉下莊村
創辦年月	民國十九年三月		
環境 地位	戶口稠密之農村絕少教育機會		
環境 戶口	306戶		
環境 職業	農		

現任職員

姓名	籍貫	性別	年齡	略歷	職務
周世年	無錫	男	二九	國學專修學院畢業	主任
吳若天	無錫	男	二一	上海美術專科畢業	宣傳股幹事
張一平	無錫	男	二二	私立胡氏初中畢業	文書股幹事
秦鐀	無錫	男	二九	常州中學師範科畢業	事務股幹事
蔡子琦	無錫	男	二八	蘇州江學畢業	組織股幹事

組織	書報,演講,飲茶,娛樂,問字,五科	開放時間	上午 時起 時止	下午1時起5時止	晚上7時起11時止
館舍	屋舍 11間	場地		設備	茶具108件
經費	經常 188元	臨時	百分比	薪工 30%	事業 70%

舉辦事業	固定的	活動的	推廣的
	月刊社 娛樂 壁報 問字代寫 閱書報	旅行團 家庭訪問 集會演講 說書 比賽會 養蠶合作社 業餘運動	民衆學校 組織信用合作社 組織養魚合作社

無錫縣縣立社教機關工作人員薪工統計

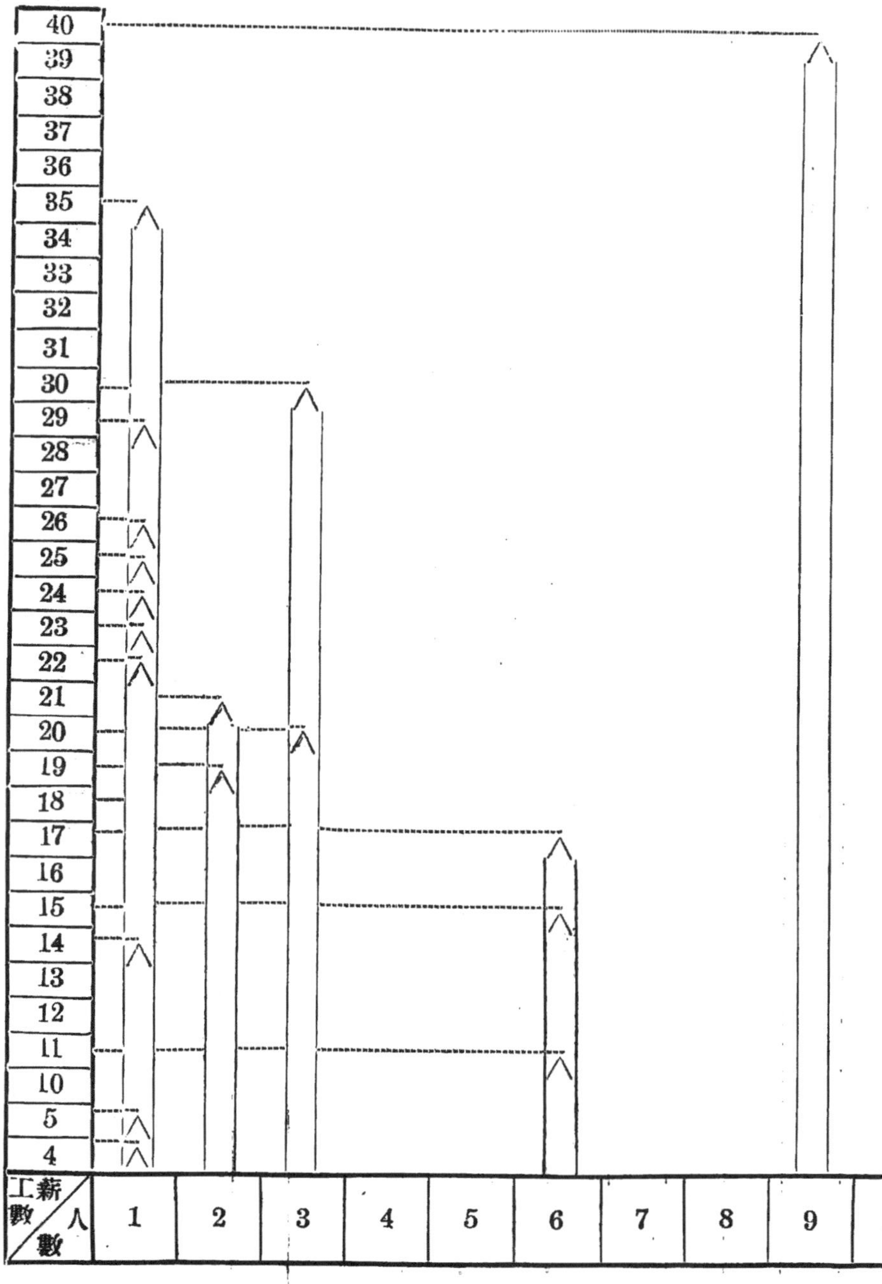

40
39
38
37
36
35
34
33
32
31
30
29
28
27
26
25
24
23
22
21
20
19
18
17
16
15
14
13
12
11
10
5
4

工薪數／人數	1	2	3	4	5	6	7	8	9	10

無錫縣縣立社教機關工作人員資格統計

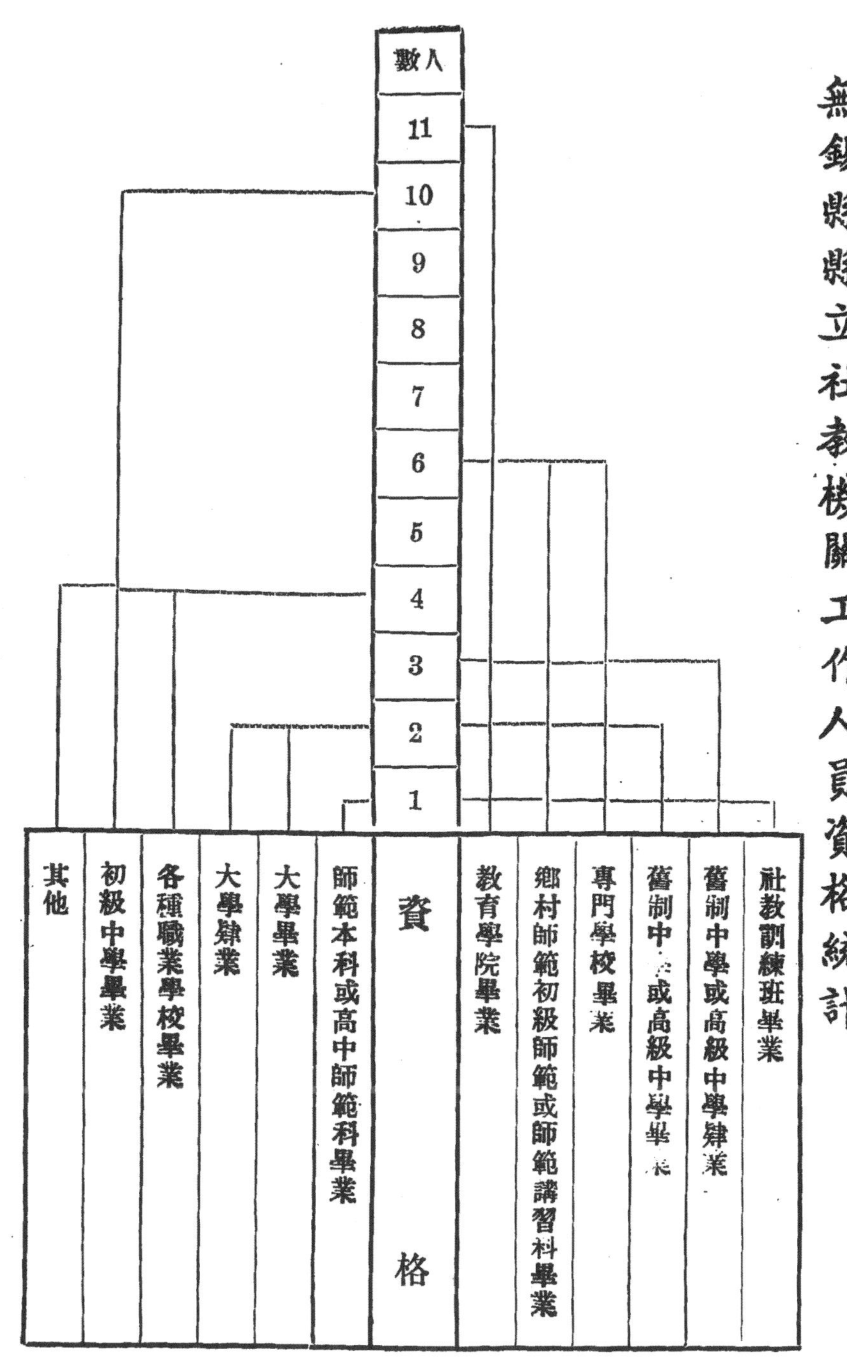

男495863人
52.7%
女445512人
47.3%
成年人778679人
82.7%
識字515088人
66%
文盲263591人
34%
未成年人162696人
17.3%

無錫縣識字文盲比較圖

文化刊物

無錫縣通訊社新聞紙調查表

一、已登記照常出版發行者

名稱	刊期	負責人	地址	創辦時期	登記年月	登記證字號	篇幅	發行數量	職員人數	印刷處所
國民導報	日刊	徐赤子	書院弄	十七年八月	二十年十月	警字六三號	對開	二千五百份	十四人	錫成
人報	日刊	孫翔風	圖書館路	二十一年二月		警字九〇四號 中字六四六號	對開	三千五百份	十四人	自印
錫報	日刊	吳觀蠡	書院弄	元年九月	二十年十月	警字二〇六四號 中字一一八四號	對開	三千五百份	十四人	自印
新無錫	日刊	楊壽枃	同右	二年九月	二十一年	警字二一〇三號 中字一二一二號	對開	一千五百份	九人	錫成
無錫教育通訊社	日刊	李惕平 華晉吉	新生路	二十三年十一月	二十三年十一月	警字 中字	無定		五人	油印
錫山通訊社	日刊	石濤麟	露華街	二十一年二月	二十一年十一月		無定		六人	油印
民衆通訊社	日刊	李景周	交際路	二十一年七月	二十一年九月	警字一四八四號 中字一二三五號	無定		四人	油印

二、在登記進行中者

名稱	刊期	負責人	地址	創辦時期	登記年月	登記證字號	篇幅	發行數量	職員人數	印刷處所
無錫通訊社	日刊	馮伯康	公園路	二十四年二月	二十四年二月		無定		一四人	油印
民報	日刊	楊心農	新生路口	二十四年二月	二十四年二月		對開	八百份	十三人	美新
新民報	日刊	陳一新	同右	二十三年九月	二十三年九月		對開	八百份	十四人	美新

三、已登記而中途停刊未經註銷登記者

大公報　民聲日報

四、已登記經註銷登記者

民報 民衆日報

五、未經登記合格而中途停刊者

明報（許振權） 大報（侯靜霞） 遊戲三日刊（諸大覺） 晚報（陸秋心） 急急晚報（張烈）

雷報（張紫電） 中報（李文鑫） 青報（袁榮軒） 銀報（吳蔚先） 轟報（朱冰蝶）

朝報（楊震） 橄欖報（楊素吾） 社會報（萬鴻興） 平報（錢品珊） 江南晚報（秦紅葉）

新報（張燕飛） 風報（徐叔豪） 發報（蔣銀漢） 鏡報（孫雲年）

無錫縣各種定期刊物一覽表

一、未登記照常出版者

名稱	刊期	負責人	地址	創辦時期	登記年月	登記證字號	篇幅	發行數量	職員人數	印刷處所
兒童新聞	週刊	孫翔風	附設人報社	二二年四月四日	二十二年四月	警字一〇〇六號 文字七一一號	六開	五千份	五人	自印
生路月刊	月刊	袁公夷	盛巷橋街	二十二年八月	二十二年八月	警字二九〇三號	一冊	五百份	二人	錫豐

二、在登記進行中者

名稱	刊期	負責人	地址	創辦時期	登記年月	登記證字號	篇幅	發行數量	職員人數	印刷處所
星期日週刊	週刊	蔣銀漢	連元街	二十三年十一月	二十三年十一月		一冊	五百份	四人	協成
華星	半月刊	蘇祖康	南門	二十四年一月	二十四年一月		六開	二千份	四人	錫成
惠北報	半月刊	王倫	省教育學院惠北實驗區	二十二年十二月	二十四年一月		八開	五百份	二人	錫成
電聲週刊	週刊	徐叔豪	北門外游街內	二十四年一月	二十四年一月		一冊	五百份	七人	美新
國花半月刊	半月刊	廉建中	附設啓明中學	二十四年一月	二十四年一月		一冊	五百份	二人	民生
新生月刊	月刊	汪鏡清	新瀆橋	二十四年三月	二十四年三月		一冊	五百份	五人	民生
娛樂週刊	週刊	華耀麟	監街口	二十四年一月	二十四年一月		一冊	三千份	四人	協成

三、已經登記合格而中途停刊者

今日	週刊	楊希南	圓通路	二十三年四月	二十三年四月	一冊	一千份	七人	
春秋週刊	週刊	計錫麟	三皇街	二十三年七月	二十三年七月	一冊	五百份	三人	美新
民智月報	月刊	黃爲民	大河池	二十年十二月	二十年十二月	一冊	五百份	六人	大文齋
甜蜜畫報		張白雲	公園路	二十一年六月	二十一年六月	一冊	五百份		

教育會

無錫縣教育會之沿革及現況

本邑縣教育會，創始於前清癸卯冬間，距今巳三十年。最先發起者爲侯保三，翌年，以入會者寥寥，遂無形停頓。迨乙巳年，乃由侯保三裘劍岑等組織調查會，調查旅外同人。丙午四月，舉定顧述之侯保三黃淡如蔡松如裘劍岑蔣仲懷孫仲襄丁梅軒華實甫等九人爲起草委員。六月十四日，假竢實學校開成立會，到六十餘人，定名曰錫金教育研究會。推華實甫爲會長。八月，遵照學部，定章，改名爲錫金教育會，是爲本邑教育團體草創時期。

嗣後歷任該會會長者，丁未爲孫仲襄顧紹衣，戊申爲蔡持志，己酉爲孫子遠，庚戌爲蔣仲懷，辛亥爲顧述之，壬子爲侯保三。至此時，復改名無錫縣教育會，會員增至二百二十人，並由侯君提議建築該會會所。自民國元年以至五年，均由侯君担任會長。二年九月七日，該會會所告成，舉行落成典禮。六年，改選孫仲襄爲會長。七年至八年，舉張杏村爲會長。九年迄十五年，仍由侯君爲會長。於十年春，會因日人來錫，發生會所被燬之舉，至秋末方恢復，是爲該會會長制時期。

在會長制時期，逐年出版年刊，內容豐富，悉心研究，實爲本邑最早之教育刊物。在民國十二三年間，並於暑期中疊次舉辦國語講習會，暑期講習會，至於外埠參觀，則舉行次數更多。

十六年革新以後，該會即採用委員制。當時先成立縣教育協會，後以無錫市會員人數衆多，爲平均發展計，復成立市教育協會。市教育協會成立於十六年三月二十二日，執行委員九人，爲范望湖，張久如，俞孝可，江東山，廉建中，石民傭，嚴仰斗，陸仁壽，蘇渭濱等。初成立十四支部，後又增九支部，會員有二百六十人之多。縣教育協會成立於十六年三月三十日分設十六區會，及九十支部，會員八百另七人。在此時期中，集合教育界人士，從事教育事業之革新，工作極爲猛進。縣市教育協會並於暑期聯合舉辦黨化教育講習會，聽講者甚多。

十七年一月八日，縣市教育協會，遵令改組爲無錫縣教育會。選舉執行委員十八人，莫善樂，陸仁壽，嚴文煒，華蓴，蘇渭濱五人爲常務委員，范廣濤，朱正心，孫在豐，朱毓奇，朱承洪，胡啓元，宋森，辛增輝，朱彥和，錢鏞亮，張捷，沈顯芝，葉志青十三人爲執行委員。是年七月，舉辦暑期講習會，聽講員有一百十八人。同年九月三十日，舉行第四次縣代表大會，所有第一次縣代表大會產生之執委中，除莫善樂，嚴仰斗，蘇渭濱，胡念倩，孫在豐五人合格外，其餘遵章改選，結果：華洪濤，葛鯉庭，廉建中，楊性初，蔡英，顧鴻志，朱堯人，毛爾嘉八人當選。嗣蔡英辭職，由次多數陸士銘遞補。

十八年一月二十四日，舉行第七次全縣代表大會，又復遵章改組。出席各市鄉分會代表九十四人，選舉結果，執委爲秦冕鈞，嚴少陵，周渭泉，胡念倩，張錫昌，顧鴻志，倪丕烈，陳君璞，陸士銘等。十九年十一月二十三日，舉行第九次全縣代表大會，出席各區代表一百另二人。改選執行委員結果，由倪鉄如，胡念倩，秦冕鈞，嚴少陵，顧鴻志，陳君璞，潘一塵，周渭泉，陳恩九當選。二十年三月二十日，因教育會法公佈，該會又遵章舉開改組大會。當選幹事爲胡念倩，秦冕鈞，倪丕烈，朱明暉，嚴少陵，徐涵清，章爾誠，候補幹事陳君璞，許岱青，許笑岑。出席省代表爲李惕平。並推定胡念倩爲常務幹事。

二十一年十月九日，舉行第四次全縣代表大會。改選秦冕鈞，嚴少陵，徐涵清，胡念倩，楊召伯，朱明暉，蔣翼等七人爲第二屆幹事●章維康，許岱青，陳君璞爲候補幹事。並推定秦冕鈞爲常務幹事。

廿三年五月廿七日，舉行第五次全縣代表大會。改選李惕平，唐樸安，莫善樂，倪丕烈，鮑映奎，秦冕鈞，芮麟，等七人爲第三屆幹事。沈顯芝，王維能，嚴少陵三人爲候補幹事。並推定李惕平爲常務幹事。出席省代表華蓴李惕平等。後於是年八月間，倪幹事忽因病逝世，芮幹事因任事別縣，函請辭職，所有遺缺，遂以沈顯芝，王維能，分別遞補。及至十二月間，鮑幹事又因事辭職，以嚴少陵遞補。凡上所述，乃該會自創辦迄今歷年經過之概略也

現在該會－下級共有城區，景雲區，揚名區，開原區，天上區，天下區，懷上區，懷下區，北上區，北下區，南延區，泰伯區，新安區，開化區，青城區，萬安區，富安區等十七區教育會。舊會員有五一五人，新會員有四一三人，共有會員九二八人。規定每兩週舉行幹事會議一次，自改選迄今，已舉行過幹事會議十八次。召集各區常務幹事談話會及各區代表大會各一次。並自九月份起，組織教育通訊社，推舉該會常務幹事李惕平事兼任社長，華蓴爲爲副社長，按日採訪關於全縣各項教育消息編稿，分發本外埠各報各教育刊物登載，並出版無錫教育通訊刊物。其餘如成立教育圖書部，舉行教具展覽會，及各種學術競賽等等，均在計劃進行中。

該會及各區會經費，教局本有規定每月補助，但自去

年八月份起，忽然停撥，迄今瞬已半載。雖經該會疊次請求照撥，亦無結果。以致該會及各區會經濟受重大之打擊，均感拮据異常，故對於各種應辦事業，亦無從舉辦，殊感遺憾。

茲將各區會概況，附表於后：

區會名稱	會員數	幹事姓名	候補幹事姓名	區會地址
無錫縣城區教育會	二四九人	顧鴻志　張爾嘉　沈濟之　顧涇村　薛順乾	史元復　龔笠如	附設縣會
無錫縣景雲區教育會	三四人	錢仲華　蔣煥卿　錢鏡華	倪世軒　朱宗元	江溪橋
無錫縣揚名區教育會	二九人	董樹秋　莊介一　許錫彥	顧軼千　糜伯和	南橋
無錫縣開原區教育會	四七人	王廷揚　高鴻勳　陸靜山	陸志潔　朱明暉　朱景廷	第四區公所
無錫縣天上區教育會	四六人	胡中權　胡永良　尤冠羣		堰橋
無錫縣大下區教育會	五〇人	楊　渠　華達善　宋文光	過望先　蔣　翼	第五區公所
無錫縣懷上區教育會	四〇人	馮希唐　王心閑　徐崇才	韓退夫	黃土塘
無錫縣懷下區教育會	三六人	范君森　胡吾千　諸世軒	安子居　徐宗藩	安鎮
無錫縣北上區教育會	三一人	王福生　章一方　曾竹美		后橋
無錫縣北下區教育會	四五人	錢夏民　趙紹志　殷毓健	謝半農　汪祖福	東亭
無錫縣南延區教育會	五一人	須頤周　濮源深　周潤生	黃一新　華周深	蕩口
無錫縣泰伯區教育會	四六人	黃裴齋　陸宗游　沈　杰	陳維翰　陳近賢	大牆門
無錫縣新安區教育會	四〇人	倪復初　秦承業　錢秀昌	陸廷範　陳易新	華大房莊
無錫縣開化區教育會	二九人	朱堯人　秦仁母　姚祖儉	沈子儀　朱中祁	南坊前
無錫縣青城區教育會	三七人	徐逸琴　劉詩棠　邵允中	許文蔚	大墩
無錫縣萬安區教育會	二三人	金子緘　張書城　蔣世剛	陳洪範　王行民	石塘塘灣
無錫縣富安區教育會	九五人	許秉鈞　章星垣　俞月秋	呂載陽　俞中行	張舍

童子軍

無錫縣童子軍事業概況

無錫童子軍，首先舉辦者為省立第三師範附屬小學。時在民國四年四月十五日，主其事者為唐昌言顧拯來。嗣後有市立第一小學，青城市德馨小學，相繼組織。是年十一月，全縣公私立學校舉行第三次聯合運動會時，以上三校童子軍均參加表演，並到場服務，為本邑童子軍事業展拓之始。自此公私立各校均注重童子軍事業，先後組織者有三十餘團之多。民國五年春，各團教練員，組織江蘇無錫童子軍團聯合會。當舉唐昌言為正會長，顧拯來為總教練。推進本邑童子軍事業。民國六年四月，全縣童子軍舉行第一次大會操，民國八年四月，假公共體育場，聯合舉行第二次大會操，同時為響應五四運動，無錫市各商店罷市，各團童子軍全體動員，維持地方秩序。民國九年五月，全縣童子軍舉行第三次大會操。民國十年四月，舉行第四次大會操。六月一日，無錫第一、十四、十六、十八、二十、二十一、二十二、三十三各團童子軍，出席全省童子軍第一次大會操及參加遠東運動會，出任維持會場秩序。民國十一年舉行第五次大會操。九月，童子軍聯合會開改選大會，華十毀當選為正會長。民國十三年四月，舉行第六次大會操。六月三十日，本邑童子軍集中火車站歡送出席丹麥萬國童子軍大會代表邑人蓋其新先生。十一月聯合會改選，結果蔣仲懷當選正會長。民國十四年六月，蘇常道屬童子軍，在本邑東大池舉行聯合露宿。民國十六年夏，由朱承洪等組織無錫童子軍協會，各團因改組黨童子軍關係，進行頓歸沉寂。民國十九年，本邑縣黨部遵照省令，由訓練部重行舉行童子軍及服務員登記，其時胡念倩任訓練部長，着手努力本邑童子軍之復興，且值全國總檢閱之期，本邑出席前往首都參加者有一五〇團（私立楊氏小學）一五六團（錫師附小）一五七團（省錫師）一七〇團（洛社鄉師）等四團。十二月間，開始籌備組織童子軍無錫縣理事會，廿年一月，理事會正式成立，陸仁壽嵇宇經等被選為理事。五月初，理事會召集全縣童子軍，舉行大露營。五月十五日，參加江蘇全省童子軍大露營。計赴省者為一五〇、一五六、一五七等七團。八月，舉行第二屆理事改選，黃右前邵子博等當選為理事。一二八滬戰猝起，本邑縣黨部主辦之中國童子軍第五五五團，召集全體團員，積極參加抗日工作，組織戰地服務隊，出發前線，發播戰地電訊，安定人心。各團員辛勤服務，不幸遭奸人之忌，前方戰事未息，而為國家社會服務之五五五團團部，會遭流氓無賴所搗毀。此實本邑童子軍史上之一段悲痛史也。二十一年四月，舉行第四屆理事改選，黃右前董志堯楷宇經等當選為理事。五月，全縣童子軍舉行第二次總檢閱，中國童子軍司令張忠仁先生親臨檢閱。縣理事會開辦小隊長訓練班。十二月舉行第四屆理事改選，黃右前胡念倩程光圻等當選為理事。二十二年五月，全縣童子軍舉行第三次大檢閱，第二次大露營，全縣童子軍團全體參加。陸軍八十八師孫元良師長親臨檢閱。十月，舉行第五屆理事改選，董志堯張寶瑾等當選為理事。十一月，全省女童軍及小學童子軍大檢閱大露營，本邑赴鎮參加者有一五〇、一五六、一五七、一六〇等七團。成績卓著，獲得榮譽不少。廿三年六月，舉行第六屆理事改選，董志堯嚴少陵楷宇經等當選為理事。十一月，江蘇省第一區大檢閱大露營在蘇州舉行。本邑前往參加者為一五〇、一五六、一五七、一六〇、一七〇、四〇〇等七團。結果本邑各團成績，均屬冠軍，實開破天荒之新紀錄。并足證本邑童子軍事業之發展，正方興未艾也。茲附各團部一覽表如下：

團部一覽表

團次	主辦機關	主辦人	團長	隊員數	團址	備註
一五〇	楊氏小學	謝澤人	謝澤人	三六	永定橋	
一五六	錫師附小	潘仁	費錫胤	一六四	學前	
一五七	省錫師	周毓莘	陳梅卿	二六〇	學前	
一六〇	縣立二小	嚴少陵	嚴少陵	七二	蘇家弄	
一七〇	洛社鄉師	王引民	陳晉初	一五〇	洛社鎮	
二二一	縣立一小	程光圻	程光圻	九〇	連元街	
三九六	縣立五小	蔣志達	吳止戈	一八	張涇橋	
三九七	縣立六小	金子緘	孫劍飛	二七	石塘灣	
七九九	通匯橋小學	林銳	許丕烈	二七	通匯橋	
三九八	平民習藝所	吳邦周	徐珠冰	四〇	南門外	
三九九	廣勤小學	唐冰	馮政才	三九	廣勤路	
四〇〇	縣立初中	李冠傑	馮夢熊	三四〇	學前	
四二二	洛社小學	張書城	馮夢熊	五二	洛社鎮	未履行第二次登記
四二三	崇文小學	姚詢芻	姚詢芻	四〇	三皇街	
四二七	中心小學	顧涇村	馮錫琦	六四	崇安寺	未履行第二次登記
四三一	胡氏初中	楊孝愉	田英	三六	〇橋	
五四三	縣立女中	顧穀嘉	楊志仁	四六	小婁巷	
五五五	縣黨部	桂沃臣	劉鐘瑜	六〇	公園內	未履行第二次登記

地政

土地行政

無錫縣土地局組織系統表

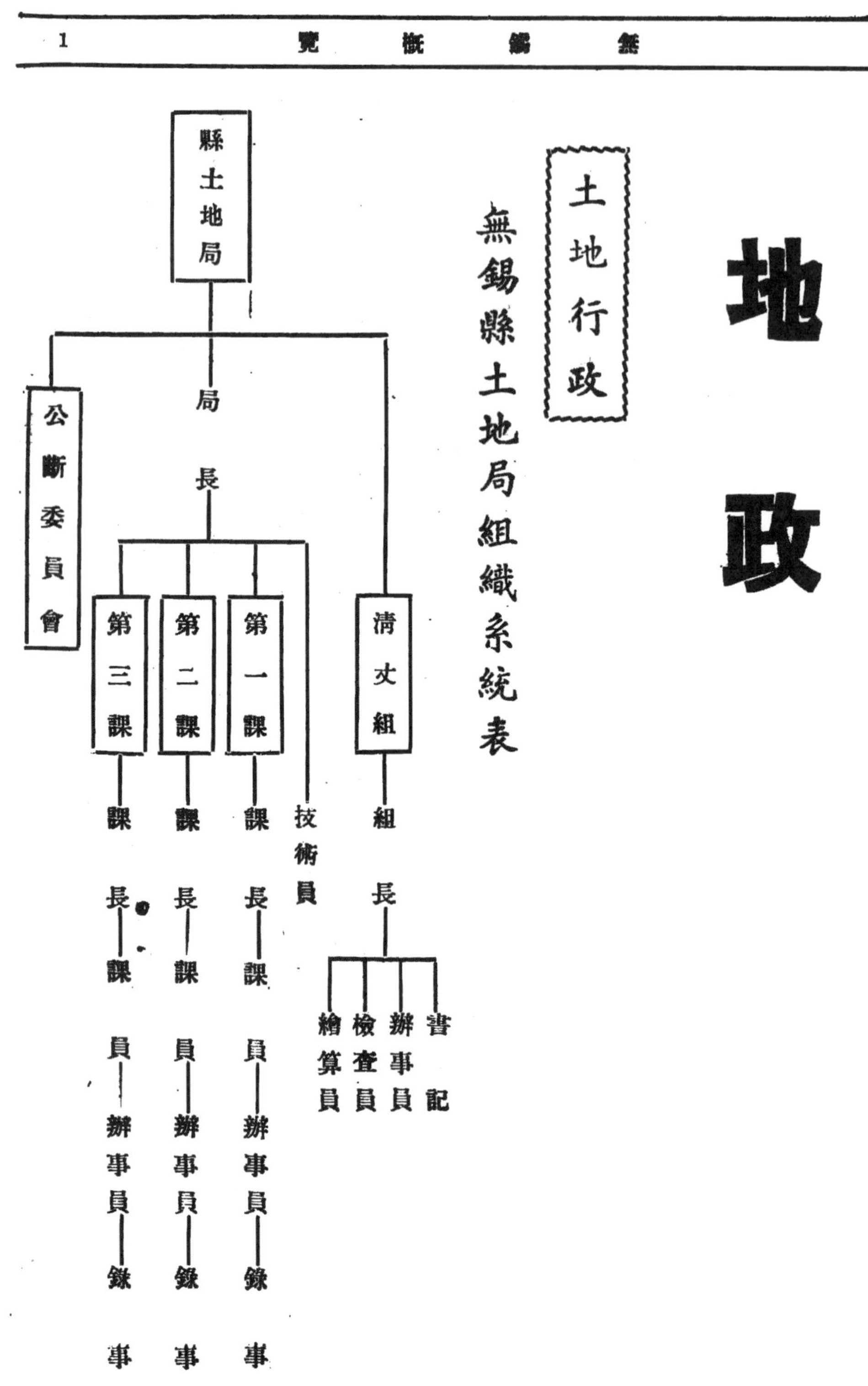

無錫縣土地局職員一覽表

姓名	職別	別號	年齡	籍貫	資歷
胡品芳	局長	體蘭	二九	浙江永嘉	中央大學畢業中央地政學院畢業曾任浙江甌海中學校長江蘇吳縣土地局籌備員兼無錫縣土地局籌備員
陳鋒	第一課課長	仲堅	三三	浙江瑞安	浙江瑞安中學畢業曾任國民革命第三師司令部中尉書記平陽縣政府第二科科員瑞安縣教育局第一課課長無錫縣土地局籌備處事務員
黃輝祖	第二課課長	輝祖	二九	江蘇崇明	上海復旦大學土木工程學系畢業曾任海州大陸實業公司工程師蕭縣建設局測量隊長江蘇省土地局測量隊組長
張銘	技術員	仲箴	三二	浙江杭縣	浙江省立第十中學畢業永嘉測量講習所畢業寧波縣立第三小學校長永嘉縣政府治虫專員永嘉民衆教育館宣傳部主任永嘉縣政府建設委員會委員永嘉建設局技術員
畢浩如	課員	浩如	三九	江蘇無錫	南洋高等監獄學校畢業曾任浙江玉環縣公署財政科助理江蘇無錫縣黨部特別委員會組織部幹事湖北財政廳科員
洪小平	課員	小平	三四	浙江瑞安	浙江瑞中學畢業浙江瑞安縣政府課員瑞安縣立中心小學教務主任嘉善縣公安局科員
嚴保滋	課員	保滋	三〇	江蘇無錫	東大附中畢業上海大同大學肄業江蘇省土地局登記人員訓練班畢業無錫蘇州縣黨部及教育界工作四年青浦縣土地局登記處登記員
錢組華	辦事員	子偉	二八	江蘇武進	江蘇常州培梓中學畢業曾任無錫公安局辦事員無錫縣政府書記主任清鄉委員會書記長
胡知平	辦事員	之平	二八	浙江瑞安	浙江温州商科中學畢業浙江平陽縣立第二小學教員甌海中學會計吳縣土地局籌備處辦事員
張期頤	辦事員	萬齡	三八	浙江青田	浙江松陽縣立中學肄業浙江青田縣立第二小學教員浙江平陽縣公安局雇員
潘文潤	錄事	芷軒	三四	浙江永嘉	浙江温屬縣立商科中學畢業浙江永嘉縣立第三小學教員永嘉縣立第一小學總務主任兼教員甌海中學幹事員事務訓導員等職
連日新	錄事		二二	浙江杭州	甌海中山中學畢業

無錫縣地政計劃大綱

三民主義之最終目的爲民生，而民生之精義在於平均地權，此總理所一再昭示而爲我人努力之方向者。年來國人外痛國際強暴之蹂躪，內感農村經濟之沒落，頗感此後欲求民族之復興，實非建一經濟基礎不爲功，此土地政策所以爲今日朝野所注意，而土地改革運動得以風起雲湧也。

錫邑地據京滬中樞，人物輻輳，農產富饒，工商發達爲全省冠，而民間蓬勃向上之氣，尤具近代都市之徵象，是其在此良好環境中，土地行政之重要，不言可喻。惟茲事體大，非空言所可奏効，必有具體計劃，方期計日程功。本縣土地局，爰草本計劃大綱，以爲業務推進之方針。

(甲)土地測量

(1)縣圖根測量　由已知之大三角點(卽省圖根點)，或另選基線，逐次測設縣圖根點(小三角點)，約每二十五方市里測設一點，此項工作由縣圖根組測設之(二十三年十月，全部工作業已告竣)。

(2)導線測量　根據省縣各圖根點，佈設區鄉鎮界導線及鄉鎮境導線網，約每隔二百公尺左右，測設一點，以爲實施清丈業務之根據。

(3)航空測量　本邑土地測丈業務，原由本局清丈隊負責辦理，旋因省局變更計劃，爲迅速完成起見，託由陸地測量局航空測量隊實施航測。茲將本縣航空測量計量，抄錄於后。

一、區域　江蘇無錫縣全境，計實地面積一千三百三十三平方公里，約合比例尺二千分一圖幅 40M——50M地畝原圖一千六百六十七整幅，惟以縣界縱錯，常有不能滿幅者，茲作一千九百幅計。

二、業務　航測無錫縣全境地畝原圖，城市及戶地除外，三角點由地局完成之，邊長以三千三百公尺爲限，其航測業務，分爲控制點測量，航空撮影，糾正複照，調繪補測，五項。至完成地畝原圖爲止。

1.控制點測量　三角點由無錫縣土地局圖根班擔任完成，控制組僅擔任控制點測量，控制點每兩點距離以〇・七公里至〇・八公里爲限。根據三角圖根點，用三角鎖三點法或交會法，以決定控制點之縱橫坐標，以供直接糾正航片爲四千分一照片圖之用。共需測定控制點三千點。

2.航空撮影　全縣擬用二十一公分焦距航撮儀，按八千分一尺度一次航撮之航撮軟片，以 18CM——18CM 片幅計算，左右重複百分之五十，前後重複百分之六十，每片有效面積爲〇・四一五千方公里。無錫縣全境約計一千三百三十三平方公里，共約需撮取三千三百片。

3.糾正業務　根據八千分一航撮照片與三角圖根點及控制點糾正，爲四千分一照片，讓嵌成圖。約計(80CM×100CM)圖幅一百二十。圖板以質溼版放大之用。

4.複照業務 由四千分一鑲嵌圖板，以柯洛丁藥劑制之溼版，複照之放大爲二千分一底片，然後晒印藍圖，每張晒印一份，以供調查計積之用。

5.調繪補測 藍圖完成以後，派員攜赴實施地逐坵檢對，劃分坵界，註明地目。藍圖上如有陰影不清森林陰蔽之處。則用測板測圖法補行測繪，宅地除外，計完成全縣二千分一地畝原圖，共約一千九百幅(40CM——50CM)圖幅。

6.地畝原圖之精度，可至千分之二左右。

三、時間

1.航空撮影 此項業務，先於已成之三角點區域第一個月開始工作。預計航撮十七次，補撮及視察計七次，共約需飛行二十四次，每月飛行六次，需時四個月。

2.控制點測量 每組每日平均選點觀測各二點（不測水準），以十六組爲單位擔任之，每組一人，約需作業九十四日，遷站三日，風雨及其他約二十三日，共一百二十日，計四個月。

3.糾正業務 糾正八千分一航片爲四千分一照片，約計一百二十圖板，每月糾正完正三十圖板，（以一架糾正機作業力計算）共需時四個月。

4.複照業務 溼版複照機，每日夜可放製二十五幅藍圖，約計一千九百幅，需時三個月。

5.調繪補測 查地畝原圖約計40CM——50CM圖幅一千九百幅，每員每月調繪十幅，以調繪員五十人擔任之，約需時四個月。

6.工作時間之程序如左表

月次	工作項目
第一個月	㈠分隊部成立 ㈡航撮組航撮地形
第二個月	㈠航撮組繼續航撮地形 ㈡控制組繼續測量控制點
第三個月	㈠航撮組繼續航撮地形 ㈡控制組繼續測量控制點
第四個月	㈠航撮組工作本月底完畢 ㈡控制組繼續測量控制點 ㈢糾正組開始糾正照片
第五個月	㈠控制組工作本月底完畢 ㈡糾正組繼續糾正照片 ㈢複照組開始複照
第六個月	㈠糾正組繼續糾正照片 ㈡複照組繼續複照 ㈢調繪組開始調繪藍圖
第七個月	㈠糾正組及複照組工作均於本月完畢 ㈡調繪組繼續調繪藍圖

第八個月	調繪組繼續調繪藍圖
第九個月	全部業務本月底告成

四、經費 依據各項業務之需要，預算經費十一萬二千二百七十三元四角。列表如左：

款目	銀數	備攷
薪餉	四三・二一八〇〇	分隊部六千另三十元控制組九千五百三十八元航攝組三千一百四十四元糾正組三千六百二十四元複照組三千七百十四元調繪組一萬七千一百六十八元合計如上數
旅費	一五四八〇四〇	分隊部七百七十四元航攝組一千五百六十二元四角控制組四千一百五十四元調繪組八千九百九十元合計如上數
材料消耗品費	三〇・一六二〇〇	航攝材料一萬一千另二十二元控制點測量材料五千三百八十元糾正材料五千八百四十元複照材料五千八百元調繪組材料二千一百二十元合計如上數
飛行補助費	三・一五〇〇〇	分隊部八百十元航攝組一千四百四十元控制組二百四十元糾正組四百二十元調繪組二百四十元合計如上數
糾正複照夜工加班費	三・九三三〇〇	糾正加班費一千八百元複照加班費二千一百三十三元合計如上數
籌備辦公舟車般運修理視察雇工預備等費	一六・三三〇〇〇	籌備費三千元辦公費三千二百四十元舟車費二千二百九十元般運費一千九百六十元雇工費一千八百元修理費七百二十元視察費七百二十元預備費三千元合計如上數
合計	一一二・二七三四〇	
附記	一、本預算薪餉一節係按全體人員並兵伕工餉預算之共需洋四萬三千二百一十八元附表詳列員數薪額以備查考查南昌航測田畝支用薪餉四萬四千八百七十三元九角一分若加入未計之薪餉如調用總局航測人員薪餉七千四百八十八元製圖複照人員薪餉約七千元江西測量局三角科人員薪餉約七千元共需洋六萬六千三百六十一元九角一分 二、除儀器補充費外航測田畝經費共十一萬二千二百七十三元四角若與南昌同以舊制二百十餘萬畝計算平均每畝需洋五分一厘七毫弱較之南昌每畝七分四厘約減少二分二厘三毫若無錫用新制二百萬市畝計算則平均每市畝需洋五分六厘一毫強	

(4)人工戶地清丈 查航空測量之範圍，僅限於農地部分，而宅地不與焉。故於航測完成之後，關於城市及鄉村所有宅地，仍由人工補測，然後繪成完美無缺之圖幅。至人工清丈，係依據圖根點用一千分或二千分之一比例尺，使用平板儀及皮尺，逐坵描繪其形狀於圖紙上，同時編列假定地號，並分別註記地目，以資識別。

(5)複製原圖 比例尺依照原圖

(6)地籍調查 凡測丈完竣之區，即行開始地籍調查，務使業主姓名住址，全然明瞭，以便通知各該業主依限聲請登記。

(7)訂算面積 於地籍圖上，使用求積器或三斜法，算定如戶地之面積，並彙算其總面積，因組織土地公斷委員會負責解決之。

(8)繪製登記圖並編列地號　按照原圖繪製登記圖並編列地號以供應用

(乙)土地登記

於清丈，調查，計積，繪圖等各項業務均告完成之區，限期辦理登記。凡聲請登記之土地，經審查契據後，即開始公告。

(丙)土地公斷

登記一經開始，土地糾紛及地價高低之爭執在所不免，因組織土地公斷委員會負責解決之。

(丁)頒發土地所有權狀

凡土地經公告期滿而無異議提出或異議經依法解決者，即發給土地所有權狀，以為執業之憑證。

(戊)編造清冊

依據地籍調查簿及面積計算簿，編造土地清冊暨地稅戶冊，上地清冊記載各土地之業主姓名住址及每畝地價。地稅戶冊記載各業主所有土地之畝分，及其每年應納地稅。

土地清丈

無錫縣清丈隊組業務進行概況

(一)清丈隊組織成立之經過

無錫清丈分隊，於二十二年十一月一日奉　令組織成立。省派周厚熙為隊長，即覔於本縣城外通運路救火聯合會內為隊部辦公處，該分隊長一人，組長二人，組員四人，清丈員四人，辦事員一人，書記一人，并派來全省土地測量人員訓練所第一屆實習學員五十九人，編設一二兩組，曾昭萱為第一組組長，唐鳳翔為第二組組長，每組設抽查一班，道線一班，清丈八班。工作地點，秉承縣長指定，由第三區開始測丈。第一組各班覔定三區曹王鄉善念橋錢敦厚繭行為駐所，於六日遷入工作。第二組各班覔定三區南橋鎮德昌油坊為駐所，亦於六日遷入工作。惟外業應用各項零星儀器，一時未及購齊，不能開始測丈，即利用此時期，對於實習學員講解外業技術上應注意之各項要點，暨錫地土地之狀況，以及對於民衆須將土地測量之目的，及與人民國家之利益，隨時婉言詳解，到處宣傳，以免清丈時發生進行不順之事件，同時併訓練測夫，製造竹尺等測丈時應用之零件。至十一月二十三日，正式開始工作，於十二月十六日省局調派組員一人來隊，二十三年一月十七日又派試用清丈員一人來隊，於是增加清丈兩班共計清丈十八班。實習學員由組長組員清丈員負責精愼指導，嚴密督察，且由組長逐日巡查各班，按月由主管組長考察各學員品行之好壞，技術之優劣，工作之勤惰，體格之健弱，分四項評定分數，呈省考核，至一月底實習期滿，奉令各實習學員一律暫遣回籍，俟省局考核成績後，再行分配職務派往各分隊服務。統計此三閱月之成績，計測成本支導綫二千一百十七點，清丈一萬七千八百畝，調查六萬三千二百七十九起。二月初旬一二兩組之各班另行改編，第一組導線班由組員韓國華担任，清丈四班由組員韓貽讓清丈員周永保繆國柱項樸等四人担任之，第二組導線班由組員閔守衡担任，清丈四班由組員仇雪清丈員陳伯謀裔鏡三黃可文等四人担任之，在此一月中第一組測成導線一八〇點，清丈三千九百八十畝，調查四千六百零六起，第二組測成導線一百六十八點，清丈三千零九十畝，調查一千六百七十起，於三月一日第一組組部由曹王鄉善念橋遷移至三區周新鎮區黨部辦公，同時奉　令加測導線三百點以便擴充之用，遂於三月一日起抽調組員韓貽讓清丈員黃可文等二人增加導線班兩班，幷由省局委派王國楨來隊專任測設導線工作，遂於三月中共測成導線九百三十二點，足敷擴充時之應用矣。

(二)清丈隊之擴充

該隊於四月一日奉　令擴充組織增加一組調委黃輝祖爲組長幷調清丈員湯旻狄培昌等三十五人，繪算員李鏡如孫士珍等十九人；登記繪圖員王鍾秀王鍾璇等二人，造册員黃耀仁一人，原在隊之王國楨閔守衡韓貽讓繆國柱裔鏡三等五人，調往松江丹陽吳縣等清丈隊工作，其餘隊中各職員一律奉　令改委，添設第三組兌定西門外大字鄉菴上蘇秦庵爲駐所，每組設檢查兩班，導線兩班，清丈十班。內業成立計算十九班，附設登記繪圖兩班，進册一班，由二等清丈員王書福担任內業檢查。旋於四月十日奉　令派來全省土地測量人員訓練所第二屆實習學員四十三人，計外業二十八人分派三組實習，第一組派實習員十八人，第二組派實習員九人，第三組亦派實習員九人，每組均分三班實習由各組組長及檢查員負責指導，內業十五人分繪算八班實習，由納業檢查員負責指導。

(三)實施新計劃

厥後，該隊又於四月底奉省局轉省主席之命，遵蔣委員長督飭辦理之旨，考察過去整理土地之利弊得失，釐訂江蘇省土地清丈之總計劃，以增加業務之速率，限期完成清丈之初步工作，其實施程序分爲七步驟。(一)勘定縣區鄉鎮界址　(二)地形及面積測量　(三)測定區鄉鎮界址　(四)核算面積　(五)分戶調查及塡報面積　(六)核對塡報面積　(七)舉辦登記　該隊奉命後，即遵照規定之步驟自五月一日起，即首先從事勘界工作，同時訓練導線及分戶測量人員，以便正式開始工作之用，爰將其進行概況分述於后：

1. 勘界工作　勘界工作，以舊有都圖界址不明，勘查非易，奉　令准依舊區新鄉鎮界址勘查，於五月一日起派湯旻等二十三員，每員隨帶伕役兩名，赴各區開始工作，每區依面積之大小，分派一人或兩人不等，於六月上旬，全縣勘界完竣，計共勘查十七區，一百三十九鄉，九十五鎮。

2.導線訓練工作　導線訓練，自奉　令後即於五月一日開始組織，由清丈員實習員中遴選技術嫻熟者十八人，分為六班訓練，并指定組長曾昭萱黃輝祖檢查員葉紹華韓國華等六人，分班指導，并限於二十一日起正式開始導線測設，以顧及將來二千分一地籍測圖之需要。

3.分戶測量訓練　分戶測量訓練，由奉　令後即於五月十四日由清丈員繪算員實習員中遴選三十五人，予以訓練二千分一地籍清丈圖，派黃震亞仇雪王書福等八人負責指導，責令勤於檢查督導，務冀訓練成績臻於至善，自開始訓練迄六月初止，各班均完成一幅。

原令規定之第一步驟勘定縣區鄉鎮界址，至六月初旬，已完全辦理完竣，同時即開始第二步之地形及面積測量，第一組由第三區周新鎮遷移至第四區榮巷鎮清溪廟為組部辦公駐所，測丈附近一帶二千分一地籍原圖，并派導線班至十七區張舍鎮十二區楊巷一帶測設區鄉鎮界址導線及區鄉鎮境導線網。第六組由第三區南橋遷至新廟，奉　令照原辦法辦理完成第三區清丈工作，仍用一千分一之比例尺，測丈地籍原圖，由原測丈之清丈員負責調查地籍，派導線班赴第十四區許舍鎮及南方泉測設區鄉鎮界址導線及區鄉鎮境導線網，以供二千分一分戶測量之用，第三組亦由第三區大字鄉巷上遷至十三區廟橋後陳廟，測丈附近一帶二千分一地籍圖，派三班至十四區南方泉測丈地籍圖，并派導線班至十三區華大房莊及落霞橋一帶測設區鄉鎮界址導線及區鄉鎮境導線網，至內業繪算員遵照新規定工作標準，計算面積，統觀自五月一日起至六月底止，兩月之內各項工作，均能按照規定之步驟循序推進，業務成績，俱能達到預定標準，其工作速率，較前增加三倍，倘依此速率循序邁進，則全縣清丈定能於短期間內完成也。

（四）改編組織

六月下旬，省土地局頒發各縣清丈隊組織系統表，通令改變組織，本縣清丈隊於六月二十一日遵照組織系統表，重行改編，先成立導線清丈兩組，原第一組組長曾昭萱奉　令改委為導線組組長，第三組組長黃輝祖改委為清丈組組長，兼測丈第一班班長，檢查員韓國華黃震亞等二人，分別委兼派測丈第一及第二班班長，原有第二組組長唐鳳翔檢查員葉紹華清丈員周永保莊禮庭陳伯謀黃可文項樸等七人，調派上海縣清丈隊工作，自改編組織後，仍繼承前作業之精神，業務進程之分配導線組，組部仍就前第一組駐在之第四區榮巷鎮清溪廟，各測量員分駐第二，第三，第四，十三，十四，十七等區，循序推進各鄉鎮界址導線及鄉鎮境導線網，清丈組組部覓於華大房莊，第十三區區公所內為辦公駐所，測丈各班分駐十三區華大房莊，朱蕩橋，南草菴，落霞橋，及十四區南方泉，吳塘門，石塘鎮，第四區榮巷鎮，第十七區張舍鎮等處，遵照前預定之進行程序，繼續測丈各區鄉鎮地籍原圖，一方籌備組織調查班，按起按戶精密調查，編製地籍調查册，以供將來登記時之應用也。

（五）預備航測人員遣調

七月初旬，省土地局與參謀本部陸地測量總局航空測量隊商洽，借該隊儀器與人才，由無錫縣土地局將無錫全境土地航測工作，委托該隊辦理，惟航空測量其於城市村莊宅地，因爲房屋蔭蔽之故，未能攝測地而分戶，故仍須由清丈隊精密補測以完成之，但航測之藍晒地畝圖，須數月後方能完成，交與土地局，開始補測宅地，調查地籍，計算面積，以及製圖造册等工作，以完成清丈應作之業務，故暫將原在隊之職員分調他隊服務，待航測完成後，再調回作業，遂於七月八日　省局令調檢查員韓國華清丈員狄培昌黃瑞薌及實習員劉宗強等計十八人分赴嘉定丹陽兩隊，於七月十八日奉令派實習員陳廷珍等四人，調赴鎮江縣隊，劉世雲等四人，調赴丹陽縣隊，王誠一等十三人調赴武進縣隊，清丈員湯旻等十人，實習員車樹人等四人調赴松江縣隊，清丈員朱振民等十人，繪算員張家鳳等十三人，實習員徐冀之等三人調赴南匯縣隊，檢查員仇雪調赴常熟縣隊，又於二十日奉　令調派清丈員張世楝爲奉賢縣隊導線檢查員，仇錫琛黃祥黃藝林倪友竹金俊良等五人爲武進縣隊清丈員，檢查員黃震亞派充常熟縣隊外業檢查員兼測丈第二班班長之職，至三十日又奉　令暫調導線組組長曾昭萱爲武進縣隊外業檢查員兼第八班班長之職，又調繪算員陸惟芹繪圖員王鍾秀王鍾璇丁芳萃徐雪軒等五人爲武進縣隊繪算員，造册員陳志清殷永成爲嘉定縣隊造册員，王永年爲奉賢縣隊造册員，自七月十四日起至八月十六日止，陸續奉令離隊調赴各縣隊服務者計九十六人，其留隊者，計隊長一人，組長一人，外業清丈九人，內業計算兩人，造册員辦事員書記各一人，僅設清丈一組，外業清丈兼導線共九班，在第三區靑祁鄉蘇家渚夏家邊一帶測丈一千分一地籍原圖，以完成舊制第三區之分戶測量，內業設繪算兩班，於十月三十日又將清丈員黃禎祥王壽莘等六人，奉　令調赴松江縣隊，至十月底第三區分戶測量完全告竣，省局遂將清丈員吳耀本呂銀泉楊致正等三人調赴武進縣隊工作，於十一月十日奉　令將隊中一切事務辦理結束。本縣隊隊長周厚熙亦由省改委爲丹陽縣隊隊長。

（六）成立清丈組

於是同時將清丈隊範圍縮小，另成立淸丈組，委派黃輝祖爲組長，調吳縣隊檢查員韓國華常熟縣隊檢查員張祖輝爲無錫縣清丈組檢查員，原在隊之繪算員孫士珍李鏡如造册員陳亞男及辦事員周承光書記田藎卿均仍留組工作，檢查員韓國華於十四日來組報到，張祖輝迄十二月底曾未見來組，造册員陳亞男繼調委爲武進縣土地局登記員於十一月三十日離組，組部辦公駐所初仍就前清丈隊租賃之房屋辦公，惟租費較大，遂於十二月一日另租廣勤路第二支路新鳳橋街第三號門牌房屋一所，作爲辦公及女職員宿舍與存放儀器，通運路救火聯合會後進，仍作男職員宿舍及寄放各項器具，外業設檢查兩班第一班由組長黃輝祖兼任，第二班由檢查員韓國華担任，先於南橋鎮及周新鎮一帶檢查圖幅，內業設計算兩班，在相當速率之下，以求精確之地積，遂於十二月底根據舊第三區所有之圖幅，依工作應備之精確和速率通盤籌劃，擬具舊制第三區內外業應需人員及時間之計劃書，呈過總隊核奪，以作二十四年起作業進行之方針。

（七）成績統計

外業測丈，舊第三區（揚名鄉）已完全丈竣，其餘如舊第四，十三，十四，十七，等區，亦均測丈一部份，計測成二千分一和一千分一地籍原圖三百二十二幅，累計丈竣面積十二萬九千零二十五市畝。其記載完竣者，計面積計算簿一百五十四本，實地調查簿二百八十二本，特殊戶地簿四十五本，此本縣清丈隊組工作成績之統計也。

航空測量隊無錫分隊工作概況

航空測量無錫分隊，於民國廿三年十月中旬，在南京陸地測量總局組織成立、即按簽訂計劃大綱，着手籌備，編訂業務實施計劃，十一月中旬，航撮組成立，實施空中撮影業務。十二月初旬，成立控制組與糾正組，各項業務，均在積極進行。茲將現時工作進度，開列於左：

一、航撮組任務，係擔任空中撮影工作，分隊成立，即定購航撮軟片及汽油滑油等飛行材料。因無錫飛機不能停落，乃在蘇州飛機場建築飛機棚廠及護衛室，以為飛機停落之地。十一月十三日，航撮組全體人員出發蘇州，十五日開始工作，至廿四年三月，全縣航撮業務，全部完成。

二、控制組擔任選定控制點之工作，即根據江蘇省土地局測定之圖根點，推測距離較小之補點。全縣共需補定三千點。查田畝原圖之精度，完全即建築於控制點基礎之上，故該組工作，最為繁重。自十二月初旬，即籌借儀器，編訂進行計劃，同月下旬，全體作業人員廿一人出發至錫，隨即分赴本縣南鄉各鎮工作。惟以天雨廿餘日，業務進行，稍受影響　控制業務，全縣原分四區進行，第一區工作已完，現時在第二區工作，已完成二分之一。總計測量控制六百點，完成全縣面積四分之一。

三、糾正組係任糾正空中照片及鑲嵌照片圖之任務，二十三年十二月上旬，該組組織成立，籌備工作用品，定購顯像藥品。及印像紙料。因航測總隊糾正儀不敷分配，該組工作，全在夜間，工作人員，備極辛勞。自十二月中旬至廿四年二月上旬，計晒印空中照片四千二百張，糾正田畝原圖六十幅。

此外複照業務，由糾正照片圖複照，放大晒印二千分一之藍圖，此項業務，由測量總局製圖科擔任，現已開始複照工作。一俟該項藍圖集有成數，即行成立調繪組實施調繪業務。預計自四月一日開始作業，至七八月間，二千分一田畝原圖，可全部調繪完竣。

地價申報

無錫縣城市地價申報進行概況

江蘇省政府鑒於地價申報爲整理土地之重要工作，並爲實行自治之基本條件，爰經第六五九次省府會議議決，通過城市地價申報辦法，並指定無錫南通兩縣，爲實行區域。自二十三年七月一日起實行，當經省土地局委任本縣縣長嚴愼予兼主任，縣土地局長胡品芳兼副主任，遵於七月一日假縣政府成立辦事處。即日開始辦公。玆將其工作進行情形分述之於下：

一、地價申報辦事處之設立

1.組織　城市地價申報辦事處，設正副主任各一人，正主任由縣長兼任，副主任由土地局長兼任，並任用辦事員一人，書記六人，遵章聘請當地士紳十一人，組織城市地價申報協助委員會，協助進行。省土地局復委派指導員四人，協助辦理。玆將全體人員錄之於後。

主任　嚴愼予

副主任　胡品芳

辦事員　梅樹人

書記　李嵩　張旭初　曹月娥　梅晴霞　顧兆秀　王維翰

指導員　何夢雷　金延澤　馬寶華　趙晉三

協助委員　徐赤子　桂沃臣　錢孫卿　陳湛如　楊翰西　趙子新　程敬堂　衛質文　蔣仲良　顧彬生　尤幹丞

2.經費　城市地價申報辦事處經費，在清丈費項下撥用，遵照省土地局規定標準預算，編造正式預算，呈省核准，按月支領，每月共計洋八百九十六元。

三、工作經過

1.調查城市疆界及劃定地價申報區域　城市地價申報辦事處，自七月一日開始辦公後，即派指導員等分頭出發，實地調查城廂內外商店居戶繁榮情形，分別製成圖幅，以爲申報地價之依據，至申報區域，呈准以第一區爲範圍，先就城內着手調查，漸次推及城外附郭之區。

2.計算面積與調查地價　申報範圍既已確定，其面積究有若干，必須有詳密之統計，當即依照陸軍測量地圖，引用求積器，求得城內面積計三五七七畝，連以城外附郭之區，合計面積爲一四一六三畝。並派指導員等分頭出發調查地價，全區中商業最繁盛者，每畝計值萬元左右，次之亦值四五千元之譜，最低約值百元。若以全區平均計算，每畝地價約在二千元左右。

3.調查業主姓名住址及其所有地畝　地籍調

查，亦爲重要工作之一，如能將業主姓名住址及其所有地畝調查清楚，則於業主申報地價時得有根據，可免矇報冒領之弊，故特派指導員等分頭出發調查，填入調查底册，以爲申報之張本。

4. 召集助協委員會　八月十五日上午九時，在縣政府會議室召集協助委員會第一次常會，到主任嚴愼予，副主任胡品芳，委員徐赤子，尤幹丞，程敬堂，蔣仲良，錢孫卿，桂沃臣，趙子新，陳湛如，列席指導員何步雷，馬寶華，金延澤，趙晉三，當即議決：（甲）本縣地價申報範圍既已確定，應以鎭爲單位，全區照舊劃三十五鄉鎭辦理。（乙）地價應由辦事處就各鄉鎭調査結果，分定等級，交協助委員會討論。（丙）挨戶申報，照章應自本月十六日起即開始，惟時間迫促，手續恐已不及，應呈請省方，准予展緩一月，至九月十六日開始。（丁）定期召集第一區鄉鎭長開談話會，確定協助辦法。

5. 宣傳　査地價申報，事屬創舉，民衆缺乏常識，往往不明眞諦，易滋誤會。故宣傳工作，實不可少，宣傳工作，計分兩端，一爲口頭宣傳，一爲文字宣傳，玆分誌如下：

甲、口頭宣傳　逐日派本處職員，在城市熱鬧區域，講演地價申報之意義及利益，並由正副主任出席各種集會報告，務使家喻戶曉，不致發生誤會，俾可順利進行

乙、文字宣傳　A. 商請各戲院加映電影廣告：商請無錫中南兩戲院，於放映電影時，加映地價申報之宣傳標語廣告等，雖在娛樂時間，亦能使人注意。B. 印製申報問答及民衆書：印製申報問答及告民衆書，商由當地公安局派警挨戶分發，作普遍之宣傳。C. 印製標語張貼通衢：印製美術簡明標語十種，張貼通衢，引人注意。D. 刊登廣告：將申報日期申報辦法，刊登當地各報，務使民衆完全明瞭。

6. 指導員挨戶申報　申報區域既已確定，地價地籍又已調査清楚，民衆對於地價申報意義亦極明瞭，隨即開始挨戶申報。當由指導員等攜帶申報單挨戶分發各業主塡報，先就城內着手，漸次推及城外。

7. 幹事挨戶申報　辦事處因申報範圍甚大，內部工作人員不敷支配，復以挨戶申報，似由當地各該鄉鎭熟悉情形之人辦理，工作或易進展，故經決定着由各鄉鎭長雇用臨時幹事，限期一月，負責辦理完成。規定每鄉鎭雇臨時幹事一人其臨時幹事之薪給車費及各鄉鎭紙筆費等，由辦事處支給之。

8. 申報單之收集及審查　依照挨戶申報進度表，所有申報單，由各鄉鎭幹事挨戶分發塡報，並如期收集，彙交城市地價申報辦事處審査。計先後共收到申報單二萬三千餘張，由指導員擔任審査，如塡寫手續未完或模糊難辨者，即發信通知限期來局修改。

9. 辦理公告　申報單審査既畢，遂分別鎭鄉，抄印公告單，公告於縣政府土地局區公所以及各該土地所在地之鄉鎭公所前。城市地價申報辦事處，則爲便利民衆就近査閱起見，除張貼上述各機關門前外，復分送各關係機關

備查。

10.登記所有權以外之權利　遵章在公告期內，凡業主已取得所有權以外權利之人，應聲明請求登記。故在公告開始，即出示布告，通知權利人依限聲請登記。

11.辦理土地移轉登記　凡經申報之土地，如有賣買移轉情事，亦應聲明請求登記，否則土地移轉，無從查攷，證明書亦無從發給。

四、城市地價申報辦事處之結束與縣土地局之接辦

城市地價申報辦事處，自二十三年七月一日成立，至二十四年一月三十一日，共計七月。其間辦理申報工作程序，已至公告時期。當因節省公帑起見，特呈准省土地局，提前結束，所有未了業務，交由縣土地局繼續辦理。故自二月一日起，一切申報未了業務，統由縣土地局繼續辦理，截至本文脫稿之日為止，計公告已開始者，共十有五鎮，他如所有權以外權利登記，土地移轉登記，土地設定負擔登記，以及地價冊之編造，與證明書之發給，均在積極進行之中。此外關於各項統計之編造，以及地價申報彙刊之編訂，亦在計劃之中。

附錄　江蘇省城市地價申報辦法

二十三年五月十八日江蘇省政府委員會第六五九次會議通過

第一條　本省各縣城市地價之申報依本辦法行之

第二條　辦理城市地價申報之縣得設城市地價申報辦事處由縣長兼任主任土地局長或土地局籌備員兼任副主任

第三條　辦理地價申報之城市得設地價申報協助委員會其規則另定之

第四條　各縣辦理城市地價申報期限定為六個月

第五條　城市地價申報之程序如左　一、由省政府土地局頒發地價申報單式樣令各縣辦事處印製派員按戶分發填報　二、業主應將管有地畝照單開事項填註申報每宗土地須填報一紙　三、地價由業主自行決定申報但政府認為報價不實在時得照報價徵收其土地

第六條　地價申報單應載事項如左　一、業主姓名住址籍貫職業如屬公有土地記明其管理機關　二、土地之坐落及其四至（如有界碑須註明界碑上字樣）　三、土地之面積（註明契載畝數及實際畝數）　四、承糧戶名及原納稅額　五、土地之種類及用途　六、土地之每年總收益　七、土地價值　八、建築物價值　九、農作物價值　十、如係租地須註明承租者之姓名住址及租額　十一、如有承租抵押等關係須分別註明　十二、證租文件之種類件數或其他人證之姓名籍貫職業住址　十三、申報者為代理人時其姓名住址及其受託為代理人之理由

第七條　業主如無故逾限不報除由地價申報辦事處代為調查填報外其土地以無主土地論

第八條　隱匿不報之土地應由地價申報辦事處代為查填申報結束後由縣土地局暫管（其未成立局之縣份由縣土地局籌備處暫管）如經過三年仍實人過問者視為無主土地作為地方公款在暫管期內之孳息及作為公產後之收收入息數撥充地方事業經費之用

第九條　城市地價申報辦理完竣後由地價申報辦事處分區公告之公告期間定為一個月

第十條　在公告前已取得所有權以外權利之人應將其權利於公告期間內聲明請求登記

第十一條　公告期滿後無人提出異議之土地地價申報辦事處應即編入城市地價冊並按每宗土地頒發地價申報證明書地價申報證明書頒發規則另定之

第十二條　公告期內如地權發生異議得由權利關係人自向該管司法機關訴請審理之前項審理結果應由勝訴人通知地價申報辦事處（地價申報辦事處撤消後通知土地局）在地價冊內登記之在地權爭執未解決以前所有地價稅應由申報者繳納之

第十三條　城市地價冊應備兩本以一本存縣政府一本存縣土地局

第十四條　地價申報完竣後凡業主所有土地之全部或一部因買賣繼承分析等行為須移轉時應即持地價申報證明書向縣政府土地局聲請繳銷換發新證明書　凡未經換發新證之移轉一律無效　土地移轉申報規則另定之

第十五條　地價申報完竣後凡業主所有土地之全部或一部有設定負擔時應持地價申報證明書向縣政府土地局聲請登記　凡未聲請登記之一切土地負擔一律無效　土地設定負擔申報規則另定之

第十六條　地價申報完竣後之區將來得參照此次地價申報之結果定其稅率徵收地價稅及土地增值稅地價稅及土地增值稅徵收辦法另定之

第十七條　興辦地價申報時如有需用土地者得報明左列事項為需用土地之登記　一、需用土地之地段種類面積及價值　二、需用土地人姓名住址職業　三、需用土地之原因及計劃　四、支付地價之能力

第十八條　凡阻撓申報地價者依法治罪

第十九條　辦理地價申報人員由省土地局考核成績分別獎懲

第二十條　辦理地價申報人員如有舞弊行為者依法治罪

第二十一條　本辦法施行區域及日期由省政府斟酌各縣地方情形分別以命令定之

第二十二條　本辦法由江蘇省政府委員會議決公佈施行

禁烟

無錫縣禁烟委員會組織系統表

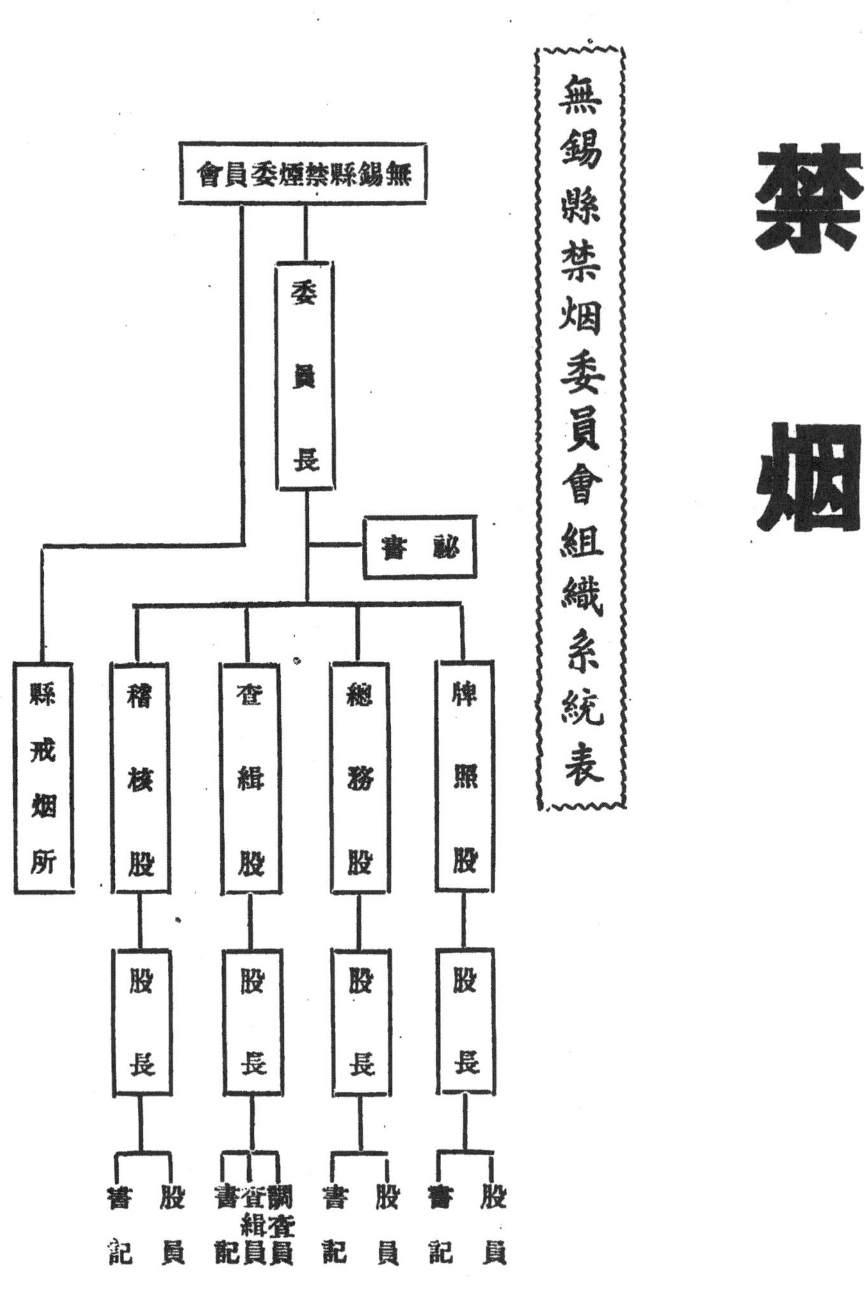

無錫縣禁烟委員會工作人員一覽表

姓名	性別	籍貫	年歲	學歷	經歷	現任職務
嚴慎予	男	浙江海寧	三五	見縣政府縣長欄	同上	委員兼委員長
陳育初	男	浙江新登	三八	浙江公立法政專門學校法律本科畢業考取浙江省民政廳甲等警官考試院復核及格銓敘甄別合格	曾任北平市財政局第五稽征處主任捐務股主任營業稅第五分區主任南京市財政局捐務股主任杭州市公安局捐務科科長杭州市公安局警捐處處長杭州市財政局第二科科長浙江黃岩縣警察所所長海寧慈谿諸暨等縣公安局局長河南輝縣縣長	委員兼查緝股股長
李惕平	男	江蘇無錫	三〇	新華中學畢業正風文學院肄業	曾任無錫縣黨務整理委員會暨第二屆執行委員會常務委員公私立中等學校教員國民導報社社長	委員
錢孫卿	男	江蘇無錫			江蘇省民政廳第一科科長無錫縣商會常務委員	委員
程敬堂	男	江蘇無錫	五一		無錫縣商會執行委員無錫縣建設協進會委員無錫縣第一區通漢鎮鎮長	委員
姚福生	男	江蘇溧陽	三五	日本東京日本大學政治經濟科畢業銓敘部甄審合格	曾任江寧縣公安局行政科長江甯縣警察隊第一中隊長江蘇省煤油特稅局總務股長國立暨南大學南洋文化部編譯上海縣公安局第二科科長後改局為科奉委公安科科長	秘書
華洪濤	男	江蘇無錫	二八	江蘇省立第三師範後期畢業銓敘部甄審合格	江蘇省農礦廳科員實業廳科員福建安溪縣立鄉村師範學校校長安溪縣政府秘書漳浦縣政府建設科長	總務股長
蔣志楨	男	浙江富陽	四〇	浙江省立第一師範講習科畢業	歷充浙江金華印花稅分局長東陽縣政府及江蘇上海縣政府無錫縣政府科員	牌照股長
錢崇德	男	江蘇吳縣	二五	復旦大學商學士	現任無錫縣政府會計主任	稽核股長
尹雲鵬	男	浙江	三〇	浙江嵊縣縣立中學畢業	上海市公安局書記上海縣政府事務員	股員
陸漢鈞	男	浙江上虞	三二	江蘇省警官學校第一屆現任水陸公安人員訓練班畢業銓敘部甄審合格	曾任武進縣公安局巡官第七分局長及常熟縣公安局督察員巡官第五分局長等職	股員

姓名	性別	籍貫	年齡	學歷	經歷	職務
謝元厚	男	江蘇武進	五〇	家塾	曾任上海縣政府第一科兼第三科科員並調民治科及第二科科員	股員
趙叙昶	男	江蘇無錫	二九	無錫嚴氏私立經正初中畢業	無錫縣黨部幹事中央研究院調查員全國通訊網通訊員	調查員
周郁齋	男	江蘇武進	三八	鎮江師資訓練所畢業無錫國專專門學院肄業	曾任東周小學校長常州私立武進中學國文史地教員	調查員
過光燕	男	江蘇無錫	二三	輔仁中學高中部肄業	上海世界書局總務處推廣科職員	書記
陳煥光	男	浙江諸暨	二五	浙江諸暨縣舊制中學畢業	曾任浙江天台縣政府科員壽昌員監獄署看守長及山東第六監獄署候補看守長等職	書記
孫含秀	女	江蘇無錫	二二	無錫縣立女初中畢業	曾任無錫縣立尤渡里小學校私立菁莪小學校教員	臨時辦事員

(註)兼任股員書記不列

無錫縣禁煙工作概況

蘇省對於烟禁，雖迭經嚴厲執行，終以積習太深，傳播太廣，難於肅清。年來麻醉毒品，益復彌漫全省，其毒禍遺患之深，實不堪設想！本省政府有鑒于斯，特擬訂各項禁煙大綱章程細則辦法，對於一切麻醉毒品，以立即禁絕爲目的，對於鴉片則依照豫鄂皖三省剿匪總司令部頒布之辦法，並察酌本省情形限四年分期禁絕，提經省府委員會議通過，呈奉軍事委員會委員長核准，分令全省施行。本邑於廿三年五月十七日接奉是項明令，即經查照規定，以縣長公安局長爲當然委員，分請縣黨部執行委員李惕平，縣款產處主任錢基厚，市欵市產委員會主席顧倬等進行組織無錫縣禁煙委員會。嗣因顧倬堅辭，挽留不獲，遂改聘縣商會委員程龍慶担任。經於六月十四日舉開第一次委員會議，委任姚福生爲祕書，華洪濤爲總務股長，陳育初爲查緝股長，蔣志楨爲牌照股長，顧鳳毛爲稽核股長，劃定縣政府西部房屋爲本會辦公處所，即日開始工作，從事於宣傳及各種應行準備事項。

自九月一日起，開始煙民登記，並公告招商承辦土膏行店售吸所，其時爲便利城鄉煙民登記起見，所有烟民登記領照事宜，除由縣會主持總成外，並委託城鄉各公安分局所及區公所協助辦理。迄至九月卅日登記截止，計有九千五百七十七人。

十月一日，戒烟所籌備就緒，舉行開幕典禮，由省加委平民產院主任顧會諒兼任所長職務。自行申請戒煙之煙民，即首先送所施戒。

十月中旬，省禁烟委員會核發本邑土膏行店所照證下會，即分別通飭具領，先後開業，計土膏行三家，土膏店十四家，售吸所四十四家。

其時因感查緝工作之重要，分委縣公安局督察長督察員及各分局長各直轄分駐所巡官兼任查緝股股員。數月以來，咸能努力從公，屢破鉅案，成效漸著。

自後因售吸所設置太少，感於事實上之困難，仍有就私館吸食雅片或合夥租屋煎吸，致查緝拘捕頗多株連，經呈准省會，酌量添設售吸所二十家。

十二月間復奉令舉辦旅外回籍烟民登記，至二十四年一月底止，計有二百三十八人，總計全縣先後登記者，共九千八百零七名。

三月一日起，實行烟民傳戒，自後規定每月傳戒兩批，每批自一百人至一百五十人不等，蓋視乎縣戒烟所之容納量以爲斷焉。傳戒辦法，先於十五日前，將下批之應戒煙民姓名住址執照號數，登報公告。同時復簽發傳票，分發各公安分局所就所環境內查傳遞送，限期向縣禁烟會報到受戒。報到之限期有五天，逾期不到者，即行簽强迫傳戒單拘提强迫勒戒。間有拘提無着，再行呈請通緝。自實施以後，按名傳戒，雷厲風行，絕無假借，煙民心理，爲之一轉，蓋以前尚有誤解領照吸烟，爲政府斂捐之變相，烟民一經領照，即可永遠吸食。及至傳戒實行，然後知政府之目的，果在禁絕而不在公賣，於是煙民紛紛覺悟，來會申請戒煙及自行投院戒除者，踵相接矣。總計本縣領照煙民，至二十三年三月底止，已戒者總數約爲八百餘人，占煙民總數幾及十二分之一，而距實行禁煙開始領照之期，則尚僅六個月也。

附表一　無錫縣登記烟民及土膏行店售吸所分區統計表

自治區別	一	二	三	四	五	六	七	八	九	十	總計
烟民人數	三九九一	五九九	七七八	六七一	六四五	三〇五	五一四	一三四八	五三四	四二一	九八〇七
土膏行	三	〇	〇	〇	〇	〇	〇	〇	〇	〇	三
土膏店	三	一	二	一	一	一	一	二	一	一	一四
售吸所	一九	三	六	五	七	三	六	六	五	四	六四

附表二 無錫縣烟民人數統計表

項別		人數
第一期登記及旅外補行登記領照烟民	甲種照	二五一六人
	乙種照	七二九一人
登記期內申請戒絕未領照者		六七人
自首期內自首戒絕烟民		八一人
總數		九九五五人

附表三 無錫縣登記領照烟民吸煙分量統計表

吸量	人數
一錢以下	七〇一〇
二錢以下	二一八九
四錢以下	五二六
六錢以下	七六
八錢以下	五
一兩以下	一
總計	九八〇七

附表四 無錫縣登記領照煙民職業統計表

職別	人數
農	一八五三
工	一五九〇
商	二四三四
僧	九二
道	一〇六
失業	三七三二
總計	九八〇七

附表五 無錫縣登記領照煙民年齡統計表

年齡	人數
三十歲以下	四七五
三十一歲至四十歲	二〇七五
四十一歲至五十歲	二八八〇
五十歲以上	四三七七
總計	九八〇七

附表六 無錫縣登記領照煙民籍貫統計表

籍貫		人數
本省	本縣	八九四〇
	外縣	六三三
外省		二三四
總計		九八〇七

附表七　無錫縣登記領照煙民性別統計表

性別	男	女	總計
人數	八二八三	一五二四	九八〇七

無錫縣戒煙所概況

該所係無錫縣禁煙會奉省令開設，委醫師顧曾諒為所長，二十三年九月下旬，着手籌備，擇定城內前勞工醫院原址為所址，該處適居城心，交通便利，且地址幽靜，房屋寬大，頗合戒烟者之療養。當即雇工修繕房屋，裝置電燈，購置傢具衣被，布置病房，購辦器械藥品，於二十三年十月一號正式開幕，並開始收容戒煙烟民。茲將自開幕迄今概況，擇要述後：

（一）組織

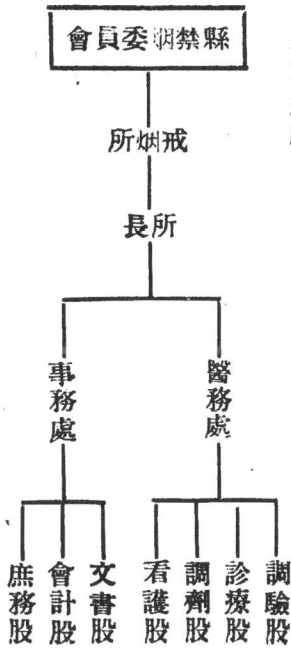

縣禁烟委員會
- 戒烟所
  - 所長
    - 醫務處
      - 調驗股
      - 診療股
      - 調劑股
      - 看護股
    - 事務處
      - 文書股
      - 會計股
      - 庶務股

（二）職員　所長兼主任醫師一員，助理醫師一員，護士三員，事務員一員。最近奉令擴充，准添醫師一員，事務員一員正在增聘中，茲將現任職員之履歷，附表於後：

職務	姓名	性別	籍貫	年歲	出身	履歷
前任所長兼主任醫師	顧曾諒	男	江蘇無錫	二十八	國立同濟大學醫學士	曾任上海寶隆醫院住院醫師江蘇省立醫院醫師現任江蘇省立醫院無錫分診所主任醫師
現任所長兼主任醫師	余錫洪	男	廣東		國立同濟大學醫學士	曾任上海寶隆醫院醫師武進縣診療所醫師
助理醫師	陸秉鈞	男	江蘇無錫	三十	南通醫科大學醫學士	曾任南通醫院醫師
護士	嚴乃芬	女	江蘇無錫	二十一	江蘇省立助產學校畢業	曾任無錫蘇州平民產院助產士

同上	孫菊九	女	同上	二十一	同上	同上
同上	黃榴	女	江蘇太倉	二十	同上	曾任南京市衛生事務所助產士
事務員	朱劍南	男	浙江長興	三十八	江蘇省立第八中學高中部畢業	曾任總司令部軍需及會計等職

（三）設備　該所所址，係前勞工醫院原址，因以前歷用部份由現縣平民產院應用：故現用部份，因經濟關係，將原有舊屋稍加修繕，故設備上，不能完全齊備。關於傢具及藥品器械方面，則大致擇要具備。現設調驗室三間能容十八人，甲等病房陸間，能容十二人，乙等病房四間，能容十二人，丙等病房二大間能容三十八人。共計八十人，最近縣禁煙會因戒烟人多，該所原有容量，不敷應用，故設法籌款增添八十額，計共容納一百六十八人，以圖符合需要，現已在動手增建中。

（四）戒烟烟民之來源　該所戒烟烟民共分二種：一，由縣禁烟委員會送來者；內中有傳戒，自行申請戒烟，及烟犯勒戒三類。二，由縣政府送來勒戒之吸食烈性毒品犯。

（五）戒絕烟民人數　自二十三年十月一日起至二十四年三月二十日止，計在所調驗者有二百五十餘人。在所戒絕出所者，有六百另六人。自三月一日起縣禁烟會實行傳戒，規定每月至少應由該所戒絕二百人至三百人。

（六）戒烟方法　應用藥品療法及血清療法二種；除癮大而較難戒除之人，加用血清療法外，其餘均用藥品療法，蓋因應用血清療法並不能減除痛苦，故除藥品遞減外，再加以輔助混劑同時應用，結果非但在戒烟時期並無痛苦，並戒烟時期，不論烟癮之大小，平均在十天至十五天之內即能戒絕，且所耗費亦甚微也。

（七）烟民生活　該所戒烟烟民，規定六時起身，七時早餐服藥，十一時半午餐服藥，六時晚餐服藥。

（八）戒煙烟民納費等級　遵省頒分甲乙丙及免費四種；藥費規定甲等二十元，乙等十元，丙等二元及免費；膳費甲等每天五角，乙等三角，丙等二角及免費；內中免費一種專供貧苦不堪者並平均每天以二十名在所為限。

江蘇省禁烟治罪暫行條例

二十四年四月一日起施行

第一條 本條例依江蘇省期禁烟辦法大綱訂定之

第二條 製鴉片或意圖供製造鴉片之用而栽種罌粟者處死刑或無期徒刑販賣或運輸罌粟之種子者亦同

第三條 未經請領憑證而運輸或販賣或意圖販賣而持有鴉片者處死刑無期徒刑或十年以上有期徒刑

第四條 未經請領憑證營利設所供人吸食鴉片者處無期徒刑或七年以上有期徒刑

第五條 未經請領憑證吸食鴉片或已領憑證供人吸食者處五年以下有期徒刑有癮者交醫勒令限期戒絕

第六條 經交醫戒絕或自行投報戒絕經給予證明書後復吸食成癮者處五年以上有期徒刑

第七條 栽贓誣陷他人犯本條列第二條至第四條之罪者處死刑無期徒刑或十年以上有期徒刑藉端誣告者依各該本條處斷

第八條 證人或鑑定人對於本條例第二條至第六條之犯罪事實作虛偽之陳述或報告足以生損害於他人者處死刑無期徒刑或十年以上有期徒刑

第九條 公務員犯本條例第二條至第八條之罪者依各該本條最高刑處斷

第十條 公務員包庇或要求期約收受賄賂而縱容他人犯本條例第二條至第四條之罪者處死刑或無期徒刑 盜換査獲鴉片或故縱本條例二第條至第四條之罪犯脫逃者亦同

第十一條 公務員利用權力强迫他人犯本條例第二條第一項之罪者處死刑

第十二條 第二條至第四條及第七條第一項之未遂罪罰之

第十三條 死刑之執行得用槍斃

第十四條 本條例所未規定者依其他法令之規定

第十五條 違犯本條例各罪者由有軍法職權之機關審判之其受該管軍法機關委託訊辦者亦得審判之

第十六條 違犯本條例各罪判處死刑無期徒刑或十年以上有期徒刑者應將全卷連判呈由省政府轉呈軍事委員會委員長南昌行營核准執行之其餘呈由省政府核准執行之

第十七條 本條例自文到後五日內各地軍政機關均應遍貼佈告俾衆週知

第十八條 本條例自各屬呈報布告後十五日一律施行

第十九條 本條例呈奉國民政府軍事委員會委員長核定公佈之

農業

農業概況

無錫縣農業概況

無錫位京滬之間，西有全國政治中心之首都，東有世界重要商埠之上海，運河鐵路，橫貫全縣，錫澄，錫滬，錫宜等公路，亦會輳於此，交通發達，運輸便捷，商業旺盛，工廠林立，近年社會狀況，蓋已漸離農村經濟之階段，而入於工商經濟之階段矣。邇歲强壯農民，頗多拋離鄉村，羣趨城市或上海，舍農就工。農耕工作方面，則機械抽水等，應用亦漸普及，足徵無錫農業，實已在新舊轉變之中，非復舊觀。但近年因世界經濟之衰落，外粮傾銷，絲價慘跌，致錫邑農村經濟，遂感重大威脅，玆分述其農業概況如次：

無錫爲水鄉，南濱太湖，運河貫其中，爲通達江湖之孔道，地勢卑窪，形如斧底，圍圩治田，土壤肥沃，爲江南魚米之區。惟境內河浜縱橫，江流東下，經運河南流而灌入太湖，湖水高漲，則逆流而北，每逢洪潦，圩田盡淹。歷代以來，建堤置閘，以防宣蟄閟，旱則啓閘決水，以資灌溉，潦則提戽出塘，以抽積水，故農田以平底兩田爲多。依全縣地勢，因太湖在南，濱湖多山，故南高於北，而分論之，則在南部，乃西高於東，在北部，則東高於西。是故，西北之區，乃最卑窪。在昔芙蓉湖本爲湖蕩，自周文襄圍圩治田而後，錫武兩邑，平增肥田四萬餘畝，爲蘇省水利之著績。厥後鄉近相繼效法，而本邑舊天上，青城，萬安，富安等四市鄉，大小圩田，迄今乃增至十一萬畝之多，合之全縣其他各區，約共十五萬畝左右，佔全縣土地百分之十二。此種圩田，年稻一熟而不麥，較之其他田地之稻麥兩熟，雖少一麥，然因田身肥沃，稻之產量恆高於高田，故其盈虧乃覺相等。東北舊懷上懷下各市鄉，地較高亢，土亦稍瘠，往歲麥雖豐收，稻乃難熟。自戽水機興，人力之灌溉易之機力，於是水流上達，乃無遠勿屆，而高田遂得盡熟，故戽水機對於本邑之農產，其功固未可沒也。

本縣土壤，乃揚子江流域之冲積土，表土爲褐灰色至深灰色，土質爲粘質壤土或粘土。氣候溫度，則夏暖冬涼，然冬季最低溫度，不降攝氏零下十度以下，夏季最高溫度，不達攝氏四十度以上。全年雨量，在一千公里左右，其中半數以上，降於夏季。其主要農作物，夏作爲水稻，冬作爲小麥，以鮮有水旱災殃，故每畝平均收穫量，水稻可產糙米二石五斗，小麥可產八斗，較諸吾國各地，已屬產量豐富者矣。蠶豆稞麥，栽培亦廣，其他作物，則甚稀少。蠶桑爲農家重要副業，在前十餘年，已甚發達，全縣農民，育蠶所得，最豐時年值三百萬元，近數年來，由於日絲之傾銷，人造絲之充斥，加之世界經濟衰落，以致絲市滯銷，價格慘落，陷於困境，蠶桑副業，日漸衰落矣。園藝事業，近年西南山麓一帶，桃梅果樹增植頗多。蔬菜業僅分佈於城市附郭。花卉業全城僅十餘家，規模均小。畜牧則城市方面，乳用牛之牛奶房不下二十餘處，以惠康農場規模較大，設備亦完善，其餘均尙簡陋。役用牛鄉村大農均飼養之，豬則鄉村中幾每家飼養二三頭，所以供給廐肥也。雞亦然。梁溪河沿岸魚塘櫛比，所養者以草魚靑魚鏈魚爲多。其他農村副業，若周涇巷下甸橋一帶之絲棉，惠山之泥人，東北塘寺頭之絲絃，許舍之黃草布，東北鄉之花邊，土布，及西南鄉之襪織等副業，均頗興盛。

錫邑近民之耕地面積，以七畝至十畝左右之小農爲最多。地權分配，則自耕農半自耕農佃農各占三分之一。西北東北各鄉，佃農居多。東南各鄉，自耕農居多，經營之規範雖小，因有副業之利，得增收入，且鄉村間之過剩人口，有工廠爲之容納，故大體言之，在從前農民生計，確較諸他縣爲寬裕，但近年以來，蠶絲事業不振，農產價格低廉，農村經濟，逐漸衰落矣。

至農事改良機關，在文化方面，有省立教育學院農事教育系劃北延下市爲北夏實驗區，天上天下市爲惠北實驗區，以普及農民教育爲主。農事改進方面，有省立蠶絲試驗場，私立小麥試驗場，辦理蠶桑稻麥試驗及農事改進工作，並聯合有關係各機關設立開北農事推廣實驗區，辦理推廣工作。又有無錫縣蠶桑模範區辦理蠶桑指導工作。在經濟方面，有省立農民銀行第四分行，以流通農民經濟，分工進行，注力推進。惟對於整個之農村改良，尙乏統一之計劃耳。

農事機關及團體

無錫縣境省縣公私立農事機關一覽表

名稱	地點	省立縣立或私立	主管人姓名	開辦年份	職員人數	業務	設備
省立蠶絲試驗場	總辦公處西門外倉浜	省立	湯錫祥	民國二十二年八月由前蠶業試驗場及蠶業取締所併組而成二十三年十二月無錫農業推廣所亦併本場設推廣股	六〇餘人	共分蠶種取締蠶桑試驗絲繭試驗農事推廣總務等五股辦理蠶業研究試驗蠶種取締及農事推廣指導等工作	絲繭蠶桑試驗股有田地一百六十五畝餘蠶種取締股有田地二十一畝餘以上三部房屋計有一百另八間推廣股各繁殖場計有田地一百十三畝餘房屋五十間絲繭蠶桑試驗股各項儀器設備及蠶種取締股各項檢種設備均全推廣股各項農業用具亦敷應用
省立教育學院農場	通惠路社橋	省立	高陽	民國十八年	專任者三人 兼任者十餘人	為教員實驗學生實習及繁殖推廣材料分作物園藝畜牧昆虫植物病理農村工藝農藝化學等七項	農場面積社橋附近一百三十畝蕭傾灣一百畝房屋二十餘間農具儀器齊備
無錫縣蠶桑模範區	東門外南倉門	縣立	正主任嚴慎予 副主任周元勛	二十三年四月	長期二十餘人 短期一百餘人	分總務技術二股辦理育蠶指導繭行統制蠶業調查蠶種發售栽桑之改進及其他改良蠶桑有關各事項	
無錫小麥試驗場	第四區藕塘橋	私立	顧復	民國十九年	兼任者二人	稻麥之試驗繁殖	田地七十餘畝房屋十間尚有鉛絲網室玻璃室等設備農具敷用

惠康農場	通匯路社橋	私立	華繹之 黃佽民	民國二十年	八人	經營乳牛養蜂製造等事業	牛舍運動場蒸氣室消毒室洗瓶室冷藏室鍋爐間總面積十畝
西生第一農場	無錫城內學前學佛路魚腥巷六號	私立	謝維翼	民國二十二年	二人	種雞種雛種蛋新鮮雞蛋種兎兎毛牛奶羊奶果樹	新式活動鷄舍六間孵卵機二具育雛用具全套新式牛舍四間兎厩一間兎籠廿只又擬本年八月採辦荷蘭牛數頭瑞士山羊以售鮮奶爲主再擬採辦意大利白色肉冠卵用鷄一千羽及美國卵肉兼用蘆花落克鷄育於洛社鎮第二農場
久生養雞場	無錫城內沈果巷	私立	王總生	民國二十一年	二人	樂克康種鷄種蛋及食蛋	固定鷄舍三所活動鷄舍二具孵卵機一具
永興牛奶棚	無錫城內四郎君巷十四號	私立	錢勝裕	民國十年		經營荷蘭牛水牛黃牛等牛奶	有牛棚六間
克勤農場	第四區錢橋頭	私立	祁克勤	民國二十三年	一人	水蜜桃深卅傳十郎孝陵除虫菊等	有田八畝房屋十間各種用具完全
止園培本學校學農場	第四區堯灣	私立	榮梅福	民國十八年八月	一人	水蜜桃梅樹蘋果梨	
至善農場	胡埭胥山灣	私立	劉耀生	民國十九年	一人	水蜜桃除虫菊等	場地面積二十五畝草房三間各種用具全
天樂農場	第四區孟灣	私立	蔣各人	民國二十年	二人	水蜜桃梅除虫菊	有地二十餘畝瓦屋三間各種用具全
豐樂農場	子灣第一灣	私立	惠省文	民國十九年	二人	專門經營水蜜桃	場面積二十餘畝草屋二間
太湖農場	花藏楊灣	私立	殷歷農	民國十九年	一人	水蜜桃葡萄蘋果等主業	有地二十五畝草屋三間
四時公司	花藏	私立	徐浩泉	民國十九年	一人	水蜜桃花紅蘋果葡萄	有地二十餘畝草屋三間
三樂農場	第四區華麗灣	私立	榮宗敬	民國十八年	四人	專門經營水蜜桃	有地約七十畝一切用具俱全

墾業農場	惠山	私立	教富卿	民國二十年	一人	水蜜桃除虫菊桐油樹等	面積十餘畝
我華種植試驗場	胡埭	私立	薛明劍	民國八年	二人	除虫菊栽植製造為主業	面積約十畝

無錫縣全縣合作社一覽表

本縣自民國十八年七月推行合作事業以來，迄今已達五載有半，所有指導機關，屢經變遷，指導人員，亦時有更迭，而事業進行，則未嘗中斷。截至二十三年十二月底止，全縣合作社，除先後以期滿或業務停頓或乏人主持，而呈請解散者外，經縣政府核准登記成立者，計有五十三所。其中以信用合作社為最多，生產合作社次之。茲列於後：

社名	社址	社員人數	社股金額（元）	理事主席姓名	登記日期	備考
第九區方巷養蠶有限合作社	方巷韋氏宗祠	九六	四二〇	韋祥根	十八年八月三日	
第四區陸區橋信用無限合作社	陸區橋沙洪茂	三二	一二九	沙振華	十八年九月二十六日	
第一區謝巷信用無限合作社	謝巷	二八	一二四	謝福全	十九年一月二十日	
第四區蕩蕩橋信用無限合作社	蕩蕩橋	七三	一二七	徐伯平	十九年一月二十六日	
第七區芙南鄉灌溉有限合作社	前澤	三〇	一•六〇〇	呂漢陽	十九年六月七日	
第四區莫塘鄉信用無限合作社	薛巷	三一	九二	薛芸窗	十九年八月二十五日	
第六區戴巷養蠶有限合作社	戴巷	一五六	一八三	戴蕉屏	十九年十月二十五日	
第五區高長岸信用無限合作社	高長岸小學	四二	一四三	陳雍兆	十九年十二月五日	
第一區社橋村信用無限合作社	社橋村	二一	一一五	朱瑞記	十九年十二三十日	
第三區周潭橋生產保證合作社	方湖寺小學	三五	八八	王復旦	二十年三月四日	
第五區岸底鄉墾漁有限合作社	毛巷街	四五	一〇•〇〇〇	蘇麟祥	二十年五月十五日	
第十區梅涇上信用購買保證合作社	梅涇上	一五	五二	陳洪範	二十年十二月廿一日	
第五區高長岸養魚有限合作社	高長岸小學	四八	六四〇	陳元根	二十年七月四日	

第一區黃巷鄉信用無限合作社	黃巷鄉公所	一五	五二	黃子瑞	二十一年三月十日	
第二區西莊鄉馬家橋信用購買保證合作社	馬家橋小學	二二	五六	任耀斗	二十一年五月二十日	業務暫停
第五區高長岸運銷有限合作社	高長岸	三七	二三七	顧連根	二十一年七月十四日	
第九區吳家港信用無限合作社	吳家港小學	一三	一二五	吳珏生	二十一年九月廿二日	業務暫停
第九區高溪鄉信用無限合作社	高家尖	四〇	二二五	高祀羔	二十一年十月三日	
第九區新橋鄉信用無限合作社	新橋鄉	一九	二六四	曹詠春	二十一年十一月五日	業務暫停
第九區齊家社鄉信用無限合作社	齊家社小學	二二	六一	徐逸琴	二十一年十一月十二日	
第九區廿科鄉信用無限合作社	廿科鄉公所	一六	三〇〇	余贊平	二十一年十二月三日	
第四區尹城上信用購買保證合作社	尹城小學	二三	六八	尹景賢	二十一年十二月十九日	
第五區壩頭信用無限合作社	壩頭上	一二	五〇	任鴻才	二十一年十二月廿二日	業務停止
第五區龍塘岸信用無限合作社	龍塘岸	一九	三七	朱惠遠	二十一年十二月廿二日	業務停止
第四區八寶鄉信用購買無限合作社	八寶鄉公所	二二	一二〇	虞士傑	二十二年一月廿五日	
第四區新瀆鎮信用購買無限合作社	新瀆橋	三三	一三四	錢錄耕	二十二年五月十九日	
第二區楊巷養魚有限合作社	楊巷	四一	七二	胡彥人	二十二年七月二十日	
第四區北費鄉信用購買無限合作社	北費鄉公所	二五	一二八	鄒錦文	二十二年八月十日	
第四區暘莊鄉信用購買無限合作社	暘莊農教館	三一	一二六	俞炳亢	二十二年八月十日	
第七區太平鄉馮胡巷農業購買產銷無限合作社	馮胡巷	七六	三七二	胡炳錦	二十三年二月十二日	
第六區南塘頭鄉前村裏信用購買無限合作社	劉潭橋農教館	一八	九〇	金梅春	二十三年四月十三日	
第二區吼山蔾植有限合作社	査家橋	三〇	三〇	馮昌勳	二十三年四月廿二日	

第二區秦塘涇養魚有限合作社	秦塘涇小學	四六	四六	陸乾初	二十三年四月三十日
第五區南塘頭鄉陳斗板巷信用購買無限合作社	劉潭橋農教館	一二	四八	任步雲	二十三年四月十三日
第五區南塘頭鄉任巷信用購買無限合作社	劉潭橋農教館	一五	三〇	任恆茂	二十三年五月三日
第二區滕昌鄉亭莊養魚有限合作社	亭莊	二三	六六	馮才根	二十三年六月五日
無錫縣立工人教育館基本施教區工友消費有限合作社	工人教育館	四五	五〇〇	周保興	二十三年六月十五日
第十區新建鄉信用運銷無限合作社	洛社農村改進實驗區	四〇	九六	劉大寶	二十三年六月廿一日
第三區中南鄉信用購買無限合作社	鮑家莊農教館	六九	一六六	鮑肇基	二十三年六月廿四日
第二區滕昌鄉周巷村信用無限合作社	周巷民衆學校	二〇	三二	周富泉	二十三年七月五日
第二區潮音鄉信用運銷無限合作社	潮音鄉鄉公所	三四	二二八	陳一新	二十三年七月十一日
第二區堰頭鄉朱水渠村信用生產無限合作社	朱水渠村	二四	一〇四	朱水寶	二十三年七月十三日
第二區東周鄉東周巷村信用生產無限合作社	東周巷	一九	一八〇	周梅卿	二十三年七月廿一日
第五區丁巷信用無限合作社	丁巷	二五	七八	彭峻裕	二十三年八月十六日
第二區西倉鎮大橋頭信用生產無限合作社	大橋頭	一二	五六	蔡宗元	二十三年八月十六日
第二區三蠡鄉王岸圩信用生產無限合作社	王岸圩二十號	一四	四六	土解谷	二十三年八月二十日
第二區陳堰鄉堰下村信用生產無限合作社	堰下村小學	一四	一八〇	蔡星記	二十三年九月七日
第二區查家橋鎮石埭橋信用生產無限合作社	華四房村二號	一二	三四	華卓成	二十三年九月八日

名稱	地址				
第五區胡家渡信用無限合作社	惠北實驗區胡家渡分區	一九	一九一	胡鳴虎	二十三年十月四日
第六區滸村信用購買無限合作社	滸村農教館	三六	二二八	徐友三	二十三年十月十三日
第五區岸底鄉信用生產無限合作社	惠北實驗區岸底裏分區	四二	八四	虞念修	二十三年十二月七日
第二區東園鄉大同橋信用生產無限合作社	大同民衆學校	一三	三〇	陳芝青	二十三年十二月廿八日
第九區興隆鄉信用無限合作社	興隆鄉周宗祠	二〇	七八	周武臣	二十三年十二月廿八日

農產物

無錫縣重要農產品一覽表

類	別	栽培概況
稻之類	粳稻	全縣以栽培晚熟粳稻爲主總面積約八十餘萬畝每畝平均米二石五斗約產糙米二百餘萬石
	秈稻	占全縣水稻栽植面積僅百分之五底區水田及貧苦農家栽植之產量極少
	糯稻	糯稻栽植面積在錫邑亦甚小普通農家栽植畝許供製糕餅等食品之用
麥之類	小麥	小麥係冬作物栽植面積較水稻爲少蓋因過底或排水不佳之田不適栽植大約在六十萬畝左右每畝產量平均可八斗
	稞麥	稞麥栽植較小麥爲少大概占麥作栽植面積百分之五恆與苜蓿蠶豆等作物間作
豆類	蠶豆	蠶豆爲冬作之重要作物用途頗廣雖無大批栽植但塍地畦畔種植頗多
	大豆	錫邑夏作主要爲水稻大豆爲旱作物故栽培面積不廣且大部係屬腐豆油豆則甚少
	小豆	小豆有紅綠黃白之分供作食用惟栽植面積不廣
	豌豆	豌豆蔬菜之一多量栽培後充供飼料肥料者亦有之
菜蔬類	菜荳	菜荳有長荳扁荳等之別大都供爲蔬菜之用
	茭白	茭白在錫邑產量頗多供蔬菜之用附廊梨花莊一帶栽植者甚多
	青菜	各種青菜四季不絕品種甚多四鄉均產之

菠菜 為冬季之良好蔬菜四鄉均產之

茼蒿 為春秋兩季之蔬菜四鄉均產之

莧菜 為夏季之要蔬菜四鄉均產之

韭菜 為全年常有之蔬菜僅嚴冬無四鄉均產之

葱 為全年常有之蔬菜四鄉均產之

大蒜 為春秋冬三季之蔬菜四鄉均產之

水芹 為冬季之蔬菜四鄉均產之

菓品類

西瓜 西瓜品種極多錫邑出產甜美稱著四鄉均產之

甜瓜 仝右

黃瓜 黃瓜為佐膳之品四鄉均產之

東瓜 仝上

絲瓜 仝上

菱 菱品種極多錫邑產品頗著六七月中有紅菱八九月中有四角菱二角青菱太湖濱及梁溪河畔產品較著其他四鄉均產之

芡實 俗稱雞荳萬安市龍塘岸等處產品頗佳

桃 近年西南各山灣栽植水蜜桃產品尚佳

梅 仝右

栗 惠山桂花栗頗名著惟產量不多

松菌 產於惠山頗名著惟產量不多

麵筋 錫邑麵筋頗著名營此業者不下百餘家為四季蔬食之重要品

水產類

魚 錫邑魚類極多產量亦不少梁溪河一帶飼養青、草、鰱、扁魚者面積極大運河及太湖天然所產亦多

蝦 四鄉運河均產湖濱尤著

蟹 四鄉均產以玉祁蟹為最佳

蚌 四鄉運河均產太湖產者較大

海絲 太湖中產之

甲魚 四鄉均產之

絲螺 四鄉均產之太湖產量尤多

黃鱔 四鄉均產之

副業產品類

泥人 泥人為惠山鎮一帶農民之重要副業

惠泉酒 以惠泉釀成色白味清頗有名

磚瓦 為南門外一帶製者為佳

黃草布 為許舍一帶之重要副業

絲弦線 為東北塘寺頭之重要副業

花邊 為四鄉農村婦女之重要副業

小布 為東北鄉農村婦女之重要副業

絲棉 為南門外下甸橋一帶農民之重要副業

襪織 為西南各鄉農村婦女之重要副業

蠶繭 蠶繭為錫農產重要產品全邑產量極多在昔年值千萬餘元近年絲價慘落繭價低廉農村經濟影響極大

〔附註〕

一、水稻為夏作之主要作物，全縣人口約八十九萬四千餘人，以食米為主，除其他食粮外。每人每年食米平均以一石五斗，計約需一百五十萬石，故自給外無大量餘剩。

二、秈稻在錫地產量極少，係貧寒農民青黃不接自用之食粮，市上售買者，大部自他邑輸入。

三、糯稻為製糕餅汨酒之原料，需要不廣，栽植者頗

少。

四、小麥為冬作主要作物，製成粉後為重要之副食糧，錫邑供求狀況，無甚盈虧。

五、稞麥亦可供食用，惟大都以之飼養家畜，故栽培不廣，蓋因成熟較早，用以調濟工作。

無錫縣七年來鮮繭產量一覽表

項目／年別	春蠶		夏蠶	秋蠶	總計
	改良種	土種			
民國十七年	六萬一千三百担	九萬一千九百担	六百担		十五萬三千八百担
十八年	六萬九千七百担	六萬九千七百担	一千二百担	一萬八千四百担	十五萬九千担
十九年	三萬九千一百担	三萬九千一百担		二萬六千三百担	十萬零四千五百担
二十年	一萬五千二百担	一萬零二百担		二萬三千六百担	四萬九千担
廿一年	九千一百担	二千担		一萬二千担	二萬三千九百担
廿二年	四萬四千九百担	一萬一千二百担		一萬八千七百八十五担	七萬四千八百八十五担
廿三年	五萬五千五百二十担			一千八百二十四担	五萬七千三百四十四担

農村經濟

無錫縣農民經濟概況

本邑農民，類多儉樸，薄於飲食，善於經紀，故在往年，雖凶歲亦鮮流亡之患。惟是近歲以還，繭價低廉，蠶事慘敗，農產品又受外糧傾銷影響，農村經濟，遂由動搖而趨崩潰。

農家經常收支，恆以稻熟供一年之食，麥熟供農本所所費，蠶收供一年衣住零用。三者缺一，即呈支絀現象。而近五年來，蠶事則着着慘敗，稻麥則水旱歉收，農家頻歲顛沛，乃感喘息所。

依大概而論：全縣農家之自耕農，苟無特別之荒歉，尚可勉足衣食。至半自耕農則近歲已難敷衍，佃農自更無論。是故，苟該區農戶而自耕農乃占多數者，其農家之生活，自較穩定，否則難言矣。

本邑自耕農最多之區，爲第三區之開化鄉，佃農最多之區，爲第二、六、七、八、各區，而六七等區，地又較瘠，故農情更苦。

本邑農家之耕權，平均每農戶在七畝至十畝左右，地權之分配，則自耕農佔百分之二十八，半自耕農占百分之四十三，佃農佔百分之二十九。

農田每畝全年收支比較

收入	摘要	支出
3.85元	春熟麥七斗每石五元五角計算	
1.20元	春熟麥柴四担每担三角計	
22.50元	秋熟米二石五斗每担九元計	
1.50元	秋熟稻草五担每担三角計	
	稻苗稻六斤麥七升計值	0.70元
	耕作人工 稻七工每工六角 麥五工每工五角	6.70元
	畜工稻麥作合計一工每工一元	1.00元
	肥料 稻作約三元 麥作約一元	4.00元
	戽水費稻作	1.50元
	農具修理費	0.30元
29.05元	合計	14.20元

上表爲農民耕作每畝田之收支概況，爲更求明晰起見，復將普通農家耕地十畝一家五口之生活收支，列全年之估計表如下：

農民生活收支概況 以耕地十畝一家五口爲標準

自耕農		半自耕農		佃農	
收入	支出	收入	支出	收入	支出
每畝全年二十九元計約290.00元	耕作農本除工資外全年約75.00元	每畝全年二十九元計約290.00元	耕作農本約計110.00元	每畝全年二十九元計約290.00元	耕作農本約75.00元

共計			290.00元
食糧全年約.00.00元	雜用全年約60.00元	田賦全年約10.00元	245.00元
			290.00元
食糧全年約100.00元	雜用全年約60.00元	田賦約10.00元	280.00元
			290.00元
食糧全年約100.元	雜用全年約40.00元	田租約80.00元	295.00元

觀乎上表之收支概況，可知自耕農雖堪足溫飽，而半自耕農已僅足維持，佃農則收支恆不能相抵。以致歷年負債，生活貧苦，豐稔之歲，尚能挨度，倘遇農產歉收，則貧苦情形，更不堪設想矣。

無錫縣農村金融流通概況

錫之農諺云：『六十日財富，三百日窮。』證之事實，誠無以易。錫邑農家，上半年中有冬作小麥及蠶繭之收穫，下半年則爲夏作稻穀之收穫，在此二期之中，普通農家，收入約在二三百元，可稱財富。然自耕農除納賦稅而外，全部充爲年中支出，雖大都尚足衣食，而佃農則完納田租外，已所餘無幾，一年開支，若家用衣食房屋農具修理添置肥料等之購辦，必不可少，故終歲拮据，倘遇農產歉收，人事不測，則其貧窮狀況，更不堪設想矣。農家借貸，均以農產爲抵償，故農村金融，均於蠶繭小麥稻穀上市之期爲結束期。至金融流通之方法，則大要如下：

一、借貸　農村除婚喪及購置不動產外，原無大宗支出，故借款均爲五元十元之借款。放款者除鄉村富戶外，則有團體公款，若水龍存款，宗祠祭款，及一村一巷之公款等，常以一定之日期，爲收放之期，歷年不爽。至期必將放出之款，如數本利清償，再行放出。其利率大都週年二分，抵押品視借款人信用而定，普通則無。惟近年農產歉收，價格抵落，農村經濟，更形恐慌，恆不能按約償還，信用因而大減，放款者均愼重放款，農村金融流動之途日狹。近若農民銀行等注意及此，舉辦各項農本放款，惜杯水車薪，尚無濟大局也。

二、典當　典當爲農村經濟流通機關之一，除衣飾外，兼押木器米穀，衣飾以十八個月爲滿期，穀以穀雨爲滿期，米以白露爲滿期，滿期則不得回贖，其利率一律爲月利二分。

三、聚會　聚會爲農村金融流通之最良方法。其名稱有七子、十子、新會、總會等之分。自首會至末會，其利息以十子會爲最重，新會次之，總會最輕。會員人數，十子會連首會計十一人，新會及總會會員人數多寡不一，會期大都在六月十二月農產收穫之後，會款總額，自二十元起至五百元不等，最大者爲一千元，視集會者之用途能力信用而異。會款繳納，屆期絕無拖欠，其信用類能牢守勿替。設或會期不能交款，則其人自後經濟信用，完全損失且爲鄉里所不齒。蓋尚見古風之流沿也。

四、預約賒欠及抵賣　農民於青黃不接之時，常有賒欠日用物品或衣料等，約期農產收獲後清還。而其價值，則常較市價增二三成。貧困尤甚之家，有賒白米及青桑票等出票預賣於其放款人者。剝削更甚。

綜觀上述，農村經濟流通情形，以聚會一項，含有濟急儲蓄之意，爲最良善。惟近年農村經濟崩潰，因會期交款不齊，而致解散者，時有所聞，前途亦至悲觀矣。今後切實救濟之道，首在謀農產量之增加，品質之優良，並謀合作以經濟消耗，倡導副業以增收益，庶貧弱之農村，逐漸得以年見恢復乎？

無錫縣辦理農倉貸款概況

農倉儲押爲調劑食粮及救濟農產價格低落之最有效方法，亦爲農行主要業務之一，縣農民銀行，於籌備處成立之始，卽辦理農倉貸款，時蓋十八年冬，嗣後歷年續辦，於農倉之數量，押款之金額，均逐有進展，至廿二年冬季始，農倉經營主體，乃由銀行與典業合作，除本分行自辦者外，各鄉典復分別代理，銀行典業既合作並進，其業務遂益擴大，而全縣農倉統制計劃，亦卽見諸實施焉。玆將十八年冬起至二十三年冬止歷屆辦理農業倉庫概況略述如左：

十八年冬，本縣農民銀行，於本縣東亭后宅兩處，租賃民房，分設農倉。惟此爲初次試驗，且因成立太晚，時效已失，受抵米粮，殊爲有限，統計不過四百石。

十九年冬，該行復於東亭，華大房莊，洛社，后宅，禮社，陸墅，寺頭，等處，分設農倉，是年米粮大熟，農倉設備，蓋爲地方所需要，總計七處收押米粮，約一萬四千餘石。

二十年冬，該行以當時營業區域，包有錫澄兩縣，分設農倉，須兼籌並顧。爰於本邑之東亭寺頭兩鎮江陰之青暘鎮，分設農倉三處，江陰塘市又有儲藏合作社一處，合爲四處。總計四處押米，約一萬二千石。

廿一年冬，各地米粮豐收，而米價奇跌，穀賤傷農，社會經濟基礎，已虞動搖，農倉事業，益爲朝野所重視。是屆農倉爲雄厚實力計，由本邑農民銀行聯合當地各銀行合作辦理，分設農倉爲東亭，安鎮，錢橋，寺頭，南橋，等五處，總計五處，押米數量，約二萬一千五百石。

廿二年冬，辦理農倉爲求全縣有統制辦法，實行整個農倉貸款，解決民食起見：特由無錫縣政府，無錫典業公會，及本邑農民銀行合組無錫縣農倉貸款總辦事處。經營方式，分自辦代理二種。由農行直接舉辦者爲自辦，各鄉典經營者爲代理。以往各鄉，有倉廒之典當，本兼做押米，惟押息統爲二分，自接受代理後，押息減爲一分六厘。統計本屆所設農倉，自辦者爲東亭，鍚橋，禮社，三處，代理者十八處。（本有十九處內堰橋咸儲典未辦）收押米糧二萬八千二百八十二石有零，稻四千七百四十四担有零。又農倉中東亭一處，係歷年舉辦之農倉，惟以前向係租賃民房應用，本年由本分行，自建宏大之倉屋，計有一百七十餘間故本屆收押之米，亦較他處爲多。而該倉除押米外，復兼營信託，如儲藏磚硯渾錔等，均可代爲辦理，農戶稱便。

廿三年冬，本縣奉令成立農業倉庫管理委員會，經營農倉。仍照去年成例，計自辦及代理共廿一處，另有西倉及東周巷合作農倉兩處，共爲廿三處。內去年自辦農倉禮社一處，本年改設安鎮，以應需要。統計本屆收押米糧，計三萬二千餘石有零，稻一千四百餘担有零。

本年除縣農倉管理會統制辦理上項農倉廿三處以外，尚有上海銀行江陰青暘倉庫，在本縣第五區寺頭尤家担陳家橋三處設立分倉三所，以兼營商品，爲商業倉庫性質，不隸屬于縣會。經調查：寺頭一處、收押米約一千七百餘石，稻八百餘担。尤家担一處，收押稻約三千七百餘担，陳家橋一處，收押米約六百餘石。

綜上所述，歷年辦理農倉貸款情形，可知梗概。括要言之，本縣完備之農業倉庫，十八年至二十一年四月中，僅有農民銀行所辦。二十二年起，則由農行與典業合作辦理，此一變也。而自此變以後，本縣農倉貸款，遂成整個之局，其地點分佈，如棋布星羅，在農戶儲押既甚便利，而以統計食糧，進爲民食之調劑，亦有綱領之可尋，是誠地方之福矣。雖然，經營農倉事業者，以須較大之房屋與夫嚴密之管理，其需費較鉅，辦理亦難。如遇營業淸淡，即虞虧耗，是則今後農倉辦理之主體，固宜各自努力，以漸確樹基礎，而政府當局及地方人士之一致。維護蓋尤爲切要之圖也。

蠶桑改良

無錫縣蠶桑模範區概況

本縣蠶桑模範區於二十三年四月奉令成立，開始辦公，先着手調查及整理全縣繭行，繼辦理繭行及收繭商之登記與改進蠶桑事業費之征收，同時籌備秋期改進事宜，派指導員分赴各鄉實地調查。根據已往之歷史，地方之緩急，劃全縣爲五個中心指導區。以舊行政區之第三，十三，十四，三區，爲第一中心指導區；第十，十一，十二，三區，爲第二中心指導區；第七，八，九三區，爲第三中心指導區；第五，六，十五三區，爲第四中心指導區；第四，十六，十七三區，爲第五中心指導區。並以方橋爲第一中心區所址，分設指導所十八所；后宅爲第二中心區所址，分設指導所十七所；東湖塘爲第三中心區所址，分設指導所十六所；西漳爲第四中心區所址，分設指導所十五所；藕塘橋爲第五中心區所址，分設指導所十八所；全縣共設八十八指導所。於每一中心區，委派長期正副指導員各一人，駐鄉就近督察。各分所各派短期指導員二人，辦理消毒指導宣傳等工作。該年雖囿於經費，未能普及全縣，然較之過去情形，則擴大多矣。惜乎天不助人，自入夏而後，滴雨不降，亢旱成災，致成績未能及初料之美滿，茲將其經過情形分述如次：

一、蠶種之配發　本省爲謀統一蠶品種劃一生絲品質，毅然於本年秋蠶實行蠶種統制。惟事屬創舉，深恐民間不明眞相，故于開始籌備之時，即派員分赴各鄉努力宣傳。委託聲譽較著者，設立秋蠶定種處，全縣計設立九十五處，俾農民就近定購。種款規定，每張五角，凡一次繳足者，得指定牌號，分兩期繳納者，由範模區自由配給，於六月十五日開始出定蠶種，七月二十日爲截止期。不幸適值天氣亢旱，農民以忙於戽水，無暇顧及，至截止期滿，定種者寥寥無幾。不得已展延至七月三十一日，而定種者仍未見踴躍。復延至八月十日，一面召集各鄉定種處會商推銷辦法，一面再派員赴鄉勸導，迨至十日期滿，而距城較遠者，仍未能如期彙報。復展至蠶種配發日止，過期則概作現購論，每張另加二分，以示區別。總計前後凡四十餘日，展期達四次之多，而定種數量未滿十二萬張，以與往年較，僅及其半。模範區爲體念農民計，深恐遠道不及定購，致抱向隅。爰於交通便利之城鄉，設秋種現售處，同時幷飭各指導所就近推銷，俾農民隨時隨地，有購種之機會。更規定農民貸種辦法，遇有無力購買者，覓保貸放售繭償還種價，以資救濟。貸放種價，每張五角四分。無如農民以天旱葉枯，目睹秋收無望，咸裹足不前。迨至九月中旬，始獲甘霖，顧爲時已晚，桑葉回蘇無望，雖竭力勸導，補育晚蠶，而應者寥寥。計自八月二十日開始現售，閱時一月，現售者，計一萬四千六百五十五張；送交配發處轉發他縣者，計九百九十張；連前定出之十一萬三千〇九十七張；共計十二萬八千七百四十二張。尚餘三萬二千八百六十六張，未能出售。本屆秋種滯銷原因，雖泰半由於天旱成災，桑葉枯萎之所致，而農村之不景氣，與夫絲市不振，繭價低落，缺乏養蠶興趣者，要亦不無影響也。

二、指導之經過　錫邑自民十三由改良會設立指導所以來，經歷年之倡導，成績頗著，極得農民信仰。以是各鄉要求設立者，年有增加。模範區在籌備之始，即派員調査各地情形，就所有經費，斟酌緩急，設立指導所八十四所，聘短期指導員一百八十七人，於八月五日到區。經數度之討論，精密之硏究，根據已往之得失，以爲本屆指導之依據。邀請蠶業專家演講，指導方略，改良步驟及最近蠶業趨勢，統制利弊等，俾人人明瞭，以收事半功倍之効。全縣於十日出發赴鄉，十六日消毒工竣，十九日配發蠶種，二十三日開始收蟻，各指導員，除每日巡視指導外，並從事蠶業合作社之宣傳及蠶桑事業之調查等。惟本屆受天旱之影響，桑葉枯萎殆盡，稍低之區，尚有一部可供飼育者，但大都葉質老硬，營養不足，蠶兒在稚蠶期中，既不能充分發育，壯蠶期內，復因氣溫過高，食葉不足，在此狀況之下，本屆蠶兒無良好之結果，已早在意中。厥後膿病蔓延，損失逾半。而農民以無葉飼蠶，半途拋棄者，亦所在皆有。此雖天時人事，相逼而來，顧繭價低落，一般農民不若往年之能悉心愛護者，實亦致敗之由者。總計本屆受指導蠶戶爲九千四百十九戶，指導蠶種一萬九千〇四十張，統扯收繭量約六成左右。

三、裁併指導所　及秋，以蠶汎欠佳，廳方爲撙節開支計，令飭裁併指導所，爰於九月一日將各區所之種量較少者，酌量裁併。計第一中心區歸併何家橋等六所，裁減指導員十六人；第二中心區歸併，蠡埭等六所，裁減指導員十五人；第三中心區歸併陳墅等五所，裁減指導員十四人；第四中心區歸併顧莊等六所，裁減指導員十二人；第五中心區歸併崇仁鄉等七所，裁減指導員十七人。全縣計共歸併三十所，裁減指導員七十四人。顧人數雖少，而指導區域一仍其舊。幸各指導員均能仰體政府之苦衷，抱改革蠶桑之職志，不辭勞瘁，夙夜工作，以精力補財力之不足，使事業未蒙影響，此誠蠶業前途之良好現象也。

自二十三年秋期結束後，　蘇省蠶業改進管理委員會鑑於蠶桑改進，非使蠶農自動組織，不但需費浩大，且難期普及，欲使蠶農自動組織養蠶合作社，自行蠶種共同催青稚蠶共同飼育，及消毒等非先擇蠶戶中之優秀者灌輸相當蠶桑知識，俾能領導工作不可，乃于二十四年二月，令飭模範區，將短期養蠶指導所逐漸減少，擴充原有中心指導所爲十處，於蠶期之後各所選擇蠶戶，加以訓練，在蠶期內隨同實習，以備將來充普及改進蠶桑之基礎人員。在三月中先招收繭戶青年子弟五十名，集中訓練，四月中即分派各所實習，以後視各中心所情形，規定人數，分別教養，同時並授以養蠶副業，如桑田綠肥之種植，雞兔等家畜之飼養，以增農家生產之收入。

茲將二十三年秋期各中心指導區成績一覽表，各區秋種配發數量表，二十四年春期中心指導所與指導所一覽表等，分別列後：

各中心指導區成績一覽表

中心指導區名稱	指導戶數	蠶種張數	每張平均收繭量	總收繭量
第一	二五三四	五二三〇	一三·二六	六九三七七
第二	二一八七	四五七七	一六·一八	七四〇四七
第三	一三二六	二三一二	一六·一二	三一八九六
第四	一六八三	三六五五	七·八八	二八八〇一
第五	一六八九	三二六六	一五·六〇	五一九四七

二十三年秋期各區蠶種配發數量比較表

區別	比例	張數
第一區	一・二八%	一六〇九・張
第二區	九・二五%	一一八六五・張
第三區	二二・三八%	二八七〇〇・張
第四區	一二・二五%	一五七二七・張
第五區	九・一六%	一一七〇七・張
第六區	七・五%	九二三一・張
第七區	八・四七%	一〇八二九・張
第八區	一一・二四%	一四四四六・張
第九區	一一・七九%	一五〇五六・張
第十區	六・七二%	八五八二・張
合計	一〇〇%	一二七七五二張

二十四年春期指導所一覽

中心所所別	地址	主任指導員	指導員	育蠶指導所
第一中心指導所	本區	吳夢英	路淸華	大徐巷 薛家渡 岸底裏 陸莊橋
第二中心指導所	南橋	尤振華	譚志筠	于灣裏 北橋 靑祁 許舍 王氏坊 張懷裏 吳陸巷 許舍分所
第三中心指導所	連杆	王貞	顧婉瑾	連杆 陸區橋 蔴店橋 橋丁村 蒲溝上 崇仁鄉 劉塘
第四中心指導所	藕塘橋	蕭熙	劉成章	藕塘橋 指撑河 井亭 水渠 龔巷
第五中心指導所	八士橋	陳詒芳	陳振榮	八士橋 陸巷上 長安橋 張涇橋 顧莊
第六中心指導所	戴巷	王是議	高淑	戴巷 西鶴 莊高 墅後 門滸村 張繆舍 陳墅下 田上后 二房寨 嚴家莊
第七中心指導所	安鎮	張步洲	蔣慕周	安鎮 厚橋 早莊 柳家巷 蕩胡巷 西倉南 長大廈
第八中心指導所	前洲	陳貴琴	劉競	前洲 施家宕 劉莊 禮社 玉祁 高家尖 施家宕 齊家社 劉莊 齊家社 浮舟村
第九中心指導所	洛社	華衡	李明	柳浪橋 司馬 橋員 鎮橋 梅涇 許泗橋 敦端楷 沙橋張 新朔河 洛社

第十中心指導所	北坊前	朱新亞 孫謙	北坊前萬巷上里 江尖橋薛家東周巷

「註」自動組織之養蠶合作社由本區津貼經費者七所未列入

附錄一 無錫縣蠶桑模範區暫行章程

第一條 江蘇省政府蠶業改進管理委員會爲改良蘇省蠶桑，特指定本縣爲蠶桑模範區，定名爲無錫縣蠶桑模範區。

第二條 本區職掌如左：

(一)關於蠶種之定購，發售，及統制等事項。

(二)關於栽桑之改進，及桑苗之分配事項

(三)關於育蠶之指導，及消毒，催靑，稚蠶共育等事項。

(四)關於蠶桑病蟲害之防除事項。

(五)關於養蠶合作社之提倡，及指導等事項。

(六)關於繭行之統制管理等事項。

(七)關於各項蠶業之調查等事項。

(八)其餘與改良蠶桑有關各事項。

第三條 本區設主任一人，總理全區事務；由建設廳委派本縣縣長兼任之。副主任一人，襄助主任辦理本區事務；由建設廳遴員委任之。

第四條 本區設技術，總務二股：

(一)技術股設主任技術員一人，技術員一人至二人，辦理養蠶栽桑指導，蠶桑調查，統計等技術上一切事宜。

(二)總務股設主任一人，辦事員一人至二人，分掌文書，會計庶務統計收發一切事宜。

第五條 本區擇蠶桑繁盛區域，設中心指導所若干所，辦理養蠶栽桑指導及提倡蠶桑副業等事宜，並襄助本區辦理繭行蠶種統制管理等事宜。其組織章程等另訂之。

第六條 本區擇蠶桑繁盛區域，除設中心指導所外，得得酌量事實需要設養蠶指導所若干所，襄助中心指導所辦理養蠶指導等事宜。其章程另訂之。

第七條 本區各職員，由主任遴員委任，呈建設廳分別加委及備案。

第八條 本區各職員，承主任之命並秉承副主任，分任主管事務。其辦事細則另訂之。

第九條 本章程俟呈奉 建設廳核准之日施行。

附錄二 繭行統制辦法

二十三年三月二十三日江蘇省政府委員會第六四三次會議通過

第一條 江蘇省建設廳蠶業改進管理委員會爲保存蠶繭品質，減低烘繭費用起見，特訂定本辦法。

第二條 由建設廳派員分赴全省各縣，會同縣政府整理各該縣繭行，其整理標準如下：

(一)有帖無灶者，弔銷其繭帖。

(二)有灶無帖者，勒令停閉。

(三)繭灶數目與繭帖所載數目超過或不足者，其超過灶數勒令拆卸，其不足灶數於繭帖上註銷之。

第三條 凡經建設廳指定爲模範區各縣境內繭行，一律按照下列辦法統制之。

(一)模範區內繭行，應逐漸改用烘繭機。

(二)前項烘繭機，由模範區組織公司，招收商股合辦之。

(三)已設烘繭機之繭行，應將其設備估定價值，加入公司股份內，共同經營。

(四)舊式繭行，有入股之優先權。

(五)烘繭機繭行成立後，其能力足烘模範區內全部產繭時。舊式繭行即一律停止營業。

(六)停止營業各繭行，應由公司按其灶數之多寡，每季給予損失津貼若干，至繭帖有效期滿爲止。

(七)二十四年五月以前統制辦法，一律照下條改良區繭行統制辦法統制之。

第四條 凡經建設廳指定爲改良區各縣境內繭行，(連自用灶在內)一律按照下列辦法統制之。

(一)凡改良區內之繭行，應限期(春期三月底以前秋期七月底以前)逕向各該管縣政府登記，由縣塡表呈報建設廳。(表式如後)

(二)改良區內開秤繭行數目，應由建設廳於每季開市半月前，參酌各縣呈報表册，及產繭分量之多寡，分別核定之。

(三)前項核定方法，由建設廳決定灶數，劃分區域，各縣分區核定準許開秤繭行灶數公布後，由收繭商儘先登記，額滿截止。其未經登記而開秤收繭者，弔銷其繭帖。但本屆未及登記各行，下屆仍可請求登記開秤收繭。

(四)單灶四乘以下之繭行，弔銷繭帖，由會按照有效年限，發還帖費。

(五)行租一律用包烘制度，不限担額，每乾繭一担烘工規定爲十一元，分配如下：

(1)烘工，柴薪，修膳等費八元。

(2)利潤三元。

第五條 改良區內之新式烘繭機繭行，有儘先開行之權；其權利義務與其他承烘繭行同。

第六條 凡願在繭行統制區內收繭者 應塡具登記表，並繳保證金每担乾繭一元，每單灶一乘，以乾繭十五担計算，向各該模範區改良區登記；(表式附後)但登記而不收繭者，得沒收其保證金。

第七條 凡經核准之收繭商，每收乾繭一担，有自願承認賠償及改進蠶桑事業費十二元之義務。

第八條 凡核准開秤各行及收繭各商，關於收繭之聯繫及各項賬目，管理委員會駐錫辦事處及各模範改良區，均有隨時查閱之權。

第九條　繭行統制區內，由縣政府指定若干繭行代農民零烘乾繭，仍照第七條之規定納費，非指定之繭行不准零烘。

第十條　養蠶合作社有自用灶之設備，備烘社員零繭者，得先行呈經建設廳核准之，但仍應照第七條之規定納費。

第十一條　凡江蘇省繭行暫行規程，與本辦法之規定不符者，均依本辦法辦理之。

第十二條　本辦法自江蘇省政府公佈之日施行。

附錄三　江蘇省蠶種統制辦法

第一條　江蘇省蠶業改進管理委員會(以下簡稱本會)為謀改良蠶種品質，減低生產費起見，實施蠶種統制。

第二條　凡本省境內各製種場所所產普通蠶種，經省立蠶絲試驗場督察檢驗合格後，均由本會統制管理之。

第三條　凡本省所製普通蠶種，一律以一，二化交雜種(一化×二化 二化×一化)為限；並指定品種如次：

一　化性　西巧　西洽　化桂　輸桂　新桂　諸桂

二　化性　華五　華六

第四條　本省每年蠶種生產量，由本會根據調查需要數目，隨時以命令定之。

第五條　凡省外蠶種非經本會許可，不得輸入。

第六條　凡經本會統制管理之蠶種種價，及農民應繳種價，均視絲繭價之高低，隨時以命令定之；其差額由本會補給之。

第七條　下列多絲量系品種　分別由本會加給種價，以資鼓勵。

一、化桂×華六(正反交)每張二角。

二、西巧洽×華五六(正反交)每張一角。

三、輸桂×華五六(正反交)每張五分。

第八條　蠶種配發手續，另以命令定之。

第九條　經銷人員除由本會發給手續費外，如有抬高種價，額外勒索及其他舞弊情事，經發覺後，處以舞弊金額十倍罰金；此項罰金除發還蠶戶所受之損失外，其餘半數充賞，半數解交本會充改進蠶桑特種事業之用。

第十條　蠶種製造者如違反本辦法各條之規定，視情節之輕重得沒收其蠶種，或並停止其營業。

第十一條　統制管理之蠶種，得依據省立蠶絲試驗場督察檢驗報告，及蠶戶飼育成績，分別優劣，給予獎懲。其辦法另定之。

第十二條　本辦法自江蘇省政府委員會議決公布之日施行。

附錄四　無錫縣蠶桑模範區中心指導所組織大綱

(1)目的：本區為便於指導及管理蠶桑事業之改進起見，於境內蠶桑繁盛區域設置若干中心指導區，以為管理蠶業改進之基礎。切實改善蠶農技術，增加蠶農利益，使蠶業經營合理化，以謀蠶業之復興。

(2)範圍：蠶桑模範區根據蠶戶分佈狀況，蠶種配發疏密，交通之便否，及民情，風俗，等劃定為若干中心指導區，於區內適當地點，設中心指導所一所，每所轄指導所十所至二十所，每指導所轄蠶戶若干戶，此項分區計劃應繪具圖說，呈會核定之。

(3)業務：中心指導所秉承本區辦理下列各項事務；

(一)關於繭行之統制管理事項；

(二)關於蠶種之統制管理事項；

(三)關於桑園之改進管理事項；

(四)關於育蠶指導事項；

(五)關於養蠶合作社之組織事項；

(六)關於蠶農教育事項；

(七)關於舉辦蠶業競進會，品評會，展覽會，演講會等事項；

(八)關於所辦第一至第七各項事業之調查及統計事項；

(4)組織：中心指導所直屬於蠶桑模範改良區；蠶期中分設指導所若干所，中心指導所設主任指導員一人，助理指導員一人，秉承區主任之命辦理一切事務。指導所每期以三個月為限，每所設指導員一人，其指導範圍較廣指導張數較多者，得添設助理指導員一人。

指導所之組織　應此照該中心區內養蠶合作社之推進程度而漸次減少。即合作社成立之後，則於合作社所在地，不必再設指導所；僅於蠶期內派一指導員，住於合作社，負責指導之。其合作社之範圍較小而社與社之距離較近者，則可以一指導員兼任若干社之指導。至合作社之聯合成立後，則以聯合社為單位，每一聯合社派指導員一人至三人，分任指導事宜，俟聯合社普遍成立之後，即可更進而撤消中心指導所矣。

附錄五　無錫縣蠶桑模範區獎勵自動組織養蠶合作社辦法

一、本區為切實改進蠶桑事業，並謀普及起見，除整理及擴充原有之育蠶指導所外，並獎勵蠶戶自動組織養蠶合作社，辦理共同催青及稚蠶共育等事宜。

二、凡自動組織養蠶合作社之蠶戶，均須遵守下列辦法：

1.蠶室蠶具實行消毒；

2.自備飼養蟻量充分之桑葉及蠶具等；

3.蠶種品種，由本區規定統一外，不得私養土種，或其他劣種；

4.技術上一切操作，能自行主持；

5.信仰科學方法，而服從本區指導；

6.催青稚蠶共育消耗等費，均須自行負担；

7.所產蠶繭，均以共同合作銷售為原則；

三、蠶戶有不能遵照前條辦法者，除開除出所外，得處以相當罰金，充各所之損失及設備之用；此項罰金，由各所幹事及介紹人負責追繳，每蠶蟻一兩，以三元為標準。

四、凡蠶戶自動組織養蠶合作社，其經濟方面倘有不能自行維持時，得請求本區酌量補助，以示獎勵。但每蠶蟻一兩，不得超過二元。

五、蠶戶請求進社，須經相當人之介紹；並經指導員之調查，合於第一條規定各項者，始得入所。

附錄六 無錫縣蠶桑模範區設立養蠶指導所簡章

第一條 本所為改進本縣蠶業，促進蠶戶養蠶技術起見，在四鄉設立養蠶指導所；其處數視經費之多寡而定。

第二條 凡合於下列標準之地方，得設養蠶指導所。

一、當地之周圍四五里內，有蠶戶百戶左右，有志改良願受指導者。

二、當地有熱心公益人士一二人願為幹事者。

三、當地有相當房屋可借用者。（稚蠶共育室三間，辦公室，臥室，及附屬室三間；均不出租金。）

四、當地可借用床鋪二三副及檯櫈傢具者。

第三條 每一指導所在指導範圍內，用種數量，最少限度，春種二百張，秋種一百張；春期共育蟻量，自二十兩至三十兩為限。（共育辦法另訂之）

第四條 指導所範圍以外之蠶戶所定蠶種，亦得加入本所共同催青。（化性與本所相異者，不得加入）遇有困難不決事，亦得向指導員請求指示。

第五條 指導所導指員之薪金，旅費，工役工食，共育室之消毒等費，均由本所擔任，蠶戶之房屋，蠶具消毒費，催青共育費，均由蠶戶担任。

第六條 加入指導所之蠶戶所育蠶種，均用同一品種，以歸統一。

第七條 指導所之幹事對於本所，須負下列之責任：

一、出定指導所蠶戶需用之蠶種，其種款於定種時一次付清之；

二、勸導蠶戶服從指導，及指導所內一切章程與辦法；

三、負責借用指導所之房屋及用具等；

四、接洽代辦指導員之膳食；

五、協助辦理指導所一切對外事宜；

第八條　蠶戶如有不遵守指導所一切章程及辦法，或不服從指導等事，即行開除，停止指導。

第九條　該地指導所，如經本區認爲不合宜時，或當地幹事不能負責時，得中途停辦之。

第十條　本章程如有未盡事項，得隨時修正之。

附錄七　蠶繭共同販賣規程

凡指導蠶戶新產蠶繭，均以共同販賣爲原則；既可避免繭商之壟斷，而又可多得品質齊一之原料；且收繭期短縮，費用節省，於賣買兩方，各蒙利益，實養蠶組合中之重要業務也。關於蠶繭共同買賣辦法，略分兩種；茲分錄其販買規程如下：

蠶戶共同出售鮮繭規程

第一條　凡指導蠶戶，自願共同販賣鮮繭者，均依本規程辦理之。

第二條　蠶戶交付銷售之鮮繭，以改良繭爲限；並須符合下列之規定：

(一)繭質純粹，並無攙雜土繭者。

(二)有准確之數量者。

第三條　蠶戶應先期將飼育張數，品種牌號，暨上簇月日，詳實報告各該地中心指導所，以備登記。

第四條　凡已登記者，其鮮繭不得私自出售；如有違犯時，應由各該所幹事負責糾正之。

第五條　蠶戶所交來之鮮繭，經檢查發現土種蠶繭者，除拒絕稱收外，並永遠停止享受養蠶指導，及共同販賣鮮乾繭之權利。

第六條　本所設鮮繭檢定員一人至三人，負檢定品位，分別等級之全責。

每七條　甲、鮮繭之檢定，以蛹色，繭形，繭層，色澤四項爲目標。其辦法以左列作標準：

(一)蛹色——占三十分。

(二)繭形——占二十分。

(三)繭層——占三十分。

(四)色澤——占二十分。

乙、鮮繭品質之檢定以下列作標準：

(一)同宮繭之成數。

(二)屑繭之成數。

第八條　鮮繭之品位，分爲三等。依左列標準定之：

一、頭等——各項總評在九十分以上者。

二、二等——各項總評在七十分以上者。

三、三等——各項總評在七十分以下者。

第九條　鮮繭之品質檢定等級，應詳列表册，以便查核發價。

第十條　蠶戶採繭日期一律，須經四晝夜（上簇後第五日）。

第十一條　蠶戶交付鮮繭時，應須隨帶本所發給之鮮繭證。

第十二條　繭價標準，臨時確定之。

第十三條　本所於售出鮮繭之總值內，征收其百分之一為辦事人員之薪工，雜費。

第十四條　售出鮮繭所得總值，除收繭費零用外，即按照各戶繭量及等級計算繭價，分別發給之。

無錫全縣蠶種製造場一覽表

場名	主任或經理	採用商標	每年製種數量 春	秋	地址
民生	穆藕華	麒麟牌	三〇〇〇張	七〇〇〇張	石塘灣
舜耕	朱璿麟	金鐘牌	五〇〇〇張	一五〇〇〇張	張金新莊
精益	嚴若海	紅如意	二〇〇〇張	八〇〇〇張	寨門鎮
豐年	胡怡卿	鷹牌	一六〇〇〇張	一九〇〇〇張	高車渡
大中華	鄭海泉	方場印	一三〇〇〇張	二四〇〇〇張	洛社上塘西
大生	張晉馨	天官牌	六〇〇〇張	一三〇〇〇張	梅村
大陸	陳錫良	青龍牌	四〇〇〇張	九〇〇〇張	東亭新塘橋
胡氏初中	胡鈞若	自鳴鐘	三〇〇〇張	三〇〇〇張	錫澄路堰橋鎮
安定	胡雲渠	雙喜牌	六〇〇〇張	八〇〇〇張	堰橋
興華	華昭復 華滌之	靈鷹牌	四五〇〇張	六五〇〇張	張涇橋
三五館	陸子容	三葫蘆牌	四〇〇〇〇張	六〇〇〇〇張	第五區旺莊鄉
新華	胡逸驪湖	蠶桑牌	五五〇〇張	七五〇〇張	堰橋
萬生	王仲衡 朱鳳林	劉海牌	五〇〇〇張	九〇〇〇張	榮巷陸莊
翼農	程元熙	飛機牌	一三〇〇〇張	一三〇〇〇張	嚴家橋
錫山	過祚遠	錫山牌	九〇〇〇張	一八〇〇〇張	南門外江溪橋南桐江橋
亞賓	賀康	亞賓商標	一五〇〇張	三五〇〇張	西水關黃石橋南
永生	倪子成	馬蠶牌	六〇〇〇張	一四〇〇〇張	景雲市后陽坊前
大新	劉壽鏞	天女牌	五四〇〇張	一三六〇〇張	無錫新橋鎮
利農	丁立德	蝴蝶牌	一〇〇〇張	三〇〇〇張	南方泉吳塘門鎮
雙利	俞蘊青	雙鯉牌	三〇〇〇張	六〇〇〇張	秦巷楊家圩大俞巷
求新	蔣嘉猷	金貓牌	一五〇〇〇張		尤家坦
江蘇省立試驗場蠶課	湯錫祥	紅色場印	六〇〇〇張	六〇〇〇張	錢橋
裕農新記	費十偉		三〇〇〇張	七〇〇〇張	蔚莊
光明	侯述之	電燈	二〇〇〇張	三〇〇〇張	駁岸上十二號
推興隆記	陶涵如	松鹿牌	三五〇〇張	八五〇〇張	北鄉長安橋
益友	胡叔藩		三〇〇〇張	七〇〇〇張	安鎮
東亭	傅培總		四〇〇〇張	八〇〇〇張	東亭曹家橋
阜民	趙鈺		四〇〇〇張	九〇〇〇張	天上市北西漳婁下
勤生	陶振武		一〇〇〇〇張		周涇巷車站南石基上
永言	賈碧英		一五〇〇張	三〇〇〇張	張舍
涇濱	華夢予 過如玉		三〇〇〇張	七〇〇〇張	張涇橋
三元二	周元勛		五〇〇〇張	一〇〇〇〇張	西門外惠山
永泰二	潘家槐		五〇〇〇〇張		錢橋

工業

無錫縣歷年工廠創設家數統計表

年份 \ 業別	繅絲	針織	機器	染織	碾米	榨油
光緒二十年						
二七年						
三十年	1					
三一年						
宣統元年	2				1	
二年	2				1	
民國元年	1	3	1			
二年		3				
三年		4				1
四年		3	2			3
五年		7				1
六年			1	2		
七年		5	1		1	
八年	1	4	3			
九年	2	1	1	1	3	1
十年	1	6	2			
一一年		1	1			
一二年	1			2		
一三年	1		1			
一四年	1			1	3	
一五年	4	3	4	3		
一六年	2		7	1	2	
一七年	10		6	1	3	
一八年	16		5	2		2
一九年	4				2	
二十年						
二一年				4		
二二年				1		
總計		49	35	18	16	8

果餅	棉紡	翻砂	麵粉	磚瓦	化學	藥棉布	冰糖	石灰	造紙	總計
	1									1
			1							1
										1
	1									1
										3
										3
			1							6
										3
			1							6
										8
			1							9
	1									4
										7
1										9
				1						10
1	2									12
	1	1		1						5
		2								5
										2
				1						6
									1	15
										12
3		1						1		26
1		3								30
							1			7
						2				2
1	1				1					7
1										2
8	7	7	4	3	1	2	1	1	1	203

食品工業

無錫縣麵粉廠一覽表

廠名	廠址	性質	廠長或經理	資本	開工年月	職工人數	鋼磨數	原動力	每年出品總值	商標
茂新一廠	西門外太保	無限公司	榮宗敬	百念萬元	光緒二十七年	職卅三人工三百人	三十六部	馬達座馬力五百四	一百七十五萬元	兵船

九豐	蓉湖莊	有限公司	蔡兼三	五十萬元	民國元年	職五十七人工二百十五人	三十五部	馬達力座馬一三百四引擎四百五十匹	二百五十萬兩	山鹿
泰隆	西村裏	有限公司	榮眉業	二十萬元	民國三年	職二十四人工八十八人	十一部	引擎二百八十匹	一百五十萬兩	鹿球
茂新二廠	惠山浜	無限公司	榮德生 陸輔仁		民國五年改組	職二十七人工二百十五人	二十四部	馬達一座七百五十匹	一百九十九萬三千元	兵船

無錫縣碾米廠一覽表

廠名	廠址	性質	經理姓名	資本	成立年月（租辦或收買）	碾米機數	每年出產數量	職工數	備註
實新	茅蓬沿河	合資	談文明	二萬元	成立於宣統元年由宗德生經理在民國二十一年起已租賃談君等	機礱八部碾米機八部	糙米四萬石白米十五萬石	職員十五人、工人五十八人	
餘新	北門外石鋪頭	同上	同上	一萬元	民國十七年	機礱八部碾米機六只	糙米四萬石白米十萬石	職十八人工三十人	附設於餘新堆棧內
德新	醬園浜	由德新堆棧兼辦	楊融春	六千元	民國七年	機礱六部碾米機六只	糙米三萬石白米十萬石	職十八人工三十人	附設德新堆棧內
利新	茅涇浜	合資	王治中	五千元	民國十六年	機礱四部碾米機四只	糙米二萬石白米七萬石	職十二人工三十人	
益新	江尖	同上	陸竹卿	同上	同上	機礱四部碾米機六只	糙米二萬石白米十萬石	職十二人工三十人	
永茂一廠	蓉湖莊	同上	沈桂卿	同上	民國十七年	機礱六部碾米機六只	糙米三萬石白米十萬石	職十二人工三十五人	附設生和堆棧內
永茂二廠	小尖上	同上	許錫章	同上	民國十九年	同上	同上	同上	
民生	江尖	同上	蘇斌化	同上	民國九年	機礱四部米機四只	糙米二萬石白米七萬石	職十八人工三十人	成立迄今已改組數次原名永和民生租賃者

永源	丁港里	獨資	謝維翰	同上	民國十四年	同上	同上	同上	原名裕昌現改永源現停工未開
大新	江尖	合資		同上	同上	同上	同上	職十二人工三十人	原名新源現改大新今停工未開
益源	蓉湖莊	同上	楊翰庭	四千元	民國九年	機礱四部米機六只	糙米二萬石白米十萬石	同上	附設益源堆棧民國十四年楊君租賃營業
永益	西門外	同上	陳耀祖	同上	同上	機礱六部米機六只	糙米三萬石白米十萬石	職十人工三十人	附設民益堆棧原名民益十九年由陳君租賃即改永益
仁昌裕	江尖	同上	同上	六千元	民國十四年	同上	同上	職十二人工三十人	民十四年以前已經租辦後即賃於陳君
鄒成泰	江尖	獨資	鄒頌範	五千元	宣統二年	機礱八部米機六只	同上	職八人工三十人、	
周一昌	江尖	同上	周蔭庭	同上	民國十七年	機礱三部米機三只	糙米二萬石白米五萬石	職八人工二十人	
嘉禾	丁港里	同上		同上	民國十九年	機礱四部米機四只	糙米二萬石白米十萬石		附設達源堆棧內

無錫縣榨油廠一覽表

廠名	廠址	性質	經理姓名	資本	開辦年月	每年出品總值	職工數
潤豐	南尖	合資	唐保謙	二萬元	民國三年	七十萬元	職十五人工一百人
恆德	梁溪東路	獨資	浦文汀	十萬元	民國九年	一百三十萬元	職十九人工六十五人
湧寶成	西門外	同上	尤瑞芳	二萬元	民國四年	五十萬元	職十八人工五十八人
三和	洛社	同上	劉虞卿	一萬元	同上	二十萬元	職四人工四十八人

儉豐	石塘灣	合資	許良樑	二萬元	同上	五十萬元	職十三人工四十八
莊源大	鏈橋	獨資	莊蘭芳	一萬元	民國五年	九萬元	職二人工廿五人
大昌	西吊橋	同上	張錫堂	五千元	民國十八年	七萬元	職三人工十六人
張元大	同上	同上	周培揚	二千元	同上	一萬元	職三人工十二人

無錫縣冰糖廠一覽表

廠名	廠址	性質	資本	原料	經理姓名	成立年月	每年出品總值	職工人數
公益	祝橙弄	合資	一萬五千元	粗砂糖	戴彤升	民國十九年	十八担	十二人

無錫縣餅乾糖果廠一覽表

名稱	廠址	性質	經理姓名	資本	成立年月	職工人數	每年出品總值	備註
域多利	廣勤路	獨資	李少評	五千四百元	民國十九年	二十人	一萬元	
三樂	梅園	同上	榮伯雲	六千元	民國十七年	廿五人	一萬三千元	該廠出品以陳皮梅蜜桃爲大宗
福利	大婁巷	合資	鄧國炳	二千元	民國廿一年	十二人	三千元	

紡織工業

無錫縣棉紡織廠一覽表

廠名	廠址	性質	資本	經理或廠長姓名	開工年月	職工人數	錠子數	布機數	每年出品件數及其總值	商標
業勤	興龍橋	有限公司	210,000元	楊佰庚	光緒廿年民國十七年改	1,100人	13,832隻	無	7,000件 1,400,000元	四海昇平
振新	太保墩	同上	1,250,000元	戲雹荃 蔣哲卿	光緒三十年民國廿年改組	2,400人	80,000隻	250架	23,800件 585,000元	球鶴

廣勤	長源橋	同上	1,500,000元	戴箽甫 楊翰西	民國六年	1,597人	20,000錠	50架	12,000件 2,600,000元	織女 飛鷹
申新	迎龍橋	無限公司	3,000,000元	榮宗錦 榮德生	民國十年	3,515人	62,000錠	1,476架	46,000件 10,7 0,000元	人鐘 平蓮
豫康	梨花莊	有限公司	1,200,000元	華幹臣 周繼美	民國十年	1,440人	15,000錠	無	7,000件 1,400,000元	月娥 九龍
慶豐	周山浜	同上	2,500,000元	蔡緘三 唐保謙	民國十一年	1,855人	55,000錠	250架	000件 2,600,000元	雙女 牧童
麗新	吳橋	同上	1,000,000元	唐驤廷 程敬堂	民國廿一年	412人	紗16,000 線6,000錠	650架	4,000件 1,500,000元	雙鯉魚

無錫縣繅絲廠一覽表

實業名	營業名	開辦年月	資本	絲車數	地址	經理人	二十三年份開工否	創辦人
永泰	永泰	民國十五年	八萬	四九二	知足橋	薛潤培薛壽萱	開工	薛南溟由上海遷錫
錦記	錦記	宣統元年	七萬五千兩	四一〇	西倉浜	又	又	薛南溟
華新	華新	民國十八年	五萬	二九二	河埒橋	又	又	薛壽萱
永盛、	永盛	民國七年	五萬兩	四九二	亭子橋	又	又	薛南溟
隆昌	隆昌	民國三年	五萬二千兩	三二八	亭子橋	又	又	周月珊等
民豐	民豐	民國十六年	八萬	五〇〇	南塘	又	又	朱靜庵
乾甡	乾甡	宣統元年	五萬兩	五六八	工運橋	程炳若	又	孫鶴卿
五豐	乾泰	民國十五年	五萬	二七二	北新橋	又	又	程炳若
福昌	乾潤	民國二年	五萬兩	二五六	冶坊場	楊渭齋	又	祝蘭舫
振藝	振藝	宣統二年	十萬兩	五二〇	清名橋	鍾志森	又	許稻蓀
振藝新廠、	振藝新廠	民國十一年	五萬	二五六	清名橋		本年未開工	又
宏緒、	大成	民國十一年	五萬	二七六	亭子橋	張仲厚	本年開工	華繹之
嘉泰	正興	民國十九年	五萬八千	三〇四	綠蘿庵	又	又	蘇嘉善

鼎盛瑞昌	民國十七年	六萬	三二〇	北新橋	鄭海泉	又	金良才
鼎昌新記	民國十八年	五萬	二五六	通揚橋	傅培德	又	周肇甫
泰孚、怡昌一廠	民國十一年	五萬	三八四	塔瀆橋	葉滋新	又	王頤魯倪子成
錦泰怡昌二廠	民國十八年	四萬	二八八	跨塘橋	黃福林	又	黃錦帆
錦泰榮記	同上	三萬	一四四	跨塘橋	周崇伯	又	又
宏裕餘記一廠	民國十五年	四萬	二七二	亭子橋	孫振球	又	華繹之
振元、餘記二廠	民國十一年	五萬	二五六	南塘	又	又	黃卓儒
新綸玉祁製絲所	民國十七年	六萬	二八八	玉祁鎮	費達生	又	吳申伯
裕生元記	民國十七年	五萬	三二〇	羊腰灣	袁鈺章	又	任汝鏻等
泰豐和豐	民國十八年	六萬	三四〇	龍船浜	沈藍田	又	張子振等
潤德振華	民國十八年	四萬	二四〇	北新橋	熊泰占	又	楊幹卿
福綸復生	民國三年	三萬	二四八	廟港橋	趙敬三	又	單紹聞
寶泰大綸	民國二十年	四萬	三二〇	廟港橋	惠烈臣	又	陳梅芳等
潤康信義	民國十八年	三萬	二〇八	南倉門	何慎初	又	單崇禮等
九餘、興記	民國五年	五萬	二三二	跨塘橋	季雲初	又	王佐蓀過崇廉等
永昌聚昌	民國十八年	五萬	三二一	張皇廟	馮厚仁林成鏞	又	陶湘鏞等
同豐維新	民國十七年	三萬	一六〇	洛社鎮	馮梅生	又	劉廣卿等
慎昌、華利盛	民國九年	四萬二千兩	二七二	金鈎橋	朱明南	又	周舜卿
萬源德昌	民國十七年	五萬	二四八	梨花莊	錢晴初	又	沈賡揚等
有成公大	民國十九年	三萬	二五六	惠商橋	孫龍吉	又	陸右豐醬園
鎮綸、德豐盛	民國九年	四萬	一四四	陸莊鎮	湯柏森	又	陸培之
餘綸勤昌	民國十七年	五萬	二〇八	鐵樹橋	陳應龍	又(已停)	嚴松亭等
滋康升昌	民國十七年	三萬	一四四	光復門外東沿城脚	袁端甫	又	楊仲滋
萬源永興	民國十七年	四萬	二五六	梨花莊	惠紀之	又	沈賡揚等
裕昌裕昌	光緒三十年	八萬兩	三三〇	周新鎮		本年未開工	周舜卿

源康	宣統元年	七萬七千兩	三二〇	黃埠墩	又	顧敬齋
錦豐、	民國八年	十萬兩	二四〇	周山浜	又	唐保謙
乾源、	民國廿一年	五萬	二六四	惠商橋	又	孫詢芻
永裕	民國十八年	七萬	四八〇	羊腦灣	又	朱竹賢
覺成	民國十六年	五萬	二六二	惠工橋	又	曹有聲
南昌	民國十七年	七萬	三二〇	南橋鎮	又	于儀亭
永孚潤	民國十八年	六萬	二五六	東亭鎮	又	[illegible]卓[illegible]
興勝	民國十七年	五萬	二四四	長豐橋	又	楊翰西
恆益	民國十四年	三萬	一二〇	羊腰灣	又	蔡曉峯等
福成	民國十八年	五萬	二六四	惠工橋	又	陳倬雲
允大	民國十七年	五萬	二二四	耕讀橋	又	袁子彥
匯源	民國十八年	四萬	二〇八	會龍橋	又	吳鳳起馬瀵卿等

無錫縣染織廠一覽表

廠名	廠址	性質	經理姓名	資本	成立年月	職工人數	機器數	原動力	錠子數	商標
麗新	惠商橋	有限公司	唐驤庭 程敬棠	一百萬元	民國九年	職員154人 工人2,142人	織機七十台	電力	紡16,000 細2,400 線6,400	惠泉山，司馬光，鯉魚，雙鯉，天女織綿，千年，如意
競華	新增里		吳純如 吳漕耀 沈嘉樂	二萬元	民國十五年	職員18人 工人290人	電鐵木機六十台 木機一百〇八部	同		射日圖
同億	惠商橋	獨資	曹子喻	五萬元	民國廿一年	職員9人 工人100人	織機一百台	同		雙牡丹
美恆	水泥廠	有限公司	蔡韓白 朱公權	四十萬元	民國廿二年	職員18人 工人220人	布機一百五十台	同		恆字牌 戚繼光牌

振業	長安橋鎮	獨資	胡纓清	一千二百五十元	民國十二年	職工	7人 90人	木機六十二台		
麗新	張村	同上	潘永祺	三千元	民國廿一年	職工	1人 50人	木機四十台		
大華	北柵口	合資	嚴作霖	一萬元	民國十八年	職工	9人 140人	電木機念台人木機七十台	電力	地球牌太湖萬頃圖牌
廣裕	迎龍橋		王樂水	十五萬元	民國廿一年	職工	11人 120人	織機一百五十台	同	耕漁牌玉蘭牌
光華	公園路	獨資	蔣鏡海	一萬元	民國六年	職工	12人 105人	人力木機五十台手機廿台		天女散花
麗華	映山河		吳仲炳	四萬元	同上	職工	16人 250人	電機四十六台人力木機四十台木手機一〇五台	電力	雙飛童
鴻裕	胡樓下	獨資	杜敬棠	三千五百元	民國十五年	職工	5人 75人	鐵機五台木機廿六台		
華豐	光浙路		徐子洲	六千元	民國十七年	職工	8人 74人	鐵機廿台人力機四台		萬象牌葫蜂牌
三新	小三里橋		徐載庵 方子雄	三萬元	民國廿一年	職工	15人 200人	電機六十台人力機四十台		三俠義
恆豐	學佛路		黃健農	三千元	民國十四年	職工	8人 90人	鐵機三五台筒機六台		虎林
蘊華	棋干巷	獨資	吳純如	二千五百元	民國十六年	職工	9人 120人	人工木機		
新藝	東亭		陳仲藩	七千五百元	民國十四年	職工	9人 150人	同上		
振華	西漳		毛永康	五千元	民國十八年	職工	8人 180人	同上		
新華	通惠橋		華逢峯	一萬元	民國十五年	職工	12人 110人	電鐵人		

無錫縣針織廠一覽表

廠名	廠址	性質	經理	資本	開辦年月	機數	每年出品總值	商標
營美	西倉門	獨資	王珊義	二千元	民國七年	九十部	一萬元	如意牌富貴牌
興業	江陰巷	合資	路仁章	二千元	民國七年	一百六十部	二萬元	火車牌
瑞記	壩橋下	獨資	胡祖蔭	二千元	民國八年	一百部	一萬元	單魚牌雙鯉牌
勤慎	周師弄	同上	沈楚臣	二千元	民國五年	一百四十部	二萬元	和平牌
鴻新	北城鄉	同上	徐鳳亮	二千元	民國元年	五十部	一萬元	未定牌
大中	同上	合資	吳愷堂	四千元	民國三年	一百八十部	三萬元	富貴牌白象牌
久益	迎龍橋	獨資	孟殿釗	四千元	民國四年	一百五十部	同上	三猴牌三桃牌
大華	後竹場	合資	胡祥生	四千元	民國四年	同上	同上	馬球牌神童牌
豫泰	梨花莊	公司	胡鏡若	一萬元	民國八年	三百十部電十部	六萬元	如意牌
裕康	吳橋	合資	朱福明	一萬元	民國八年	二百五十部電十二部	五萬元	恭喜牌大喜牌
福興	西城鄉	獨資	張振寰	四千元	民國十年	二百部	三萬元	雙圈牌紅圈牌
中華	顯應橋	同上	戈子祺	一萬元	民國十五年	三百廿部電廿部	十萬元	花籃牌魚目牌
八餘	冰池頭	公司	陳仲言	二萬元	民國十五年	五百部電六十部	廿萬元	三駝牌三羊牌
萬豐	胡埭	獨資	吳福生	五百元	民國三年	五十部	五千元	無牌
業興	寺頭	同上	金鶴卿	五百元	民國七年	五十部	五千元	同上
杭公益	胡埭	同上	杭錫祺	五百元	民國五年	五十部	五千元	同上
民生	花村	同上	杭志德	五百元	民國五年	五十部	五千元	同上
永吉利	東大街	同上	金聿修	五百元	民國十五年	二十部	二千元	地球牌
大有恆	棚下	同上	吳炎之	五百元	民國十年	二十部	二千元	恆字牌
保新永	通匯橋	合資	袁云泉	五百元	民國十一年	三十部	五千元	寶鼎牌
葉久益	胡埭	獨資	葉金生	一千元	民國十年	一百部	一萬元	雲球牌
明記	駐總橋	同上	陳仲銘	一千元	民國八年	五十部	七千元	三兔牌

永美	俞線巷	同上	張守仁	一千元	民國十年	一百廿部	一萬五千元	大砲
裕豐	西大街	同上	錢肇安	一千元	民國九年	四十部	五千元	鳳球
中南	西倉橋	同上	曹國鈞	一千元	民國七年	五十部	七千元	三貓
協記	堰橋	合資	吳慶雲	一千五百元	民國五年	八十部	九千元	無牌
南橋	南橋	同上	紀長榮	一千五百元	民國十年	七十部	七千元	手工
興華	張舍	獨資	楊繼興	五百元	民國五年	二十部	二千元	無牌
中發	馬巷	合資	馬錦堂	五百元	民國元年	二十部	二千元	同上
青晨	陸區橋	獨資	張阿興	二百元	民國二年	二十部	二千元	同上
祥泰	周山浜	同上	吳林若	五百元	民國二年	二十部	二千元	同上
綸華	胡埭	同上	杭炳昌	五百元	民國元年	二十部	二千元	同上
同興	石新橋	同上	章雲泉	五百元	民國二年	二十部	二千元	同上
義成	東亭	同上	周原培	五百元	民國十年	二十部	二千元	同上
元記	寺頭	同上	童盤全	三百元	民國五年	二十部	二千元	同上
美新	棉花巷	合資	顧渭卿	四百元	民國二年	二十部	二千元	美星
德華	岸底里	獨資	蘇文德	五百元	民國四年	五十部	五千元	無牌
豐記	陳家橋	合資	周永康	五百元	民國三年	五十部	五千元	蜂花
大興	陡門橋	獨資	黃仁泰	五百元	民國五年	三十部	二千元	無牌
新興	陡門橋	同上	黃銀保	五百元	民國七年	三十部	二千元	和合

機器工業

無錫縣機器廠一覽表

廠名	廠址	性質	廠長經理	資本	職工人數	成立年月	每年出品總值	備註
雲龍	新民橋	獨資	王阿根	一千元		民國十年		麵機

蕭織昌	光復路	同上	蕭雲詳	八百元	同上	鍋鑪
沈興記	通惠橋	同上	沈阿根	一萬元	民國八年	機器
成泰	同上	同上	張成德	一萬元	民國十八年	同上
顧聚興	光復門	同上	顧增詳	一千元	民國八年	同上
協興	太平巷	公司	孫虎[illegible]臣	五千元	同上	同上
工藝	東門外亭子橋	合資	薛壽萱陳子寬	二萬元	同上	同上
渭鑫	汗昌路	獨資	胡珊海	三千元	民國元年	同上
華成	同興機器廠改組縮小範圍					
和興	謝順興機器廠改組縮小範圍					
祥生	恆豐機器廠改組縮小範圍					
永泰鍹鍍	光復門	合資	張老四	一千五百元	民國十六年	拋銅
公協	同上	合資	張啓華	五百元	同上	同上
順裕	太平巷	同上	陳寶興	一千四百元	民國十八年	五金
上海永成	廣勤路	獨資	董耀長	八百元	民國十七年	同上
章大昌	太平巷	同上	章建元	六百元	同上	同上
無錫鐵廠	學前	公司	毛祖均吳培林	二萬五千元	民國十五年	機器
黃永昌	公園路	獨資	黃永才	一千五百元	同上	鍋鑪水管
張茂昌	光復門	同上	張茂生	四百元	民國四年	機器
合興	同上	同上	陳逸珊	七百元	同上	同上
戴惠源	通惠橋	同上	戴金方	一千元	民國十三年	同上
熾大	光復門	同上	顧雲偉	一千五百元	民國六年	同上
合衆	同上	公司	陶志良	九千元	民國十八年	同上
立茂鑫記	陳白巷	合資	吳浩昌	二千元	同上	同上
晉豐	南倉口	同上	奚保榮	一千三百元	同上	同上
錦新	光復門	獨資	孫耀華	四百元	民國十七年	襪機

廠名	廠址	性質	廠主	資本	開工年月	備註
源泰	同上	同上	李榮根	六百元	民國十五年	機器
裕興	同上	同上	劉和生	一千二百元	民國十一年	同上
華興	通惠路	同上	謝霖發	三千五百元	民國十六年	修理機件
怡生	同上	同上	楊怡生	八百元		機(電桿)
成昌	同上	同上	沈萬金	一千五百元		機器
瑞源	同上	同上	年洪生	六百元		同上
陸恆興	同上	同上	陸敍根	二千元		同上
發興	同上	合資	李富明	五千元		同上
普明	同上	獨資	倪明岐	四千五百元	民國十五年	同上
震旦	工運橋	同上	薛震祥	二萬元	民國十七年	同上
協昌	通惠路	同上	薛順南	四千元	同上	同上
達興	廣勤路	合資	過仲清	一千元	民國十六年	同上
萬昌	通惠路	同上	胡金林	一千五百元	同上	同上
瑞昌	光復門	同上	徐榮昌	二千五百元	同上	同上
俞寶昌	廣勤路	獨資	俞寶蘭	五千元	同上	同上
榮昌	露華弄	同上	邱榮湖	八百元	民國十一年	銅鐵機器
永興	太平巷	同上	謝仲章	五千元	民國七年	機器

無錫縣翻砂廠一覽表

廠名	廠址	性質	廠主	資本	開工年月	備註
永興	通惠路	獨資	陸憲章	一千二百元	民國十五年	
三新	惠農橋	公司	曹聽泉	一千元	民國十八年	
永興	光復門	合資	沈榮錦	二千元	民國十二年	
莊興記	廣勤路	獨資	莊沈茂	二千五百元	民國十一年	
祥興	東新路	同上	朱壽根	四千元	民國十八年	

無錫鐵工	惠農橋	合資	徐順金	四千五百元	民國十八年
新工記	通惠路	同上	周敍根	二千元	民國十七年

建築工業

無錫縣石灰廠一覽表

廠名	廠址	廠長	資本	開工年月	職工人數	機器	每年出品總數	每年出品總值
允永公司第一石灰廠	西門外	薛明釗	一萬元	民國十七年	八十七人	土式窰七座德國式窰一座	二十四萬担	二十四萬元

無錫縣磚瓦廠一覽表

廠名	廠址	性質	經理姓名	資本	開辦年月	工人數	機器數
利農	嚴家橋	獨資	唐保謙	四萬元	民國九年	三百五十人	二座
公大	同上	同上	張覺先	二萬五千元	民國十一年	二百八十人	一座
大成	姑頭廟	同上	程用六	四萬元	民國十四年	二百二十人	一座

化學工業

無錫縣化學工廠一覽表

廠名	廠址	成立年月	性質	經理	資本	工人數	機器數	出品	商標
允利化學工業廠	仙蠡墩	民國廿一年	合資	薛明釗	十萬元	百卅人	製鎂製鈉製鈣漂粉機各一部	炭酸鎂，炭酸鈣，漂白水，燒鹼，其化氯氣工業	良心牌無敵牌

無錫縣製紙廠一覽表

廠名	廠址	經理	開辦年月	資本	職工數	機器數	原料	每日出品數量
利用造紙廠	惠商橋	陳蓉軒	民國十五年	二萬元	職七人工卅五人	造紙機一打漿機二	廢紙及竹	薄紙一萬張 厚紙六千張

無錫縣藥棉紗布廠一覽表

廠名	地址	性質	經理	資本	開辦年月	機械數	原動力	職工人數	每年出品總值
中國實業公司	惠山	合資	薛明劍 唐熊源	一萬元	民國廿年	網絲車四部絲頭車四部	電力	五十人	二萬元
中國藥棉廠	陸端	獨資	臧伯庸	二萬元	同上	網絲車五部絲頭車五部	同上	六十人	二萬元

特產工業

泥人業

惠山泥製要貨，馳名全國，為特產之一。自創始迄今，已有數百年之歷史，每年產量，約在十萬元以上，製造此項泥貨之原料粘土，共僅佔地三十七畝，復經歷年挖掘，現已日見減少，故將有原料缺乏之恐慌。至捏製泥人之手術及方法計，有粗細兩種，惟以製法沿襲不變，致乏進步，漸成時代之落伍者，遠不逮舶來搪瓷玩具之精巧玲瓏為時人所欣賞愛好，迨至最近，始有高標君，出而創設藝術公司，潛心研究，銳意改善，捏製神像，及建築模型等等，技術精巧，成績斐然，於是同業諸店皆隨之革新，不復泥於舊法，是則他日銷路之暢旺可期，要貨業前途，誠有無窮之希望也。茲將該業各號概況，列表如下：

泥人業一覽表

名稱	地址	經理	資本	每年出品總值	職工人數
高標藝術館	惠山龍頭場	高標	七百元	三千元	十二
秦源昌	觀前街	秦榮培	二百元	五百元	三
周義盛	同上	周錫奎	同上	五百元	三
新美麗	同上	秦仁奎	四百元	一千元	六
美最時	香花橋	高子祥	二百元	五百元	五

朱恆茂	同上	朱國麟	三百元	七百元	五
朱祥和	同上	朱金林	一百元	三百元	三
新景	山門內	周繼堂	二百元	五百元	三
陳聚順	同上	陳杏芳	二百元	五百元	三
章振記	同上	章振初	二百元	五百五十元	三
新麗景華	同上	王國鈞	二百元	五百元	三
顧萬春二房	同上	錢宗浩	三百元	七百元	四
美術館	同上	夏質元	四百元	九百元	五
高永盛	山門口直街	高永泉	三百元	七百元	四
龔源茂	山門口直街	龔大榮	二百元	五百元	二
朱源茂	同上	朱南朝	三百元	七百元	三
陳復茂	山門內	陳仁泉	三百元	七百元	三
又分號	橫街	同上	二百元	五百元	二
鮑順興	同上	鮑彻千	三百元	七百元	三
顧萬春大房	同上	顧厚基	二百五十元	六百元	二
陳順興	同上	陳毓秀	三百元	七百元	三
虞福茂大房	河塘上	菊秀	三百元	七百元	三
又大分	同上	虞仁金	二百元	五百元	二
又二房	同上	虞海初	三百元	七百元	二
又二分	龍頭場	虞仁根	二百元	五百元	二
美景華	橫街	虞鈺初	三百元	七百元	三
陳順興	龍頭場	陳毓秀	四百元	九百元	四
胡萬成大房	山門口橫街	胡達泉	三百元	七百元	三
又二房	同上	胡培颺	同上	七百元	四
又三房	同上	胡達三	二百五十元	六百元	三
周坤發	直街	周根林	二百元	五百元	二
龔源順	同上	龔金照	三百元	七百元	三
蔣萬順	龍頭上	蔣金奎	三百元	六百元	三
陳乾昌	同上	陳細根	二百五十元	六百元	二
邵義順	同上	邵阿泉	三百元	七百元	四
章三益	同上	章仁根	三百元	七百元	三
顧聚成	同上	顧大奎	三百元	七百元	三
吳洽興	河塘下	吳金奎	二百元	五百元	二
惠津	同上	劉乾昌	四百元	九百元	五
丁合興	觀前街	丁榮培	四百元	八百元	五
同上	橫街	丁慕清	三百元	七百元	三
同上	河塘上	丁壽寶	二百元	五百元	三
劉元源	橫街	劉桂泉	三百元	七百元	四
蔣德茂	同上	蔣景華	三百元	七百元	四
嚴永興	同上	嚴慕清	四百元	九百元	五
陳復茂	觀前街	陳鶴亭	三百元	七百元	四

油麵筋業

麵筋一物，爲錫邑唯一之特產，味殊鮮美，洵爲佐膳佳品。外埠人士之來錫者，嘗此物而甘之，輒滿載歸去。清洪楊役之前。營此業者，祇有馬成茂，陶萬昌，莫合興，汪興裕等四家。其後遂漸增加。迄今六十餘年中，已達四十四家之多。其製法係先由麵皮磨成粉末，繼以人力製成生麩。再用荳油人鍋熬煎，卽成麵筋，惟近來多數店家，有改用棉油煎製者。其味固較荳油爲次，而色澤則甚美觀。故用荳油之店家，頗受其影響。總合該業資本，總額共計一萬五千六百五十元。每年出品總值，共三萬另四百元。就中銷數。本地外埠各佔半數。但以缺乏科學智識，故其出品一如舊法，毫未改良。倘能裝製成罐。則銷路之擴大營業之發展，定可預卜。

油麵筋業一覽表

名稱	地址	店主	資本	開辦年月	每年出品總值	工人
徐義盛	西門	徐漢文	四百元	民國十五年	九百元	四
章義興	同上	章阿根	二百元	民國十九年	四百元	三
朱萬陞	同上	鳴峯	五百元	民國元年	九百元	五
謝洪興	盛巷橋	舒斌	五百元	宣統二年	一千元	六
戴源興	西門外	源康	三百元	民國十年	五百元	三
朱義盛福記	大吊橋	福官	五百元	宣統元年	一千元	五
新洪泰	馬路上	劉阿香	二百元	民國十九年	六百元	三
劉裕興	西門棚下	劉春保	三百元	民國十七年	六百元	四
錢仁記	江陰巷	仁官	五百元	民國十九年	一千百	五
陳復興	北柵口	同上	三百元	民國十八年	七百元	三
任興裕	笆斗弄	同上	四百元	光緒廿年	七百元	五
張復記	同上	榮觀	同上	民國元年	八百元	四
新裕興		張阿大	五百元	民國元年	一千元	五
朱義盛	北塘	朱義盛	同上	民國元年	九百元	五
立　興	太平巷	陳阿根	四百元	宣統三年	六百元	五
李茂興	北柵口	李茂觀	三百元	民國二年	五百元	四
徐義記	三里橋	義昌	三百元	民國三年	九百元	四
榮敍興	江陰巷	敍寶	三百元	民國四年	七百元	三
殷德興	顧橋下	德泉	同上	民國元年	同上	四
周協興	同上	協寶	四百元	民國十六年	八百元	五
高萬興	同上	高步云	同上	民國十四年	六百元	四
李順興	周山浜	李阿四	三百元	民國十一年	五百元	三
吳德興	西大街	阿大	同上	民國四年	同上	六
莫合興	鳳光橋	坤泉	五百元	光緒十年	一千元	五
周順興	同上	順記	同上	民國九年	同上	三
楊復興	同上	復根	四百元	民國七年	九百元	四
周萬昌	同上	萬大	二百元	民國四年	四百元	二
邵湧記	同上	湧寶	二百元	民國十五年	五百元	二
丁源興	南門外	阿榮	五百元	民國十九年	九百元	五
陶萬昌	鳳光橋	同上	三百元	光緒十八年	六百元	四
徐源興	南門外	同上	二百元	民國六年	同上	三
尤　記	同上	尤阿大	三百元	民國十九年	五百元	三
姚洪興	馬路上	同上	二百元	民國十八年	四百元	三
馬裕興	同上	同上	五百元	同上	一千元	五
馬成茂	壇頭弄	子琴	五百元	光緒廿一年	八百元	六
周春源	黃泥橋	同上	百五十元	民國三年	三百元	二
張永興	寺巷內	張永茂	二百元	民國二年	三百元	三
順香齋	同上	順寶	四百元	宣統元年	七百元	四
楊茂記	同上	楊茂記	三百元	光緒廿四年	五百元	三
黃時興	同上	黃時寶	二百元	光緒廿年	同上	三
蔣和興	清名橋	蔣和興	三百元	民國二年	六百元	四
孫福記	同上	阿福	三百元	民國元年	五百元	三
謝順興	同上	謝仁觀	二百元	民國十八年	四百元	二
丁豐順	西門外	丁豐春	五百元	民國十二年	八百元	五

無錫縣各業機器工人工資表

本縣各業工人之工資，玆依其最近調查，統計如下：

甲、紗布業工資

部別	性別	最大工資	最小工資	平均工資
軋花	女	四角二分	二角五分	二角八分
拼花	男	四角六分	三角二分	三角七分
清花	男	五角一分	四角八分	五角
鋼絲	女	九角二分	四角六分	五角二分
併條	女	六角	三角	四角三分
粗紡	女	八角六分	三角	四角四分
細紡	女	一元	二角五分	四角五分
搖紗	女	七角三分	三角	四角二分
絡紗	女	七角	三角五分	四角三分
成包	男	一元二角七分	三角六分	五角
紆子	女	五角五分	三角	三角二分
筒子	女	五角五分	三角二分	三角二分
經紗	女	一元	五角	七角五分
漿紅	男	八角	四角	四角五分
穿扣	女	八角	三角	五角九分
組布	女	九角	五角五分	六角二分
藍理	女	六角	三角五分	四角八分
成包	男	一元二分七盤	三角六分	五角
試驗	男	六角	四角	四角八分
保全	男	一元八角	三角八分	六角
修機	男	八角	六角	六角二分
雜務	男	四角四分	四角二分	四角一分

上述各項平均工資，每人每日得四角五分九厘。

乙、絲業

部別	性別	最大工資	最小工資	平均工資
剝繭	女	三角八分	一角八分	三角二分
繅絲	女	五角七分	三角七分	四角八分
打盆工	小女	三角四分	一角七分	（新式廠已無）
清絲成包	女	六角二分	三角七分	五角

各項平均工資每人每日爲五角二分一厘。

丙、麵粉業工資

工資論月計算，每人每月最大六十元，最小十五元，平均二十二元，除總頭目由廠供膳外，餘均自備膳食，惟各廠均有工房，以供住宿，每間每月僅收房租二元，茲將各部普通工人之工資分列如左：

粉樓　二十元　十二元

修機間　三十元　十二元

打包間　十三元　十一元

外場　十三元　十一元

丁、織襪業工資

舊時（一八二二）上襪每打三角三分，中襪每打三角，下襪每打二角七分（一五二）上襪每打三角六分，中襪每打三角三分，下襪每打三角，今因銷路不佳，全業失敗（一八二）減至一角一分，（五一二）減至九分，不分上中下等級。

戊、榨油工工資

工資有官工拔工之分，大餅（海餅）月工十二元，另每餅八厘，小餅官工每工三角三分，打油二角二分，秤一角九分，拔工）拔車）中打餅每枚加三百六十文，關餅，每枚加一百六十文，小餅每枚加一百二十文，每人每日加給飯資一角六分至二角。

己、碾米業工資

均用男工，每日工作十二小時，工資最高八。最低三角五分，平均四角。

庚、翻砂業工資

工人均男性，最大月結六十元，最小十二元，平均二十八元，工作時間十二時。

商業

無錫縣各業商店統計表

業別	全縣家數
衣	
棉花	一八家
估衣	五九家
棉紗	一九家
綢布	三九家
皮貨	三家
皮衣	一二二家
零剪	二五家
布線	一五三家
肥絲	五九家
絲行	二家
蠶蛾	一五家
蠶蛾廠	一七家
帽鞋	八七家
洗染	二六家
花邊	六家
皮件	一三家
僧帽	二家
西服	二〇家
繭子	五家
皮鞋	八家
花線	一家
紗帶	二家
布廠	一七家
襪廠	二二家
鈕扣廠	一四家
絲廠	一九家
印花廠	二家
棉織廠	一家
食	
米荳	一三九家
糧食	二九六家
礱米	二〇家
麵粉麩皮	四二家
土麵	一四家
油行	一一家
茶葉	一九家
水果山貨	一〇四家
糕糰	一五家
醬酒	七九家
醬雜	一七七家
棉子油餅	二六家
南貨	二三〇家
麵飯館	四二五家
菜館	一三家
茶食	一一四家
瓜子	五家
腌臘火腿	二〇家
零鹽	二二家
麵筋	六四家
燻臘	一九家
麵食品	一二四家
油蔴	一八家
地貨	三七家
磨坊	四家
豆腐	二一四家
茶館	三四六家
參燕	一〇家
魚行	二七家
豬行	六家
醬菜	五家
雞鴨	七家
牛奶	四家
炒貨	一一家
糖果	七家
野味	二家
哺坊	二家
牛肉	五家
餅干	五家
麵粉交易所	一家
腸作	六家
葷油	二家
冰糖	一家
糖棧	一家

業別	全縣家數
糠粞	一〇家
糖坊	一九家
油廠	一三家

住

業別	全縣家數
木行	六八家
竹行	二七家
松板	七家
漆店	二五家
漆作	五一家
磚灰	二三家
石舖	二四家
木器	五九家
營造木作	一一二家
旅館	二八家
棕梯棕刷	二九家
茅蓬	二九家
蘆蓆	一二家
明瓦	六家
蓆帽	一一家
水泥瓦筒	六家
紅木	三家
銅鉄床	一二家
燒窰	六七家
磚瓦廠	二家

行

業別	全縣家數
雨傘	三四家
轉運	一八家
輪船	二二家
櫓板	一二家
黃包車行	五二家
汽車	一四家

其他

業別	全縣家數
樹行	八家
煤號	六家
煤炭	六五家
皮箱	七家
煤鉄	一九家
紙箔	二九家
對扇	一四家
蔴線	二八家
銅錫	五五家
磁器	一八家
陶器	一六家
皮毛骨	三家
浴室	二三家
烟雜	八二七家
五金	三五家
電料	八家
國藥	二八八家
西藥	一二家
廣貨	九五家
鐘錶	三一家
香店	一二家
香燭	三八家
花炮	一三家
泥人	五一家
電燈	二家
肥皂	九家
電話	一家
度量衡	七家
鉄舖	一六六家
竹器	六五家
戲院	一〇家
理髮	二六〇家
籐器	二五家
剪刀	三二家
骨器	一二家
壽板	三六家
花粉	一三家
眼鏡鑲牙	二五家
紙紮	三九家
白鉄	五二家
玉器	三家
刻字	二〇家
鏟刀	一〇家
舊貨	二五家
車木	二五家
紙匣	二三家
金魚	二家
鳥籠	四家
算盤	五家
燈籠	一五家
租賃	一八家
摸樣	九家
笆斗	一九家
木梳	一二家
蒸籠	二二家
風箱	一五家
鏡箱	三家
搪磁	五家
蔴袋	六家
化粧品	二家
顏料	三家
石子	三家

行業	家數	行業	家數	行業	家數	行業	家數
柴行	二五家	鐵篩	三家	書籍	二二家	造船	二五八家
羅篩	一〇家	樂器	二家	錢莊	一六家	冰廠	二家
瓶店	三家	賬簿	六家	印刷	一四家	造紙廠	一家
油墨	一家	銀樓	三二家	裝池	一八家	磚瓦廠	二家
蒲包	五家	堆棧	二九家	機器翻砂	八五家	石粉廠	二家
煉油	六家	筆墨	一九家	冶坊	四家	製碱廠	一家

附表一 無錫縣銀行業一覽表

行名	經理姓名	行址	電話號數
中國銀行	郞志和	江陰巷口	三百號
交通銀行	伍儁伯	北橋大街	三百二十七號
江蘇銀行	任卓羣	竹場巷	二百九十三號
上海銀行	葛士彝	江陰巷	三百八十三號
大陸銀行	方笠村	什場巷	一千一百四十八號
浙江興業銀行	華汝潔	竹場巷	一千二百四十八號
中南銀行	朱鴻昌	北塘	五十二號
江蘇農民銀行	顧述之	江陰巷	九百九十五號
中國通商銀行	江煥卿	北塘	三百八十號

附註 上海銀行在城中公園路另有辦事處一處

附表二　無錫縣錢莊業一覽表

莊名	經理姓名	行址	電話號數
永恆豐	錢贊卿	財神弄口	四百九十四號
復元	江煥卿	大橋下	六十八號
慎餘	楊仲卿	江陰巷口	一百七十八號
源豐仁	張敬生	財神弄口	五百十一號
瑞昶潤	吳步洲	江陰巷	五十三號
福裕	龔楚門	江陰巷口	四百七十六號
德豐	范士模	北塘	九十五號
福昌盛	陳頌勳	大橋下	五十六號
允裕	范子澍	江陰巷口	八十九號

附表三　無錫縣典當業一覽表

字號	所在地	開設年月
太成	后宅	民國十四年
濟恆	蕩莊	民國十三年
協順	八士橋	民國十一年
同濟	嚴家橋	民國七年
保和代	胡埭	光緒十六年
保和	南橋	光緒十年
濟源	前洲	光緒二年
保誠	華大房莊	光緒卅四年
保昌	東絳	光緒廿七年
保源	梅村	民國五年
通源	玉祁	光緒二年
溥興	秦巷	民國五年
永興	楊墅園	光緒廿八年
永豐	東亭	民國十五年

元吉	張涇橋	光緒八年
晟德	堰橋	民國五年
永裕	蕩口鎮	同治九年
允濟	長安橋	同治九年
瑋大	棉花巷	民國十一年
保仁	棉花巷	光緒廿九年
保隆	清名橋	民國五年
保泰	清名橋	光緒四年
惠通	壇頭弄	宣統三年
保康	接官亭	光緒八年
保興	竹場巷	宣統元年
裕源	觀前街	光緒卅四年
公順	營橋巷	光緒廿五年
濟通	西河頭	同治八年
和濟	小泗房弄	宣統二年
濟順	中市橋	同治九年
同和	漢昌路	民國十八年
春華	黃泥降	民國三年一月

商會

無錫縣商會最近概況 無錫縣商會，於民國十八年一月依照商會改組大綱改組成立以後，旋於同年十月，奉令頒發商會法暨施行細則，並限於六個月內重行改組，當即通知各業，依照商會法第三章會員各條，暨施行則細第八條至第十一條規定，重行推選會員代表，計先後開報到會者，計八十一業，會員代表二百四十八人。於十九年一月十日改選，計錢孫卿，陳湛如，蔡有容，程敬堂，陳品三，華少純，吳侍梅，唐星海，吳襄卿，程炳若，李仲臣，江導山，蔣鏡海，薛壽萱，戈子才，等十五人，當選執行委員。楊翰西，蔡緘三榮德生，江煥卿，唐保謙，趙子新，張趾卿，等七人，當選監察委員。續於十八日第一次執行委員會，選定錢孫卿，陳湛如，蔡有容，程敬堂，陳品三，五人為常務委員，並選錢孫卿為主席。嗣復於二十年十二月，二十三年一月，依法兩度改選，現在計有會員九十三業，代表二百九十七人。茲錄現任委員姓名履歷如左：

無錫縣商會現任委員姓名履歷表

主席委員	楊翰西	無錫	紗廠業
常務委員	蔡緘三	無錫	紗廠業
	錢孫卿	無錫	繭棧業
	陳湛如	無錫	油廠業
	吳侍梅	無錫	銀行業
執行委員	錢鳳高	無錫	絲廠業
	陳進立	無錫	油廠業
	錢鏡生	無錫	碾米業
	楊懷谷	無錫	電廠業
	蔣仲良	無錫	旅館業
	程敬堂	無錫	布廠業

監察委員

江煥卿	無錫	錢業
李仲臣	無錫	米荳業
吳襄卿	無錫	印刷業
趙子新	無錫	米荳業
華少純	無錫	繭業
戈子才	無錫	煤油業
陳品三	無錫	繭業
蔡有容	無錫	錢業
蔣鏡海	無錫	綢布業
江導山	無錫	繭業
薛壽萱	無錫	繭業

衛生

衛生行政

無錫縣市區清道狀況表

局別	緊要街道數目及清潔狀況	偏僻街道數目及清潔狀況	撒運垃圾情形
第一分局	正街一百十四條分時清潔	偏僻街巷七十八條清除困難	每日所出約八百担運往城外遠處空地
第二分局	正街十三條平時由清道夫三名早晨三時起至九時下午一時起每日清除二次由休息班警長每日分上下午巡查兩次	偏僻街巷十六條平時由清道夫二名每日上午三時起掃除一次	每日由垃圾船上清河夫兩名挑運垃圾逐日將各街衖垃圾出清
第三分局	正街十三條每日督率清道夫掃除垃圾	偏僻街巷十一條街頭巷尾垃圾隨地堆積挨戶勸導每日自動掃除以重衛生	每日督率清道夫搬運垃圾及各處垃圾箱內積存垃圾污穢之物挑於三五里路外之曠野
第四分局	緊要街道共三條逐日掃除二次	偏僻街巷共十條逐日掃除一次	逐日將垃圾用船運往荒野空地

第五分局　緊要街道共十四條　偏僻街巷共十八條　上午四時至九時下午二時至五時按時撤運並借垃圾車一輛隨時抽調伕役拖運

第六分局　緊要街道五條每日由衛生警督率清道夫五名上午七時下午二時掃除撤運不致堆積　偏僻街巷七條並廣勤支路一支路至十支路每日由衛生警督率清道夫抽空掃除　由清道夫五名輪流負責撤運至偏僻堆積再運四鄉以農民肥田藝地

直一分駐所　緊要街道四處每日掃除兩次　偏僻街巷四處每日掃除兩次　由清道夫逐日用羅担撤運於荒野之地另由江北人撤運過江作肥料用

附無錫縣公安局衛生人員組織表

職別＼人數＼局別	總局	第一分局	第二分局	第三分局	第四分局	第五分局	第六分局	直轄第一分駐所
衛生專員	一	○	○	○	○	○	○	○
衛生稽查員	一	○	○	○	○	○	○	○
衛生警	○	一	一	一	一	一	一	一

附無錫縣公安局市區清道清河伕人數表

職別＼人數＼局別	第一分局	第二分局	第三分局	第四分局	第五分局	第六分局	直轄第一分駐所	合計
清道伕	一四	五	四	五	六	四	二	四○
清河伕	六	二	○	二	二	○	○	一二
總計	二○	七	四	七	八	四	二	五二

附註

本邑市區共有街巷六百餘條現由清道夫四十人分段負責清除平均每伕須每日清除街巷十四五條而市區所有垃圾全由清河夫十二名負責撤運又第一分局有垃圾車五輛垃圾船三艘第二第四第五分局垃圾船各一艘

附無錫縣公安局市區垃圾箱數統計表

質料＼只數＼局別	第一分局	第二分局	第三分局	第四分局	第五分局	第六分局	直轄第一分駐所	合計
水泥	五七	二三	一五	一二	三九	二七	一二	一八五
本質	五四	二	二	一四	四	一	五	八二
總計	一一一	二五	一七	二六	四三	二八	一七	二六七

附註

本邑市區遼闊垃圾箱常感不敷應用且時久失修各箱類多損壞現經令飭各分局所詳查應行添設及修理之處彙由本局轉呈縣政府核辦刻在籌劃經費中

無錫縣公安局改進市區私有坑廁計劃

査本邑市區尙無公廁設立。所有坑廁盡屬私有，爲數近千，大街僻巷，莫不林立；且每廁臨街之一面，均開一孔穴，以爲行人小便，及倒便桶之處，以致汚臭薰蒸；路人掩鼻！實爲本縣市區最大汚點。本局爲重公共衛生及整頓市容計。于民國二十三年五月間，曾擬訂改進辦法五項(附後)呈奉 縣政府核准實行，然因僅令臨街之孔穴處，裝置閘板，故時日稍久，易于破壞，茲爲徹底整頓起見，曾擬定計劃如下：

徹底改善私廁計劃擬分三個步驟：(一)裝製漏斗，(二)堵塞臨街孔穴，(三)廢止私廁，設置公廁，或仿照京滬杭各市辦法，招致鄉市民，按家收取糞運。以上三項，其第一步，現已實行。卽在坑廁臨街孔穴處，不用閘板，而裝一木質，或水泥質漏水，不但較閘板堅固，且臭氣外溢，亦可消殺．城內私廁之照此改善者，已佔十分之八九，城外則尙在勸諭。其第二步辦法：因所費較大，一時未能辦到，現經照辦者，僅眞應道巷等一二私廁，已將臨街孔穴堵去，確屬淸潔多矣。至于第三步：則所費尤大，窒礙甚多，尙非短期間內所能立行，所冀地方有識之士，起而協助進行，庶本邑市區最大之污點能除，誠市民之福利焉。

茲將市區私廁統計及本局前訂五項改善辦法附錄于次：

無錫縣公安局市區私有坑廁統計表

局別／名目只數	第一分局	第二分局	第三分局	第四分局	第五分局	第六分局	直轄第一分駐所	總計
坑廁	二七四	六〇	一七六	一五二	一八四	六二	二五	九三三
備註	本局取締私廁訂有改善辦法五條通令遵照改善現已頗見整頓矣							

改善私廁辦法

一、廁所須設置廁門裝釘鐵絣鐵搭

二、出糞洞須裝活動閘板(或鐵板)啓閉時均須合縫

三、糞窖容量如在半坑以上(至多以十分之七爲度)應卽出淸

四、廁主應負淸潔責任

五、如違上項辦法者卽予堵塞

醫藥

無錫縣市區西醫一覽表

姓名	性別	年歲	籍貫	出身	科別	曾否登記	已登記之證書號數	住址	備註
諸涵英	女	三〇	無錫	北平醫科大學	產科	已	醫字七五三	連元街	
吳士勝	男	三八	無錫	普仁醫院	細菌	未		東大街	
周綸	男	四一	無錫	柏林大學	各科	已	醫字二〇七九	觀橋街	
周緒	男	三六	無錫	同濟大學	各科	已	醫字二三一〇	觀橋街	
竇鳳梧	男	二九	無錫	浙江醫院	各科	已	醫字二七九八	新街巷	
金子英	男	五五	無錫	丁氏醫院	各科	已	通字六六四	公園路	
許同英	女	五〇	無錫	更生眼科醫院	眼科	未		公園路	已令停止執行業務
孫祖烈	男	四〇	無錫	丁氏醫院	內外各科	已	通字一〇九	打鐵橋	
顧祖英	男	五二	無錫	丁氏醫院	內科	已	通字二九四	大婁巷	
許松泉	男	五一	上海	聖約翰大學	各科	已	通字一一二	大婁巷	
高直雲	男	三八	無錫	日本長田醫院	各科	未		化仁巷	
許鳳華	男	三五	無錫	同德學院	各科	已	醫字二〇九〇	公園路	
錢疊倫	女	三二	無錫	同德學院	各科	已	醫字二〇七六	公園路	
顧衛如	男	四三	無錫	蘇州醫科大學	各科	已	醫字一一八	駁岸上	
高景長	男	三〇	無錫	南洋醫科大學	各科	已	醫字一八三四	駁岸上	
施亦臨	男	五八	蘇州	博習醫院	各科	已	醫字一六	二下塘	
顧[illegible]健	男	四七	無錫	中日醫學院	各科	未		新生路	在呈請登記中

周衔培	男	四五	無錫	日本愛和醫院	眼科	已	醫字二〇八六	圓通路
張漢名	男	三七	無錫	東南醫學院	各科	已	醫字二五七六	大河上
張培倫	男	三〇	嘉興	東南醫學院	內科兒科	已	醫字一一九八	新生路
吳逢强	男	二七	啓東	東南醫學院	各科	已	醫字二五〇九	圖書館路
秦東鈞	男	二四	無錫	東南醫學院	內科兒科	已	醫字四一七七	映山河
嚴耀鈞	男	五一	無錫	無錫醫學講習學校	各科	已	通字一六四六	上塘街
葛壽昌	男	四三	崑山	上海醫專	各科	未		新生路
朱鳳翔	男	三九	無錫	溫州廣濟醫院	內科	未		新生路
錢保華	男	四六	無錫	同濟大學	各科	已	醫字二〇八七	含秀橋下
顧晉諒	男	二八	無錫	同濟大學	眼科產科	已	平民產院院長	八兒巷
林鏡清	男	三八	廣東	公醫大學	眼科	已	醫字　八七五	新生路
陸陶菴	男	三八	無錫	江蘇醫科大學	各科	已	醫字　二一六	公園路
龔鴻圖	男	四二	無錫	江蘇醫科大學	各科	已	醫字　二一四	公園路
華景皖	男	五三	無錫	日本愛知醫學院	各科	已		大同醫院
陸鍾翔	男	三一	無錫	大同醫院	各科	未		大同醫院內
李克樂	男	五三	美國	美國浮其尼亞醫科大學	各科	未	在登記中	普仁醫院　普仁醫院院長
孔憲杰	男	三四	浦東	聖約翰大學	眼耳鼻喉科	已	一分局驗明	普仁醫院
侯學敏	男	二八	無錫	聖約翰大學	外科泌尿生殖科			普仁醫院
潘瑞蓀	男	二九	蘇州	聖約翰大學	內科			普仁醫院
吳立海	男	二七	廣東	聖約翰大學	普通科			普仁醫院
薛寶珊	男	三五	無錫	東南醫學院	各科			普仁醫院
丁守仁	男	二九	紹興	東南醫學院	各科			普仁醫院
陳文澹	男	三一	福建	東南醫學院	各科			普仁醫院
朱道周	男	四一	無錫	江蘇醫專	骨科外科	已	醫字二〇八〇	小河上
王傳鈞	男	五〇	無錫	協和醫院	內科	已	醫字一七四〇	建元街

秦廣銓	男		無錫	同德醫學院	各科	已	醫字二〇八六	新街巷	
徐士林	男		安徽	鍾壽芝醫院	外科	已	醫字六四九	大婁巷	
衛質文	男	四六	無錫	南洋醫院	各科	已	醫字一〇八一	新生路	
王巽和	男	三七	武進	浙江公立醫學	各科	已	醫字三九四二	新生路	
奚韜純	女	二九	武進	同德醫學院	各科	已	醫字二二四六	新生路	
顧季倬	男		無錫	蘇州醫院	各科	未	在呈請登記中		
衛照	女	二六	無錫	蘇州醫院	各科	已	醫字二三一八	能仁醫院	
張其源	男	三一	無錫	東南醫學院	內外科花柳科	已	醫字二七五〇	小木橋	
王海濤	男	五〇	無錫	協和醫院	內外科	已	醫字一七四	建元路	
嚴倫	男		無錫		各科	已		虹橋西四號	
楊石淵	男		無錫	醫師學習	不詳	未		東大街一三七號	已令停止執行業務
陳彤輝	男	三六	天津	天津新醫學校	各科	未	在呈請登記中	清真寺街	
徐士林	男	三四	蕪湖	齊魯大學	各科	已	六四九	前太平巷	
朱蘊山	男	四二	安徽	齊魯大學	各科	已	三五六二	漢昌路	
朱品山	男	四〇	安徽	齊魯大學	各科	已	三五四八	漢昌路	
錢仲亮	男	三三	無錫	神州醫科	各科	未	在呈請登記中	後太平巷	
劉士敏	男	四五	無錫	丁氏醫院	各科	已	八六〇	前中正路	
許錫文	男	三三	無錫	協濟醫院	各科	已	一二〇二	前中正路	
張季勉	男	四三	無錫	江蘇公立醫學院	內科	已	二一九	通匯路	
單實曾	男	三五	無錫	江蘇公立醫學院	各科	已	二二〇	通運路	
諸超良	男	三五	無錫	蘇州省立醫學院	內科兒科	已	三二三	同仁醫院	
莊乃黼	男	三三	宜興	蘇州省立醫學院	眼科外科	已	二二二	同仁醫院	
曹國禎	男	三八	無錫	協濟醫院	各科	未		同仁醫院	已令停止執行業務
楊暇寶	男		無錫	不詳	各科	已		萬全路	
陳市元	男	三三	無錫	協濟醫院	各科	已	通字一七〇一	大公橋	

華克	男	五六	無錫	柏林醫院	各科	已	四〇六	南下塘五九號	
周國樑	男	二五	吳縣	祖傳	各科	未		黃泥垶	已令停止執行業務
詹永明	男	三三	江西	崇仁醫院	眼科	未		黃泥垶	
黃子餘	男	不詳	不詳	醫院	各科	未		黃泥垶	已令停止執行業務
成家宏	男	三七	鹽城	上海公立醫院	外科	未		清名橋	
金子道	男	四二	無錫	上海福音醫院	兒科	未		清々橋	
陸仁權	男	二五	無錫	國醫學院	各科	未		伯瀆港	
方少雲	男	三八	無錫	中西醫院	各科	未		南長橋	
邱朋濤	男	二五	無錫	民化醫院	各科	未		南門窰上	
洪熙春	男	三八	無錫	實習	內科外科	未		西門外吊橋下	
盧國傑				大冶礦廠醫科			通字六九二	西門外柵下街	
陸英				東南醫學院			醫字三七五〇	太保墩	
嵇振傑				浙江醫專			醫字二八三九	申新三廠	
洪錦章				神州醫專				新馬路	
薛映暉	男	二四	江陰	東南大學	內科兒科	未		積餘弄	已由學校呈請登記
曹椿年	男	三一	無錫	王頌芬醫師實習	內科兒科	未		北塘灰埠頭陶沙巷	
張暢菴	男	三一	無錫	祖傳	內科兒科	未		三里橋	
王世琦	男	二七	無錫	同濟大學	內科兒科	已		長安橋	
譚述謨	男	三八	濰縣	齊魯大學	內科兒科	已	三五七二	周師弄	
趙宏京	男	三八	無錫	常州西郊醫院	各科	已	一五八七	大河池	
胡祖耀	男	二六	無錫	東南醫學	各科	未	在呈請登記中	外黃泥橋	
蔣鴻初	男	三一	無錫	孟養醫院	內外科小兒科	已	一六八五	粉棧弄	
張雄飛	男	三四	安徽	金陵醫院	內外科	已	五二八	廣勤路口	

賴覺	男	三九	南京	同德學校	內外科	待查		廣勤路口
張約翰	男	二八	安徽	鼓樓醫院	內外科	待查		廣勤路口
徐雲鵬	男	三三	安徽	亞東大學	內外科	待查		通惠路
褚銘	男	三二	安徽	亞東大學	內科科	待查		通惠路
楊再慶	男	二八	無錫	光明醫院	眼科	未		通惠路
周壽昌	男	三八	南京	江西陸軍軍醫學校	外科	未		通惠路
周詩勛	男	三四	江陰	江蘇醫科大學	兒科	已	醫字二七二二	光復路

無錫縣市區醫院一覽表

院名	院長	醫師	藥劑師	地址	已否立案
普仁醫院	李克樂	十八	二八	稅務前	已
無錫療養院	王海濤	二八	一八	新民橋下	已
大同醫院	華景頤	二八	一八	崇安寺	已
平民產院	余錫洪	助產士四八		八兒巷	縣立
能仁醫院	衛質文	三八	一八	新民路	已
陶涵醫院	陸陶菴	二八	醫師兼	公園路	已
福民醫院	張其原		二八	小木橋	未
同仁醫院	王樂一	四八	一八	光復橋下	已
兄弟醫院	朱品三	二八	醫師兼	漢昌路	已
產科醫院	單寶曾	二八	自兼	光復路	已
大公醫院	王世偉	二八	自兼	大公橋	已
惠民醫院	盧國傑	二八	一八	棚下街	未
東方醫院	張飛雄	二八	一八	廣勤路	已
永明眼科醫院	詹永明			黃泥埄	未

無錫縣市區助產士一覽表

助產士姓名	性別	年歲	籍貫	出身	曾否登記	證書號數	住址	備註
汪璣涵	女	三五	松江	江蘇公立醫科大學畢業	已	衛生部一六五號	公園路	
錢保眞	女	四一	無錫	杭州廣濟醫院畢業	已	產字八五三號	含秀橋下	

郜學瑛	女	二五	無錫	上海伯特利醫學校畢業	已	產字一七一七號	西横街	
費和春	女	二四	吳興	上海伯特利醫學校畢業	已	產字一七一八號	西横街	
朱文琬	女	二八	無錫	上海人和產科校卒業	已	產字四七六號	三下塘	
胡懿清	女	三九	無錫	江蘇公立醫大助產科	已	產字四六八號	新生路	
趙雲錫	女	二四	徐州	江蘇省立助產學校畢業	未		八兒巷	
陳蘭英	女	二二	江浦	江蘇省立助產學校畢業	未		八兒巷	
李道清	女	二二	儀徵	江蘇省立助產學校畢業	未		八兒巷	
姜蓮貞	女	二一	奉賢	江蘇省立助產學校畢業	未		八兒巷	
林洵	女	二五	廣東	上海伯特利產科醫校畢業	未		新生路	
楊志學	女	二八	無錫	上海人和產科學校畢業	未		新生路	在呈請登記中
翁麗康	女	二四	湖南	上海西門紅房子婦孺醫院畢業	已	產字一九六九號	南市橋上塘	
戴俠英	女	二二	啓東	江蘇省立助產學校畢業	已	產字一七八三號	圖書館路	
孫默君	女	二八	常熟	蘇州志華產科學校	已	產字三三五號	光復路	
張履敏	女	三〇	吳縣	蘇州志華產科學校	已	產字三三六號	光復路	
潘詠鈞	女	二九	吳縣	日本東京濱田產婦科醫院	已	產字五八五號	光復門外	
丁思芳	女	二六	無錫	上海慈航助產學校	未		通匯路	在呈請登記中
劉駉君	女	三〇	江陰	上海中德產科女校	未		大公橋	
譚旭	女	二七	吳江	上海中德產科女校	未		大公橋	
倪葆淋	女	二五	無錫	上海人和產科醫院畢業	未		大河池	
華梅芬	女	三〇	山東灘縣	中華護士學校畢業	未		周師弄	在呈請登記中
曹慕勤	女	二八	無錫	上海同德產科畢業	已	一五一三號	黃泥橋	
薛珊	女	三四	無錫	上海同德產科畢業	已	一〇八號	後竹場巷	

無錫縣城區中醫一覽表

姓名	年歲	籍貫	出身	科別	設診年月	曾否登記或領到證書	詳細住址
趙仲平	六七	無錫	師授	內科	光緒廿一年十二月	無錫國醫公會證書	小婁巷三十號
陸仲威	六四	無錫	汪藹香門人	內科	光緒二十一年五月	同上	稅務前
高時良	六〇	無錫	丁福保高濟安授業	內外科	光緒二十九年七月	同上	駁岸上
鄒克如	三四	無錫	趙仲平門人	內科喉科	民國十二年一月	同上	昇平巷
奚伯初	三〇	無錫	世醫	幼科	民國十三年五月	同上	福田巷
張子敏	三八	無錫	世醫	內科	民國七年八月	同上	大婁巷
周景祜	三五	無錫	世醫	內科	民國十一年一月	同上	觀前街
張東明	三五	無錫	方榮芝門人	喉科	民國十一年二月	同上	中市街下塘八號
汪有翔	四〇	無錫	孫文熙門人	內科	民國十一年一月	同上	迎迓亭
吳耀明	五五	無錫	胡最良門人	針科	光緒二十六年十月	同上	東大街一百十號
吳亦可	三四	無錫	張友梅門人	內外科	民國十四年十一月	同上	學前街二十九號
莊衍生	三五	無錫	王子柳門人	內科	民國十一年八月	同上	眞應道巷
張嘉炳	五〇	吳縣	世醫	喉科	光緒三十一年八月	同上	圓通路
曹仲蓉	五九	無錫	世醫	幼科	光緒二十一年二月	同上	盛巷內
程仲甫	四五	無錫	邱士梁門人	針科	民國十一年九月	同上	觀前街二十九號
趙柏生	二九	無錫	世醫	內科	民國六年一月	同上	小婁巷三十四號
嚴仲辰	四〇	無錫	世醫	內科	民國六年三月	同上	中市橋巷廿九號
王蔭堂	三六	無錫	張再梁門人	針科	民國十三年四月	同上	觀前街二十九號
喬伯平	四一	無錫	張再梁門人	針科	民國七年十月	同上	含秀橋三十號
黃冕羣	三八	無錫	世醫	喉科	民國十二年九月	同上	西河頭三號

陳允良	四九	無錫	世醫	內科眼科	民國二年九月	無錫國醫公會證書	中市橋上塘二十四號
王棟任	四二	無錫	世醫	眼科	民國七年八月	同上	斜橋下十二號
華伯英	五八	無錫	世醫	針科	光緒三十一年十月	同上	靑果巷
沈養卿	五一	無錫	世醫	傷科	光緒二十八年九月	同上	靑果巷
蔣士明	五三	無錫	世醫	內科	光緒卅三年十一月	同上	寺巷內四十九號
陳效倫	三七	無錫	惲鐵樵門人	內科	民國十六年一月	同上	西門小木橋
張璞齋	五二	無錫	惲鐵樵門人	內科	光緒三十一年四月	同上	西彭樸巷
高鳳崗	四八	無錫	張貴林門人	內科	光緒三十一年三月	同上	東大街一百二十九號
蔣念椿	五九	無錫	世醫	外科	光緒三十一年八月	同上	鳳光橋十六號
張望雲	三七	無錫	陸仲威門人	內科	民國十五年三月	同上	沈菓巷三十三號
袁果成	二八	無錫	黃紹宗門人	針科幼科	民國十六年二月	同上	西大街九號
朱明鑑	三六	無錫	胡最良門人	針科	民國十三年三月	同上	迎迓亭十八號
王有聲	四〇	無錫	闕子倫門人	針科	民國十六年三月	同上	寺後門一百十九號
高善道	二六	無錫	世醫	內外科	民國十五年六月	同上	駁岸上二十七號
黃菊生	四四	無錫	世醫	針科	民國二年五月	同上	中市橋上塘廿七號
宓秉圭	四五	江陰	卜雅堂門人	外科	民國十四年九月	同上	圖書館路十六號
陳德甫	六〇	無錫	世醫	傷科	光緒廿一年十一月	同上	觀前街十六號
沈文奎	五〇	無錫	張雲廷門人	外科針科	光緒廿三年十一月	同上	中市橋巷十一號
張聯奎	三八	無錫	世醫	內科	民國九年一月	同上	南市橋上塘六十二號
徐志仁	四〇	無錫	世醫	幼科	民國二年三月	同上	新生路再涇橋
金炳耀	二七	無錫	王蔭堂門人	針科	民國十九年一月	同上	熙春街
朱玉麟	三二	無錫	馮志顯陸伯初門人	針科	民國十一年九月	同上	劉撫院
鄒耀宇	三〇	無錫	世醫	內外科	民國十五年二月	同上	東河頭巷十一號
吳求公	六四	江陰	師授	內外科	光緒二十七年七月	同上	北禪寺巷底
余振初	二九	無錫	師授	幼科	民國十七年四月	同上	眞應道巷十五號

許伯安	三〇	無錫	師授	內科	民國十五年五月	無錫國醫公會證書	東大街九十號
楊秉卿	五八	無錫	世醫	外科	民國廿三年十二月	同上	中市橋下塘
郁詠春	五三	江陰	師授	針科		同上	鳳光橋四十八號
錢申伯	三〇	湖州	師授	幼科	民國十七年六月	同上	硝皮巷三號
施肇周	二八	無錫	師授	內科	民國十八年八月	同上	寺巷四十三號
朱鳳翔	三〇	無錫	師授	針科外科	民國十五年五月	同上	新生路斜橋十三號
華家院	二八	無錫	師授	幼科	民國十八年三月	同上	新生路十七號
馬濟周	五二	武進	世醫	內外科	宣統一年五月	同上	新生路斜橋下
朱耀曾	四七	無錫	世醫	針科	民國四年三月	同上	二下塘沙巷口
李厚常	四五	無錫	世醫	內外科	光緒二十八年	同上	道場巷口四十二號
徐鳳池	三九	無錫	祖授	眼科	民國十七年五月	同上	東大街一一四號
惠公明	二七	無錫	祖授	內外科	民國十八年一月	同上	惠巷四號
李保璜	二七	無錫	祖授	內外科		同上	西門內會龍橋
童紹甫	三四	溧陽	世醫	眼科		同上	鳳光橋下
吳積良	二七	無錫	師授	內科針科	民國十八年六月	同上	東大街一百十號
丁紹卿	三九	無錫	世醫	外科	民國四年五月	同上	書院衖新無錫報館
華壽岐	四六	無錫	世醫	外科	民國三年五月	同上	連元衖三號
惠仲康	二五	吳縣	師授	內科		同上	書院衖
唐英候	四一	無錫	師授	內科		同上	大成巷
韋雲才	五四	無錫	師授	傷科	光緒二十六年八月	同上	崇安寺十二號
沈亦蘇	四八	無錫	世醫	內科		同上	三皇街藥皇廟
過少卿	四〇	無錫	師授	針科		同上	新縣前二十號
沈鼎銘	二七	無錫	師授	內科		同上	遊衕衖
高景止	二八	無錫	師授	內科		同上	東大街一三九號
欽希賢	二九	無錫	師授	內科	民國十八年三月	同上	小婁巷三十七號

張宗曜	四九	江陰	世醫	內科	宣統三年四月	無錫國醫公會證書	書院衖口南五十七號
吳雅愷	三六	江陰	師授	內科	民國二十二年七月	同上	緻喜巷四號
楊南昌	四七	無錫	師授	內科針科		同上	新市橋
魏蓋觀	五九	福建	世醫	內科	民國十六年七月	同上	沙坟端二十二號
顧永溪	四一	無錫	師授	傷科	民國十四年二月	同上	崇安寺新記茶社
韋鴻泉	四三	無錫	師授	傷科	民國十二年五月	同上	崇安寺二十五號
徐蔭北	三二	無錫	師授	內科	民國十八年五月	同上	大王廟衖三號
馮茂績	二七	武進	世醫	外科	民國十八年六月	同上	西河頭二十一號
王鳳岐	三八	無錫	師授	針科	民國十三年	同上	東河頭巷十四號
劉兆瑞	三五		師授	傷科	民國十年四月	同上	盛巷內四十三號
韋鴻德	四五	無錫	師授	傷科	民國五年四月	同上	崇安寺三十三號
曹鍾英	三六	無錫	世醫	幼科	民國六年	同上	盛巷內
曹鍾珏	二五	無錫	世醫	幼科	民國十八年九月	同上	盛巷內二十六號
華伯英	六四	無錫	師授	針科	光緒十六年	同上	青果巷十八號
朱子華	六一	南京	師授	外科		同上	縣下塘三十一號
胡澥初	五九	無錫	師傳	內科針科	光緒二十五年五月	上海特別市衛生局執照一三四四號	前太平巷六十號
胡敬奎	四五	無錫	祖傳	針科	民國元年六月	無錫國醫公會證書	前太平巷五十五號
季鳴九	三〇	無錫	師傳	內外科	民國十六年一月	正在呈請登記中	前太平巷五十一號
王梅谷	二五	無錫	師授	內科	十七年一月	正在呈請登記中	通匯橋十五號
袁省三	四〇	江陰	師授	內科針科	二十三年二月	曾向江陰縣府登記	中和里
周鏡壽	四三	無錫	祖傳	內科	一年一月	正在呈請登記中	交際路一號
華家鶴	二四	無錫	師授	內科	十八年五月	同上	交際路十二號
張伯倩	五九	無錫	祖傳	內科	光緒二十四年一月	正在呈請登記中	倉橋衖六號
李菊蓀	三七	杭州	南京鼓樓醫院	針科	十八年五月	已向本縣縣政府登記	萬卷上八號
陳啓先	二四	武進	師授	外科	二十三年四月	正在呈請登記中	長康里

杜少谷	四二	無錫	祖傳	外科	十四年五月	正在呈請登記中	長康里六號
孫相廷	五三	鹽城	祖傳	內外科	十三年三月	無錫國醫公會證書	東新路八十六號
于莘堂	四八	北平	祖傳	針科	民國二年三月	未曾登記	東新路八十八號
夏松泉	六七	鹽城	師授	內科	民國十三年五月	國醫公會證書	東新路七號
陸佩之	三四	鹽城	祖傳	小兒痘科	十九年一月	未曾登記	南倉門
黃德齡	四五	泰州	祖傳	內外科	十六年一月	同上	南倉門懋德里一號
徐厚臣	四二	徐州	祖傳	內外科	五年六月	同上	北倉門二十七號
段席成	五〇	淮陰	師授	外科	四年三月	吳縣中醫公會證書	漢昌路十一號
蔣若霖	三九	武進	師授	內外科	十七年五月	正在呈請登記中	光復路
承淡安	三六	江灣	家傳	針科	十二年四月	吳縣中醫公會登記	灣頭上
陸伯和	三九	無錫	徐公泉門人	針科	五年六月	無錫中醫協會登記	薛家弄
趙甫華	四一	無錫	無錫中醫講習所畢業	內外科	十年一月	同上	南門外黃泥埒
周養眞	三九	無錫	祖傳	針科	十五年一月	同上	南門外黃泥埒
諸竹生	三三	無錫	祖傳	外科	八年一月	無錫中醫協會證書	南門外黃泥埒
周太焱	四四	鎮江	周耀賡門人	針科	二十一年十二月	同上	南門外黃泥埒
周維卿	四二	無錫	祖傳	外科	十九年八月	同上	南門外黃泥埒
毛筱青	三〇	無錫	家傳	內科	十一年五月	無錫國醫公會登記	北長街
朱溪鴻	二〇	常熟	毛筱青門人	內科	二十一年十月	同上	羊腰灣
陳志良	三五	無錫	尤俊臣門人	針科	十五年三月	無錫中醫協會登記	金鈎橋
張維藩	四〇	無錫	湯懷古門人	內外科	二十一年五月	未	小南門巷
錢子紹	六一	無錫	曹少琴門人	內科	約三十年	未	小南門巷
邵步青	六四	無錫	宗子卿門人	內科	約三十餘年	未	夾城裏
黃榮昌	四三	無錫	馬同泰門人	針科	一年七月	未	伯瀆橋下
周耀賡	六五	無錫	陸伯泉門人	針科	約四十三年	國醫公會登記	跨塘橋
陸仁權	二四	無錫	中醫講習所畢業	內外科	二十年一月	國醫學會登記	伯瀆巷

陳治良	四一	無錫	闕子倫門人	內外科	五年五月	中醫協會登記	棉花巷
鄧星伯	七四	無錫	馬修之門人	內外科	五年十月	未	棉花巷
陳伯雲	五五	無錫	祖傳	內外科	二十年二月	未	棉花巷
包人鏡	二七	江陰	陸仲威門人	內科	二十年二月	國醫公會登記	跨塘橋
馬效良	三三	無錫	胡最良門人	針科	十四年元月	同上	灣頭上
華心葵	六一	無錫	鄧星伯門人	內科	元年一月	同上	大公橋
章志方	三八	無錫	祖傳	針科	十年五月	同上	清名橋
周文淦	二四	無錫	章志方門人	內外科	二十一年二月	未	老窰頭中段
蔣烱明	二七	無錫	吳少廷門人	內科	十八年一月	中醫協會登記	窰上
劉逸平	三七	無錫	家傳	內外科	七年六月	同上	窰上
王俊山	二四	常州	祖傳	喉科	三年四月	同上	窰上
華芎芬	二七	無錫	蘇福音醫院畢業	眼科	十九年六月	同上	伯瀆港
錢耀芳	三七	無錫	李作良門人	針科	十二年三月	中醫公會登記	花園衙
邵駿雄	三九	無錫	祖傳	內科	十八年四月	同上	清名橋
薛仲華	二一	無錫	祖傳	針科	二十二年六月	直縣政府	伯瀆港
許伯安	三三	無錫	授業	內科	十七年三月	領有證書	魚行街
周小農	五六	無錫	授業	內科	光緒二十二年二月	中央國醫館	棉花巷
過子怡	六二	無錫	祖傳	女科 內科小兒	光緒二十四年	中醫學會登記	棉花巷
葉錦秀	六一	無錫	祖傳	針灸	二十年一月	中醫學會登記	小木橋
顧伯蓮	三七	無錫	授業	內外科	二十一年一月	未	龍船浜
陸丙章	四六	無錫	授業	內科	二十一年一月	未	迎龍橋
丁慕靖	三四	無錫	授業	眼科	十九年三月	未	觀前街
張叔泉	三二	無錫	授業	針科	十七年一月	已登記	觀前街
陳省道	三〇	無錫	祖傳	瘋科			大德橋
姚琴卿	三〇	無錫	祖傳	瘋科	二十年	未	五里街二十八號

姓名	年齡	籍貫	出身	科目	開業年月	登記	住址
張再梁	四八	無錫	祖傳	針科	民國元年	已登記	棉花巷百零七號
諸明卿	五八	無錫	儒．	內科	民國元年	已登記	棉花巷九十八號
許近青	四五	無錫	授業	內科	民國元年	國醫公會登記	棉花巷八十三號
陳志方	五三	無錫	授業	針科	宣統三年六月	公會證記	棉花巷五十二號
范仁卿	三五	江陰	授業	內科	八年六月	已登記	西門高濟春店
劉濟川	五二	無錫	祖傳	傷科	宣統元年	領有證書	西門高濟春店
李紹良	四一	無錫	祖傳	幼科	六年二月	同上	油車街十三號
葉蔭庭	三七	江陰	授業	內外科	九年三月	同上	棚下六十四號
常子明	四八	無錫	祖傳	外科	光緒三十二年一月	同上	迎龍橋
郎仲達	四一	無錫	授業	傷科	八年五月	在上海登記	龍船浜四號
曹保嬰	四〇	無錫	祖傳	推拿	二十二年三月	未	龍船浜三號
高頌羲	五三	無錫	祖傳	內科	民國元年三月	未	西直街益生堂店
丁士鏞	三二	無錫	從師沈季江	內科	十四年五月	已登記	泗堡弄二十號
鄧友君	三六	無錫	從師闕子倫	內科	十二年五月	已登記	泗堡弄二號
李光華	二四	無錫	無錫中醫講習所畢業習師龔士英	內科兒科	二十二年三月	同上	石灰場十六號
黃科良	四七	無錫	家傳黃鴻馨	喉科	宣統三年三月	同上	北柵口三十五號
劉少温	二五	鎮江	從師張貴楚	小兒科	二十二年九月	同上	後祈街二十四號
朱叔成	五八	無錫	從師吳先生	外科	宣統元年一月	同上	後蔡弄九號
胡懋林	五五	無錫	家傳胡殿圭	內科兒科	光緒二十七年五月	同上	北柵口一二一號
張貴楚	三一	無錫	從單師堯和	內科兒科	十四年四月	同上	後祭家弄九號
張良岐	四〇	泰縣	家傳張先生	幼科	十八年一月	同上	積餘街五號
陳士良	三五	無錫	從師陳志芳	針科	十八年一月	同上	泗堡弄四十二號
陳雲山	四六	無錫	從師華仲英	針科	十五年九月	同上	笆斗弄四十五號
劉巽青	三三	江陰	從師郭志傲	內科	民國十四年三月	同上	笆斗弄二十四號
朱薰芳	二五	無錫	從師沈發卿	推拿科	二十年三月	未登記	笆斗弄十六號

章逸才	五五	江陰	家傳章煥堂	內科	光緒二十八年四月	已登記	後竹場巷十七號
孫鴻圖	四一	無錫	從師患芳師	針科	十九年十一月	同上	北柵口八十五號
胡謂衡	五二	常州	家傳胡甫祥	針科傷科	光緒二十七年一月	同上	惠商橋三十六號
王錦昌	二五	無錫	從師程仲甫	推拿針科	二十年十一月	同上	長安橋十六號
王肯曾	三三	無錫	家傳王子柳	推拿針科	九年六月	已領到正式省證書	露華弄二十一號
王慎三	五三	無錫	家傳王子柳	推拿針科	光緒二十八年三月	已登記	壜頭弄四十七號
王頌昇	五一	無錫	家傳王子柳	推拿針科	光緒三十年一月	同上	布行弄二十七號
王祖瑩	二五	無錫	家傳王子柳	推拿針科	十八年三月	同上	壜頭弄四十七號
劉保良	二七	無錫	從師陸仲威	內科	十八年六月	同上	長安橋南尖二十七號
鄧季芳	五七	無錫	家傳鄧蓉和	內外科	光緒二十九年一月	同上	長安橋南尖四十三號
鄧寅清	二九	無錫	家傳鄧季芳	內外科	十七年五月	同上	長安橋南尖四十三號
陸慰甫	二七	無錫	從師曹黼侯	內外科	十七年三月	同上	長安街南尖六十三號
丁亮祖	四五	無錫	從師鄭鶴高	內喉科	元年一月	同上	長安橋橫街三十八號
許錫倫	二八	無錫	從師朱少鴻	內科	十八年六月	同上	長安橋橫街二十二號
黃蒓錦春	二六	無錫	家傳黃芹一	眼科	十八年三月	同上	長安橋逢芋沿河十八號
樂伯鈞	三六	無錫	從師徐伯文	內科	十七年五月	同上	北門大橋上一號
謝幹生	六六	無錫	從師王子柳	內科	光緒二十九年一月	同上	灣巷十七號
朱超	三七	無錫	從師吳子和	內科婦科	十一年一月	同上	周師弄二十二號
馮瑞庭	三三	無錫	從師周蘭亭	小兒針科	民國十四年五月	同上	周師弄二十六號
單鎮安	六三	武進	家傳單先生	小兒針科	光緒十八年五月	同上	周師弄三十四號
張竹明	二七	無錫	從師潘靜儂	小兒科	十七年八月	同上	張成弄三十八號
楊百增	二五	無錫	家傳楊雲初	眼科	十八年五月	同上	前蔡家弄十九號
楊雲初	六七	無錫	從師李桂生	推拿針科	光緒二十五年五月	同上	前蔡家弄十九號
朱雲亭	六二	無錫	從師張先生	內科	光緒三十年一月	同上	顧橋下一百另四號
過鳳祥	四三	無錫	家傳過學明	疔科	光緒三十三年五月	同上	江陰巷一百三十一號

邵婉石	二九	無錫	家傳邵信甫	疔科	二十二年一月	未登記	江陰巷一百四十三號
陸懋如	四三	無錫	家傳陸雲黼	內科	五年一月	已登記	江陰巷十九號
韋守儀	六五	無錫	家傳韋文彬	內科	光緒二十三年三月	同上	北柵口一百十三號
曹椿年	三一	無錫	從師王頌芬	內科	民國十七年十月	同上	北門外陶沙巷一號
許舜選	五七	無錫	從師過翰起	喉科針科	光緒三十一年三月	同上	後竹場巷二十九號
許忠和	三〇	無錫	從師汪雨蓉	內科	十二年五月	同上	後竹場巷二十九號
沈蓉溪	六五	無錫	從師計鳩奄	針科	光緒二十一年一月	同上	笆斗街二十五號
沈仲江	三〇	無錫	家傳沈蓉溪	針科	十四年五月	同上	笆斗街二十五號
龔士英	三八	無錫	家傳龔錫春	內科	十八年一月	曾領到省正式證書	周師弄二十五號
陸景唐	三四	江陰	從師朱少鴻	內科	十一年十一月	已登記	周師弄十六號
徐庭忠	一八	無錫	從師傅仁傑	推拿針科	二十三年十一月	未登記	長安橋橫街三十三號
梁少庭	二八	江陰	家傳梁濟庭	內外科	十七年六月	已登記	黃埠墩十七號
蔣和生	二八	無錫	家傳蔣先生	疔科	二十三年五月	未登記	北門外前江尖六十八號
劉步發	四六	鹽城	家傳劉步高	外科	宣統三年六月	已登記	接官亭街口九十號
朱竹英	四五	無錫	從師呂惠庭	眼科	十五年五月	未登記	北塘三里橋百二十號
張惕庵	三二	無錫	世醫張耀文	內外科	十三年二月	已登記	北塘三里橋百五十九號
張步景	三二	無錫	從師沈葆三	內科	十二年二月	同上	北塘三里橋百六十七號
張史文	六六	無錫	家傳張逸亭	內科	光緒二十六年一月	同上	三里橋百六十七號
何秀安	三五	無錫	家傳趙仁安	瘋科	十六年四月	同上	接官亭沿河四十六號
倪梅峯	三二	無錫	從師華伯英	內科	十七年三月	同上	北塘橫浜口倪萬亭三十二號
蔣蘆伯	三〇	無錫	家傳蔣仲楨	內外科	十九年三月	同上	後祁街後街三號
歸起翔	五一	無錫	從師鄒星伯中醫講習所畢業	內外科	光緒二十九年一月	同上	小三里橋十八號
歸景鐘	三〇	無錫	隨父歸起翔	內科	十九年二月	同上	小三里橋十八號
張硯芬	五六	無錫	世醫	內科	光緒二十九年三月	同上	北柵口蔡芝堂藥店
張啓明	二六	無錫	從師張伯倩	內科	十八年七月	同上	北柵口蔡芝堂藥店

陸丙章	四八	無錫	從師丁潟谷	內科	光緒三十二年六月	未登記	吳橋吳苑茶棧四號
龔士俊	二八	無錫	世醫	內科幼科	十八年六月	已登記	江陰巷三十四號
褚道慈	三〇	安徽	上海亞東醫科大學	內外科	二十一年七月	衛生署證書	北柵口
虞拙庵	四二	無錫	王慎三授業	內科	十二年七月	未登記	廣勤路一四九號
潘國祥	三八	常熟	世醫	痔科	十九年八月	同上	廣勤路二另三號
陳立生	四三	武進	世醫	外科	十八年五月	同上	廣勤路一八二號
許壽山	四〇	江陰	胡茂林授業	鍼科	四年三月	無錫國醫公會證書	廣勤四支路一號
陶由章	二八	江陰	方子明傳授	推拿鍼灸	十八年十月	同上	廣勤四支路七號
朱育民	四三	靖江	南通中醫科畢業	內科	十一年六月	同上	廣勤四支路十號
朱雲州	五二	江陰	祖傳	推拿鍼灸	五年三月	尚未	舟山浜三五號
曹雲鵬	三一	江陰	祖傳	推拿鍼灸	十五年十二月	同上	舟山浜四三號
孫錫生	三八	無錫	祖傳	推拿小兒	十五年四月	同上	永慶里一二號
段少卿	三三	淮陰	祖傳	眼科外科	十九年七月	同上	廣勤路九四號
傅仁傑	五三	無錫	祖傳	傷科外科	宣統二年三月	國醫公會證書	廣勤路八三號
繆鶴齡	三九	吳縣	傳授	眼科	十年四月	同上	陳白頭巷
尹頌南	三二	鹽城	傳授	內科	十八年五月	尚未	亮墹上
朱福郎	五四	江陰	祖傳	推拿小兒	十九年二月	同上	廣勤二支路一七號
徐子賢	四四	無錫	無錫工商醫院畢業	內外科	十年二月	同上	廣勤二支路二二號
張仲良	四〇	無錫	工商醫院畢業	內外科	八年二月	同上	通路中
周受天	六六	鹽城	傳授	鍼灸內外科	光緒二十八年三月	同上	通惠路一三七號
王竹亮	三一	宜興	傳授	眼科	五年四月	同上	通惠路一二一號
許光明	六一	無錫	祖傳	眼科	宣統二年二月	同上	通惠路一一七號
歸仲欽	四五	浙江	傳授	內科	二年三月	同上	陳白頭巷
李星如	五三	安徽	世醫	內科	二十一年六月	中醫協會證書	通惠路
陳一清	三三	武進	世醫	喉科外科	十七年二月	尚未	舟山浜

龔世雄	二七	無錫	世醫	內外科	十七年三月	國醫公會	周巷上
方鈺清	二四	無錫	祖傳	推拿鍼科	二十二年七月	中醫醫習所	陳白頭巷五號
方鈺初	二六	無錫	祖傳	推拿鍼科	二十二年七月	無錫公會證書	陳白頭巷五號
葉金章	五六	無錫	祖傳	內科	民國二十三年三月	已登記尚未領到證書	南倉門四十四號
汪庭華	四五	江陰	祖傳	內科	三年三月	領到證書	熙春街七十五號
鄭鶴臯	七〇	無錫	讀書	內科	光緒二十八年三月	同上	熙春街六十九號
吳子和	六六	無錫	讀書	內科	十八年三月	同上	熙春街百七十三號
華子濤	五八	無錫	醫道	內科	五年四月	同上	熙春街九十五號
潘金山	四八	無錫	醫道	針科	宣統三年二月	同上	隆昌里八號
蔡子玉	二六	無錫	醫道	內科	二十三年六月	已登記尚未領到證書	隆昌里四十四號
華琮麟	六三	無錫	醫道	針科	光緒十三年六月	領到證書	熙春街百四十號

無錫縣城區西藥房一覽表

名稱	地址	經理姓名	藥劑師姓名	資本數目
中法藥房	崇安寺	賀君儒	毛穎　周根福	二千元
興昌藥房	同上	麥心泉	王志勤　戴廣順	四千元
中和	通運路五八號	單實曾	單實曾　朱浩然	五百元
濟羣	通運路六八號	陳俊甫	自彙	一百元
中英藥房	北大街	金仰之	高景長	三千元

名稱	地址	經理姓名	藥劑師姓名	資本數目
大陸藥房	北大街	李少堂	李應期	一千五百元
新生藥房	北大街	高景長	高善道	二千元
太和藥房	同上	陸雲祥	顧俠扶	一千元
中西藥房	北塘街	朱士宏	高景長	一千元
泰西藥房	同上	陶錫卿	高景長	三百元
五洲藥房	北大街	張斗南	顧正	九百元
中外藥房	北塘	胡樹棠	顧俠扶	三百元

無錫縣城區中藥業一覽表

店號	地點	經理姓名	資本數目
賀天允	山門口二八號	賀君儒	二千元
壽康	寺巷十二號	王少卿	一萬元
泰豐	大婁巷二號	彭國樑	五百元
泰山堂	大市橋街五七號	彭國樑	四百元
明德	大市橋街四八號	秦叔賢	六千元
隆元祥	青果巷三號	賀雲卿	五百元
孫萬春	青果巷五號	孫介福	六百元
姚萬益	大市橋街六六號	楊少生	五百元
鼎益	大市橋街七八號	王少卿	六百元
同益	大市橋街八四號	秦仁泉	八百元
春和	盛巷橋街十八號	徐建伯	一千元
益元	盛巷橋街三四號	王一朋	四千元
阜豐	盛巷橋街三七號	袁雨記	五百元
同康	北門上塘街五〇號	惠綬卿	二千元
李同豐	北門上塘街一百號	李雲泉	一千元
李一豐	通運路二八號	李瑞昌	五千元
同生	通運路四七號	朱子文	五千元
同吉春	通運路六〇號	錢竹軒	二千一百元
濟春	通運路六九號	薛漢卿	二千二百元
同春	漢昌路三三號	錢竹軒	一千元
徐鶴齡	光復路	徐錦林	一千元
廣裕	後中正路一號	龍吉甫	一千元
泰康成	南上塘	史彬章	五千元
仁壽康	南上塘	史彬章	二千元
衛生堂	清名橋堍	董雲標	一千元
龐濟壽	南上塘	龐魯芹	二千元
泰和	南上塘	黃炳坤	一千元
大吉春南號	跨塘橋	張仲台	
益大	跨塘上	王錦坤	五百元
朱泰安	跨塘上	馮浩春	五百元
乾元堂	黃泥橋	沈岐卿	九百元
同壽春	黃泥橋	王中和	五百元
衛生堂	黃泥降	董雲標	一千元
濟生堂	灣頭上	孫國民	六百元
益生堂	西直街	高頤雍	五百元
高濟春	西直街	范仁卿	一千元
天和堂	西直街	朱清和	九百元
同德生	西直街	李炳榮	八百元
道生堂	西直街	繆雲亭	五百元
王大生	棚下街	王裕亮	八百元
存德堂	棚下街	葉蔭庭	七百元
同仁春	迎龍橋下	張振綱	五百元
長春堂	迎龍橋下	虞民樂	五百元
大生祥	迎龍橋下	吳至德	三百元

採芝堂	北柵口	張硯芬	一千元
葆春堂	北柵口	唐紹鴻	五百元
泰生祥	北柵口	朱紹岐	五百元
益大	江陰巷	陳之敬	五百元
大德春	周師弄	華秋生	五百元
華元吉	灣巷	華仲芬	八百元
大吉生	灣巷	周文郁 王世鐸	五百元
大吉春	北大街	鄒蔭楠	一萬元
同豐裕	北大街	吳箕福	六千元
李同豐	北大街	李雲泉	四萬元
同豐	北大街	厲翼濤	二萬元
大生春	北大街	賀耀文	三千元
老大年	壇頭弄	周國榮	三千元
義昌	北塘	俞祖慈	一萬元
大生春	北大街	賀耀文	四千元
仁仁堂	北西街塘	榮子華	一千元
德性堂	接官亭	孫昌祺	五百元
張志仁	三里橋	張惕安	五百元
元德堂	周山浜	劉振聲	二千元
同慶餘	周山浜	盧拙庵	二千元
大生裕	周山浜	盧炳揚	二千五百元
同德堂	周山浜	汪順祖	二千元
大同春	通惠路	王錫泉	一千元
壽春堂	通惠路	薛斌恆	五百元
保和堂	通惠路	徐蔭基	一千元
杜天和堂	熙春街	杜佩濤	三百元
王大生	熙春街	王如貴	四千元
李中和	熙春街	李伯威	一千元
李天德	井亭街	李兆志	四百元

無錫縣歷年時疫醫院辦理概況

本縣時疫醫院，在民國八年及十五年雖有兩度設置，惟爲時甚暫，成績未著。十八年八月間，因上海方面虎疫流行，本縣縣長孫祖基，邀請各業領袖，籌設臨時時疫醫院，以防傳染。於是月十日開會討論，並籌募捐款，當即函聘華藝三爲院長，王世偉爲醫務主任，周寄湄爲總務主任，不一星期，宣告成立。院址於東門外延壽司殿，十九日開始診治，至九月底爲止，總計門診六千一百六十四號．霍亂病人六百〇三人，注射防疫苗漿三千六百八十三人．住院病人八百七十九人，注射鹽水數量三千五百九十一磅．死亡共計十九人。

十九年，由縣長孫祖基主持，召集各機關各業領袖，仍照上年舊案，繼續辦理臨時時疫醫院於原地。聘許蘇定衛賢文先後爲院長，江導山爲總務主任，孫祖烈孫繼之先後爲醫務主任，診治經過，與上年大致相同。

二十年，由縣長潘忠甲主持，召集各機關各業領袖，會議附設醫院於勞工醫院內，又爲普遍施診起見，特組織防疫委員會，分發防疫漿苗於四鄉醫院醫師領用，成績甚佳。二十一年，由縣長陳傳德召集各機關各業領袖會議，除於縣府成立防疫委員會外，並於西墩劉公祠內，設立臨時時疫醫院，聘衛質文為院長，錢鍾亮為事務主任，王世琦為醫務主任，於七月廿五開診，至九月二十一日結束，共計治療病人三千一百四十餘人，死亡三十餘人，用去鹽水量計四千四百十八磅，支出開辦及經常費三千〇六十七元餘。

二十二年，由縣長嚴慎予主持，召集各機關各業領袖會議，籌設臨時時疫醫院，議决自八月一日起至九月底止，辦理兩個月，院址設西門外水仙墩劉公祠內，聘衛質文為院長，顧曾諒為醫務主任，錢鍾亮為事務主任，因是年天氣乾旱，僅有傷寒腸炎痢疾等症，並無時疫發現，遂於九月十二日提前結束。共計支出開辦經常費二千八百六十三元一角四分。

二十三年，由縣長嚴慎予主持，召集各機關各業領袖會議，籌設臨時時疫醫院於八兒巷平民產院，聘衛質文為院長，顧曾諒為醫務主任，錢鍾亮為事務主任，七月十二日開診，因天熱雨少，霍亂及瘧疾極少，共治病人四百十三人，用鹽水量五萬三千西西。支出開辦經費一千五百二十四元餘。

此外南里時疫醫院，為朱頤個人獨資捐辦，向不向外募捐，自二十年起，每年夏秋開診，成績良好，地方人民，受益非淺，深望以後各地之聞風響起也。

無錫縣平民產院概況

本邑平民產院，自江蘇省立助產學校教務長黃勝白提議，並由嚴縣長慎予提倡贊助，始於民國二十三年春，擇定城中前勞工醫院原址，為該院院址。該處地居城中交通中區，地位幽靜，房屋舒敞，極適配於產婦之休養治療。當即由江蘇省立醫院派秦梅先女士來錫籌備，修繕房屋，裝置電燈，佈置病房，購辦衣服褥藥品器械，於二十三年二月正式開幕，收容產婦。茲將該院自開幕迄今一切概況，摘要申述於左：

(一)組織：該院經費來源，由縣市款按月補助一百五十元，不足之數，則全恃產婦捐助。院內設院長一人，統理全院醫務事務，醫務主任一人，担任指示助產士一切工作，事務則因經費拮据，全由院長主持管理。

(二)職員：院長一人，自開幕至五月，由省派李樹聲醫師担任後，因事辭職。即由江蘇省立醫院派顧曾諒醫師到錫，任江蘇省立醫院無錫分診所主任醫師，兼辦本院行政事務。二十四年一月顧曾諒辭職，繼之者為余錫洪，醫務主任一職，前任為邑人秦梅先女士，現任為王珠麟女士，趙雲錦陳蘭英姜連貞李道清四員，任助產之職。

(三)設備：該院院址，係前勞工醫院舊址，經該院將以前病房，大加修繕油漆，添置藥品器械，故設備尚稱完備，現設手術室一間，以備難產時應用，分娩室一間，凡來院分娩者，均入此室，助產士辦公室一間，及嬰兒室一間，產婦產前檢查室一間，大會客室一間，特別產房七間，每間能容二人，普通產房一間，能容八人。

（四）產婦來源：所有產婦，皆自動投院，並均經產前檢查，先期約定。院中分出診接生及住院接生二種，有助產士四員，分日夜班工作，故不分晝夜，隨時可到院生產或出診接生。

產婦人數：該院自開辦迄今，每月產婦人數，逐漸增加，自十餘數已增至三十餘。每月難產如鉗產橫位足位臀位顏面位等，平均有四至五之數，而結果則均大小安全。其產婦人數所以能每月增加者，實因社會人士對於該院贊許介紹之故也。

（六）接生納費等級：住院接生，分特別產房普通產房二種，特別產婦納住院費每天一元，普通產房免費。接生費依規定自免費起至六元止，由產婦自願繳納。

公用

給水

無錫縣城區自流井調查表

地點	水質	建築年數	每日平均所用水量	管理狀況	備註
公園路	清淡	民國十年	二百五十担	憑籌取水由區公所管理	第一區公所公井
法院前	清淡	民國十六年	八百担	同上	同上
後書院衖	清淡	民國十八年	五百担	同上	同上
公園路	清淡	民國十三年	同上	除昇泉浴池自用外餘憑籌售水	
大市橋	清淡	民國十九年	四百担	除浴德池自用外餘憑籌售水	
南市橋	清淡	民國七年	五十担	普仁醫院自用	
南市橋	清淡	民國廿二年	同上	同上	
便民橋	清淡	民國十八年	三十担	繆宅自用	
江陰巷	清明	民國廿三年	尚未啓用	陶謙益糟坊兼管	
社橋頭	清明	民國二十年	一百担	僱役管理	
錦豐路	淡	民國二十年	四千餘担	由慶豐紗廠派機匠一名負責管理	專供附近工房居民食用

電氣

無錫縣境內電廠調查表

公司名稱　戚墅堰電廠。

性質　建設委員會所辦，屬國有。兼營無錫武進兩縣。

固定資產總額　二十六萬五千元。

開辦年月　該廠原爲中德商人合辦之震華電廠，於民國十年創立，嗣於民國十七年十月一日，收歸國有，始改今名。

發電機　三千二百瓩汽輪發電機三座。

總發電量　九千六百瓩。

最高負荷量　二十二年之最高負荷量爲六千六百瓩。

發電時間　日夜發電。

電燈用戶數　無錫方面至二十三年八月底止，爲一萬零五百八十七戶。

電力供給數　無錫武進兩縣，用電力者四百五十五戶，計九千四百五十九馬力，每月平均用電二百十萬度。

電費計算法　電燈電每度一角八分。電力電分基本流動兩部，基本電費每月每馬力一元四角，流動電費每度自五分五厘至三分爲止。

已裝路燈　無錫縣公私路燈，共爲二千零十九盞，城區爲一千九百另九盞，餘均分佈於鄉區已通電各鎮。

營業狀況　民國二十二年全年營業收入約銀一百五十萬元經常費支出約銀九十六萬元

菜場

無錫縣城區菜場調查表

所屬轄之公安分局	名稱	地點	狀況	備註
第一分局	第一區第一小菜場	崇安寺	寬廣整齊	各販均有執照

第二分局	第一區第三小菜場	萬前街萬巷上	每日晨起至中午止各攤販設攤於該地兩旁中間留爲人行道由分局派衛生警彈壓並注意菜場之清潔衛生暨秩序地居中心平時營業尚稱發達	上列菜場前[illegible]橋營業近以吉[illegible]橋拱[illegible]交通不便觀瞻不雅故移設萬前路萬巷上一帶現在南上塘一帶另設臨時菜場
第三分局	第一區第六小菜場	界涇橋弄內	地居偏僻不合用	
第四分局	第一區第二小菜場	西門外大倉街	該菜場設備豬肉鮮魚以及菜蔬等攤每日上午六時上市至十二時收市	
第五分局	第一區第四小菜場	大河池	魚肉蝦素等劃分陳列售賣	
	第一區第八小菜場	普濟橋	同上	
第六分局	第一區第七小菜場	周山浜	每日早晚二市	
直一分駐所	第一區第五小菜場	東門外綠羅菴	查東門菜場僅有一處近來又居戶增加故肉店魚攤菜蔬担販均聚售於此該商販等營業尚佳	

車輛

無錫縣各種車輛調查統計表

車別	輛數	每輛座位數或載重量	備考
錫澄長途汽車	二十四	二十五人七輛二十四人十四輛十八人一輛六人二輛	大汽車二十二輛小汽二輛
錫澄長途運貨汽車	二	四公噸	
錫宜長途汽車	二十	自十八人至二十八人	該公司車輛與南京杭州兩地時有調用其常在本縣境內者約如上數
營業乘人小汽車	二十七	六人二十六輛四人一輛	
營業運貨汽車	二	二公噸	
自備乘人小汽車	四	四人三輛五人一輛	

機器脚踏車	一	一人	二輪機器脚踏車
自用包車	四百五十二	一人	
自由車	六百六十七	一人	
人力車	二千二百十四	一人	
榻車	三	約五百斤	

娛樂

無錫縣城區公共娛樂場所調查表

營業牌號	性質	種類	地址	資本總數	經理姓名	職員人數	藝員人數	座數總位	開設年月
無錫大戲院	合資	電影	公園路	二萬五千元	吳觀蠡	三〇		七百座	民國二十二年二月
中南大戲院	股份	電影平劇	映山河口	三萬五千元	周老凋	四〇		九百座	民國二十年四月
新光	合資	平劇	圓通路	二千元	吳警吾	三〇	九〇	一千座	
慶陞戲院	合資	京戲	東新路	一千元	沈濮晉	二〇	一〇〇	一千座	民國八年十一月
振興戲院	獨資	江北戲	東新路	五百元	鄭德良	七	一八	六百二十座	民國二十年四月
中東戲院	合資	歌劇	東新路	八百元	胡濮庭	一五	二五	一千一百座	民國二十二年五月
耀記舞臺	公司股份	文明新劇	棉花巷張家衖	六百元	華耀先	五	二二	三百座	民國二十一年
慧明戲院	合資	南方歌劇	新馬路	三千一百元	陳壽芝	一二	二九	四百座	民國二十一年一月
巴黎戲院	合資	南方歌劇	廣勤路	三百元	陸海山	一〇	一五	四百座	民國二十二年八月

第一樓	合資	南方歌劇	通勤路	二千元	李[illegible]祖	一五	〇二	五百五十座	民國廿九年五月
新萬興茶社	獨資	說書	崇安寺	四百元	童雲亭	二	一	一百二十座	民國十九年三月
勝興閣茶社	獨資	說書	崇安寺	二百元	陳錦雲	三	一	二百座	民國二十二年六月
蓬來書場	合資	說書	觀前街	二百元	鄭少琴	三	一	二百三十座	民國二十一年八月
雅叙園書社	獨資	說書	觀前街	三十元	王楊氏	一	一	一百座	民國二十年五月
長興茶樓	獨資	說書	寺巷	一百元	陳渭川	二	一	三十座	民國十二年三月
迎興茶樓	獨資	說書	寺巷	五十元	許桂泉	三	一	一百座	民國四年五月
迎園書場	獨資	說書	青果巷	二百元	毛子俊	一	一	一百座	民國十八年十二月
鳳和園茶場	獨資	說書	新縣前	一百元	丁全奎	二	一	一百四十八座	民國八年二月
控江樓書場	獨資	說書	裏水關橋	五十元	王興	一	二	八十座	民國十九年三月
明月樓	獨資	說書	通運路	一百元	王少卿	二	二	五十座	民國二十二年二月
彤苑	獨資	古詞	灣頭上	三十元	葛阿里			十五座	民國十二年
龍泉茶園	獨資	說書	黃泥峰	五十元	俞泉生			二十四座	民國十七年
勝泉茶園	獨資	說書	黃泥峰	五十元	吳阿二			二十座	民國十一年
榮福園	獨資	說書	伯瀆巷	三十元	馬雲先			十五座	民國二十一年
一新園	獨資	說書	南長街	四十元	潘鳳岐			五十座	民國十二年
集賢社	獨資	古詞	南下塘	四十元	曹文泰			二十座	民國十二年
聚福園	合資	說書	西直街	一百五十元	汪進甫		一	三十座	同上
洪興園	合資	說書	西直街	二百元	邵文偉		一	二十座	民國二十一年四月

松鶴樓	合資	說書	北門口	二十元	李永保	一	一	三十座	民國十八年月十
悅心茶園	獨資	說書	悅心弄	五十元	陳　氏	一	一	四十五座	民國廿三年十一月
清園茶社	獨資	說書	壇頭弄	五百元	吳洪根	三	一	五十座	光緒二十四年八月
升平茶園	合資	說書	北塘西街	五十元	陳錫清	四	一	六十五座	民國二十二年二月
容園茶社	獨資	說書	北塘西街	三十元	姚費氏	二	一	三十五座	民國十九年九月
老天保棧	合資	說書	北塘西街	五十元	李泉根	二	一	二十五座	民國二十二年四月
長興書社	獨資	說書	秦棧弄	四十元	張福生	一	一	四十座	宣統元年五月
同羽春	獨資	說書	大河池沿	三百元	張旭祺	二	一	六十座	民國十七年九月
長春園茶園	獨資	說書	灣巷	二百元	林勤軒	一	一	二十座	民國八年八月
月河軒	獨資	說書	大河池	一百元	尤兆麟	一	二	五十座	民國二十二年十月

救濟

積穀

無錫縣縣區倉積穀一覽表

二十四年四月調查

倉別	所在地	積穀別	積穀石數	穀款現存數	穀款存儲處
縣倉	生和棧 姓康棧	籼稻	七百五十八石四十八斤	二千九百二十四元一角二分	交通銀行，縣金庫
第一區	中國銀行堆棧	籼稻	六百十七石九十一斤		
第二區	邱裕生棧 義昌棧	粳籼稻	六百八十四石十六斤		
第三區	姓康棧寶大 棧農行庫	籼稻	六百石		
第四區	中國棧 鄒成泰棧	粳籼稻	九百零八石九十斤		
第五區	德興店棧 復生棧	籼稻	三百三十四石九十四斤		

倉別	所在地	積穀別	積穀石數	穀款現存數	穀款存儲處
第六區	願義莊	粳籼稻	四百另九石七十二斤		
第七區		粳稻	三百石		
第八區	宏仁棧 大軆門	粳稻	六百三十九石十斤		
第九區	益源棧	粳稻	七百石		
第十區	區公所	粳稻	六百零五石二十一斤		

「註」縣倉穀款，每年在田賦上每畝帶征五厘。又縣區穀倉多數未建，大部均係租棧堆儲。

慈善

無錫縣救濟院及各所一覽表

縣別	院所別	院長主任姓名	職員及人數	院內辦理狀況	收容人數	經費預算	成立年月
無錫縣	救濟院	院長錢基厚 副院長蔡文鑫	會計一人 專任員一人 兼任員一人 書記一人	指導所屬各所辦理救濟事宜		每年三千二百四十元（實支每月二百四十三元）	民國二十年六月
	育嬰所	所長華廷輝 副所長秦權	四人	辦理育嬰事業內堂雇用乳媽十二人每人工[illegible]五元半外堂貼養小兒每口五角遇疾病[illegible]約[illegible]，殤施材	內堂現養小兒二十四口外堂約二百口	每年六千元	民國二十年七月改組
	養老所	所長楊壽楣	七人	收養鰥寡老人在六十歲以上者生給衣食死施棺葬每人月費約六元	男八十八人 女十五人	每年六千五百元	民國二十年七月改組
	施醫所	所長華文川	四人	聘請西醫二人中醫一人常年施醫及[illegible]約夏季臨時加聘中醫一人	平均每月男約一百八十餘人女一百二十餘人	每年一千六百八十元	民國二十年七月改組

備攷

一、救濟院 本院自奉令舉辦，迭經前任院長召集地方會議，決就原有私人設立之慈善救濟機關可以合併者組織成立。實際因公款困難，各所仍由各自負責籌款辦理，救濟院僅立於統率指導地位，本表塡列救濟院預算係指本身之經費預算。（地方款[illegible]）

二、育嬰所 本所原有田租約六百餘畝，每年田租收入約千五百元，本所餘屋出租每年房租收入約五百元，救濟院每年補助三百元，其他志願捐三百元，餘則由同仁堂補助。

三、養老所 每年經費概由普濟堂撥助。

四、施醫所 每年經費概由恆善堂撥助。

無錫縣游民習藝所一覽表

名稱			無錫游民習藝所
設立年月			十八年一月十五日
設立地址			無錫南門外南禪寺舊址
人事狀況	主管人	職別	主任
		姓名	吳廾周
		別號	
		年齡	三九
		籍貫	無錫
		出身	師範講習所
		簡歷	曾任市市政局文牘縣商會文牘等職
		任事年月	十八年一月十五日
		月領薪給	四十元
	職員職別人數及其薪給		職員分工務教務人事會計文牘庶務捐務等七人薪給最多二十四元餘則十餘元
	收容人數及每人月支衣食用費數		收容人數常在三百人左右每人衣食床被等費月需五元
	勤務伕役人數及其月支工資數		所丁勤務伕役共計十餘人工資最多十元餘則五六元
	基金數目之有無及其存放地點和利率		基金六千元每年息金約六百元
經濟	經費總額		年需二萬元左右
	經費來源		(一)縣款補助 (二)市款補助 (三)臨時舖捐 詳預算書
	經費支用於行政費數目		約四千元
	經費支用於事業費數目		約一萬六千元左右
作業狀況	內容組織		內部組織實行三八制
	機械數		均係手工業並無機械(紙工，造繩，裁縫，籐器，編草，)
	出品銷售情形		代各商鋪製造祇取工資
備攷			一、工場生產年約五千餘元半製紙獎餘二千五百元除生產銷耗外可淨餘一千餘元左右其他給養來源因各方面縮減每月不敷五六百元 二、本所現收容婦女二十二人女孩二十人兒童四十人殘廢七十九人成年一百二十人合計為二百八十一人

無錫縣私立慈善團體一覽表

機關名稱	所在地點	成立年月	主辦人姓名	辦理現狀	經濟狀況	
					來源及數額	支配情形
無錫縣慈善團體聯合整理改進會	同仁堂	民國十八年八月十一日	普濟恒善同仁三善堂合組	各善堂合力整理舊有事業隨時共籌新事業發展	每年由三善堂合籌六百元爲辦公經費遇有本邑臨時善舉則開會公議籌款支配救濟	
普濟堂	北區普濟橋	前清乾隆二年	楊壽楣	施衣施米施藥外補助普救學校及聯合會養老所經費	有租田六百餘畝年收租約四千五百餘元房屋二十四處年收租約四千七百餘元	辦公費一千二百元救濟費八千餘元
恒善堂	中區觀前街	前清道光四年	華文川	施米施衣施材外月給嫠婦口糧補助施醫所聯合會經費	有租田一百二十畝房地產十六處年收租銀約三千一百餘元	每年撥助救濟院施醫所經費一千六百八十元其餘則由施衣施米施材等項及施發嫠婦口糧全年約千二百元左右
同仁堂	東區新廟前	前清康熙年間	秦仁存	施痧藥捲棉除夕米黃藥傷藥膏藥外補助聯合會育嬰所經費	租田八百餘畝房出產二十餘處年收租金四千八百餘元	
廣業慈善社	廣勤路廣勤區	民國十七年六月	楊翰西	施衣施米施藥及其他善舉	房屋兩處年收租金九十六元此外遇有善舉需偶田由員三十人臨時籌集	
溥仁慈善會	新生路希道院巷	民國十一年四月	唐保謙 榮德生 華叔琴	養濟孤兒寡婦附設小學教養孤兒三十餘名此外施診施藥施粥年米修橋造路並與紅萬字會合設能仁醫院	由會員分認月捐約九百餘元臨時舉辦事業再由會員臨時設法募捐	月捐專用於養濟孤兒寡婦其他多係臨時募捐
中國紅卍字會無錫分會	進十坊	民國十四年六月	華藝三 蔡緘三	曾有因利局貸款於小工商業辦理掩埋施材施衣施藥及賑濟事項	會員月捐及各方募捐	開會公決

中華民國二十四年五月二十日出版

無錫概覽

（無錫年鑑第二回）

每册定價大洋捌角

編印者　無錫縣政府

材料供給者　縣政府縣黨部地方分院縣公安局縣教育局縣建設局縣土地局保安大隊縣禁烟會縣營業稅局省蠶絲場蠶桑模範區縣監獄錫農民銀行縣商會縣教育會商團公會救火會一區公所平民產院

總編纂　華洪濤

總校訂　嚴慎予

印刷者　無錫文新印刷所　地址：城內崇安寺　電話：一一三二轉

明星 新華 是

無錫的標準攝影社

本書風景照片，爲明星新華兩社攝贈。

用

全世界最有榮譽的柯克鏡頭攝美術照

全世界最負盛望的蔡伊司鏡頭攝團體照

柯達公司最新出品的搖頭鏡攝人數極多的照片

地址

明星……崇安寺金剛殿　電話……七一四號

新華……崇安寺公園路　電話……六七〇號

圖表六三

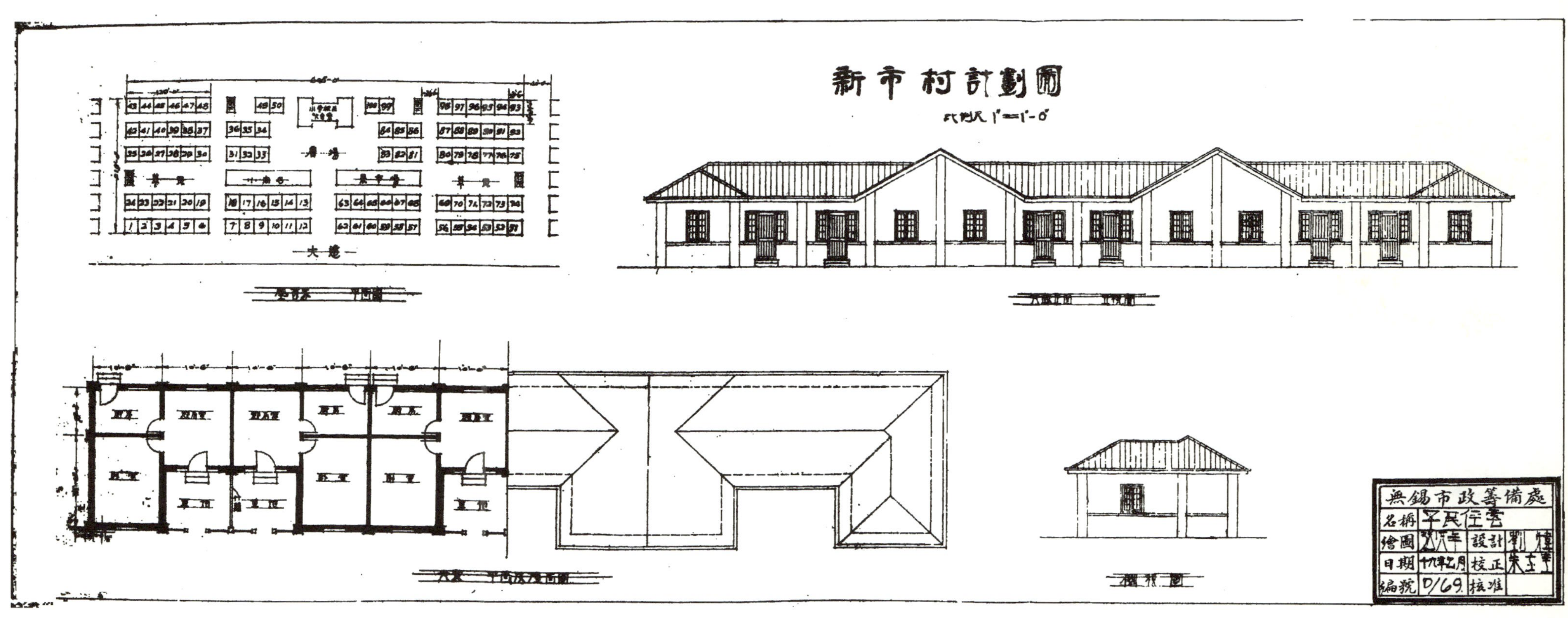

圖表六四

無錫市政籌備處			
名稱	甲等公共男廁所		
繪圖	[illegible]	設計	[illegible]
日期	十六年二月	校正	[illegible]
編號	W.C. [illegible]	核准	

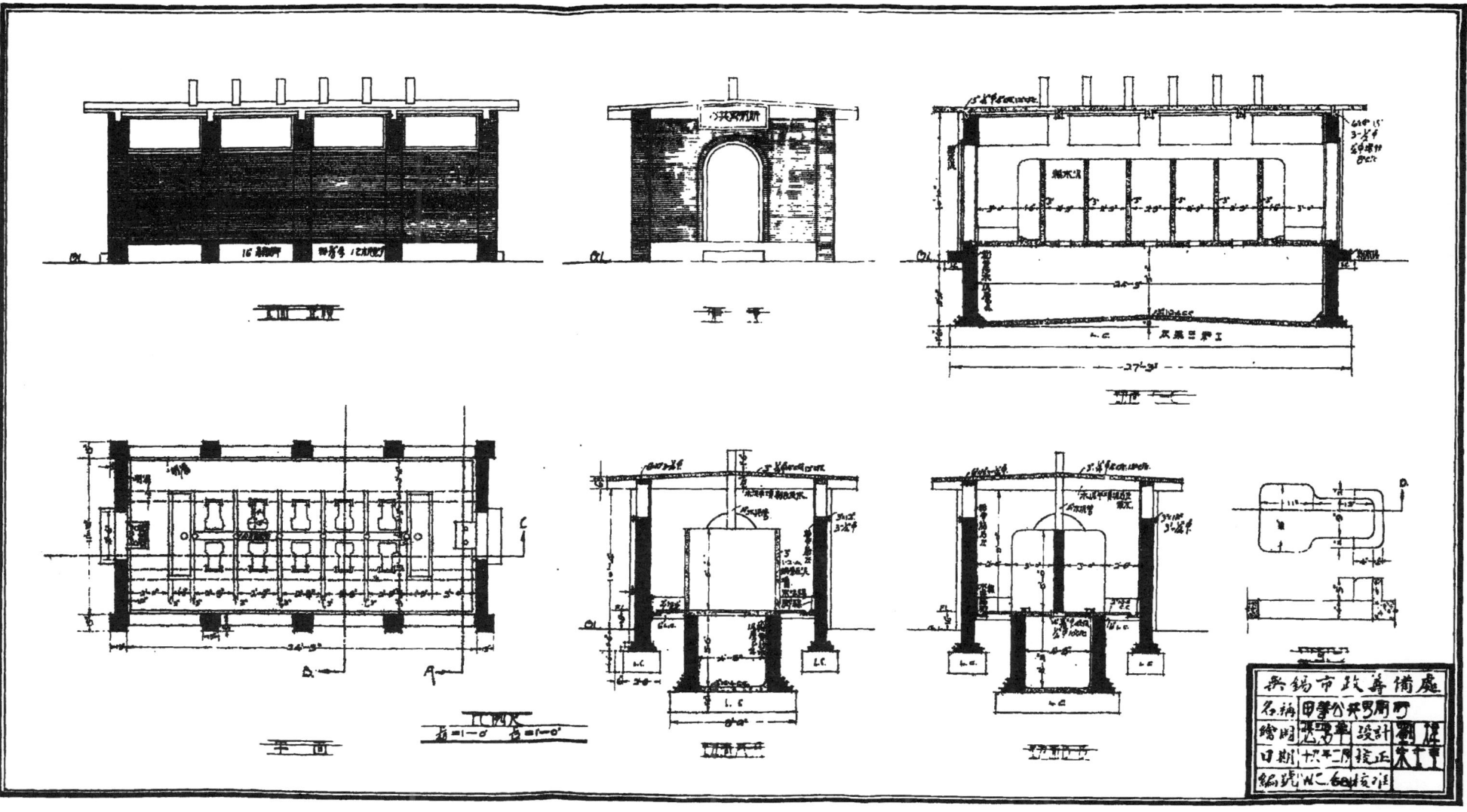